U0629738

世界太极拳蓝皮书

BLUE BOOK OF WORLD

TAICHI

世界太极拳发展报告
（2019）

ANNUAL REPORT ON WORLD TAICHI DEVELOPMENT

(2019)

主　编／李慎明

副主编／李闽榕　宫松奇　苏敬斌　刘高升

社会科学文献出版社

SOCIAL SCIENCES ACADEMIC PRESS（CHINA）

图书在版编目（CIP）数据

世界太极拳发展报告.2019 / 李慎明主编. -- 北京：
社会科学文献出版社，2020.5
（世界太极拳蓝皮书）
ISBN 978 - 7 - 5201 - 6409 - 2

Ⅰ.①世… Ⅱ.①李… Ⅲ.①太极拳 - 发展 - 研究报
告 - 世界 - 2019 Ⅳ.①G852.11

中国版本图书馆 CIP 数据核字（2020）第 045781 号

世界太极拳蓝皮书

世界太极拳发展报告（2019）

主　　编/ 李慎明

副 主 编/ 李闽榕　宫松奇　苏敬斌　刘高升

出 版 人 / 谢寿光
责任编辑 / 黄金平

出　　版 / 社会科学文献出版社·政法传媒分社 （010）59367156
　　　　　地址：北京市北三环中路甲 29 号院华龙大厦　邮编：100029
　　　　　网址：www.ssap.com.cn
发　　行 / 市场营销中心（010）59367081　59367083
印　　装 / 天津千鹤文化传播有限公司

规　　格 / 开 本：787mm × 1092mm　1/16
　　　　　印 张：33.5　字 数：502 千字
版　　次 / 2020 年 5 月第 1 版　2020 年 5 月第 1 次印刷
书　　号 / ISBN 978 - 7 - 5201 - 6409 - 2
定　　价 / 248.00 元

《世界太极拳蓝皮书》 顾问

总顾问　李铁映　中央政治局原委员，全国人大常委会原副委员长，中国社会科学院原院长、党组书记

　　　　　顾秀莲　全国人大常委会原副委员长、全国妇联原主席、中国关心下一代工作委员会主任

顾　问　王梦奎　国务院发展研究中心原主任

　　　　　王巨禄　全国政协原副秘书长

　　　　　刘　鹏　国家体育总局原局长、党组书记，曾任十二届全国政协外事委员会副主任，2022 年冬奥会和残奥会组委会原执行主席

　　　　　张建启　原总装备部副部长、中国载人航天工程副总指挥

　　　　　王国强　国家卫生和计划生育委员会原副主任、国家中医药管理局原局长、中华中医药学会会长

　　　　　周和平　文化部原副部长

　　　　　张大卫　河南省原副省长

　　　　　许　宁　河北省政协党组成员、原副省长

　　　　　牛仁亮　中国生产力学会会长，山西省原副省长、山西省人大常委会原党组副书记、副主任

　　　　　谢立宏　解放军艺术学院原政委

贺茂之　军委办公厅原秘书

王小平　河南省焦作市委书记

高宏志　河北省邯郸市委书记

王光远　中国工程院院士，哈尔滨建筑大学工程理论
　　　　与应用研究所所长，工程力学和结构工程
　　　　专家

李同保　中国工程院院士，著名光辐射测量学专家

郭东明　中国工程院院士，大连理工大学教授、常务
　　　　副校长，机械制造及自动化专家

翟世宗	关振军	刘彦龙	白玉玺	何瑞锋
沙利军	李春华	张振发	和有禄	和慧超
孟志斌	牛　牛	龙勿用	洪　浩	李梦桐
李伯渊	李建设	苏清标	郑爱珍	宋明军
范小涛	黄建成	门敢红	宗维洁	陈晓怡
郑志鸿	太田光俊	永野则彦	徐　濠	臧　珂
刘　飞	荣　军	崔利民	张　速	叶　文
肖　蓓	郭　燕	孙向豪	翟文厦	胡建平
李闽榕	黄康辉	杜方棋	李勇勤	段丽梅
潘　沁	王　岗	王　晔	王童飞	王　刚
陈小旺	陈正雷	王西安	朱天才	吴文瀚
孙永田	李剑方	张广德	康戈武	陈志雄
成中英	阮纪正	包和帝	邱丕相	聂彬彬
张艳红	尹宝军	吴西顺		

《世界太极拳发展报告（2019）》
专家委员会

张平均　张全亮　张茂清　武家水　范毓周
周毕文　周显明　郑丽君　赵　军　赵泽仁
郝心莲　胡晓飞　侯铁成　洪　浩　洪卫国
姚则兵　高学智　聂继军　聂彬彬　钱源泽
栗胜夫　徐伟军　徐笑梅　黄违洪　黄建成
董小英　臧　克　翟　越　薛扶民

主编简介

李慎明 1949 年生；党的十六大、十七大代表；第十届、第十一届、第十二届全国人大常委会委员，第十二届全国人大内务司法委员会副主任委员；中国社会科学院原副院长、党组副书记，世界社会主义研究中心主任，研究员、博士生导师。中央马克思主义理论研究和建设工程咨询委员会委员，全国哲学社会科学评审委员会国际问题组组长，国务院学位委员会第六届、第七届学科评议组政治组成员，中国政治学会会长，中国中共文献研究会副会长。中国社会科学院大学教授，俄罗斯科学院、莫斯科大学名誉博士。国家中医药管理局改革发展专家咨询委员会顾问。

长期从事党的建设、民主政治、国际战略及中共党史、新闻史和苏联解体与东欧剧变等方面研究。主要著作：《忧患百姓忧患党——毛泽东关于党不变质思想探寻》《对习近平总书记所讲社会主义的体悟》《李慎明论金融危机》《居安思危——苏共亡党二十年的思考》《全球化背景下的中国国际战略》《全球化背景下的中国大党建》《中国和平发展与国际战略》《王震传》（合著，上、下册）等，主编《世界社会主义跟踪研究报告——且听低谷新潮声》（系列）、《全球政治与安全报告》（黄皮书系列）等 20 多部学术著作。先后在《人民日报》《求是》杂志等中央重要报刊发表文章 200 多篇。数部作品获国家有关奖项。

李闽榕 1955 年生，经济学博士，中智科学技术评价研究中心理事长、主任，G20 国家创新行动高级别专家工作组专家，国家科技评估标准化工作组高级别专家，《光明日报》光明智库学术委员会委员。曾任中共福建省委副秘书长、福建省人民政府发展研究中心主任、福建省新闻出版广电局党组书记。主要从事宏观经济学、区域经济竞争力、科技创新与评价等问题研究。已出版《中国省域经济综合竞争力比较研究》《世界创新竞争力发展报告》《二十国集团（G20）国家创新竞争力发展报告》《金砖国家综合创新竞争力发展报告》《全球环境竞争力报告》《中国可持续发展遥感监测报告》《海西经济区与台湾》（在台湾出版）等著作40多部（含合著），并在《人民日报》《求是》《光明日报》《管理世界》等报刊上发表学术论文300多篇。主持完成多项国家和省部级重大研究课题，多项科研成果获国家和省部级奖项。

　　宫松奇　　1965年生，国防大学师团职干部研究生班毕业（硕士）。现任中共焦作市委常委、宣传部部长。1981年9月至1984年7月，河南百泉农专农作物专业学生；1984年7月至1985年7月，郑州高炮学院高炮指挥专业学员；1985年7月至2012年4月，在第二十七集团军、第五十四集团军和济南军区任职；2012年4月至2014年9月，先后任焦作军分区政委、焦作市委常委；2015年4月至2018年12月，任焦作市副市长，兼任焦作市公安局局长。

　　苏敬斌　　1960年生。工商管理硕士、工商管理博士（UBI-DBA），国家一级注册建造师、高级工程师、高级项目管理师，中智科学技术评价研究中心智慧康养评价部主任、太极文化研究室主任。曾任中国航空港建设第十工程总队总队长，中国建筑业协会项目管理委员会副会长，《军队施工园地》主编，中国人民解放军工程兵学院硕士研究生导师。获国家科技进步二等奖一项，省部级科技进步一、二、三等奖五项，国家专利一项。主要研究方向为太极文化产业与国际化发展。在中国社会科学院金融学博士班通过答辩的研究课题为"太极文化的产业化发展及其金融创新研究"。

　　刘高升　　字敏正，1979年生。2006年师从成中英教授研究易经哲学与太极管理哲学，先后获MIT斯隆商学院与清华经济管理学院联合颁发的国际工商管理硕士学位、新西兰奥克兰大学商学院国际经营学专业博士学位，并在中国人民大学商学院攻读博士学位期间国家公派至都柏林大学商学院留学。2017 年进入北京大学高等人文研究院博士后流动站，师从杜维明教授研究儒家传统与企业伦理，专注于儒商思想、儒家修身哲学和新儒学。其研究成果包括《儒家之"仁"与企业家精神的契合》《中华优秀传统文化复兴教育的几个关键问题》《正身道视域中的汉字与太极和合观》等论文，编著《文化创意与体育产业融合发展研究》等书。此外，还兼任清华大学体育部武术文化研究中心秘书长、研究员等。

摘　要

太极拳作为承载多元历史文化的身体表达方式，因具健身、防身和修身多重功用已被列入国家文化、健康和体育发展战略。

本书主要由总报告、流派篇、区域篇、国际篇、综合篇和专题篇六部分组成。

第一部分为总报告，首先对太极拳的本质和丰富内涵进行系统分析，提出太极拳的基本定义，并对太极拳的历史发展进行概述。然后在分篇报告内容的基础上，对21世纪以来太极拳的发展状况进行全方位、多角度的分析，进而展望未来，提出加快太极拳发展的主要举措。

第二部分为流派篇，入选报告的流派由传统五大流派和获批国家非遗的流派组成八大流派，具体是陈氏太极拳、杨氏太极拳、武氏太极拳、吴氏太极拳、孙氏太极拳、李氏太极拳、和氏太极拳和王其和太极拳。8个单篇报告分别对其流派起源、历史发展，以及代表性人物及贡献、发展现状进行客观呈现。

第三部分为区域篇，从省域、市县不同视角，形成7篇发展报告。省域以北京、河南、河北、台湾和港澳地区为代表，呈现省域的太极拳传承发展现状及分析；市县以邯郸和温县为代表，呈现地（市）级和县级区域的太极拳传承发展现状及分析。

第四部分为国际篇，面对全球各大洲，以代表性国家和地区为视域，报告太极拳的发展历程、创新实践和创新贡献，并在现状分析的基础上提出对策建议。

第五部分为综合篇，由太极拳运动发展现状与分析、太极拳文化发展现状与分析、太极拳科技创新发展现状与分析、太极拳产业发展报告4篇报告组成。

第六部分为专题篇，收录了太极拳名家分享13篇及有关太极拳研究方面的论文和报告。

关键词： 太极拳　体育运动　太极拳产业

序一 太极拳及其文化是中华优秀传统文化的标识

顾秀莲

（全国人大常委会原副委员长、全国妇联原主席、中国关心下一代工作委员会主任）

"中国的自信，本质上是文化自信。文化自信，是继道路自信、制度自信、理论自信之后，中国极为重视的第四个自信。"① "文化自信，是更基础、更广泛、更深厚的自信。"② 这三个"更"，凸显了"文化自信"在"四个自信"中的地位和作用。要增强民族自信、早日实现中华民族伟大复兴的中国梦，就要从坚定文化自信、坚持和发展中国特色社会主义、实现中华民族伟大复兴的高度，切实把中华优秀传统文化传承发展工程摆上工作日程，强化中国共产党人的责任担当，使中华优秀传统文明得以发扬光大。

党的十九大报告指出："文化是一个国家、一个民族的灵魂。文化兴国运兴，文化强民族强。"③ 一个国家、一个民族的强盛，是以文化兴盛为支撑的，中华优秀传统文化是中华民族的根基和血脉，是海内外华人共有的精神家园，是中华民族生命力、凝聚力、创造力的重要源泉。太极拳文化是中华优秀传统文化瑰宝中的一枝奇葩，是中华优秀传统文化的标识，是东方文化的精髓，是东方传统智慧的动态符号，是中国献给世界人民的美好礼物之一。

---

① 《习近平谈文化自信》，人民网，http：//paper. people. com. cn/rmrbhwb/html/2016 - 07/13/content_1694983. htm.
② 《习近平谈治国理政》第二卷，外文出版社，2017，第36页。
③ 习近平：《决胜全面建成小康社会 夺取新时代中国特色社会主义伟大胜利——在中国共产党第十九次全国代表大会上的报告》，人民出版社，2017，第40~41页。

一 太极拳及其蕴含的太极文化，契合了人民群众对美好生活的向往和对更高层次精神的追求

谈到太极拳就不得不谈太极。"太极"一词最早出现在《周易》中。《周易·系辞》中记载："易有太极，是生两仪，两仪生四象，四象生八卦。"太极作为中国传统哲学里一个重要的概念与范畴，表达了中国传统文化中的一种哲学思想和理念，也体现了中华民族优秀文化的精神。

太极文化是中华民族传统文化的灵魂，它起源于中国古代的易学，发展于中国的儒、释、道；太极文化的哲学思想，表达了"全息一元"和"一分为二"的宇宙观，揭示了一切事物内部所存在着的对立统一的根本规律，为太极拳运动的实践提供了思想依据。

太极拳是太极文化的一个典范形态，太极拳运动能够强身健体、陶冶情操，其精髓是"和谐"，体现了人民群众对美好生活的向往和对更高层次精神的追求。所以，对于每一个中国人来说，最理想的人生状态就是分别从自然之我、社会之我、个体之我的不同角度去满足人的生命需求，同时，体现着中华太极文化的源流。

二 传承发展太极拳文化有利于促进中华民族自信自强，为解决国际社会问题提供了中国智慧

中国文化博大精深，源远流长。在中国优秀传统文化土壤中孕育而生的太极文化，自然浸润了充沛的优秀传统文化底蕴。太极文化是中华民族优秀传统文化的重要组成部分。在当前形势下，只有紧紧把握住时代发展的脉搏，为优秀传统文化寻找到转化发展的表达方式，才能坚定文化自信，为中华文化繁荣兴盛注入强大能量和不竭动力。

当今社会国际交流日益频繁，文化交流成为其中重要一环，越来越多的外国人喜欢中国文化。太极拳这种形象化的表现方式，展示了中国优秀传统文化独有的内涵，让外国人更好地理解中国的和谐思想。以太极拳为代表的

太极文化讲究和谐、统一、刚柔并济，这种观念已经跨越了国别、种族、宗教等界限，与习近平总书记倡导的构建"人类命运共同体"理念、与"一带一路"建设的"亲诚惠容"理念完全一致，逐渐成为全人类共同美好的精神财富和推动全球文化交流的重要形式。

三　持续提升太极拳文化的品牌影响力是增强中国文化软实力的有效途径

深度挖掘太极拳的内涵，成立权威的太极拳文化传承发展相关研究机构，加强对太极拳理论、文化、产业的研究力度，很有必要。只有对太极拳和太极拳文化理论体系有了更深刻的认识，太极拳和太极拳文化的大创新、大繁荣和大发展才有一个最坚实的基础，才能将太极拳文化传承发展纳入国家"一带一路"倡议，成为中华优秀传统文化对外传播的有形载体。

要加快太极拳文化资源与现代科技的融合，实现太极拳文化产业升级。发展健康的、可持续发展的太极拳文化产业，是传承、推广太极拳文化，助推健康中国战略，实施文化强国战略的重要一环。要有创新观念，打破原有思维模式。把太极拳文化融入太极拳文化产品和服务中，激发新的创意思维，加快太极文化与现代科技的融合。要加强太极拳文化与电影、动漫、网络游戏的融合。可以通过拍摄电视剧、电影，制作动漫、网络游戏，实现太极拳文化资源与现代科技的结合。要增加太极文化产品的科技含量。在太极文化产品的生产制作过程中融入高科技，可以使太极拳文化的表现方式更丰富，太极文化的内涵更易理解，太极拳文化产品的种类更加多样化。

同时，要进一步扩大宣传，提高太极拳文化的影响力。近几年，通过各级努力，太极拳文化传播、传承的普及形势非常好，在一定程度上引导了人民的健康生活导向，有效助力各行各业的健康发展。

祝愿中华传统文化世世代代传承下去！

序二　让太极拳及其文化融入
人们生活并走向世界

李慎明

（中国社会科学院原副院长、第十二届全国人大内务司法委员会副主任委员）

1983 年我随团到日本访问，在爱知县欢迎宴会的餐桌上，同桌的几位日本友人听说我的家乡是焦作温县时，眼睛里都放出光来，其中一位急切地问："太极拳的故里陈家沟？"得到确认后，他们兴奋异常，接着就要向我请教太极拳拳法。我不无遗憾地告诉他们："仅在上中学时学过几天。"他们当然有着同样的遗憾。他们还告诉我："日本太极拳协会几乎遍及日本各县，不少民众习练太极拳的热情分外高涨。"欢迎宴会后，他们还当着我的面打起了太极拳。这使我感到日本人民能积极借鉴汲取其他国家和民族优秀文化的优良品德，同时感受到太极拳的民族性，更感受到太极拳的世界性。

党和政府高度重视太极拳的推广普及工作。1960 年毛泽东主席在关于卫生工作的一份批示中写道："凡能做到的，都要提倡。做体操，打球类，跑跑步，爬山，游水，打太极拳及各种各色的体育运动。"① 周恩来总理1959 年在北京体育学院会见日本松村谦三时说过："太极拳是中国的一种优秀传统文化，内容十分丰富，充满哲理，与中国传统医学有着血缘关系。学、练太极拳是一项很好的健身运动，可以强身健体，可以防身自卫，也可以陶冶情操，是一种美的享受，还可以给人们生活带来无限情趣和幸福，可以延年益寿。"1978 年 11 月 16 日，邓小平应来华访问的日本友人三宅正一之请，写下了"太极拳好"的题词。党和国家领导人，如宋庆龄、陈毅、邓颖超等也习练太极拳。

---

① 《毛泽东文集》第 8 卷，人民出版社，1999，第 150 页。

习近平总书记在党的十九大报告中明确指出："实施健康中国战略"，"坚持预防为主，深入开展爱国卫生运动，倡导健康文明生活方式，预防控制重大疾病"，"坚持中西医并重，传承发展中医药事业"，"支持发展健康产业"。习近平总书记的上述要求，具有重要的现实意义和历史意义。其中所说的预防为主、倡导健康文明生活方式、中西医并重，都直接或间接地蕴含了中华民族优秀传统文化瑰宝的太极拳和太极文化。

20 世纪 90 年代世界卫生组织的全球调查表明，对于人的健康和寿命来说，生活方式和行为起主导作用，占 60%；环境因素次之，占 17%；遗传因素占 15%；医疗服务条件仅占 8%。世界卫生组织所说的生活方式和行为，当然可以并必然包括我们中华文化的瑰宝——太极拳和太极文化。

太极拳文化的推广和把太极拳文化融入人们的健康文明生活方式之中，对于实施我国健康中国战略，对于实现国家富强、民族振兴、人民幸福的中华民族伟大复兴的中国梦，都具有重要的意义。

为使太极拳在我国尽快普及并使之走向世界，特提出如下建议。

一 充分认识太极拳和太极文化在中华优秀传统文化与人类文明中的特有价值

河南省温县陈家沟，是相传"河出图、洛出书"的黄河与洛水交汇处的河洛文化的核心区，是中华人文始祖伏羲创造八卦、形成太极文化的丹田地。据史载，黄帝、帝尧、夏禹、商汤等帝王登基时，都在此沉璧祭天。太极拳集《易经》的阴阳学说、老庄的道法自然、儒家的中庸之道、兵家的虚实论、中医的经络原理等多元文化之大成，是中华优秀传统文化的标识，蕴聚着东方文化的精髓。太极拳运用中国古典哲学的阴阳观念处理其中的一对对矛盾元素，如内外、开合、攻防、练养、快慢等，强调太极拳的运动规律就是阴阳的变化法则，既倡导"和""合""包容""接受"，而不是"阴阳对立"；又蕴含"阴阳互为其根"而相互转化的思想；还主张"柔中有刚""以柔克刚"的防御自卫思想。太极拳蕴含浸润的"道法自然""天地一体""天人合一""天人合德""形神一体""心物一源""阴阳和谐"等中国特有的深厚凝重的哲理，都是中国哲学深刻理念和中国优秀传统文化丰厚底蕴的直接体现。太极拳是中华优秀传统文化从里及外的形体表达，太极拳被称成为世界上独一无二的"哲拳"是当之无愧的。太极拳既是中国优秀传统文化的重要组成，并与中国传统医学有着直接的血缘关系。太极拳具有卫生与健康、武术与体育、文化与修养三种属性，在提高健康水平、促进体育经济、开展文化教育等方面具有很好的同一性和完整性，是我国老少皆宜的优秀传统健身项目。太极文化在健康领域的体现重在修、养、调、治，强调人体的和谐、组织的和谐、社会的和谐、世界的和谐、宇宙天体的和谐，也是全人类优秀传统文化的结晶。

二　制定好国家振兴太极拳和太极文化战略的发展规划

邓小平曾经说过，社会主义的一个优越性就是能集中力量办大事。① 我们是社会主义国家，在新时期"健康中国""体育兴国""文化强国"的背景下，促进太极文化和太极拳的大发展当然应该是一件比较容易的事。我们的不足在于健康、体育、文化三个领域的跨界整合难度较大，单独从任何一个视角都不能完整地向世人展示太极拳和太极文化。尤其是市场经济条件下，太极拳作为太极文化的载体和表现形式，其经济与文化发展的融合性不足，导致了投入与产出的不对称，制约了太极拳及太极文化的发展。2014年5月26日，习近平总书记在中共中央政治局集体学习时也明确指出："在市场作用和政府作用的问题上，要讲辩证法、两点论，'看不见的手'和'看得见的手'都要用好，努力形成市场作用和政府作用有机统一、相互补充、相互协调、相互促进的格局，推动经济社会持续健康发展。"② 振兴太极拳和太极文化同样需要充分发挥市场和政府这两个作用，同样需要依靠社

① 《论社会主义市场经济》，中央文献出版社，2006，第37页。
② 《习近平谈治国理政》，外文出版社，2014，第16页。

会主义制度这一优越性。这也就是说，不能仅靠政府这一只手，同样，也不能只靠市场这只手。对振兴太极拳和太极文化这件大事来说，政府这只手，首要是体现在社会主义制度这一优越性上。政府这只手的作用，很重要的一点是要制定好规划。

印度为了普及和推广瑜伽，特地制定了国家发展战略，成立了贯彻落实相关政策的瑜伽部。2014年9月，印度总理莫迪在联合国大会发表演讲呼吁设立"国际瑜伽日"，这一倡议得到包括中国和美国在内177个国家的支持，当年12月，联合国正式宣布每年6月21日为国际瑜伽日。如今，瑜伽已经风行于世界，而且品牌价值和市场形象深入人心，这一点值得我们借鉴。

三　相关具体建议

1. 把太极拳和太极文化纳入国家的相关教育体系

把太极拳逐步纳入中小学体育课程，提倡条件成熟的全国各高校把太极拳纳入其体育课程，同时把太极拳纳入海外孔子学院、国内中医药大学、各相关大专院校的体育专业、专业武术学校和体育院校的课程，增加高级太极拳教练援外活动以及太极拳交流活动等。鼓励社会人才创办太极拳俱乐部，借鉴韩国跆拳道社会化教育训练体系，把太极拳俱乐部作为学生的第二课堂和职业化、标准化的教育训练网络，实行考评认证机制，让太极文化及太极拳伴随青少年成长。

2. 积极推进太极拳和太极文化的产业发展

发展健康的、可持续发展的太极文化产业，是推广太极文化、助推健康中国战略，实施文化强国战略的重要一环。广阔的国内外市场前景，为太极拳文化产业的发展提供了极大的机遇。为了实现以太极拳和太极文化为载体，发掘整理并发扬光大中国的优秀文化传统，把社会效益放在首位、实现社会效益和经济效益相统一，使太极拳和太极文化惠及广大群众并使之走向世界的远大目标，建议由国务院国资委或批准地方省市国资委运用PPP模式组建一个大型太极文化企业集团，国家给予政策支持和税收优惠，从产业化入手

做起，在全国各省市逐步建立太极拳推广中心等。另外，通过人民网开通人民太极频道，形成太极拳与太极文化的传播中心；通过电视媒体、新闻媒体等途径传播太极拳和太极文化；通过电影、电视片传播太极拳和太极文化，如精心制作反映300多年的太极拳和5000多年的太极文化的电影、电视等。

3. 尽快开办太极文化大学和各类专业学校

争取教育部的大力支持和指导，尽快在焦作、邯郸等城市开办太极文化大学。以培养大批合格的走向世界的太极拳专业从业人员、太极文化产业管理者和少量的太极文化研究工作者。与此同时，要允许条件成熟的民营资本开办太极拳和太极文化学校。

4. 建立国家级太极拳分级评审机制，推广标准化套路

建议国家武管中心及相关研究机构研究制订标准化的考核评级系统，建立社会化的考评机制。要严格防止"一切向钱看"的劣质市场经济和金钱对评审的"介入"。

建议在24式简化太极拳的基础上，持续推出第二套、第三套等逐步深化的太极拳。既可以由专家团队设计编排，也可以在各地、各家推送的套路中公开选拔，确定一套作为国家定型推广套路，以适应国际化发展。

5. 加强各路太极拳大师之间的切磋交流

太极拳必须保持自己的独立性才能有无比广阔的发展前景。在继承创新太极拳和太极文化的过程中，必须由政府主导，政府也必须主动和善于主导，以加强各个不同学派、不同门第之间的切磋、交流。要防止老死不相往来、各守成见，甚至"文人相轻""武人相贱"的情况出现。要提倡太极拳和太极文化的理论研究工作者、太极拳习练者和传承者与有志于振兴太极拳和太极文化的企业家相互间密切协作、共同配合。只有这样，太极拳和太极文化事业才能对人类的健康发展作出重大贡献。

6. 每年举办一次国际性的太极拳和太极文化年会

由国务院主管部门牵头，河南焦作或有关地方政府轮流承办，每年举办一次国际性的太极拳和太极文化年会。

7. 积极做好太极拳申报人类非物质文化遗产工作

太极拳申遗是国家大事，建议由国务院主管部门牵头，相关地方政府紧密配合。太极拳申遗也是太极拳全体传承人的事，各个流派都应积极协助、共同努力，让责任与担当共存，太极拳申遗更是全体中国人的事，无论国内国外，无论意识形态，要树立"天下太极是一家"的思想，让太极拳和太极文化走向世界。

8. 争取太极拳适时列入国际奥运会竞技比赛项目

在此之前，可设立太极拳竞技项目甚至以太极拳为主的世界上各个国家不同拳法同台竞技的共同比赛的国际标准。先由国内和国际市场运作，在实践中不断改进完善，并适时上升为国家标准，最终形成国际惯例，让太极拳的竞技项目早日列入国际奥运会比赛项目。

9. 成立国家级太极拳和太极文化研究中心

由国务院主管部门牵头成立国家级太极拳和太极文化研究中心，以充分发掘我国太极拳和太极文化这一宝库的资源。哲学社会科学工作者特别是中国哲学研究的相关学者，应该深入研究、探讨和阐发内容丰富、内涵深刻的太极拳和太极文化的哲学理论。如果我们对于太极拳和太极文化的理论体系有了更深刻的认识，太极拳和太极文化的大繁荣、大发展和大创新就有了一个最坚实的基础。

太极拳和太极文化是一个巨大的开放系统，能够兼收并蓄，博采众长，这既是时代发展的必然趋势，也是太极拳和太极文化自身完善与发展的必由之路。太极拳和太极文化在形成自己的理论体系时，就吸取了当时的哲学、社会科学、人文科学，以及天文学、地理学、气象学、数学、农学、化学、心理学等多个自然科学学科的成果。我们应该以向世界作贡献的胸怀和姿态进行推广和弘扬太极拳和太极文化，同时也应该学习和借鉴各国、各民族的优秀文化，不断完善和丰富自己。

序三 全面认识太极文化与太极拳的历史地位和价值

李闽榕

（中智科学技术评价研究中心理事长、主任）

太极拳之所以具有强大的生命力，就是因为它植根于中华文化的肥沃土壤，不仅契合了人民群众对美好生活的向往和对更高层次的精神追求，而且还能促进社会生态和谐与人类发展进步。作为首卷《世界太极拳蓝皮书》，我们希望能够引发人们对中国优秀传统文化的历史回顾和科学探索，引导现代人对生命的觉悟和生态的慎思，引领读者全面了解太极拳和太极文化。

（一）充分认识太极文化与太极拳的历史地位

3000多年前，中华民族便进入了用阴阳观念认知世界的阶段，伏羲在观察总结大自然运动规律的基础上画出八卦图，成为指导人类维护生命的法宝。从此，阴阳就是构成宇宙万事万物最基本的元素，植根于中国人的文化基因里，直到如今。

2500多年前，老子给我们留下了《道德经》，开启了古老中国生命科学的先河。《老子》开篇第一章说："道可道，非恒道；名可名，非恒名。无名，万物之始也；有名，万物之母也。"吕祖在《道德经注》、李涵虚在《东来正义》、张三丰在《大道论》中的解释是：无名，即无极；有名，即太极。汉代郑玄、晋代王弼、清代王夫之等都说太极是"天地未分时的混沌之元气，是万物的本源"。正如北京航空航天大学的李焕喜教授在《一个自然科学家所领悟的老子人文智慧》中所揭示的：无极是生命孕育前的静态；太极是生命孕育时的动态，是生命的本源。[①]

孔子在《易传·系辞上传》中说，"易有太极，是生两仪，两仪生四象，四象生八卦"，反映出太极是生生不息的生命状态。揭示了事物生化过程和发展的根本规律：在一个矛盾对立体中追求平衡，在众多矛盾体中实现相互促进、包容、化解，在矛盾的对立性中最终走向多元和谐统一。

因此，太极文化是中华民族在长期的生存实践中形成的生命与生态文化，是人类对于生命的认知、生命管理和与所有关联事物、生态环境相互作用的系统性、社会性文化，体现在中国人的思维模式与生活方式中，是中华民族的智慧结晶。

流传至今的王宗岳《太极拳论》是太极拳界普遍尊崇的经典论述。300多年前的明末，河南温县陈王廷创编了陈氏太极拳。[②] 陈长兴、杨露禅、陈清平、武禹襄、全佑、吴鉴全、孙禄堂、李瑞东、和兆元、王其和等一个个历史人物载入了太极拳传承、发展的史册。这些历史的足迹正是"无极生太极、太极生两仪、两仪生四象、四象生八卦"的历史展现。

太极拳是以太极哲理为依据，汲取传统养生和技击智慧而编创的一种武术。既可增强体质、防治疾病，又能技击防身，还能陶冶情操，其意在"太极"，形在"拳"，故而得名。

太极拳作为太极哲理身体化的表现形式，在其发展过程中不断融合儒、释、道、医及兵家等中国传统文化思想，是中华优秀传统文化的标识，蕴聚了东方文化的精髓。

（二）深刻理解太极文化与太极拳的科学价值

在人类发展的历史长河中，太极文化对现代自然科学与哲学社会科学的发展贡献极大，在科学发展的新的历史时期，必将催生"生命科学学"。

在自然科学与哲学社会科学领域，太极文化及背后的科学理念直接或间

---

① 李焕喜：《一个自然科学家所领悟的老子人文智慧》，开明出版社，2016。
② 段志武：(民国)《温县志稿》，河南省温县地方志编纂委员会，1986，第220页。

接"启迪"了包括莱布尼兹、爱因斯坦、玻尔、李政道、杨振宁等一大批科学巨匠的研究探索，成为指引人类科学实践的文明灯塔。事实上，太极文化是以生命文化为基础的，对于生命科学的研究会有更强的指导作用。本书主编李慎明曾指出，"现有的自然科学和哲学社会科学这两个学科都缺乏完整系统的'生命科学'"。①

众所周知，生命就是有机物和水构成的一个或多个细胞组成的具有稳定的物质和能量代谢现象、能回应刺激、能进行自我复制的半开放物质系统。它包括最原始、最简单的生命体直到人类这种最高级、最复杂的生命体。从一定意义上讲，生命科学是认知客观物质世界中的各种生命体即有机界的一般规律。建立一门独立于自然科学和哲学社会科学之外的生命科学，将会使太极文化和太极拳的研究与发展更具历史意义。

人类科技发展史证明，太极文化的整体性、系统性思维和二元互动、变化、组合、消长、更新的太极思维，对现代科技发展具有很好的促进作用；太极文化的内敛性、包容性、互补性，能够让人们认识到自身科技发展的不足，会促使人们静下心来认真学习、消化、吸收，促进科技创新、发展；随着计算机、互联网、物联网、人工智能、量子力学、自然医学、物理学、生物化学、天体学、气象学等学科领域的发展，太极文化将会展示更为强大的魅力。

1978 年 9 月，世界卫生组织在《阿拉木图宣言》中对健康的定义是："健康不仅是疾病与体弱的匿迹，而且是身心健康，社会幸福的完善状态。"这个健康理念强调了肉体与精神的统一、人与自然的统一、人与社会的统一，而这种系统的生命观与健康观，正是太极文化的灵魂。太极拳及其系列功法在身心健康作用上的功能性、自然性、抗衰老机理、能量转换保持性、心理调治等方面都十分显著，能更好地弥补西方医学的不足。

历史在不断地发展变化，现实社会也自然会随着历史的发展而变化，这

---

① 李慎明：《与自然科学、哲学社会科学相并列，可否设立生命科学学?》，《光明日报》2012 年 1 月 16 日，第 13 版。

就要求太极拳和太极文化必须在传承的同时加快创新和发展；同时，随着现代科学技术的发展，长期以来难以用直观的科学表达方式展示的太极拳抗衰老机理、能量转换保持性、心理调治等丰富内涵，可以借助现代科技手段表达、展示出来，这些都要求我们必须促进太极拳与文化、科技的融合发展，促进太极拳和太极文化的现代化、科学化，推动太极拳和太极文化这一中华瑰宝加快走向全世界、造福人类。

（三）全面展现太极拳及其社会价值

中华人民共和国成立以来，中国共产党和中央人民政府历来重视太极拳的推广普及工作。毛泽东、周恩来、邓小平、习近平等党和国家领导人都为推广太极拳做过重要批示。当前，中国已经进入了一个新的时代，"健康中国""体育兴国""文化强国"的发展战略也使得太极拳的发展进入了最好的时期。《"健康中国 2030"规划纲要》《中医药健康服务发展规划（2015—2020 年》《全民健身计划 2016—2020》也都从不同的角度把推广太极拳、弘扬太极文化提到国家发展的战略高度。因此，做好《世界太极拳蓝皮书》的编写工作具有深远的历史意义和现实意义。

为了全面展现太极拳及其社会价值，真正发挥《世界太极拳蓝皮书》的作用，编辑部确定了"一个格局、两支力量、三个跨界、四项功能"的工作方针。

一个格局由三维组成，即角度、高度、深度。所谓角度，就是以报道太极拳在中国及全世界的发展状况为切入点，通过权威发布和高端报道，形成古今传承、中外联通、学术交流的文化传播载体，推动太极文化修养的现代化、科学化、规范化、国际化发展；所谓高度，就是立足中国，放眼全球，弘扬太极文化，倡导太极思维与行为习惯，促进东西方文化的融合，提升中华民族的文化自信与文化软实力；所谓深度，就是通过太极拳修炼和太极文化的深入研究，探索太极生命修养与人类健康的新的方式和途径，促进太极衍生产业发展，使太极拳和太极文化惠及社会大众。

两支力量指的是民间传承和高校教育。自古以来，太极拳传播的主要方式是师徒传承制，因而门派林立、拳种多样化，展现了中华民族非物质文化遗产的多样性。中华人民共和国成立以来，体育进入学校，尤其是许多高等院校都成立了体育部或体育教研室，以及武术研究中心等，还有的大学成立了太极拳学院或太极文化学院，太极拳伴随着其他体育项目走进了学生之中，使得学术研究与科研成果层出不穷，标准化与社会化发展形势喜人。

三个跨界是指太极拳具有的健康、体育和文化跨界特性，由于太极拳既有康养属性，又有武术属性，还有文化属性，并渗透到人们生活与工作的各个方面。单从一个方面不能完整地认识太极拳。太极拳的健康属性是卫生与健康部门关注的重点，侧重于运动处方和导引养生功能；太极拳的武术属性是体育部门关注的重点，侧重于群众体育运动和技击比赛；太极拳的文化属性是文化部门关注的重点，侧重于哲学研究、思想文化修养、演艺等。面对这种情况，我们必须站在社会科学研究的层面做到跨界整合，以展现完整的太极拳和太极文化。

四项功能是本书面向社会所要达到的效果，即政策咨询、专家发声、教学工具、文化交流四项功能。政策咨询就是通过集中研究，以智库报告的形式，为国家制定相关政策提供咨询；专家发声就是通过广泛征稿的形式为专家发声提供平台；教学工具就是要在智库报告中把太极拳的理论体系、技术体系、价值体系充分体现出来，尤其是各个流派将各具特色的拳理拳法表述清晰，为国内外教学人员和不同层次的学练人群提供一本可供借鉴和系统了解的教学工具；文化交流是将太极拳作为载体，以喜闻乐见、有益身心的不同形式开展国际、地区间、机构间以及人与人之间的文化交流活动。

太极理论是包罗万象的宇宙之法，反映了世界万物的客观发展规律，是中华民族传统文化的精髓，是中国的国粹。在国际上，太极拳已成为一个响当当的国际品牌。太极拳所代表的健身理念，以及所体现的人与自然，人与人和谐相处的宇宙观、世界观，是对西方国家、西方文化在对抗性思维下追求极限的体育观的有益补充，其博大精深的理论和技术体系，充分显示了中华民族在体育文化领域和运动康复医学视角下独特的创造力和卓越的成就。

太极文化在人与天地之间追求生态和谐的自然观，可以转化为追求社会和谐的人文观，即人与人之间应建立一种友好亲善、和平共处、互帮互助的平等关系。"天地与我同元"是太极的一个重要思想，即人类不仅应与自然和谐相处，更应与人类的每个成员和谐相处。不分国界、种族，无论贫富、信仰，如果能够相互尊重和理解，那么，社会制度、阶层、组织等就都不再是人类正常交往的屏障，人类就能够和谐相处，协调发展。万物一体和天人合一的观念，使"修身、齐家、治国、平天下"进入中国人的价值观与世界观，让"天地正气"跟个人"浩然之气"重合。这些文化的信息已经在中国人的心目中打下了烙印，并体现在日常的行为模式之中。因此，太极文化的推广普及，不仅有利于人的身心和谐，而且有利于政治生态、社会生态、经济生态、自然生态的和谐发展。

从历史长河中走来的太极拳，正在成为 21 世纪最具世界影响力的中华优秀文化之一。全面系统地展现太极拳及太极文化，既是时代的呼唤，更是义不容辞的历史担当。

序四　共谋太极拳发展
共铸根文化辉煌

王小平

（河南省焦作市委书记）

《世界太极拳发展报告（2019）》的付梓成书，是太极拳文化推广进程中一件了不起的大事，作为焦作人，我由衷感到高兴。这一里程碑式的成果，凝聚着众多太极拳大家以及专家学者的心血和汗水。在此，我代表焦作市委、市政府并以我个人的名义向大家表示衷心的感谢、致以崇高的敬意！

焦作北依太行、南临黄河，自古物阜民丰、人文荟萃，大山大河孕育出了古老的怀川文化。300多年前，温县陈家沟清风岭下，陈王廷融汇了道家、儒家、医家、兵家多种思想理论，吐纳山川、和合阴阳，创建了刚柔相济、虚实结合，内外兼修、动静相随的太极拳法。历史车轮滚滚向前，时代大潮浩浩荡荡，太极拳也逐渐开枝散叶，衍变出陈氏、杨氏、武氏、吴氏、孙氏、和氏等多个流派，习练者众多，传播到全球150多个国家和地区，目前已是世界认知中国的重要文化符号、加强"一带一路"合作的重要纽带、民间外交的重要载体、当今世界重要的非物质文化资源，成为当之无愧的中华文明瑰宝、中华武术奇葩、"世界第一健身运动"，充分体现了中国传统文化的精髓。今年新冠肺炎疫情发生后，钟南山院士指出，"太极拳是项好运动"，特别强调"打太极拳对改善慢阻肺患者功能状态方面的效果与传统肺康复锻炼相当"，再次表明了太极拳的博大精深和神奇魅力。

2005年，中国武术协会命名焦作市为"太极圣地"；2006年，太极拳被列入中国首批国家级非物质文化遗产名录；2007年，中国民间文艺家协会、中国武术协会，先后命名焦作市温县为"中国太极拳发源地"和"中国武术太极拳发源地"。作为太极拳的发祥地，焦作市一直致力于推广太极文化，专门成立了太极拳研究会，设立了太极武术学院、太极拳专业、中国武术段位考评点，承办了"中国·焦作国际太极拳交流大赛"等各类相关赛事和活动，与郑州大学体育学院合办了河南太极拳学院，使太极拳的推广和普及走上了快车道。近年来，我们提出了打造"世界太极城·中原养生地"的发展思路，太极拳文化旅游产业得到迅速发展，也极大地推动了太极拳的国际化传播。

《世界太极拳发展报告（2019）》由总报告、流派篇、区域篇、国际篇、综合篇和专题篇六部分组成。该书在七个方面具有鲜明的首创精神：一是首次从武术、康养、文化等不同属性和功能价值角度，对太极拳做出了客观、全面的定义；二是首次以报告的形式，展现了陈氏、杨氏、武氏、吴氏、孙氏、李氏、和氏及王其和等太极拳诸流派的发展状况；三是首次从省、市、县域视角分析太极拳的发展状况；四是首次站在国际化的高度，以全球五大洲代表性国家和地区为视角，展示太极拳的传播与发展历程、创新实践；五是首次从太极拳运动、太极文化、太极康养、太极科技、太极产业等方面，呈现了综合性发展报告；六是首次提出了质量、标准和品牌建设目标，尤其是段位制、品位制、职位制"三位一体"的评价体系，以展现智库的能力与价值；七是首次提出太极文化与太极拳界通过《世界太极拳蓝皮书》开展"皮书与学术共同体建设"的理念。

2019 年，黄河流域生态保护和高质量发展上升为重大国家战略。在贯彻这一重大战略过程中，作为黄河文化的重要组成部分、怀川文化的重要代表，太极拳肩负着重要使命。下一步，我们将以《世界太极拳发展报告（2019）》的出版为契机，进一步加大太极拳的推广力度，让太极拳更多地走出国门、走向世界，让太极文化更多地走近百姓、浸润身心。在此，我倡议，让我们共同努力，共谋太极拳发展、共铸"根文化"辉煌。

是为序。

2020 年 5 月 22 日

目 录

Ⅱ　流派篇

Ⅲ　区域篇

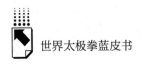
VI　专题篇

Ⅶ　附录

皮书数据库阅读**使用指南**☞

总 报 告

General Report

B.1

太极拳的传承与发展

赵泽仁　张云　张山等

摘　要：　太极拳是以中国传统文化中的儒、释、道、武、医等思想为
理论基础，以太极阴阳哲理为健身和技击技术应用的指导思
想而发展起来的一种中国传统武术，其主要社会功能有技击
功能、康养功能和文化功能。近代以来，太极拳经历了由河
南而河北继而北京，然后遍及全国的一个地域传播发展历程，
而且相继演化出诸多流派。21世纪以来，太极拳传承发展取
得重大进展，区域发展加快，国际化传播加速，太极拳的运
动功能、文化功能特别是康养功能正在被普遍重视和广泛研
究，相关科研创新同步跟进，太极拳产业正在走向兴旺发展。

关键词：　太极拳　传统文化　流派　太极拳康养　太极拳文化　太极
拳产业

一　太极拳概述[①]

太极拳是中华优秀传统文化的重要组成部分，传承和发展太极拳首先要研究太极拳的历史、文化、理论、技术、传承等，真正认清太极拳是什么、为什么、怎么做，使太极拳回归到它应有的高度和深度。

（一）太极拳的基本定义

太极拳是以中国传统文化中的儒、释、道、武、医等思想为理论基础，以太极阴阳哲理为健身和技击技术应用的指导思想而发展起来的一种中国传统武术。概括地说，太极拳是一种集健身、武术、修养三大功能于一体的拳术，它以太极修养为导引，以武术为载体，通过特殊的训练体系，对人体内外进行改造，从而获得高效的健身技击方法，达到健身养生的效果，并在思想境界上有大幅度的提升。

从本质上讲，太极拳只有一种，是一脉相承的。现在流行的各种派别，只是传统太极拳在风格上的不同表现形式，都没有，也不应该离开其本质。所有传统太极拳中所讨论的拳理、拳法、训练体系等都是相同的，而其中的具体练习方法也都是相通的。因此在讨论太极拳的本质定义时，门派之分并没有什么真实的意义。

习练太极拳，首先需要对太极拳的本质定义有清楚的认识。如果不以传统文化中的修炼学说为基础，或在练习时不使用太极哲理去实现这样的技术特点、去达到这样的修炼目的，或不使用这样的特殊训练方法去发展这样的技术，就不是太极拳。无论在哪个层次习练太极拳，都不能偏离这个基础认知，否则必然会出现混乱与偏差。现在有些练太极拳的人，只了解太极拳肢体动作中的一小部分，对太极拳没有整体上的正

---

① 本节由赵泽仁、张云执笔。赵泽仁，中国电影集团公司艺创中心（退休）导演、制片人，吴氏太极拳传承者；张云，美国匹兹堡大学数据库管理负责人，主要研究方向是太极拳理论与实践。

确认知，以偏概全，造成误导，有些人甚至随意编造太极拳，对太极拳的发展造成伤害。

（二）太极拳是中国传统武术发展鼎盛时期的必然产物

人类为了求生存而需要争斗技巧，武术或格斗术、搏击术就是这种需求下的产物。开始的争斗方式都是以本能为基础的直接动作，抡拳踢脚都是日常自然动作的反应。当争斗的烈度提升后，有人开始对此进行专门研究，也就是将自然自发的打斗动作上升为更为合理有效的技术。这种技术的发展至少有几千年的历史，全世界各个国家、民族皆如此。虽然这种打斗的技术五花八门，但是其本质上都是在自然本能的基础上对人体的强化。在中国，以这种观念发展起来的拳种门派后来被归为"外家拳"①。

中国传统文化中有一些很独到的特点，比如术与道的关系，小学与大学的关系，特别是道家哲学思想，更是在全世界思想界独树一帜。另外，自古以来就有人特别注重身体内部的感觉、修炼问题，从而引发出有关"气"的系统观念，以及由此而产生的人体内的修养、修炼方法。正是由于中国传统文化中有关"气"的养生观念，才为人体提供了新的训练方法，产生了对人体的新的认识，极大地开发了人体潜能，比如增强肌肉并不是增力量的唯一方法，又比如通过气达到对劲力的最合理有效的运用方法等。

这种将道家理论和人体修炼的文化与武术相融合的过程是漫长的，最终从中产生出最具中国文化特征的、以道家思想为基础的、以练习内功为主导

---

① "外家拳"一说始于何时现在无法确认，现知最早的记载见于黄宗羲 1669 年所著之《王征南墓志铭》中："少林以拳勇名天下，然主于搏人，人亦得而乘之。有所谓内家者，以静制动，犯者应手即仆，故别少林为外家，盖起于宋之张三丰。"这个记载说明为了与内家相区别，将少林类拳术称为外家，其特点是"主于搏人"的主动对抗。因此外家拳的名称应该是由于新理念之内家拳的产生而与之同时出现的，而后逐渐成为"主于搏人"理念下的一类拳术的总称。

的"内家拳"①（并非单指张松溪之内家拳）。内家拳也不是一个严谨的武术分类，它所代表的是一种新的概念，是武术发展中的一个新的方向。正是由于这种融合，最终使得太极拳成为中国武术中划时代的产物。

外家拳是指自然发展起来、以强化生存本能的一类拳术，其历史久远已无法追述。内家拳一类拳术的发展是建立在外家拳高度发展的基础上，以中国传统文化中的哲学思想对外家拳的理性改造开始的，所谓"外家拳至少林已臻绝诣。张三峰（丰）既精于少林，复从而翻之，是名内家"②的记载，正是这个改造的旁注。拳谚说的"外练筋骨皮、内练一口气"，就是对这个事实的概括。从现有的文献中可知，至少在唐代，这种理念已经产生，到明代中叶，内家拳的基本思想已经比较清晰了。同一时代中有关麸子李的记载，说明道家的炼气观念也已经融入武术之中，而太极拳是以道为核心的儒释道三位一体，包括了更丰富的文化内涵。当内家拳的概念、训练方法等渐趋成熟后，有些门派中出现了理论升级，比如形意拳中的"九要论"、十三势中的"十三势行功心法"与"十三势歌"等拳论，以及《手臂录》《苌氏武技书》等著述。这些理论著述中都有关于内家拳的基本理念、训练与应用的系统描述。外家拳向内家拳演变的过程是漫长且不均衡的，并非所有拳种都发生了演变。

太极拳的前身是十三势，又名长拳，这是公认的事实。从现在的史料看十三势很可能在明代中期、末期完成了从外家拳到内家拳的演变。说十

---

① "内家拳"的最早记载也是在上述黄宗羲的《王征南墓志铭》中的同一句话。描述了内家拳起于张三丰，其技术特点是"以静制动"的道家观点。在传承中，王征南的上三代为宁波张松溪。清代曹秉仁1735年所纂修《宁波府志》"张松溪传"中有"松溪，鄞人，善搏，师孙十三老。其法起于宋之张三丰"，"盖拳勇之术有二：一为外家，一为内家。外家则少林为盛，其法主于搏人，而跳踉奋跃，或失之疏，故往往得为人所乘。内家则松溪之传为正，其法主于御敌，非遇困危则不发，发则所当必靡，无隙可乘。故内家之术为尤善"等记载。而其中有关张松溪习武事迹的描述与明代沈一贯（1537—1615年）《喙鸣文集》中"搏者张松溪传"所记述的大致相同。沈文大约成于1610年，内容源于张松溪学生的讲述。根据武术界的习惯，从狭义上讲，内家拳就是张三丰、张松溪、王征南等一脉相传的一种拳法；而从广义上讲，内家拳就是一类具有道家思想特征的拳术。

② 参见王征南的学生黄百家1676年所著《王征南先生传》。此文记述了内家拳法的特点，以及其流派传承。

三势开始是外家拳，是因为其中有很多拳势名称、动作都与当时的某些外家拳相同或相似，显示了它们之间的继承关系。说十三势演变为内家拳，这点可以从早期流传的"十三势行功心法"等拳论中得到清楚的证明。这些拳论的形成，说明十三势中与内家拳相关的最重要的内功心法训练已经完整、成熟。

在成熟的内家拳中，十三势又有一次深刻的变化，即经过一次大的理论与实践上的整合，完善了整个系统，实现了系统升级。这个整合就是将太极理论融入，形成了以太极阴阳哲理为指导、以懂劲技术为核心、以神明为追求境界的太极拳。这个最后的整合工作的完成时间不会晚于清中叶。"打手歌"的出现标志着太极拳独特的技击理论已经形成，王宗岳的"太极拳论"既是这个整合的产物，也是这个新拳种的标准。从十三势到太极拳，是武术发展中的飞跃，证明太极拳是传统武术发展鼎盛时期的产物。

外家拳是人体本能基础上的强化，是武术发展的自然趋势。内家拳则是在寻求更有效方法过程中深思熟虑的结果，先有外家拳、后有内家拳的说法是合理的，内家拳是从外家拳中发展出来的也是合乎逻辑的①。除了技击技术外，内家拳中还大量增加了以传统炼气为核心的所谓内功练习方法，由此导致对本能的改造，同时也形成了新的力量运用方式与新的人体行为反应模式，可以说是在人体上建立起了新的能力。

（三）太极拳的系统

今天我们所继承的太极拳早已经发展完善，既包括完整准确的理论与技术体系，也包括完整细致的训练方法。可简单地概括为以下四个方面。

顶层设计：太极拳以道家思想为核心，兼收儒、释、兵、传统养生功、中医等精华，是对人身心的全面修炼和改造，追求的是最高级的技击原理与技术、健身养生的境。太极拳"以武入道"，成为博大精深的传统文化体

---

① 从前面所列举的记载中可以看出，外家拳与内家拳在技术上有继承关系，在理念上是推陈出新，但是二者相对应的名称，应该是同时出现的。

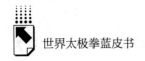

系中的重要部分，这是太极拳的体；太极拳的完整训练过程是以武术为载体，寻求符合阴阳转换的最高效的技击方法与最有效的健身效果，这是太极拳的用。体与用的关系构成了太极拳的本质基础。

基本理念：从道家守静、虚无、无为、不争等思想中，建立起新的、最合理、最高效的技击概念，实现以柔克刚、以弱胜强、后发先至等应用，并从中得到太极拳独特的健身、修身效果。概括地说，就是全面改造人的先天本能，建立起新的行为与反应模式。

技术基础：坚持以内功心意引导、以"舍己从人"为本，在得机得势、以逸待劳中，采用引进落空、借力打力、牵动四两拨千斤等技法，实现对对手的完全控制，以及控制下的打击。太极拳技术要求的基本能力包括：身体的运动能力，如肢体上的松、整、协调及内功之神意等；保持放松状态的能力，能应物自然；维护平衡稳定的能力，总能保持中正、舒适、和谐；气的感应与控制应用能力，如身内的贯串、鼓荡；超级感知能力，在此基础上的知己知彼；劲力的控制使用能力，在因敌变化中追求最高效率。

训练方法：太极拳中有完整的训练方法，包括基本功、拳架、推手、实战、辅助训练、理论学习等，其中拳架与推手的练习方式是独特的。拳架练习从基本动作要领开始，以柔慢轻匀的方式，追求周身六合与八法应用，达到对身体由外向内的改造。推手练习从基本的感知训练开始，从粘黏连随中追求知己知彼，实现对对手的控制，达到从体内向体外的劲力的最合理、高效的运用。

（四）太极拳的训练与修炼

练拳的过程可以分为两大阶段。第一个阶段是太极拳的训练，第二个阶段是太极拳的修炼。所谓训练，是指在老师的指导下的学习、练习的过程，"入门引路须口授"，在老师的指导下使训练达到对拳理、拳法的理解与掌握。所谓修炼，是指完成完整的训练学习过程后的自我练习，"功夫无息法自修"，也即在理解掌握了拳术之后进一步研究、完善、提高，是一个对拳理、拳法的总结、发展的过程。

1. 太极拳的训练

从历史上看，太极拳的产生和发展是源于人们对传统武术局限性的认识。在全世界各个国家、民族中自然产生、发展起来的各种格斗技术，从本质讲，都是基于对人体自然本能的直接强化与运用。无论技术上有什么区别，其本意都是相同、相通的。技术发展的局限性主要是对体能的依赖程度过大，也即在一个人的综合技击能力中，对力量、速度等体能要求所占的比重过大，造成"有力打无力，手慢让手快"的现象。这也是现代各种搏击比赛中，都需要按照体重分级的原因。

太极拳是要建立起全新的能力。所以学习太极拳并不是简单地学习几个新的技术动作，而是首先要从基础能力上进行一系列彻底的改变，这就比其他武术训练多了一步。只有当新的本能基础建立起来后，才能真正理解、掌握、学习、修正太极拳的技术，并通过训练去提高、强化技术水平。由此决定了在太极拳训练的整体过程中，更强调对改造本能的训练。而要改造本能是相当困难的，需要不断地对以往的经验进行自我否定，常常会使人困惑，有时甚至难以分清对错，要求习练者在训练中必须充分理解、牢牢把握。

新的思想和技术观念使学习、掌握太极拳的训练过程，有别于通过练习去强化原有能力的武术训练。这是对身体机能的全面改造，最终得到的是一种全新的能力。所谓"改造"，就是要去掉或限制旧的、习惯性的思维与行为模式，同时建立起新的能力。由于这个改造是全面的、深入的，所以太极拳的训练必然是一个长时间的艰难的过程。

改造全身心的困难必然会导致学习太极拳的困难，对此必须要有充分的认识。太极拳的所有技术学习、练习都包括两个过程：一是通过学习、练习达到理解掌握，解决"懂不懂"的问题；二是提高学习、练习水平，解决"好不好"的问题。在新的本能基础建立之前，人们不可能真正理解太极拳的技术，经常会纠结在懂不懂、会不会的问题中，没有条件、没有资格去谈"好不好"的问题。例如，在学习"黏走相应"这个基本原理时，如果不具备周身相合这个基础能力，就不可能对"阴阳相济"有切身

体会，更不可能真正懂得、掌握这个技法原理。

学习太极拳，一方面要真正掌握其拳理，另一方面要练好技艺。太极拳理论的重要性毋庸置疑，但所有功夫最终都是靠练出来的，"功夫不到终是迷"。今天传统太极拳所面临的主要问题，仍然是学有余、练不足的问题，理论上夸夸其谈、天花乱坠，一动手完全不对的现象并不鲜见。

太极拳训练有自身的规律，不但要刻苦习练、持之以恒，更要得法。要清楚每一步训练的目标与道理，明白整个训练过程中的各个步骤之间的关系，按部就班地训练。太极拳的特殊性决定了其独特的训练方法：练习拳架，从"柔慢轻习"的练习中追求放松、协调、提起精神、意念的变化、内气的贯串、鼓荡、挖掘潜能；练习推手，从"轻灵顺随"中发展感知能力，从"粘黏连随"中追求"懂劲"，达到控制下的、高效的发放或打击。

拳架与推手是太极拳的两大基本功，二者互为补充。拳架包括基本功、拳架套路、各种辅助功法等所有对思想、意识、精神、体能、技术的个人训练；推手包括推手技术的练习，以及竞技推手、实战技击等所有具有武术对抗性质的技术训练。拳架与推手是"体"与"用"的辩证关系："体"就是新的基本能力的训练，"用"就是新能力之上的技术应用训练；太极拳的体用兼备，是指拳架与推手两方面的训练都必须兼顾，不可偏废。如果拳架练不好，那么谈推手、技击就是空谈；如果不习练推手、技击，拳架中的大部分训练就没有活力，内功也难以发挥出来。

训练阶段完成标志着学习过程基本结束，之后进入自我修养提高的修炼阶段。

2. 太极拳的修炼

太极拳不只是一门单纯的技术，而是一种艺术和身心的修炼，由此决定了学习太极拳是一个艺无止境的过程，是一种活到老、学到老、练到老、悟到老的修炼。例如，在技击技术与能力方面，60 岁以后还能有所领悟、有所提高，这在其他武术门派中几乎是不可能的。学习训练阶段完成以后，练拳就是修养。人们常说练太极拳会上瘾，欲罢不能，需要天天练习、时时领悟，其本质就是品位、气质、境界的修养。修炼是训练阶段完成后的自我体验，是通过养悟形成系统学问的过程。通过不断地研习、自我修炼、巩固加深已有的认识，"渐至从心所欲"，进而能够感悟到新的、属于自己的东西。

太极拳修炼的核心是修身养性。首先，"修身"是讲如何增强防身自卫的能力，当有危险临近时，能够自我保护、防范；其次，"修身"是讲如何通过锻炼强身健体，达到益寿延年的目的，也就是讲人体在生理方面的健康问题；再次，"修身"是讲内养精气神，气血通畅，五脏六腑阴阳协调，与外练四肢健康活泼相结合，能够祛邪扶正，少得病、不得病，减少各个生理机能中不必要的消耗、损害，使之保持最佳的运转状态；最后，"修身"中也包含有修炼德行的意义，所修的"德行"不仅仅是一般的武德，而且是更高尚、更具普遍意义上的人品、素质与行为准则，诸如诚实、正直、守信、正义、爱人助人、负责任、守规矩、明是非、知廉耻等，这些都是中国传统文化所倡导的美德。

在进入太极拳的修炼阶段后，练拳就成为养拳、悟拳。养，就是细心照顾、精心护理，使之能健康苗壮地成长。例如，修炼时盘架子已经不是为了达到某些技术目的而练习，而是通过自然的运动，从中仔细体会内情外景，得到一些自身感觉身体越来越轻、越来越舒服的体验、感受。悟，就是在行拳中的冥想、感悟，得到情趣上的提高，是思想、精神境界的升华。例如，盘架子成为一种身心愉悦的艺术享受，甚至推手技击都是艺术享受。还有什么是"虚静"，如何才能做到"虚静"？这类东西从来也没有人给出过严格、准确的定义，属于只能意会、不能言传的东西。只有当身体有了真实的体会，才有可能明白这些东西的真正含义，真正理解太极拳中的理论与实践不是空话和大话。

达到修炼阶段的人，往往会以平常心、自然的态度对待日常练习。通常练习会趋于简化，盘架子时也不刻意遵守具体要求，无论怎么动都没问题，内功心法的练习也在似有似无之间，并且常常会出现一些新的体验和领悟。这些领悟有的可能是对已掌握技法的更深刻认识，常常导致在应用时更加简洁，有的可能是内功心法上要点的变化，可以使感觉更清楚。特别是一些能

够从自己所学所练的功夫中总结、领悟到一些新东西的修炼者，还会对太极拳的理论和实践的创新发展作出贡献。

3. 太极拳的境界

学习太极拳，从训练到修炼都需要境界，既要深入、细致，又要开阔、致远。在拳架训练中，既要追求正确的形体动作，更要追求内在的味道、气势、神韵，这是拳架训练的境界；在推手训练中，从追求如何省力而不计较眼前的胜负得失开始，到精益求精、追求最高效率，总能够看得更高、更远，这是推手训练的境界；从心静、意专、无为、不争，到以柔克刚、应物自然、以无法为法，这是技击中的高级境界。概括地说，在训练中通过不断领悟，不断提升思想境界，进而从技中求艺，以拳悟道、得大自在，就是修炼中的境界。

太极拳的修炼境界还是一个不断提升的过程。武艺不仅是格斗的技术、技艺，而且还要通过对武艺的研习，实现个人整体素质全方位的提升，到达武学的境界。以求道的心态修炼，才有可能完成对整个太极拳系统的最本质、最完整、最深刻的认识，进而对太极拳的理论发展有所贡献。修炼过程是"练虚还道"的境界提升，即从自觉到自然，最终达到自由。

（五）学习太极拳的目的

人们学习任何东西都有其目的，学习太极拳的目的是健身、技击、修养的三者合一。太极拳是拳术，武术训练是它的根本和基础。太极拳拳理、拳法的特殊性，决定了学习太极拳需要特殊的训练与练习方法，从而取得健身、养生的效果。

太极拳坚持以传统哲学思想为基础，重新审视、督导武术与健身训练，将武术训练与追求道法的学习自然结合起来，达到性命双修的最终目标：改变人的气质，提高思想境界，开发心智，培养高尚情趣，增强艺术修养；强健身体，使身体各个部分、各种机能，从外到内都能够得到最合理的锻炼与最佳的维护；能够充分开发人体潜能，获得最高效率的防身抗暴的能力。

学习太极拳将健身、技击与修养渐渐重合，来达到思想境界上的升华。由此要求太极拳的习练者，不能简单地通过体能的提高去实现技术的提高，而是掌握最自然、最合理、最高效的方法；不是仅追求短期的效果，而是寻求如何使个人能力被最大程度地发掘；不是简单地看技术上的胜负问题，而是注重发现技术规律，将技术升华为艺术，实现技术与道的契合。

（六）太极拳与传统文化

太极拳的内涵非常丰富，既包括技艺、技术，也包含传统文化。由此决定了太极拳既要传承技艺、技术，也要传承中国的传统文化。中华传统优秀文化博大精深，《易经》是其中的精华之一，也是太极拳文化的精髓。太极拳的传统文化除了由太极文化构成哲学、艺术外，还承载着一个重要的内容，即武德。武德是社会道德在武术中的体现，传承太极拳需要强调习武修德。太极拳武德的内容主要包括：尊师重道、礼貌文明，爱国爱家、知晓大义、明辨是非，存仁义之心、与人为善、助人为乐，惩恶扬善、见义勇为，能吃苦耐劳、有坚韧不拔之志，诚心、专心、诚信、守法、守约、勇气、认真、坚持、自信、自强、自尊等，都是需要传承下去的宝贵精神财富。修炼太极拳本质上是一个传承中华传统优秀文化的过程，通过对身心的全方位修炼来不断地完善自己，做一个具有高尚道德、完美人格的人。

传统文化的复兴希望寄托在年轻一代身上，太极拳的传承也是如此。需要纠正太极拳只是老年人健身操的错误观念，尽可能地吸引年轻朋友甚至是少年朋友加入。年龄小，可塑性强，真正的大师大多数是从小练起的。如何能够吸引更多的青少年习练太极拳，是事关太极拳能否真正传承下去的重大问题，也是事关中华文明传承、中国社会发展的重大问题。

学习、传承、弘扬中华传统优秀文化，要求太极拳习练者必须增强文化自信，适应新时代的要求，保存精华，剔除糟粕，使中华传统优秀文化随着太极拳的普及和太极拳文化的升华而持续发出耀眼的光芒！

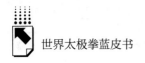
二 太极拳历史发展概况[①]

（一）太极拳历史发展脉络

世界上任何一种事物都有产生和发展的过程，太极拳也是同理。太极拳源于太极文化是无可争议的，但是太极拳最早源于何时、何地、何人，长期以来武术界、学术界尚有不同意见，但据可查的、翔实的历史资料看，自从19世纪中叶"太极拳"一词出现在文献资料上以后，太极拳的诞生、发展的历史足迹总体上是清晰的。

1. 太极拳的源脉在河南

欲探太极拳之源脉，离不开河南温县陈家沟村。陈氏太极拳从明末清初河南温县陈家沟村陈王廷"造拳"开始，到晚于陈王廷五代的陈长兴和陈有本，分别创编出陈氏太极拳大架一路、二路和陈氏太极拳小架一路、二路，陈长兴还著有《太极拳十大要论》《太极拳用武要言》《太极拳战斗篇》等，陈氏太极拳在河南省温县陈家沟村陈氏家族世代传承，实现了技术体系的逐步完善和理论体系的最终形成，并由此开始向族外传播，逐渐衍生出了多家流派支系。名震京师的杨露禅即从学于温县陈长兴，杨露禅一支即成为后来的杨氏太极拳。温县本土陈清平在陈氏太极拳基础上演化出赵堡太极拳。再后，陈清平弟子、温县本土和兆元又在赵堡太极拳基础上演化出和氏太极拳。以拳论彪炳史册的武禹襄也是赴温县向陈清平问艺研究。武禹襄一支即后来的武氏太极拳。杨氏太极拳派生了吴氏太极拳和李氏太极拳；武氏太极拳派生了孙氏太极拳；杨氏太极拳和武氏太极拳派生了王其和太极拳。基于以上事实和尚未发现太极拳起源早于河南温县的历史证据，2007年7月31日，中国武术协会命名河南省焦作市温县为

---

① 本节由张山、杨宗杰执笔。张山，中国武术研究院专家委员会主任，武术九段，武术国际裁判；杨宗杰，邯郸市体育局太极拳教练，主要研究太极拳文化和历史。

"中国武术太极拳发源地"①；2007 年 8 月 21 日，在河南省温县陈家沟，国家体育总局副局长冯建中等为"中国武术太极拳发源地"揭牌②。

2. 太极拳出现在河北

河北永年人李亦畬"老三本"的《五字诀序》中记载，太极拳"神而明者，代不数人。我郡南关杨某（笔者注：指杨露禅）爱而往学焉，专心致志，十有余年，倍极精巧。旋里后，母舅武禹襄见而好之，常与比较，彼不肯轻以授人，仅得其大概。素闻怀庆府赵堡镇有陈姓名清萍者精于是技，逾年，母舅因公赴豫省，过而访焉，研究月余，而精妙始得，神乎技矣。"太极拳就这样从河南传到了河北。

3. 太极拳出现在北京

太极拳出现在北京的时间是 19 世纪 50 年代，即 1850 ~ 1860 年。

1853 年，太平天国组织北伐军，仅仅数月之间，便越过安徽、河南、山西、河北，直抵天津，剑指北京。清政府立即组织官军进行堵截围剿。而在民间，兵荒马乱，人人自危，各求自保，但求仓促之间，能有一招半式以防身自卫，这无疑给当时的一些民间技击家提供了一个一展身手的舞台。③此时，杨露禅悄然现身北京，教人以习拳练武、防身自卫之术。他所教习的拳艺名曰"太极拳"。各路武林高人，凡与之交流切磋者，均告败北，于是杨露禅被誉为"杨无敌"。爱屋及乌，因人及拳，杨露禅所习之拳术"太极拳"开始不胫而走，享誉北京。

4. 太极拳发展重心南移

民国肇造，中国的政治中心南移。"20 世纪 20 年代，随着'国学'复兴，'国医''国术''国画''国乐''国剧'等原本属于民间的艺术，经各界努力，并由政府批准，也先后兴盛起来。"④ 在这样的历史背景下，

---

① 《太极拳发源地定为河南温县》，《人民日报》（海外版）2007 年 6 月 11 日，第 2 版。
② 《焦作国际太极拳交流大赛举行》，《人民日报》2007 年 8 月 22 日，第 12 版。
③ 徐致一所著《太极拳浅说·黄序》中说："昔洪杨之役，吾家一日而自杀者三十九人。此无他，不甘受人侮辱而无拳无勇，不能自存于乱世，固亦大可哀矣。四十年来，匪交北方健者。"文华图书印刷公司，1927。
④ 见"全国百强校"湖南省衡阳市第八中学 2017 ~ 2018 年高二年级 12 月月考历史试题。

1927 年，中央国术馆成立，提出的馆训和口号是"术德并重，文武兼修，强种救国，御侮图存"。中央国术馆聚集了一个庞大的国术师资阵容，他们是：李景林、杨澄甫、孙禄堂、孙玉铭、马英图、马良、马金标、马永胜、马庆云、吴俊山、吴民清、吴异辉、严乃康、陈子明、高振东、王子平、朱国福、黄柏年、于振、郭长生、郝鸿昌、张骧伍、徐宝林、李玉山、毕凤亭、刘鸿庆、龚润田、常东升等。

顺应这一发展形势，太极拳开始从北京南下向南方各地传播①，其中的翘楚即杨澄甫②、孙禄堂等。杨澄甫先是应邀赴南京中央国术馆任教员之职，后又赴任浙江国术馆教务长，并先后赴上海、武汉、广州等地传播太极拳。其弟子也分赴各地传播，太极拳迅速在全国各地得到普及和推广。

5. 太极拳著作的大量出现

这一时期，太极拳著作的出版呈现雨后春笋般的发展态势，由武入文，文武并重，而且立意极高，将太极拳的发展置于国家民族的命运上，如"现值当道诸公，提倡国术，锻炼国民体格，以备御侮雪耻之际，槐荫亦国家一份子，爱国既不敢后人，而于先人遗著，又曷敢隐秘自私？爰刊印行世，聊为提倡国术之助"③，又如"同志谋广其传，以救吾族之文弱"④，"使人人锻炼气体，固结精神，体育既普，而德与智且俱进于无穷，民族日强，国基益固"⑤ 等。其中，最具影响力的是杨澄甫的著作《太极拳体用全书》。

太极拳早期的传播历程，第一阶段是在北京的传播，当时正值内忧外患、人心动荡之际，特定的时势广泛激发了社会大众强身自卫的习武渴求，

---

① 徐致一所著《太极拳浅说·胡序》中说："徐君为吴君鉴泉高足，北方学者未之或先。今将南旋，吾知是学亦与之俱南矣。"文华图书印刷公司，1927。

② 杨澄甫所著《太极拳体用·自序》中说："余始则授徒旧都，嗣以局促一隅，为效偏颇，更南走江淮闽浙间。"中华书局，1934。

③ 贾红军、李光藩等：《从古城走向世界——永年太极拳史料集成》，中国永年国际太极拳联谊会组委会，1993。

④ 徐致一：《太极拳浅说》，文华图书印刷公司，1927。

⑤ 于化行：《太极拳全书》，商会印刷部，1936。

太极拳在北京的传播也正逢其时。第二阶段是民国时期中央国术馆的成立，给了太极拳向更高、更广领域发展的一个平台。另外，太极拳理论意识非常突出，大量专著的公开出版，大大提高了太极拳的受众面。

（二）太极拳流派的形成

太极拳各流派的出现发生在 20 世纪 30 年代，是太极拳日渐兴旺的产物。至今，太极拳各流派仍呈不断分化、日趋丰富的发展趋势。

1. 太极拳流派出现的成因

1928 年，陈发科应邀赴北平教授太极拳，表现出了与杨露禅一脉迥异其趣的拳艺风格，当时诗人杨季子（名敞）题写了一首诗："都门太极早尊杨，迟缓柔和擅胜场。不意陈君标异帜，缠丝劲势特刚强。"这是史上首次有关太极拳不同风格的描述。

1935 年出版的《廉让堂太极拳谱·马序》："于是陈派也，杨派也，李郝派也，吴（鉴泉）王（茂斋）派也，亦如新兴之学术与主义，万派争鸣，而莫衷一是。实则各家有各家之心得，各派有各派之特长。"这是史上首次有关太极拳各流派命名及成因的描述。

2. 太极拳套路演练成为各流派的主要标志

太极拳套路是太极拳的基本构成形式，也是一个太极拳流派的主要载体和标志。徒手套路习练要领和风格的不同，是决定该流派区别于其他流派的分水岭。

3. 传统套路和竞赛套路的分野

1956 年，为发展体育运动，增强人民体质，国家体委以杨氏太极拳为蓝本，编排了简化太极拳加以推广。改革开放以后，为适应太极拳竞赛工作需要，中国武术协会和国家武术研究院相继编排了各式"太极拳竞赛套路"。而历史上自然形成的各式太极拳套路被称为"传统太极拳套路"。从太极拳人群来讲，简化太极拳普及面最广，竞赛套路和传统套路大致上平分秋色。但从太极拳所代表的文化层面来讲，仍然是传统太极拳各流派居于主导地位。

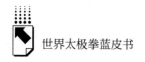
4.当前所流行的主要传统太极拳流派

国家在认定流派时明确了"源流有序、拳理明晰、风格独特、自成体系"的十六字方针。因此说，一个太极拳流派的形成，一般须具有清晰的渊源流脉和较长时间的代际传承，有系统完备的功理功法体系，有独特的风格特点，有众多的习练者并有代表人物的出现等要素。

当前流行的太极拳主要有八大流派，包括较早形成的陈氏太极拳、杨氏太极拳、武氏太极拳、吴氏太极拳、孙氏太极拳和后来被列为国家级非物质文化遗产代表性项目的和氏太极拳、李氏太极拳、王其和太极拳。

（三）太极拳的主要特点和发展现状

太极拳从传统武艺走来，凤凰涅槃，融入了现代遍及全球的体育健身热潮中，而且具有丰富的文化内涵和心灵指向，身心双修，深受世人喜爱，成为中华文化的一种象征，成为世界了解中国的一个窗口，进而成为全人类的健身法宝和文化瑰宝。虽然太极拳流派众多，各有风格，但在总体上，普遍遵循着基本的要领和拳法特点。

1.太极拳主要运动特点

太极拳是一种典型的有氧运动。以心行气，以气运身，柔和缓慢，松静自然，全身协调，不尚拙力，式式均匀，连绵不断。在身法操作上形成一整套严格的方法和要领，如虚灵顶劲，气沉丹田，含胸拔背，沉肩坠肘，裹裆护肫；立身中正安舒，支撑八面，行气如九曲珠，无微不至；劲起于脚，发于腿，主宰于腰，形于手指，等等。

2.太极拳主要理论特点

太极拳理论具有鲜明的传统性，首先是以"太极"学说立论，强调阴阳、虚实、动静、开合、刚柔、进退等的对立统一关系，充满辩证思维。其次，太极拳理论源于中华传统文化和传统武艺两大源头，并产生了许多创见和新意。如"不偏不倚"本是儒家中庸思想，属于形而上范畴，被引进到太极拳理论后，却成为对身法的具体要求，完成了从形而上到形而下的翻新。最后，太极拳理论具有很强的包容性和开放性，它和很多领域都有交叉和延伸，源于古典哲学，旁通于兵家医家理论，而又很好地印证于现代科学。

3. 太极拳主要社会功能

第一，技击功能。尽管在现代社会太极拳的技击功能已大幅退化，但它的基本构成元素毕竟是武术的攻防动作。人们在习练太极拳的过程中，都会以攻防要求来进行训练，否则所有动作就都成了无目的的堆砌和摆设。第二，康养功能。这是太极拳的基本功能，能够强身健体，防病祛病，益寿延年。第三，文化功能。太极拳吸收了中国古典哲学思想、传统道家思想、传统儒家思想以及释家思想，具有深厚的文化底蕴和修身养性的作用。

4. 太极拳发展的社会推动力

一是国家推动力。党和政府高度重视全民健身事业，1995 年国务院颁布实施《全民健身计划纲要》后，国家体育总局武术运动管理中心所组织的各种大型太极拳推广交流活动和文化部所组织的非遗评审活动（太极拳类已有 7 个流派被纳入国家级非遗项目），尤其是全国太极拳锦标赛等大型比赛和 2008 年天安门广场万人太极拳表演等大型展演项目，都极大地推动和促进了太极拳的大发展。

二是地方积极性。特别是河南焦作、河北邯郸和湖北十堰等地，这些与太极拳渊源很深的地方，都借助民间对太极拳的热爱和信仰，大张旗鼓、持之以恒地举办了一系列大型太极拳交流活动，同时也带来了地方知名度和美誉度的提升，实现了太极拳文化的传播和地方经济社会发展之间的良性互动。

三是大普及背后的大商机。特别是香港几大武术节的成功举办，实现了商业模式的成功运营，获得了较好的商业利益。虽名曰"武术节"，而其中的绝大部分与会者都来自太极拳人群。

四是太极拳社团的空前活跃。世界太极拳网于 2016 ~ 2018 年连续举办了三届世界太极文化节，在太极拳界产生了巨大的影响。各地大大小小的太极拳社团所举办的太极拳活动此起彼伏，丰富多彩。

五是太极拳相关产业的空前发展。主要体现在太极旅游业、培训业以及

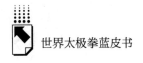

服装、器材、图书、音像、工艺品等方面。

太极拳产生于冷兵器时代的武装冲突，却成为和平年代的宠儿，主要得益于它的体育健身与修身养性功能。在历史的发展中，太极拳形成了鲜明的"四性"：竞技的观赏性、广泛的适应性、科学的健身性和丰富的文化性。"四性"也可以称为太极拳的四德，使太极拳跨越了地域、民族、性别、年龄、国度、信仰、文化等界线，成为遍及全世界的推广项目，并呈现出广阔的发展前景。

三　21世纪以来太极拳发展概况[①]

从历史深处走来的太极拳，伴随着时代的变迁而呈现不同的面貌，其价值功能和表现形式也在不断演变。21世纪以来，随着经济、社会、文化和教育事业的发展，太极拳以多样化的形态服务于社会的同时，其自身也获得了更为广阔的发展空间，在大众健身、体育竞赛、教育传承、国际传播等方面都得到了长足的发展。太极拳作为中国文化的特色名片和健康有效的健身方法，已得到国人的公认，受到世界人民的喜爱。2016年10月，中共中央、国务院印发的《"健康中国2030"规划纲要》，明确提出要扶持推广太极拳等民族民俗民间传统运动项目。[②] 太极拳又迎来了一个崭新的发展机遇。

（一）太极拳的健身服务

1. 全民健身中的太极拳

在20世纪90年代兴起的"全民健身"热潮中，太极拳因具有养生、技击、教育、艺术等多元价值而备受国人青睐，从而超越各种西方体育项

[①] 本节由张长思执笔。张长思，北京师范大学体育与运动学院副教授，研究方向为武术理论与文化。

[②] 《中共中央　国务院印发〈"健康中国2030"规划纲要〉》，《光明日报》2016年10月26日，第1版。

目，成为全民健身中练习人数最多的一项健身运动。进入 21 世纪后，随着太极拳群众活动的蓬勃开展，太极拳的影响力与惠民力不断提升。2000 年，国际武术联合会执委会会议通过决议，将每年的 5 月定为"世界太极拳月"；2011 年以来，国务院先后颁布并实施了《全民健身计划（2011—2015年)》《全民健身计划纲要（2016—2020 年)》以及《"健康中国 2030"规划纲要》，这 3 个文件均明确提出要扶持推广太极拳、健身气功等民族传统体育项目和健身活动。至此，太极拳在全民健身中的发展迈上一个新的台阶，太极拳习练人口日益增多。据不完全统计，目前全国长期习练太极拳的人口约 5000 万，仅焦作、邯郸、成都 3 个太极拳特色城市，习练人数就超过 500 万人。

虽然从整体上看，近 20 年太极拳运动的普及和推广工作可谓成果丰硕，但同时也出现了价值追求和动作标准竞技化的倾向，太极拳套路在竞技体育的影响下开始追求"高、难、美、新"，逐步向标准化、规范化和可操作化方向发展。凡事都具有两面性，这一转向虽有力地推动了太极拳竞赛的有序开展，但却在一定程度上淡化了太极拳固有的攻防含义和文化内涵，打破了传统太极拳的技术体系和修炼程序，"太极拳成为'太极操''太极舞''摔跤'"[1]，无论从文化传承的角度还是健身养生的角度，都已显露弊端。所幸，在简化太极拳、竞赛太极拳占主流的当下，仍有众多太极拳人坚守传统习拳之路。

2. 打造"太极拳健康工程"

随着全民健身运动的不断深入，老百姓参加体育锻炼的热情越来越高，人数也越来越多，尤其是随着现代生活节奏的加快，人们也越来越需要一种节奏舒缓的运动来调节紧张的神经，太极拳就显示出了它独有的魅力和价值，其社会化推广工作也随之进入一个崭新的阶段。为了充分利用太极拳所独有的健身文化资源，打造中国太极拳健身文化品牌，树立太极拳健康社会

---

① 唐美彦、於世海：《机遇与挑战：全民健身国家战略对太极拳的健康诉求》，《武术研究》2017 年第 10 期。

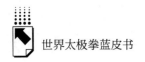

形象，更好地发挥太极拳在全民健身中的作用，国家体育总局武术运动管理中心明确提出全面启动"太极拳健康工程"。这一工程的实施，将从根本上实现太极拳由"技术教学"向"文化推广"和"健康服务"转型。[①]

自 2014 年武术运动管理中心着手策划、论证并实施"太极拳健康工程"以来，通过品牌项目的实施，已基本实现第一阶段的"四个一"目标，即：建立一个科学规范的技术体系、一个全面覆盖的组织网络、一个竞技交流的赛事平台、一个普及推广的培训系统。[②] 其中，技术体系是指一本手册（《太极拳健康指导手册》）、一套技术教材、一个竞赛模式及规则；组织网络是指中国武协、地方武协和基层武协三级组织网络；赛事平台是指国际和全国两大赛事交流平台；培训系统是指培养骨干队伍和举办全国性、区域性及行业性等各种形式的太极拳培训活动。

（二）太极拳的赛事活动

1. 太极拳竞赛体系的形成

竞赛是推动运动项目发展的内在动力，竞赛活动的日益丰富和竞赛机制的逐步成熟，标志着该运动项目的日渐成熟与普及。太极拳自 20 世纪 50 年代被引入体育运动项目以来，伴随着简化套路及系列竞赛套路的创编，太极拳竞赛体系逐步形成并日趋成熟，主要表现为竞赛规则的不断完善和赛事级别的不断提升。2008 年北京奥运会，武术虽然未能进入正式比赛项目的行列，但却催动了太极拳竞赛发展。2012 年，国际武术联合会批准设立了世界太极拳锦标赛，每两年举办一次。太极拳在世界赛场上的频频现身与赛事规格的日益提高，充分彰显了太极拳在世界范围的认可程度。

2. 太极拳的主要群众性赛事

传统武术是武术发展的根基，传统武术赛事是武术文化形象展示的重要

---

① 吕韶钧：《"太极拳健康工程"实施的核心内容》，《北京体育大学学报》2015 年第 9 期，第 15～19、27 页。
② 蒋亚明：《"太极拳健康工程"实施三年成果丰硕》，《中国体育报》2017 年 3 月 9 日，第 7 版。

窗口，传统武术赛事推广是中国武术文化继承与传播不可或缺的手段和路径。为了更好地开展太极拳运动，传承太极拳文化，促进太极拳习练者的交流，在国家体育总局武术运动管理中心的主办和指导下，全国各地区的体育局纷纷积极承办、组织开展了形式多样的太极拳赛事活动。

（1）邯郸国际太极拳运动大会

河北省邯郸市历来修武习艺之风浓郁，以武术为主的体育运动十分普遍。永年县作为太极拳的中兴之地，在发展太极拳事业上，发挥了得天独厚的优势。为了进一步传承、弘扬太极拳，邯郸发挥历史文化优势，大力弘扬太极拳文化。从1991年开始的"永年国际太极拳联谊会"，是永年县开展的太极拳活动中最著名的品牌，在社会上引起了巨大的反响。2000年为了适应比赛规模和提升赛事规格，"永年国际太极拳联谊会"更名为"邯郸国际太极拳联谊会"。随着2008年北京奥运会的成功举办以及全民健身运动如火如荼地开展，邯郸市政府又将"联谊会"升级为"运动大会"，主办方也由邯郸市政府、永年县政府提升为国家体育总局武术运动管理中心和邯郸市政府主办。把太极拳和运动结合起来而办成大会，这在太极拳历史上是一个创举。[1]

（2）焦作国际太极拳交流大赛

始于20世纪90年代初的焦作国际太极拳交流大赛，以太极拳为切入点，架起了太极拳对外交流的桥梁。大赛每两年举办一次，每届都有60多个国家和地区的太极拳爱好者参与竞技交流，受到了焦作市政府的高度重视。2000年，年会由温县易地焦作；2005年起，更名为"中国·焦作国际太极拳交流大赛"并同焦作山水旅游节结合起来，使参赛人员能够在交流技艺之余体验焦作的美丽风光。2007年，第四届中国·焦作国际太极拳交流大赛暨首届全国新农村农民太极拳健身大赛暨第六届中国·焦作山水国际旅游节在焦作境内举行。2009年第五届中国·焦作国际太极拳交流大赛，升格为国家体育总局、河南省政府主办，单项赛事由国家体育总局主办，为全国首创。

---

[1] 曹冬松：《邯郸国际太极拳运动大会发展现状研究》，硕士学位论文，西安体育学院，2015。

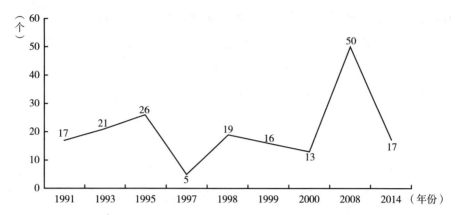

图1　历届邯郸（永年）国际太极拳运动大会参赛国家和地区数量

注：2001年、2002年、2004年数据不详。

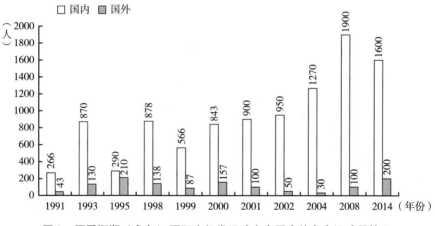

图2　历届邯郸（永年）国际太极拳运动大会国内外参赛运动员情况

（3）世界太极拳健康大会

世界太极拳健康大会是由国家体育总局武术运动管理中心、中国武术协会与地方政府联合举办的一项传统性赛事活动。2001年，首届世界太极拳健康大会在海南三亚举行；2005年，第二届世界太极拳健康大会在海南海口举行。从第三届开始，赛事固定为每两年举办一次，迄今已成功举办了七届。该项赛事旨在向世界全面、系统地展示太极拳的精华，深入研究、交流太极拳的科学健身规律，为世人呈现一场太极拳文化盛宴。

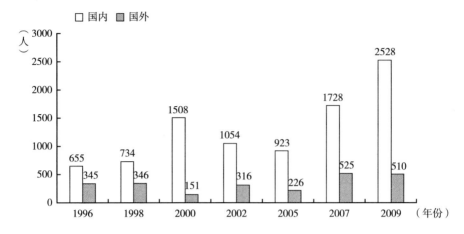

图3　历届焦作国际太极拳交流大赛国内外参赛运动员情况

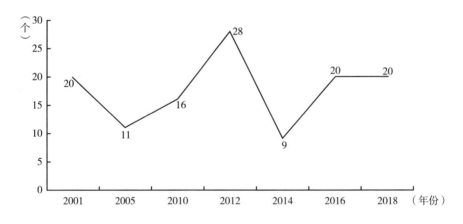

图4　历届世界太极拳健康大会参赛国家和地区数量

　　大型常规太极拳竞赛交流活动的持续开展，掀起了世界性的太极拳习练热潮。然而，从太极拳的全面传承来看，此类太极拳传统性赛事依然存在诸多隐性问题。如"传统赛事在推广中存在文化识别度不高和文化身份弱化等问题，表现为传统文化特点缺失、技击核心失散和拳种流派技术趋同等现象"①。太极

① 唐芒果、蔡仲林：《传统武术赛事文化识别研究》，《南京体育学院学报》（社会科学版）2011年第5期，第35～38页。

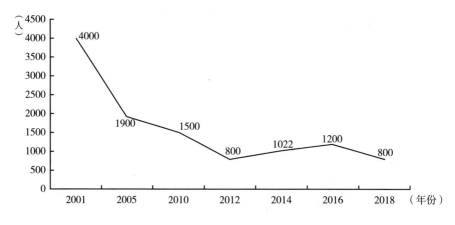

图5　历届世界太极拳健康大会参赛人数

拳在技术上由传统的打练合一分离成了套路、功法、对抗三个部分，淡化了攻防技击性、失去了传统的练习方法、倾向于功利性，并失去了天人合一的哲学思想。①

（三）太极拳的教育传承

文化需要传承，传承需要主体。博大精深的太极拳文化，是中华民族的智慧结晶。优秀的传统文化是人们一代代继承创新发展而来的，太极拳的发展也是如此。

1. 高校太极拳教学

当代社会，太极拳的健身效用已经深入人心。然而，"太极拳的功能远不止于强身健体，它更具有修养身心、教化社会的功能，是一种教育的手段、育人的艺术。"② 太极拳作为一种教育内容和手段进入高校体育课程以来，深受广大学生的推崇与喜爱。

目前，我国普通高校开设的太极拳课程所涉及的教学内容主要有24式

① 朱东、谭小勇、姜熙：《武术传统的断裂与武术现代转型过程中的东方道路》，《成都体育学院学报》2009年第3期，第19～23页。
② 金春霞：《太极拳的教育功能与全面继承太极拳的重要意义》，《中华武术（研究）》2013年第6期，第44～47页。

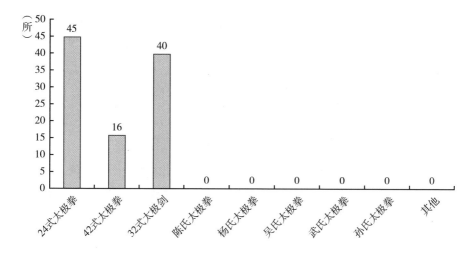

图6 山西省普通高校教学内容调查（n = 45）

太极拳、56 式太极拳、太极扇、32 式太极剑等太极拳竞赛拳械套路，① 而
24 式太极拳又是最为普遍的教学内容。② 高校太极拳课程的开展，无疑为太
极拳乃至中国武术的传承与发展注入了强大动力并提供了良好平台和契机。
作为运动项目进入高校体育课程的太极拳，注定要受到体育教学理念和方法
的影响和规约，从而逐步形成一套不同于传统太极拳的教学模式，包括教学
目标、内容、方法与评价。从教育目标来看，高校太极拳教学中太极拳的项
目特色被忽视，从而被当作"操化"类的体育课程来进行教学，如此不仅
不能很好地实现既定的课程目标，也不能充分发挥太极拳应有的教育价值。
从教学内容来看，高校的武术教育传承内容仅限于套路形式已成为普遍现

① 李光全、张元河：《方法、现状与中国意识：高校武术教学改革新探——基于武术原初素质
和精要的研究》，《武汉体育学院学报》2013 年第 11 期，第 81～85 页；张斌南、王力、郭
义军、刘晓军、黄京韬、宇文展：《长期太极拳练习对男大学生骨健康的影响》，《北京体
育大学学报》2010 年第 5 期，第 62～65 页；刘旭东：《高校太极拳与健身气功合作教学模
式探究》，《武术研究》2018 年第 3 期，第 60～63 页；陈海鸥：《太极拳课程校园推广研
究——以广东医科大学为例》，《体育科技文献通报》2018 年第 1 期，第 72～74 页。
② 祁浩浩：《武汉市普通高校公共体育课太极拳教学现状与对策建议》，硕士学位论文，华东
师范大学，2015；王晶晶：《山西省普通高校太极拳教学现状调查研究》，硕士学位论文，
山西大学，2013。

象。"自太极拳进入学校武术课堂以来,可以说二十四式太极拳几乎成为高校公体太极拳套路教学的全部,几十年来面目不改,单调乏味。"① 从教学方法来看,自太极拳被列为高校体育课程以来,就自觉不自觉地淡化了自身所应秉持的传统教学方法,而代之以体育课堂教学的种种方法手段。从评价方式来看,主要存在三个方面的问题:一是在评价目的认识上存在偏差;二是重终结性评价轻过程性评价;三是忽视太极拳文化理论的评价。

基于以上问题,高校太极拳教学改革应着眼于使太极拳回归传统,全面展现、挖掘和开发太极拳的教育价值;从明确太极拳教育价值定位出发,确立符合太极拳教育价值和教学规律的教学目标、教学内容、教学方法及教学评价方式;不断探索与完善高校太极拳教学体系,形成独具太极拳教学特色的教学模式。

2. 太极拳的传承创新

(1) 太极拳"非遗"传承

在经济全球化日益加剧、文化多样性面临冲击的今天,寻找文化传统,保护文化遗产,成为人们的自觉追求。作为中华优秀传统文化精粹的太极拳,更具有保护的必要性和迫切性。

2006 年,国务院公布第一批国家级非物质文化遗产名录(518 项),太极拳(陈氏太极拳、杨氏太极拳)名列其中。对于非物质文化遗产的保护工作,国家和政府虽然出台了相关政策并提供了资金支持,但这种阶段性投入对于任何需要长期保护、传承的"非遗"项目来说,无异于杯水车薪。因此,依靠政府支持,并不能真正地解决根本性的问题。有学者提出,要建立传承人制度、保护文化空间,同时,也要发挥国家的主导意识,在国家的引导、协调和指导下促使太极拳的科学化、规范化和法制化传承与发展。② 也有学者提出太极拳"活态传承"的理念,认为非物质文化遗产的存在必须要建立在生产劳动的基础上,并在社会生活形态下生存、发展,只有借助

① 桑守惠:《论高校太极拳教学的困境与对策》,《中华武术(研究)》2011 年第 4 期,第 29 ~ 31 页。
② 邱伟:《非物质文化遗产视域下太极拳的传承》,《博击(武术科学)》2010 年第 9 期,第 31 ~ 32、58 页。

这种活性的方式，非物质文化遗产才能够得以不断地发展。①

尽管专家们在不同层面和方向上提出了宝贵的意见，但太极拳科学传承的前景依然模糊不清。太极拳的价值定位、太极拳的修炼体系、太极拳的传播路径、太极拳的传承人才等问题，都有赖于更进一步的研究来破解。

（2）太极拳的创新发展

对待优秀传统文化的传承，习近平总书记曾指出："不忘本来才能开辟未来，善于继承才能更好创新。"② 太极拳的当代传承离不开创新，可以说太极拳的发展史就是一部创新史。太极拳从明末时期的陈氏太极拳逐步发展出杨氏、武氏、吴氏、孙氏、李氏、和氏、王其和等不同风格、自成体系的太极拳拳派，就是一个充分的例证，"而恰恰是他们在继承的基础上，找到了适合自己的武术技术和理论体系，而独成一家，对太极拳的传承与发展作出了新的贡献。"③

当代，有不少太极拳传承人和实践者，在深入继承太极拳的技、理精髓的同时，致力于太极拳的创新传承。田金龙教授根据太极拳推手发放过程所经历的四个步骤（即引化、进逼、落空、发放），从太极拳推手对抗的实际情况出发，总结出四个相应的独立的功法训练，即揉球、抽丝、折叠、惊弹。④ 张长念在传统太极拳功法的基础上，总结出针对提升推手功力的"十二功法"⑤。这些创新内容都在实践中得到了很好的论证，无论在太极拳的技击对抗还是在健身作用方面都收到了良好的效果。

（四）太极拳的国际传播

1. 太极拳国际传播的成果

弘扬民族文化，提升中国文化软实力，必须要推动中华优秀传统文化

① 王士赵、何亚梅：《非物质文化遗产保护下太极拳的传承价值及其发展研究》，《湖北科技学院学报》2018 年第 1 期，第 121 ~ 124、132 页。
② 《创造中华文化新的辉煌》，《人民日报》2014 年 7 月 9 日，第 15 版。
③ 杨祥全：《传统武术传承与保护的思考》，《武术研究》2017 年第 1 期，第 1 ~ 5 页。
④ 田金龙、杨建营：《太极推手课堂教学模式新探》，《武汉体育学院学报》2013 年第 8 期，第 77 ~ 81 页。
⑤ 张长念，访谈时间：2017 年 6 月 18 日；访谈地点：首都体育学院；录音编号：ZCN20170618001。

的国际传播，而中华优秀传统文化国际传播的载体，首选太极拳。虽然各类中华文化艺术形式都可成为推广中国文化的有力途径，但在文化传播的安全性、有效性和深入性方面，太极拳则有着明显区别于其文化载体的独特优势。

2015年10月18日，焦作市成功举行了"共享太极·共享健康"世界百万太极拳爱好者共同演练活动，实际参练近千万人，并向全世界发出设立"世界太极拳日"的倡议，成功申报了吉尼斯世界纪录。[①] 当代，随着太极拳竞赛交流活动的日益频繁和深入，太极拳的国际影响力与日俱增。目前，太极拳已传播到150多个国家和地区，80多个国家和地区建有太极拳组织，67个国家和地区设有太极拳馆，习练人数超4亿人。[②] 太极拳的国际传播成果由此可见一斑。

2. 太极拳国际传播面临的问题

尽管太极拳的国际传播呈现一片繁荣景象，但这并不意味着太极拳的国际传播机制已经形成。从传播学的角度来看，太极拳的国际传播活动具有零散化、被动性的特征。专业管理部门的缺位、专门传播机构的缺失、专业传播人才的匮乏以及太极拳传播内容体系、方法体系的非系统化、非规范化，都在一定程度上阻碍着太极拳国际传播的步伐。

综观太极拳在国内外的发展现状，太极拳已经走进了人们的生活，融入了人们的思想。从神秘的技击术到普世的健身法，再到有效的文化传播载体，体现了当代人们对太极拳内在价值的发掘与认同，同时也彰显出太极拳文化强大的生命力。太极拳因其多元的价值功能、深邃的文化底蕴、便利的锻炼形式和有效的传播手段，必将受到越来越多国内外民众的热爱与推崇，在教育、体育、文化、产业领域中焕发光彩。

---

① 《民之所望来自"两会"的声音》编写组编《民之所望来自"两会"的声音》，中国言实出版社，2016年，第93页。
② 《民之所望来自"两会"的声音》编写组编《民之所望来自"两会"的声音》，中国言实出版社，2016年，第93页。

四　21世纪以来太极拳主要流派发展概况[①]

太极拳以其独有的养生、技击、教育、艺术等多元价值，深受世人青睐。清末民初时期，太极拳因顺应了"强身健体""强国强种""救亡图存"的社会需求而备受推崇，开始走上时代舞台，风靡大江南北，得到了前所未有的大发展，同时，也自然而然地分化出诸多流派。

流派的产生及其历史彰显，极大地丰富了太极拳运动的技术形式，凝练了太极拳的技术风格和特点，并且造就了一大批太极拳名家，共同促进了太极拳的繁荣与发展。

本书流派篇中，择录了由传统五大太极拳流派和获批国家非遗项目的太极拳流派共同组成新的八大太极拳流派，具体是陈氏、杨氏、武氏、吴氏、孙氏、李氏、和氏和王其和太极拳。

进入21世纪以来，太极拳各流派更加呈现并驾齐驱、百花齐放的旺盛发展态势。

从流派间发展趋向看，随着交通、通讯的高速发展，在网络生活和信息共享的当今时代，各流派间的横向联合与信息交互愈加广泛和频繁。比如，赛事展演已经成为推动太极拳发展的重要抓手，流派间同台竞技、切磋交流已走向常态化。特别是近年来可穿戴设备、全息影像等科学技术在太极拳领域的广泛应用，使流派之间的信息交互、传递、共享将更加便捷，愈发促进了流派间的融合发展。

从各流派总体发展情况看，21世纪以来，传承保护力度不断加大，发展态势持续稳定向好。

（一）陈氏太极拳依托当地市县政府，全面建设太极圣地，全力打造太极文化品牌

第一，建设太极圣地。建设陈家沟太极拳祖祠、陈家沟"中国太极拳

[①] 本节由苏敬斌、苏银锁执笔。苏敬斌，工商管理博士，研究方向为太极文化产业，《世界太极拳发展报告（2019）》执行副主编；苏银锁，《世界太极拳发展报告（2019）》采编部主任。

博物馆"，全面打造河南省特色文化基地，建设太极拳人的精神圣地。

第二，举办大型活动。通过举办"太极拳健身年活动""世界百城千万人太极拳展演活动""世界太极拳名家走进陈家沟活动""万人太极拳穿越陈家沟活动""全国武术太极拳公开赛总决赛暨传统武术精英赛"等一系列大型活动和品牌赛事活动，全面提升太极拳的社会影响力。其间，"世界百万太极拳爱好者共同演练活动"成功挑战吉尼斯世界纪录。

第三，助力传承发展。相继组建成立"太极拳职业教育中心""焦作市太极拳研究会""河南省陈氏太极拳协会"，致力于太极拳文化研究，全面振兴太极文化产业。

陈氏太极拳的传承发展过程中，陈小旺、陈正雷、王西安、朱天才等代表性人物为陈氏太极拳在世界范围内的推广作出了重大贡献。他们各自的著作和图书被翻译成英语、法语、日语、西班牙语等语言在多个国家出版，让上百万人触摸到源自中国的太极文化。他们先后赴美国、法国、日本、澳大利亚、马来西亚、韩国等国家讲学授拳，并在国内外创立太极拳研究机构、训练中心、拳馆等，弟子遍布世界。

（二）杨氏太极拳在国内外的传播取得了令人瞩目的成就

在赛事活动方面，以杨氏太极拳第四代嫡传宗师杨振铎为核心，以杨氏太极拳第五代嫡传人杨志芳、杨军、杨斌及杨氏太极拳传人傅声远、赵幼斌、傅清泉等为主要发起人与主办者，先后在不同地区举办了近20场国内、国际杨氏太极拳专项赛事及大型活动。来自世界各地30多个国家和地区的国际拳友，与国内数万名拳友参与了上述活动。

在国际化发展方面，由杨氏太极拳第五代嫡传人杨军担任会长的国际杨氏太极拳协会，先后在全球24个国家和地区成立杨澄甫太极拳中心、附属学校和"太极拳师范学院"108个（所）。在世界五大洲举办400多场专题培训。国际杨氏太极拳协会分别于2009年和2014年在美国田纳西州的纳什维尔市和肯塔基州的路易斯维尔市，成功举办了两届国际太极拳论坛，80多位各相关领域的西方专家、学者，20多个国家地区的近千名太极拳爱好者与会交流。杨军在第二届国际太极拳论坛上，代表中国武术人首次荣获肯塔基联邦最高荣誉——"肯塔基上校荣誉奖"。

（三）武氏太极拳积极参与太极拳国内外知名赛事，开展交流活动

武氏太极拳传人积极参加历届焦作国际太极拳交流大赛、邯郸国际太极拳运动大会、永年广府太极拳年会，以及武当山、大连、珠海、三亚南山、五大连池、泰山等地的太极拳类文化节。武氏太极拳的代表人物翟维传，曾先后到中国香港、中国澳门、马来西亚、日本、韩国等地参加太极拳类活动，成为将武氏太极拳传播到马来西亚的先行者。2007 年 7 月，应日本武术太极拳联盟会邀请，武氏太极拳传人随同中国武术协会，参加中日邦交正常化 35 周年纪念活动，出访日本。2017 年 11 月，武氏太极拳举办姚继祖宗师百年诞辰纪念活动、武氏太极拳全国高峰论坛，为李逊之、魏佩林、姚继祖三位宗师塑像揭幕，并为姚继祖宗师修墓立碑举办祭拜活动，邯郸和广府两地盛况空前。

（四）吴氏太极拳多措并举，推动深层发展，现已传承八代，门人过万

1. 为先贤立传，为今人记谱

2013 年以纪念王茂斋先生诞辰 150 周年为契机，北京吴氏太极拳研究会积极举办纪念大会，编撰出版王茂斋纪念文集《泰岳雄峰》《太极功同门录续编》等书籍。

2. 深入开展联谊活动

成立海内外吴氏太极拳门人拳友联谊会，促进全国吴氏太极拳门人的大联合、大交流、大发展。2015 年 10 月，第一届大会在山东威海召开，研讨吴氏太极拳健身益寿问题并编辑出版《长寿拳探秘》文集。2018 年 5 月，在陕西汉中召开第二届大会，研讨吴氏太极拳推手技击拳理、拳法，诸多名家参与，在国内外产生较大影响。

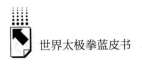
3. 加大推手普及力度

2013 年，北京市率先成立吴氏太极拳推手大会，在北京紫竹院连续举办六十多次吴氏太极拳推手大会，为广大爱好者搭建交流平台，传播推手技艺。在此影响下，上海人民公园成立推手角、陕西汉中成立江滨推手社，促进推手爱好者互相交流学习，还吸引了不少国外拳友参加，全国各地涌现出许多推手名家。

（五）21世纪以来孙氏太极拳取得较好发展

1. 加强文化研究

先后成立邓鹏飞创办的莱州市孙式太极拳研究会、吴志鹏为会长的深圳孙式太极拳研究会等多个研究机构，加强孙氏太极拳学术交流和理论研究，整理孙禄堂的武术经典著作，出版《孙禄堂武学录》，在北京市海淀区建成孙禄堂纪念苑并塑制铜像。

2. 开展赛事活动

孙氏太极拳传人积极参与各种大型赛事，组织举办孙氏太极拳赛事活动，先后在北京召开"航天神龙杯"孙氏太极拳、剑、推手比赛，在天津市召开三亚南山世界孙式太极拳峰会，吸引太极拳名家、传人进行交流展演。

（六）21世纪以来李氏太极拳开始蓬勃发展

1. 机构组织不断健全

自 2003 年以马金龙任会长（白玉玺、周世勤任名誉会长）的北京市武协李氏太极拳研究会成立之后，2005 年李春华组织成立李瑞东历史研究会并开展纪念活动，研习和推广李氏拳法。2007 年，白玉玺任社长的北京崇文汇通武术社成立，并在北京及全国范围内建立太极拳活动站，广泛教授学员。2012 年南永路等人成立天津武清雍阳武馆并由南永路兼任总教练。2015 年，李春华组织成立中国李氏太极拳传承和推广中心并任理事长，组织传承人传播李氏太极拳。同年，高卓等成立北京源道汇通文化传播有限公司，在李氏太极拳商业化运作上进行了有益的探索。

2. 武术著作连续出版

白玉玺著《汇通武学录》，对汇通武学最主要的代表性套路——太极五星捶和太极五星剑做了详细描述。此外，还有周世勤著《李式太极拳精炼套路》等，马金龙著《太极五星捶》，张绍堂、杜子宇著《李派太极七星如意拳》，张振发著《正说李瑞东》等。

（七）21世纪以来和氏太极拳发展迅猛

成立协会。郑州市武术协会和氏太极拳委员会、温县和氏太极拳学会、焦作市和氏太极拳协会等机构的相继成立，带动全国各地和氏太极拳协会雨后春笋般组建发展。

著书立说。和有禄著述出版《和式太极拳谱》，并在港澳台地区以繁体中文版本出版发行，成为和氏家族第一本公开发行的太极拳著作，影响深远。编写和氏太极拳简化教材并拍摄和氏太极拳形象宣传片。

硬件建设。和氏太极拳祖师陵园、和氏太极拳宗师纪念堂相继落成并对外开放，温县和氏太极拳学院顺利建成。

开展活动。连续成功举办七届赵堡和氏太极拳观摩交流大会，并在永城市举办"首届和式太极拳交流大会"，积极开展和氏太极拳交流活动。

（八）21世纪以来王其和太极拳驶入快车道，实现跨越式发展

建立机构。先后成立王其和太极拳研究会和河北省王其和太极拳协会，协会下设15个分会，366个传习所（站）个，遍布河北、北京、天津、上海、广东、山西、山东、浙江、江苏、福建、四川、吉林、陕西、香港、台湾，以及美国等世界各地。

出版图书。协会组织出版印刷了《太极文武论》《王其和太极拳图册》《王其和太极拳探秘》《王其和太极拳二十四式简化套路》《王其和太极拳十三式简化套路》等各种专业书籍和中英文教材。

开展培训。协会内部举办各种形式的培训班100多场次，受训会员多达

2 万人次以上。

举办活动。协会组织举办 10 多期王其和太极拳比赛，参赛会员 1600 多人次。协会组织参加北京、邯郸、台湾、香港、美国等地大型国际武术赛事 36 场次，并获得 868 个奖项。还先后在京举办了"王其和太极拳杯"北京国际武术文化节暨第十一届北京国际武术邀请赛以及"王其和太极拳杯"北京市中小学武术公开赛。

21 世纪以来，太极拳各流派在文化传承保护方面，普遍加大了非物质文化遗产的申报和保护力度。2006 年，陈氏太极拳、杨氏太极拳同时被列入第一批国家级非物质文化遗产名录；2008 年，武氏太极拳被列入第二批国家级非物质文化遗产名录；2014 年，吴氏太极拳、李氏太极拳、王其和太极拳、和氏太极拳同时被列入第四批国家级非物质文化遗产名录。还有包括孙氏太极拳在内的一些流派也被列入省级、市级保护项目，最大限度地将太极拳文化的保护工作纳入政府工作视线，全面加强太极拳文化保护。

事实上，除上述八大流派之外，还有诸多流派与分支，如杨氏府内太极拳、武当太极拳、卢氏太极拳、乔氏太极拳、青城太极拳、东岳太极拳、宗岳太极拳、新午太极拳、子午太极拳、赵堡太极拳、先天太极拳、如意太极拳、循经太极拳（简化二十四式太极拳的循经训练）等。其中有些流派习练人群也很大，而且具有较大的区域影响力和国际影响力，理所当然地成为中华太极拳大家族中不可或缺的组部分。它们各自活跃于不同的地区，21 世纪以来均取得了较好的发展。

五　21世纪以来太极拳区域发展概况①

随着中国经济社会建设的日新月异，百姓生活水平的普遍提高，各种慢性病如"三高"患者的数量也明显上升，越来越多的人自发地投入健身队伍当中。太极拳以其缓慢柔和的运动特点和康体健身的独特功效，顺应时代

---

① 本节由杨宗杰执笔。杨宗杰，邯郸市体育局太极拳教练，主要研究太极拳文化和历史。

需求而进入国家发展战略层面。21 世纪以来，党和国家积极构建和谐社会，大力弘扬传统文化，努力实现中华民族伟大复兴，在此大背景下，太极拳实现了与时俱进的大发展。

（一）传统太极拳的分布情况

传统太极拳受历史因素影响较大，太极拳传播较早的地方，传统太极拳的发展占有明显的优势，较具代表性的有北京、河南、河北、山西、陕西、上海、辽宁、四川、山东等地。

北京历来是政治文化中心，也是文化传播的聚集地，太极拳正是从北京走上时代舞台实现历史性的发展。21 世纪以来，随着社会经济不断蓬勃发展，人们的生活发生了日新月异的变化，生活节奏不断加快，人们对健康管理的意识也不断增强，运用何种手段进行养生保健已成为人们所关注的重点。在这样的时代背景下，传统各流派太极拳在北京并驾齐驱，而且每个流派内部也呈现多样化的发展趋势。

河南省温县是陈氏太极拳发源地。进入 21 世纪以来，河南省充分开发、宣传这一历史资源，大力弘扬太极文化，多措并举创办了各种太极拳比赛和交流活动，其中影响最大的就是由焦作市人民政府和河南省体育局、国家武管中心联合主办的历届中国·焦作国际太极拳交流大赛，后改由国家体育总局和河南省政府主办，政府的推动力显而易见。同时，政府加大太极拳硬件建设力度，建造了焦作市太极体育场馆、温县太极体育馆、太极博物馆等一批大型场馆设施，极大地促进了太极拳的发展。

河北省太极拳历史资源丰富，邯郸永年是杨氏太极拳和武氏太极拳发源地，并派生了孙氏太极拳和王其和太极拳。"中国·邯郸国际太极拳运动大会"每两年举办一届，成为河北省的一个重大赛事活动。全国纪念简化太极拳推广 50 周年、60 周年庆祝活动的召开，对当地也产生了深远的影响。邯郸学院率先成立全国首家本科类"太极文化学院"，太极拳"六进"活动有力推动了太极拳的推广普及，广府以"古城、水城、太极城"为抓手，借助国家 5A 级旅游景区的有利条件，大力发展太极拳旅游产业。邢台任县是王其和太极拳发源地，进入 21 世纪以来实现迅猛发展，河北省王其和太极拳协会成立后，分支机构已辐射到天津、山西、福建、广东、吉林、北京等地。王其和太极拳协会连续多年举办赛事活动并在清华大学、北京大学、北京体育大学等多所高校开展太极拳教学研究活动，还组队远赴美国、日本等地参加表演，形成国际影响。保定顺平县（旧称完县）是孙氏太极拳宗师孙禄堂的故乡，是地方重点发展的一个文化品牌，成为海内外孙氏太极拳朝圣之地。

港、澳、台地区是太极拳在世界上传播的重要桥头堡。21 世纪以来，随着改革开放步伐的加快，港、澳、台地区的太极拳发展呈现新的发展态势，在传统太极拳传承发展进一步加快的同时，开始出现太极拳与其他文化艺术形式的融合创新发展。

山西省主要得益于杨露禅后裔杨振铎定居太原，成立了山西省杨氏太极拳协会，有稳定的组织机构和骨干力量，成为传统杨氏太极拳的一个大省份。21 世纪其他流派太极拳也在山西得到一定发展。陕西则得益于杨家亲族传人赵斌开创的局面，其子赵幼斌、徒扎西等几十年耕耘，使西安、咸阳的杨氏太极拳发展壮大，陈氏太极拳在陕西发展也很好。上海杨氏各分支众多，基础雄厚。辽宁武氏太极拳历史悠久，长盛不衰，并有向周边其他省份蔓延之势。四川省因有杨氏太极拳一代宗师李雅轩奠定的雄厚基础，成为杨氏太极拳的一个较大省份。山东杨氏太极拳基础好，21 世纪济南、青岛是两大桥头堡。陈氏太极拳洪钧生异军突起，成为一支重要力量。日照市以大青山为太极拳基地，以陈中华为代表的陈氏太极拳在海内外拥有一定影响。深圳市以经济优势吸引了较多的太极拳传人，成为各流派竞相绽放的一个地方。

（二）简化太极拳、竞赛套路的分布情况

简化太极拳和竞赛套路因不存在传承关系，不受传人因素影响，所以地域差别不大。大家都按照一套固定标准开展统一教学，可复制，易推广，所以参与人数众多。特别是简化太极拳，它不讲流派，没有门户所

限，深受初学者欢迎，一般学校、机关、企事业单位等推广太极拳，都是从简化太极拳入手，使简化太极拳成为太极拳习练者中参与人数最多的一个套路。竞赛套路与传统套路相对应，也分各家竞赛套路，因方便参加各种比赛，所以习练人数也很多。总体而言，在太极拳界，简化太极拳和竞赛套路一般被认为是一种初学套路，要继续学习深造，许多人最后还是走向了传统套路。

无论是传统套路还是简化套路、竞赛套路，因受人口、经济发展水平的影响，西部地区均明显落后于东部地区，太极拳在西藏、青海、宁夏、甘肃、内蒙古、贵州等省份还有巨大的发展空间。

六　21世纪以来太极拳国际发展概况①

21世纪以来，太极拳在世界范围内蓬勃发展，目前已形成以中国为核心，以韩国、东南亚、美国、澳大利亚、日本、英国、法国等国家和地区为中心，并逐渐向非洲、中美洲辐射的太极文化传播网络。

太极拳的国际发展呈现传统与现代并行的局面，在现代竞技体育中的发展更为迅猛。太极拳在身心健康和应对老龄化的健康问题和疾病康复方面的功能，得到包括中国、美国、日本、瑞士、澳大利亚等国在内的众多国家的太极拳传播者、受众、研究机构和团体组织的重视，因此得以面向社会和大众积极推广，并且创设了太极拳日和太极拳月等节日，在全球范围内推广并得到积极响应。

21世纪以来，中国向海外传播太极拳有几个非常重要的契机，推动了太极拳在国际上的传播和发展。

第一个契机是中国武术走向世界的一系列努力。这个努力在21世纪结出了丰硕的成果，国际武术联合会成为国际奥委会的正式成员。目前，国际

---

① 本节由张小敏执笔。张小敏，中国社会科学院民族学与人类学研究所副研究员，主要研究方向为人类学。

武术联合会的会员组织达到140多个，分布于世界五大洲，以太极拳等为代表的中国武术已成为在世界范围内广泛开展的体育运动。目前，包括太极拳在内的中国武术项目已进入世界体育大会、亚运会、东亚运动会、东南亚运动会、南亚运动会、世界大学生运动会等综合运动会，成为正式比赛项目。这些赛事与世界传统武术锦标赛、世界杯武术散打比赛、世界传统武术节、亚洲武术锦标赛、欧洲武术锦标赛等多种赛事一起，构建起了国际武术竞赛体系。竞赛类的太极拳，由于纳入竞技体育体系，在很多国家得到政府的支持，极大地促进了太极拳的国际发展。

第二个契机是21世纪初孔子学院在全球范围的推行。通过孔子学院和孔子课堂的太极拳课程、太极拳展演活动，以及文化体验活动、讲座等，将太极拳的传播范围进一步扩大。2016年，全球78个国家240所孔子学院开设了中医、太极文化课程，注册学员3.5万人，18.5万人参加了相关体验活动，是孔子学院非常受欢迎的课程和项目。[①]

第三个契机是2013年建设"丝绸之路经济带"和"21世纪海上丝绸之路"（以下简称"一带一路"）倡议的提出和推行。资料显示，在"一带一路"60多个共建国家中已经建立了131所孔子学院，[②]约占全球孔子学院总数的26.3%。"一带一路"建设推动了沿线国家学习汉语、了解中国文化的热潮，为孔子学院深化文化教育等方面的国际交流提供了机遇，也为太极拳在"一带一路"共建国家的传播和发展提供了机遇。

太极拳在医疗、康复方面的作用受到了普遍关注。美国在这方面的研究已居于领先地位。美国的太极拳研究问题导向明确，走上了体医融合的路径，从医学的角度看待太极拳运动，通过探索太极拳对疾病的干预作用分析太极拳的医用价值，前十位高产论文作者的单位分别为俄勒冈研究院（排名第一）、哈佛大学（三位，分别排名第二、第四、第六）、威拉姆特大学（排名第三）、加州大学洛杉矶分校（排名第五）、埃默里大学（排名第

---

① 《中医、太极等中华文化对外交流座谈会在昆明召开》，《孔子学院》2017年第1期，第44~47页。

② 赵世举、黄南津主编《语言服务与"一带一路"》，社会科学文献出版社，2016，第217页。

七)、亚利桑那大学（排名第八）、佛蒙特大学（排名第九）、塔夫茨大学（排名第十）；中国则主要从体育运动的视角展开研究，前十位高产论文作者的单位分别为：上海体育学院（三位，分别排名第一、第三、第四）、黑龙江中医药大学（排名第二）、集美大学（排名第五）、上海交通大学（排名第六）、长安大学（两位，分别排名第七、第八）、上海交通大学附属第一医院（排名第九）、解放军251医院（排名第十）。[①] 中国、日本、澳大利亚、韩国、瑞士等国在太极拳用于康复和医疗等方面都有很好的实践，进一步发挥了太极拳在医疗、康复方面的作用，为全球健康作出了重大贡献，但前提是得到各国制度化的支持，如在现代生物医药为主的现代社会取得替代医疗的认证等。

传统太极拳在国外传播，其传播方式需要有针对性，同时教学方法需要与时俱进。陈氏太极的陈小旺和南洋太极的黄违洪博士不约而同地提出，面对国外人群，尤其是知识分子群体和青少年人群传播太极拳，需要用他们熟知的科学语言讲解太极拳，难度上循序渐进，在生活和不同运动中使用太极思维；倡导科学化、标准化、生活化，以此应对太极拳普及中出现的泛滥、庸俗及其武术本质日益模糊和退化的现象。

太极拳虽然传播范围广泛，受众人数众多，但是从体育产业的角度看，相对于柔道、跆拳道、瑜伽等体育产品，仍然处于分散的小规模阶段，叫好不叫座，没有形成成熟的品牌和产品经营模式，对进一步传播和发展不利，尚待顶层设计。

除了医疗、康复和健身的价值之外，日本还发掘了太极拳在城市发展和城市形象塑造方面的价值。2002年起，福岛县喜多方市开始发展太极拳城市，以应对老龄化和降低医疗开支，促进了城市的发展，提升了城市认知度；2017年底，纪北武术太极拳协会积极推动在世界文化遗产高野山旁的桥本市发展太极拳城市。[②]

---

① 杨亮斌、郭玉成、史海阳：《近20年中美太极拳与健康促进研究的对比分析》，《体育科学》2018年第4期，第73~84页。

② 张晶晶：《太极拳在日本传播现状与途径研究》，硕士学位论文，成都体育学院，2014。

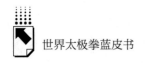
正是因为太极拳在文化交流、武术技击、身心健康、医疗、民间外交、城市发展中的多方面作用，在很多国家，太极拳进入了社区、医院、大中小学校、公司，得到广泛认可。

七 21世纪以来太极拳运动发展概况[①]

从1840年第一次鸦片战争开启的中国近代转型，到中国特色社会主义新时代，太极拳伴随着中华民族的命运已经走过了一个多世纪的发展历程。作为重要的武术特色拳种之一，太极拳直观地反映了中国武术在不同历史阶段的时代印痕，折射出中国武术从传统民间武技到现代体育运动的轨迹嬗变，演绎着当代中华民族伟大复兴战略语境所赋予的民族传统体育运动独特风姿。由服务当代中华民族伟大复兴视角辩证审视21世纪以来太极拳运动的发展概况，对于太极拳和中国武术发展都具有积极的理论意义和现实价值。

（一）21世纪之前的太极拳运动发展回顾

我国近代史上，在西风东渐影响之下，"体育"一词开始进入国民视野，包括太极拳在内的武术，由此开始了近代以来的体育化发展进程。新中国的社会主义制度性质及初期时代背景，决定了武术的体育化演进轨道。太极拳作为一种体育运动，开始以焕然一新的面貌进入服务人民健康的全新阶段。虽然曾经面临复杂的社会因素影响并且存在一些相应难题，但总体来看，1949～1978年的太极拳运动的发展仍较好地呈现与人民群众生活紧密结合的状态，国家领导人集体的倡导和支持，对于太极拳运动的发展起到了重要作用，特别是国家体委组织的简化24式太极拳创编活动，被公认为太极拳史上"伟大的变革之一"[②]。另外，1972年中央办公厅选派专人

---

① 本节由申国卿执笔。申国卿，郑州大学体育学院教授，主要从事太极拳与地域武术文化研究。
② 《中华武术》编辑部：《拳为民所用——纪念二十四式简化太极拳创编50周年》，《中华武术》2006年第10期，第1页。

对访华日本友人进行太极拳教学，也被视作中国武术外交的正式起步。①始于1978年的"改革开放"战略，强力推动着太极拳融入社会主义市场经济大潮，也为21世纪以来的太极拳运动做好了发展铺垫，奠定了综合根基。

（二）21世纪以来的太极拳运动发展概述

市场经济大环境与政府部门的双重作用，使得21世纪以来的太极拳运动取得了突飞猛进的发展。在少林武术节的启示之下，以河南、河北、湖北等地域为中心，各种大型太极拳运动赛事如雨后春笋般纷纷涌现，在这些较具影响的太极拳赛事中，既有首开先河的"中国·焦作国际太极拳交流大赛"，也有极具创新精神的"中国·邯郸国际太极拳运动大会"等，既有刚刚起步的和氏太极拳交流大赛，也有影响日增的大青山国际太极拳交流大赛，等等。2008年8月，以特殊身份出现在北京奥运会开幕式上的太极拳"自然"演出，完美地展现了太极拳运动的经典内涵与巨大魅力，赢得了全世界的高度赞誉。2010年，广州亚运会的成功举办又为我国太极拳赛事注入了强心剂，近年来国家多次发布的对于体育运动赛事和体育文化产业的政策支持成为太极拳运动发展的催化剂。在上述因素共同作用之下，焦作温县、邯郸永年、十堰武当山以及四川成都、贵州贵阳、江苏徐州、浙江杭州、海南海口等地先后确立了太极拳特色发展战略，以太极拳运动为抓手，着力打造当代城市新名片。相关统计数据表明，2009年，著名"太极圣地"焦作市从事太极拳运动的出国劳务人员已有1279名，仅太极拳乡陈家沟所在地温县的太极拳运动推广者就不下3000人。② 太极拳运动发展盛况由此可见一斑。

太极拳运动的蓬勃发展，也日益在各级学校教育中得到体现。在一些传统太极拳乡，太极拳运动普遍成为当地中小学的体育必修课程，部分地

① 钱江：《"武术外交"的一页——记中国武术代表团首次访问美国》，《中华武术》2002年第6期，第8~9页。

② 李秋、裴喜聚：《千余焦作人出国挣"洋钱"》，《焦作日报》2009年2月17日。

区甚至把太极拳纳入升学考评体系，将太极拳规定为学生中考内容。高等院校体系的太极拳发展更加多彩，在河南焦作等地的高等院校，因把太极拳作为大一新生的必修课程而受到各界瞩目，推广太极拳运动的大学生协会成为当地高校的一大亮点，相关高校组织的大学生太极拳集体演练活动既显示出莘莘学子的青春气息，也烘托了所在城市的时代气象，成为当代太极拳运动的一道风景。通过调查发现，各级学校教育中的太极拳运动，其内容与当地盛行的太极拳传统流派有较为紧密的联系，例如，焦作各级学校开展的太极拳运动主要以陈氏太极拳为主，既有传统的陈氏太极拳老架一路、二路，也有陈氏太极拳精要十八式，陈氏太极拳十九式、三十八式等新编套路。

随着太极拳运动的广泛开展，太极拳出色的健身康体功能，受到从事太极拳运动人群的普遍认可与称道，当前从事太极拳运动者以中老年人居多，也从一个现实的视角证明了这一点。近年来，日益加快的生活节奏所带来的身心压力，正在推动着越来越多的年轻人加入太极拳运动的习练队伍，这些人通常以收入较高的白领居多。太极拳对于身心健康的促进作用也得到了高等院校青年学生的积极认可，并且吸引了一些高校科研团队，逐渐关注太极拳健身机理方面的相关研究。与此同时，国外的一些顶级高校也开始日趋热衷于太极拳人体科学的探研，国内的若干太极拳知名专家，应邀至国外高校进行太极拳与人体健康合作研究也屡屡见诸媒体。其中，陈氏太极拳代表人物之一的陈正雷，就曾于 2011 年 4 月受邀至迈阿密大学医学院，拍摄了《拳与人体健康》科学纪录片。[①]

时代的进步也使得太极拳运动的科学化发展越发凸显。运用各种现代先进技术对太极拳进行科学认识，相对于传统门派众多的太极拳运动科学化推广问题，对太极拳运动综合功效的科学认知与全面解析、包括段位制等在内的太极拳技术标准化、竞赛规范化，助力当代中华复兴的太极拳运动国际传播等一系列问题，都迫切需要相应的战略对策与解决方案。

---

① 申国卿：《陈式太极拳文化探骊》，湖北人民出版社，2011，第 12 页。

八　21世纪以来太极拳康养发展概况①

作为中国优秀传统文化的瑰宝，太极拳从诞生之初发展至今，已成为一项世界性的运动，其影响力已经遍布到全球 150 多个国家和地区，深受全世界人民的喜爱。究其原因，就在于太极拳是基于人体生命科学基础，以功法修炼和文化修养为主体，通过调节意念、肢体、呼吸等方式，融合导引学、心理学、康复学、中医养生学等相关知识，通过调动人体自主调节和自愈功能，激发自身潜能、促进身心健康的一项系统工程。

（一）太极拳康养功能的开发应用

学术与理论研究推动着太极拳的发展和普及。从图 7 可以看出，自 1997 年起，国内关于太极拳的研究呈现整体上涨趋势。而且，从每一年发表的关于太极拳研究的核心期刊数量（见表 1）也可以看出，学术界对太极

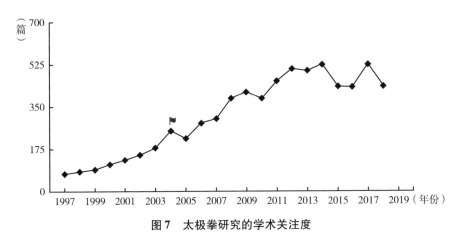

图7　太极拳研究的学术关注度

注：▸表示标识点数值高于前后两点，且与前一数值点相比增长率大于30%。

---

① 本节由杨玉冰、汪毅执笔。杨玉冰，博士，北京体育大学中国武术学院副教授，研究方向为太极与健身气功；汪毅，北京体育大学博士后，副主任医师，北京市健康科普专家，主要从事健康科学研究。

拳的研究始终保持着密切的关注。关于太极拳的研究主题主要集中在太极拳文化与理论、太极拳动作结构的生物力学分析、太极拳的传播与推广现状与模式探讨、太极拳对人体生理和心理的干预效果等。

太极拳作为临床治疗干预措施，最早出现在1958年一项病例系列研究的报告中。该研究探讨了太极拳治疗肺结核的疗效，显示了太极拳对呼吸系统的有利作用。自此之后，国内外医学领域内涌现出大量的太极拳临床研究。

表1　2001～2018年关于太极拳研究的核心期刊论文发表数量

年份	发表数量(篇)	年份	发表数量(篇)
2001	33	2010	49
2002	29	2011	63
2003	34	2012	63
2004	61	2013	95
2005	46	2014	93
2006	53	2015	59
2007	51	2016	82
2008	67	2017	62
2009	54	2018	68

从中国知网2001～2018年关于太极拳的核心期刊内容来看，2001～2005年，将太极拳作为临床治疗干预措施主要运用在以下几个方面：改善高血压、腰肌劳损、心肺功能，提高平衡能力、下肢肌力，促进心理健康等，干预对象主要是中老年人、高血压患者、大学生等；2006～2010年太极拳的临床治疗干预除了上述提及的方面外，还在骨健康状况和骨代谢、细胞活性方面有所研究；2011～2018年的研究重心开始渐渐涉入脑卒中、慢性阻塞性肺疾病、帕金森病等领域，更加注重运用太极拳干预患者关于精神、认知层面的效果。目前太极拳已经应用于15个疾病系统，涉及93种疾病类型。主要集中在循环系统和骨骼、肌肉及结缔组织系统，前10位的疾病包括高血压、糖尿病、骨关节炎、骨质疏松或骨质缺少症、乳腺癌、心衰、慢性阻塞性肺病、冠心病、精神分裂症和

抑郁症（见表2）。[①] 研究显示，太极拳在养生健身、辅助治疗和促进康复等方面有显著效果。

表2　太极拳临床研究中前20位的疾病/症状类型（n＝507）

疾病/症状	临床研究类型（研究数目）					总计（%）
	SR*	RCT	CCS	CS	CR	
高血压	6	10	7	9	0	32(6.3)
糖尿病	2	14	5	7	0	28(5.5)
骨关节炎	10	8	2	2	0	22(4.3)
骨质疏松或骨质缺少症	2	14	0	1	0	17(3.4)
乳腺癌	5	9	1	0	0	15(3.0)
心衰	0	9	5	1	0	15(3.0)
慢性阻塞性肺病	1	8	4	1	0	14(2.8)
冠心病	3	4	4	1	0	12(2.4)
精神分裂症	1	7	2	0	0	10(2.0)
抑郁症	3	4	1	0	0	8(1.6)
风湿性关节炎	4	1	2	1	0	8(1.6)
腰椎间盘突出	0	2	1	5	0	8(1.6)
帕金森病	1	4	0	1	2	8(1.6)
脑卒中	2	5	1	0	0	8(1.6)
纤维肌痛	1	3	0	3	0	7(1.4)
急性心肌梗死	0	5	0	0	0	5(1.0)
失眠	0	4	0	1	0	5(1.0)
肥胖	1	3	0	1	0	5(1.0)
艾滋病	3	2	0	0	0	5(1.0)
肠易激综合征	1	4	0	0	0	5(1.0)

注：SR，系统综述；RCT，随机对照试验；CCS，非随机临床对照试验；CS，病例系列；CR，个案报告。*表示有的系统综述中包括一种以上的疾病类型。

资料来源：杨国彦《太极拳临床研究的证据现状及其干预措施报告规范建议》，硕士学位论文，北京中医药大学，2014。

---

① 杨国彦：《太极拳临床研究的证据现状及其干预措施报告规范建议》，硕士学位论文，北京中医药大学，2014。

（二）太极拳康养作用的成果展现

1. 应对老龄化卓有成效

21 世纪以来，太极拳被贴上了"老人拳"的标签，就是因为它的抗衰老作用十分明显。随着中国社会老龄化的到来，医疗卫生消费呈指数级增长，太极拳的发展极大地促进了社会康养事业的发展，不仅减缓了医疗压力，而且较好地解决了人口加速老龄化所带来的身体、心理及老年人社交等社会问题，实现主动健康、预防为主，形成健康老龄化。

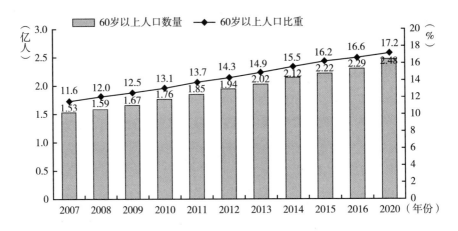

图 8　2007～2020 年中国 60 岁以上人口数量及比重

资料来源：国家统计局。

2. 促进了康养产业发展

庞大的人群基数和需求与现有公共资源及健康养老资源短缺之间的矛盾关系，势必带来康养产业不断变革和新康养服务及模式的出现。"太极康养"就是在这新时代、新的市场需求下衍生出来的康养产品。近几年群众体育工作发展迅速，从公园到社区人们看到最多的是太极拳习练人群，本书所报道的国内太极拳习练人群的数字，至少 80% 是在公园内或社区内习练太极拳。同时，越来越多的社会资本开始进入太极康养产业。康养服务领域对于社会资本的放开，催生了投资热潮，2014 年以来，阿里巴巴等新兴行业企业也纷纷抓住这一时机，在太极康养领域大展拳脚。2016 年国家出台《关于全面放开养老服务市场提升养老服务质量的若干意见》后，降低了太极康养产业的准入门槛，进一步刺激了社会资本进入太极康养产业的发展，未来太极康养发展的影响力将进一步扩大。

表3　2009～2016 年中国健康产业和养老产业市场总量

单位：万亿元

年份	2009	2010	2011	2012	2013	2014	2015	2016
健康产业	1.21	1.51	1.95	2.22	2.70	3.09	3.37	3.76
养老产业	0.34	0.42	0.64	0.77	1.04	1.41	1.64	1.85
合计	1.55	1.93	2.59	2.99	3.74	4.50	5.01	5.61

资料来源：国家统计局。

　　从目前的趋势来看，太极康养产业的发展已经不再局限于养老的单产业板块，开始向体育、医疗、旅游、金融等细分领域纵深发展，并逐渐形成一体化的服务模式。如在产业规划设计方面，2017 年以来粤港澳大湾区已规划建成太极文化旅游板块、太极健康养生旅游板块、太极医药生态旅游板块、太极民俗科考旅游板块等四大板块及对应的太极文化康养精品线路产品，通过康养与体育、旅游的融合，活化地方医药文化康养资源，同时促进相关产业的融合发展。

　　针对我国所面对的健康挑战，独具特色的太极拳运动能够成为预防和控制非传染性疾病的选项之一。21 世纪太极拳在康养运动理论体系上深入和飞跃发展，运动解剖学、运动生理学的发展使太极拳训练过程更加科学和合理。神经网络的概念和应用将阐明中枢神经与太极拳运动控制之间的内在联系，为太极拳运动控制和太极拳运动技能发展提供新的途径和手段。此外，基因治疗有可能为太极拳训练方法的选择、组织的再生和再造提供一个可选择的手段。材料学、生物力学、电子学、计算机科学、遥感技术、仿生学等高科技领域的发展，都已经并将极大地促进太极拳康养疗法的进步，开拓太极拳康养应用的新领域。

九　21世纪以来太极拳文化发展概况①

21世纪以来，太极拳文化得到了较大的发展，具体可以从物质层面、行为层面、制度层面和精神层面四个方面，对太极拳文化发展概况进行分析报告。

（一）物质层面的太极拳文化发展

目前，在全国各地兴建了越来越多的太极拳运动场、纪念馆或博物馆、拳馆等文化场馆。太极文化重镇——河北省永年县与河南省温县也频频发力，建设了颇具规模的文化建筑载体。邯郸市永年县，除了一直保存至今的武式太极拳创始人武禹襄的故居外，1992年还复建了占地约3000平方米的杨露禅故居，并于2001年被定为省级重点文物保护单位。杨氏亲族也将杨露禅家族的陵墓，于2011年从闫门寨一并迁至"杨陵"新址。2000年始建、2004年竣工的傅公祠是杨氏太极拳第四代传人傅钟文的墓祠，也是目前为数不多的太极名人祠堂。河南省温县在建设陈氏太极拳发源地的祖祠、祖林和太极文化园的基础上，还建设了中国太极拳博物馆，于2009年对外开放。2011年旅美太极拳师任广义的弟子，在纽约建设了百亩规模的"太极山庄"；在华盛顿近郊，张琼琼及多位太极拳爱好者兴建太极广场，成为美国首都太极拳文化发展的纪念性标志。此外，全国各地规划建设了若干太极小镇类项目，以及大规模的太极文化广场等。

除了太极拳文化道场外，与太极拳相关的器械、服饰行业也快速发展，太极拳文化传承人物不断涌现。这些传承人物既有传统的太极拳功夫专家，也有高校、科研机构的太极拳研究专家，还有从事太极拳竞赛的专业运动员，更有专门以太极拳传授为业的太极拳专业教练等。

---

① 本节由刘高升执笔。刘高升，北京大学高等人文研究院博士后，研究员，主要研究方向为正身功夫和商业儒学。

（二）制度层面的太极拳文化发展

21世纪以来，全球各地与太极拳文化相关的制度与组织空前发展。在政策制度方面，太极拳文化的推广和发扬受到了党和国家的高度重视。根据党的十八届五中全会战略部署，2016年8月26日，中共中央政治局召开会议，审议通过《"健康中国2030"规划纲要》，《"健康中国2030"规划纲要》的第一篇就讲到要"扶持推广太极拳、健身气功等民族民俗民间传统运动项目"。同时，国家高度重视太极拳作为非物质文化遗产的传承与保护，目前已有七个太极拳流派进入国家级非物质文化遗产名录。

在组织机构方面，不仅国内的各个省、市、县都有各类太极拳协会团体，就连现在日本的47个都道府县都成立有太极拳联盟，欧美各地也纷纷成立各类太极拳文化协会和科研机构。太极拳文化不仅在政府政策制度和社会组织机构中获得了巨大的推动力，还在高等教育体制中获得了制度保障，其中，邯郸太极文化学院和河南省太极拳学院就是典型的标志。

邯郸学院太极文化学院成立于2009年10月，是全国高校首家培养太极文化本科人才的专业学院。2011年该学院体育教育专业（太极拳方向）面向河北省招收首批本科生，2014年面向全国招收本科生，同年开始面向河北省招收五年一贯制专科生。据了解，该学院与国家汉办等机构业已达成合作，承担了太极拳表演团、太极拳教师培训、孔子学院太极拳课堂、太极拳国际夏令营、合作建设海外太极文化学院等工作。邯郸学院于2018年成功入选首批中华优秀传统文化传承基地。

2018年，全国第一所太极拳专业高等院校——河南太极拳学院项目筹备工作在温县紧锣密鼓地进行，于2019年开工建设。河南太极拳学院是由郑州大学体育学院与温县人民政府联合开办的一所开展全日制武术本科教育的院校。该学院建成后，将成为又一个立足高校阵地以太极拳为主要特色的文化传播平台，也是服务"一带一路"倡议的中华太极文化国际交流、传播基地。

（三）精神层面的太极拳文化发展

太极拳在21世纪扮演着越来越重要的人文精神标杆角色。拳虽小技，

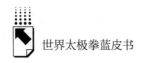
浓缩大道，它既是哲学，又是武学，还是养生学，连接体育、社会、艺术、医学、军事、管理、伦理、娱乐、经济等方方面面，成为社会主义精神文明建设的重要推动力量。21世纪以来，让太极拳不断走进学校，走进社区，服务青少年学生的德育工作，助力基层治理和党建事业。

太极拳还担当着精神文化传承的重要载体工作。基于太极拳的文化综合性，尤其是自强不息的尚武精神、厚德载物的非攻思想、和合共生的生态哲学、文武兼修的知行艺术、从容不迫的生活态度、松柔慢匀的养生之道，让太极拳成为一个承载中华优秀传统文化的传家宝。21世纪以来，以太极拳文化和其所展现的人文精神，作为传承中华传统文化的载体，已成为教育界和全社会公认的传播中华优秀传统文化的重要抓手。

太极拳文化还是全球文明对话和人类命运共同体建设的重要纽带。习近平总书记于2014年7月在韩国首尔大学的演讲中指出："中国太极文化由来已久，韩国国旗是太极旗，我们最能领会阴阳相生、刚柔并济的古老哲理。如果说政治、经济、安全合作是推动国家关系发展的刚力，那么人文交流则是民众加强感情、沟通心灵的柔力。只有使两种力量交汇融通，才能更好推动各国以诚相待、相即相容。"①

不只是中韩文化的交流，当今时代的全球文明对话都在积极应用太极拳文化和背后的太极智慧。2015年5月15日，中国国务院总理李克强在北京天坛公园，与印度总理莫迪共同出席"太极瑜伽相会"中印文化交流活动，让太极和瑜伽成为中印友好关系的文化桥梁。② 总之，在孔子学院、"一带一路"、人类命运共同体建设，以及全球文化互通、人类可持续发展的进程中，太极拳文化都发挥着日益重要的作用。

（四）行为层面的太极拳文化发展

1999年，美国的比尔·道格拉斯首倡"世界太极日"活动，当年有12

---

① 习近平：《共创中韩合作未来同襄亚洲振兴繁荣》，新华网，http：//www. xinhuanet. com/world/2014 – 07/04/c_1111468087. htm。

② 《李克强与印度总理莫迪共同出席"太极瑜伽相会"中印文化交流活动》，新华网，http：//www. xinhuanet. com/politics/2015 – 05/15/c_127806570. htm。

个国家的太极拳爱好者在 4 月的最后一个星期六举办了首届"世界太极日"活动，到目前已经有美国、俄罗斯、马耳他、古巴、立陶宛、玻利维亚、巴西、阿根廷、新西兰等 60 多个国家参与到世界太极日活动中来。① 从 2001 年开始，国际武术联合会把每年 5 月确定为"世界太极拳月"，世界各地的体育、武术及太极拳组织在该月内举行丰富多彩的相关活动。除了太极拳日和太极拳月，全球各地在 21 世纪还兴起了各类"太极文化节"。例如：从 2016 年开始在海南三亚举办的世界太极文化节，已经连续举办了三届，产生了广泛的社会影响力。

此外，21 世纪以来，太极拳文化行为层面的另一个值得关注的演变维度，是太极拳技击导向的需求与太极拳健身、医疗、休闲导向的需求的不对称发展。社会各界对于太极拳在医养方面的需求与日俱增，而对于技击武艺方面的太极拳文化相对冷落，这在一定程度上导致了太极拳文化的整体不协调。

十 21世纪以来太极拳科技创新发展概况②

太极拳内涵丰富，文化博大精深，长期以来人们对太极拳的研究、创新从未间断过，并由社会科学延伸至自然科学。太极拳的发展史可以说是一部创新史。进入 21 世纪以来，太极拳研究呈现略有上升的趋势，通过中国知网 CNKI 搜索引擎对 2000～2018 年的研究成果进行检索，共检索出相关文献 8351 篇，年平均发文量在 417 篇左右。从研究主题看，除了太极拳机理、技术体系创新外，还有科学技术在太极拳训练中的应用、应用科学技术论证太极拳健身养生机理、应用大数据全面提升太极拳整体水平等，并取得了明显成效。

① 王镇：《道格拉斯和世界太极拳日》，《中华武术杂志》2015 年第 6 期。
② 本节由卢建辉、吕源龙执笔。卢建辉，邯郸学院体育学院院长、教授，研究方向为民族传统体育和学校体育教育与教学；吕源龙，邯郸学院体育学院讲师。

（一）太极拳技术体系创新

太极拳是一项实践活动，技术体系的创新是其整体创新发展的基础和关键，而多元化发展是太极拳技术创新的首要特征。

一是不同受众群体的适应性改造。亚健康人群对太极拳的康养功能正在普遍认可和接受，中老年和普通健身人群通过学习各种简化、标准化太极拳，让太极拳走进了大众健身的天地。为竞技运动员群体创编的竞赛套路太极拳，供武术运动员用于全国武术锦标赛比赛。

二是传统太极拳套路的竞赛化改造。竞赛化改造使得传统太极拳套路更加美观化、可评化、统一化，从而更有利于推广传播。但是，也需要防止在太极拳创新过程中违背发展规律标新立异的乱象发生。

三是太极拳的科学提炼和现代化训练。为适应新时代发展需求，结合现代科学认知体系和运动训练成果经验，现已有人对传统太极拳修炼体系进行了大胆的解构和重建，其中的佼佼者当属"三摇三摆太极功法"训练体系。还有，首都体育学院教师张长念将基于传统各家太极拳提取出来的十二个基本动作科学提炼为矢状面、额状面、水平面上三个维度中的动作元素，由此构建了太极拳"十二功法"，极大地提高了获得太极拳功夫的效率和效果。

四是太极拳的搏击项目化改造。太极拳推手新规则的制定，推动了太极拳推手运动朝着规范化、高规格化的方向发展。目前的定位仍属尝试阶段，未来可将其定位于国家荣誉和利益机制的明确位置。

（二）科学技术在太极拳训练中的应用

科学技术是第一生产力，现代科学技术突飞猛进、日益更新，给人类的生活带来了巨大的改变。同样，现代科学技术也改变着太极拳的传统方式，突破了太极拳发展的领域和空间，提升着太极拳练习的效率，进一步促进了太极拳的传承和传播。

一是信息技术在太极拳中的应用。现代科学技术的主要作用是改变当前的生产方式，使效率和质量同步提升。信息技术主要通过计算机对信息的收集、储存、处理等，解决和优化当前问题，随着 5G 时代的到来，信息技术将得到更广泛的应用。信息技术在太极拳发展中的应用大致为：图像识别技术应用、远程指导技术应用、运动实时监控技术应用、虚拟现实技术（VR）应用和物联网技术应用。

二是现代医学技术在太极拳发展中的应用。随着《"健康中国 2030"规划纲要》的发布，社会对全民健康的关注又上升到了新的高度，太极拳因自身所具有的运动、养生等特点，成为老少皆宜的运动项目，体医结合在群众追求健康的过程中成为最主要的手段之一，现代医学技术正逐步渗透到太极拳研究和习练的各个领域。如运动损伤的诊断和康复，运动前期筛查。

三是新材料技术在太极拳中的应用。新材料是指正在出现和发展的优于传统材料、能满足各种需要的新型材料。新材料在太极拳中的应用，大大促进了太极拳的发展；同时太极拳的不断实践又对新材料提出新的需求，促进了新材料技术的更新。二者相辅相成，互相促进。新材料在太极拳应用中的影响主要体现在：提高舒适度，提高运动成绩，减少运动损伤。

（三）科学技术对太极拳的研发和管理

（1）应用生物技术对太极拳原理进行科学论证。近些年来，随着现代生物技术的突飞猛进，包括基因工程在内的一系列工程取得众多成果，这些新技术应用到太极拳发展中，为揭示太极拳的康养原理提供了科学依据。现阶段已应用的生物技术主要有：基因技术、生物科学活检技术、组织化学技术、生理测试技术。

（2）应用电子技术对太极拳原理进行科学论证。近年来，一些爱好太极拳的科学家应用生理多导仪，采用肌电测定、脑电测定等技术，对老年人和身体有病症的太极拳习练者进行持续测试，得到了身体恢复健康的科学数据和图像、图形等能够直观展示的科学依据，为科研拓展了新的方向，也为太极拳的学习和训练等提供了科学依据。

（3）应用大数据技术对太极拳发展进行全面、系统的宏观管理。大数据作为时代科技发展的产物，已为众多领域提供实质性参考，如通过大数据

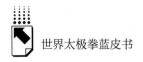

了解太极拳练习者的年龄、性别、健康程度、练习年限等，可为太极拳在教学、科研等方面的发展提供数据支撑。现在，一些太极拳发展兴盛的地方和大学还充分应用数字化管理的易学性、客观性和公正性，对太极拳发展进行全面、系统的宏观管理，指导太极拳科学、健康、全面发展。

（四）太极拳科研发展对策建议

深化太极拳的科研创新，可以成为文化创意与科技创新融合发展的典范。太极文化作为中华民族优秀传统文化代表之一，凝聚着中华民族独特的思维方式，加强太极拳科研创新，可在满足人们对太极拳功能需求的同时，更好地传播中国文化。

一是加强太极拳运动机理的科学研究。利用科技手段，科学地对太极拳进行研究，不但利于太极拳在社会中的发展，避免太极拳过度地神秘化、玄虚化，还可为太极拳的教学、运动训练和传播推广提供科学方案。

二是加强太极拳养生价值研究。随着人口老龄化程度的加剧，人们的健康意识逐步觉醒，如何用通俗的语言科学地阐释太极拳的养生价值意义重大。

三是加强太极拳教学与训练研究。不同的群体对太极拳有着不同的需求，太极拳教学要在满足不同群体需求的基础上，不断创新，寻找突破。

十一　21世纪以来太极拳产业发展概况[①]

太极拳产业是指以太极拳为支撑，向社会提供太极拳及相关衍生产业的产品和服务等有关经济活动以及相应经济部门的总称。过去，太极拳作为体育系统武术门类中的一个拳种，其产业只是为社会提供太极拳健身、文化服务等产品的同一类经济活动，是体育产业的一部分，尚未进入国民经济独立的产业体系。进入21世纪以来，人们对于太极拳的认知普遍得到了提升，

---

① 本节由苏敬斌、欧阳锡伟执笔。苏敬斌，工商管理博士，研究方向为太极文化产业，《世界太极拳发展报告（2019）》执行副主编；欧阳锡伟，万鸿泰和集团副总裁，研究方向为产业链（文创与康养生态方向）。

太极拳产业正在超越体育产业范畴，向健康、文化、教育等人们生活的方方面面渗透，初步形成了产业化发展的态势。

（一）产业要素正在逐步生成

21世纪以来，随着中国市场经济的发展，太极拳从历史上的家族传承、亲族传承、师徒传承逐步发展到社会化传承，由计划经济时期体育部门、社工机构有组织的教学活动，发展到公园、社区、拳馆等多种形式并存的自主经营，加上国家体育部门和各地政府部门、各相关企业有组织的推广交流与竞赛活动，以及文化、教育、医疗等部门对太极拳功能价值的肯定，市场需求日益扩大，市场交易额度快速增长。

（1）产品越来越丰富。早期传统太极拳并不是"产品"，套路单一、动作玄秘，只能通过师徒之间口传心授得以传承。简化太极拳是中华人民共和国成立后，国家体育主管部门从发展群众体育运动的目标出发推广的，也不属于"产品"。改革开放后，太极拳的产业化推广开始起步，传统太极拳各流派对原有深奥、晦涩、冗长、缺乏标准化的套路不断改进，形成了适应不同群体的太极拳套路及动作。传统太极拳流派在原有陈、杨、武、吴、孙五派的基础上增加了李、和、王其和三派，形成了当今被国家和社会公认的八大流派，传统太极拳套路在原有的60多个基础上，增加到了102个之多，形成了能够较好地满足现代社会人们多样化选择的"产品"。随着大健康、体育、文化等方面需求的不断增长，不但太极拳主体产品按照市场需求开始细分，而且衍生产品也得到了大幅度扩展。从太极拳器材、太极拳服装、太极鞋、太极剑、太极拳书籍、纪念品等，到太极拳教学视频、太极拳音像制品的经营与销售，"太极拳"产品越来越丰富，从当当网搜索与太极拳相关的书籍已达10440种。

（2）市场需求与交易主体不断增多。进入21世纪以来，高新技术的迅猛发展，不仅使中国人更加喜欢太极拳，而且越来越多的西方国家的人也开始认可和喜爱太极拳，市场需求也日益扩大。特别是文化、健康、体育、科技、互联网等产业的发展不仅加速了太极拳市场的需求，而且形成了越来越庞大的交易主体，一改过去需求者远赴他乡、慕名求学的太极拳传承状况，许多拳师走进公园、社区设点招生，各种协会、拳馆、养生机构也应运而生。目前国内太极拳馆有近 10 万家，太极拳教练员约有 16 万人，太极拳师资培训机构几百家。

（3）交易量不断攀升。近年来，随着提供教练员培训与资格认证等各种与太极拳相关的业务相继开展。太极拳健身服务业无论是消费者的消费比例，还是市场规模，都呈现持续扩大的态势。从北京、天津、上海的 300 名太极拳健身者的消费调查统计（见表 4）可以看出，健身服务费的支出比例为 87.3%，占绝大部分，其次是服装、书籍、器材费用的支出。

表 4　太极拳健身者消费支出统计

消费类别	健身服务	服装	书籍音像	器材
平均金额(元)	1650	108	78.5	53.5
百分比(%)	87.3	5.7	4.2	2.8

（二）产业链条不断延长

我国太极拳产业起步于改革开放。21 世纪以来，随着时代的发展，太极拳的强身健体、修身养性、文化传承等价值愈发显现，特别是国家促进文化产业发展政策和健康中国发展战略的实施，为太极拳产业化发展提供了难得的机遇和广阔的市场前景。

目前太极拳产业链条已经初步形成，太极拳康养产业、太极拳技术培训产业、太极拳竞赛表演产业、太极拳健身娱乐产业、太极拳文化创意产业、太极拳旅游产业、太极拳互联网产业、太极拳用品制造产业已遍布全国各地。不仅如此，随着太极拳衍生产品的丰富和新型业态的出现，太极拳产业的发展更加趋于全面。

21 世纪以来，太极拳产业还有集群化发展势头，出现了太极拳产业地产。它是以太极文化及相关产业为依托，以地产为载体，以教学、展演、会议、养生、养老用房、生态写字楼、经济园区为主要开发对象，融合自然资源和社会资源，通过综合开发形成的集约化经营的多功能新兴太极产业综合体。河南焦作世界太极城、温县太极小镇、河北曲周太极小镇等地的成功经验为人们提供了这方面的示范和借鉴。太极拳与相关产业融合发展的潜力也十分巨大，结合北京爱康恒泰科技发展有限公司的太极市场潜量调研来估算，仅中国太极与保险等相关产业的融合创新发展空间，就有千亿元的市场。

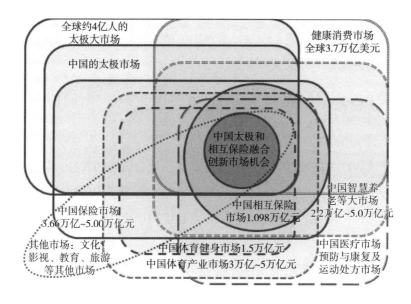

图9　太极市场概况

资料来源：参见北京爱康恒泰科技发展有限公司的《相互保险市场与太极市场融合创新的市场潜量调研》。

（三）太极拳产业发展面临挑战

太极拳具有品牌知名度高、健身功效显著、文化内涵丰富等诸多优势。在当今时代，巨大的市场需求创造了产业发展空间，宽松的政策环境提供了难得的机遇。但是，也必须看到当前太极拳产业化发展还处在一个初级阶段，还有许多问题需要加以解决，其中，当务之急是解决好太极拳教学推广中的产品/服务标准、质量标准、收费标准、太极拳教育产业模式和产业化程度不高、从业人员收入低下等问题。同时，产业要素中的经济性因素、制度性因素和技术性因素等也需要加快完善。

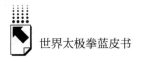
十二　加快太极拳发展的主要举措①

太极拳作为中华民族宝贵的优秀文化遗产，其文化修身、御辱防身、功夫强身、康复医疗的功效已广受认可。进入加快建设中国特色社会主义新时代，需要从宏观政策体系、中观社会组织、微观市场个体三个层面采取新举措，全面促进太极拳的繁荣和发展。

（一）完善太极拳的宏观治理体系

（1）完善组织结构，组建综合协调管理服务机构。太极拳文化魅力无穷，已经成为广大民众健身防病、修身养性、社交活动的首选，越来越多的人加入习练太极拳的群体。但是，太极拳文化应有功能价值的实现与预期效果差距很大，与瑜伽、跆拳道的推广普及程度相比也有着很大差距，究其原因首先是太极拳文化和产业发展统管缺位，缺乏兼具组织管理和综合协调功能的组织机构。在国家机关政务管理中，太极拳被划为武术门类中的一个子项目，归国家体育总局的二级机构——武术运动管理中心（中国武术协会）负责管理。把太极拳仅仅作为一种武术，在社会实践中就会忽视太极拳所具有的中国传统医疗功能价值，忽视太极拳包含的"修、齐、治、平"传统修身价值。为解决国家政策重视但主管部门之间条块分割、管理缺位的问题，建议设立由国家文化、体育、卫生、老龄等部门组成的协调机构——国家太极文化和产业发展办公室，统一协调促进太极文化和产业发展，统筹推进《"健康中国2030"规划纲要》提出的"扶持推广太极拳"的任务落实。

（2）制定太极文化和产业发展战略，促进太极拳的综合发展。太极文

---

① 本节由段玉铭、袁兴、苏敬斌、刘高升执笔。段玉铭，研究员，河北省政府文史馆馆员，邯郸学院原党委副书记，研究方向为太极拳文化产业；袁兴，中国生物物理学会健康太极学组组长，研究方向是太极与人体运动规律；苏敬斌，工商管理博士，研究方向为太极文化产业，《世界太极拳发展报告（2019）》执行副主编；刘高升，北京大学高等人文研究院博士后，研究员，研究方向为正身功夫和商业儒学。

化是关于生命生态的文化，是人类对于生命的认知、生命教育、生命管理和与之有关联的所有事物、生态环境相互作用的系统性、社会性文化，其本质是生命与生态的相互依存、和谐共存、有序运行，是人与人、人与组织、人与自然、组织与组织间关系互动的方法论，是中华民族的根文化，对提升国家文化软实力具有重要作用。要坚持从以上高度来理清太极文化和产业发展的总体思路，深入研究和制定太极文化和产业发展战略，明确太极拳博大精深、以拳载道的修心育人、健身防病、促进社会和谐发展的战略定位；要深入调查研究，依据国家两个一百年发展战略，制订太极文化和产业发展的中长期发展规划、年度计划；制定长期愿景与"四化达标"发展路径；要明确太极拳科学化、规范化、生活化、现代化发展目标并用标准化贯穿始终，创建太极生命科学，组建国家级太极文化研究院，建立太极拳大数据库，制定太极拳标准化体系。

（3）加强政策支持和基础建设，为太极拳文化和产业持续健康发展提供政策保障。一是加强太极拳场馆建设。要把建立系统化的社区太极文化教育网点，强化配套设施，作为建设规划审批条件之一；现有居民区要通过改建、新建等形式，实现一个居民小区一所国术场馆；在落实《体育强国建设纲要》〔国发（2019）40号〕所要求的人均2.5平方米场馆的过程中，充分考虑居民的习练需求，使得太极拳进社区有场地。二是强化太极拳进企业。凡大中型企业要有自己的太极拳场馆，要在财务预算中增加太极拳活动经费，要把太极拳列入职工文体活动必练项目，要经常开展竞赛活动。三是推进太极拳文化进校园，着重突出列入教材、纳入升学考试科目。

（二）加强太极拳行业管理体系建设

（1）要加强社会团体（简称社团）组织建设。随着改革的深化，小政府、大社会逐步形成，太极拳社团建设日显紧迫与必要，要依法成立国家级太极拳协会和省、市、县及民间太极拳社团组织，成为党和政府联系太极拳基层团体、组织、企业、俱乐部等个体的平台纽带，在章程制度、行业标准、竞赛组织诸多方面发挥重要作用。

（2）要鼓励行业从业人员和法人机构在工商行政管理系统登记注册太极拳俱乐部及类似场馆。可赋予俱乐部式场馆以经营的形式承担教育、训练、参赛、鉴定、考级申请等方面的基层组织职能，发挥俱乐部式场馆在弘扬太极拳文化、推广太极拳中的积极作用。

（3）要制定和完善相关行业标准。行业标准是规范、理顺、促进太极拳文化产业健康快速发展的重要保证，要出台从业准入门槛，实行机构资质认证机制和职业资格考核制度。规范太极拳文化和产业管理，系统解决太极拳文化产业发展中的从业管理、执业资格、机构资质的标准规范问题。

（4）要完善太极拳在体育、医疗、文化三个维度的竞赛与考评体系。竞赛是推动太极拳文化健康快速发展的促进剂，要设立体育、医疗、文化三个维度的独立竞赛体系和考级评审机制，促进太极拳文化多角度协调发展。研究竞赛内容、标准、规则，逐步形成品牌竞赛，同时在武术段位制基础上增加康养、文化方向的机构和从业人员考级评审，促进太极拳体育、康养、文化的协同发展。

（5）要保障涉及太极拳行业中各类利益相关者的权益。坚持以法规制度来保障涉及太极拳行业中各类利益相关者的权益，充分调动太极拳文化和产业各方面的积极性与创造性。

（三）全面推动太极拳的创新和发展

（1）下大力推动太极拳的理论和实践创新。遵循根于传统、面向现代、简单易学、科学可证、标准化可复制、分层教学的原则，在各家各式太极拳套路和国家推广套路的基础上，集中太极拳界、医学界、科技界、哲学社会科学界、文化界、企业金融界协调攻关，实现太极拳现代化。动员各流派及社会力量研发针对性强、效果好、简单易学的套路功法，经过评审与科学验证后，面向不同需求的受众人群推广。研发防未病、调欲病的处方套路功法，全社会普及，提升国民整体身体素质。各级政府要设立太极拳发展的财政预算科目，保证太极拳文化和科研的经费支持。

（2）要创新太极拳推广模式。立足科学化、标准化、现代化、生活化、体系化，充分利用现代科学技术和现代教育体系，坚持学校和社会相结合、公益推广和商业推广相结合、线上和线下相结合、传统与现代相结合，探索形成太极拳全方位立体式推广新模式。强力推进太极拳文化普及教育工程，在"进社区、进农村、进车间、进学校、进机关、进军营"太极拳文化"六进"工程基础上，突出抓好"太极拳文化娃娃工程"，从青少年抓起，进校园、进教材、进升学升级体系，开展多种形式的教育培训，把优秀的太极拳文化植入青年一代的思维模式和行为习惯中。

（3）要注重专业人才培养。太极拳文化专业人才是实现太极拳文化健康快速发展的根本，要鼓励社会力量培养太极拳文化专业人才，保护师徒传承模式，形成以现代教育为主，传承发展并重，以俱乐部式训练为基础的太极拳专业人才培养体系。注重跨界的太极拳文化产学研用多领域人才培养，保障太极拳文化产业高质量、可持续发展。创编太极拳文化专业系统教材，创建中国太极文化大学，创立太极生命科学学科，建立国家级太极文化研究院，在各级各类高等院校设立太极拳文化专业或方向。

（4）要大力培育发展太极拳产业。全新、有效的现代化商业模式是太极拳文化产业健康快速发展的关键所在，要坚持以投资、贸易和消费为引领，突出太极拳产品的"品牌价值"与市场定位，明确产品的细化、分级、分类与迭代，形成以体育、健康、文化为主导，教育、旅游、康养、文创、互联网、房地产等多行业并进的市场体系。

十三　太极拳发展趋势与展望①

人类命运共同体构想的提出及"一带一路"倡议的部署与实施，为我国民族传统文化瑰宝太极拳的发展创造了新的机遇与平台，太极拳的发展步入了一个全新的时代。

---

① 本节由张长念、李建民、高奎亭执笔。张长念，博士，首都体育学院副教授，主要研究方向为武术文化与发展；李建民，邯郸学院太极文化学院武氏太极拳主教练，研究方向为太极拳文化；高奎亭，南京师范大学在读博士生，主要研究方向为体育公共管理。

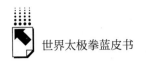
（一）健身康养价值将进一步凸显

随着生活方式的转变，人们的身体、心理、品德、社交各层面出现了健康的"无序化"。大量的中外研究成果无不显示：以太极拳为干预手段，使各类人群的健康呈现"有序化"状态，已成为体育医学及产业界共同关注的社会"热点"，从而使得太极拳健身康复功能的开发方兴未艾。在可展望的未来，运用太极拳这一有氧运动，为广大慢性病、亚健康人群提供专业康养服务将成为一大亮点。

（二）与竞赛表演等将深度融合，走多元化发展道路

2018 年 12 月国务院颁布的《关于加快发展体育竞赛表演产业的指导意见》中，提出"创作开发体现中华优秀文化，具有中国特色的体育竞赛表演精品"，"打造武术、围棋、象棋、龙舟等具有民族特色的体育竞赛表演品牌项目"等意见，为太极拳竞赛表演的产业化展示了新的发展空间，为太极拳走多元化发展道路特别是在舞台和影视作品中展示其艺术价值奠定了坚实的基础。

（三）国际传播路径将进一步明确

1936 年柏林奥运会上，中国代表团进行了国术表演。从此之后，"武术进奥运"成为中华民族的梦想。武术项目经过 4 次申请"入奥"均未成功，引发了武术界对武术如何"入奥"、何种形式"入奥"、何种拳种"入奥"等若干问题的思考。基于太极拳的国际受众基础和影响力，特别是基于太极拳推手独特的技击特点，专家表示以太极拳为突破点"入奥"的可能性更高。近年来，武术界内外对太极拳的搏击项目化改造进行了诸多尝试，如功守道、太极格斗、太极散打、相搏、手搏等运动项目相继推出，进一步提高了太极拳推手项目的国际影响力和社会参与度。在中国武术各拳种当中，太极拳率先通过孔子学院走出国门，世界各地普遍建立的孔子学院纷纷开设太极拳课程并广受欢迎。但是，现有孔子学院对太极拳的推广难以满足太极拳国际传播的需求，未来亟待创建太极拳特色传播平台，使太极拳国际教学走上规范化、专业化道路，形成体系化的太极拳国际传播人才培养模式。

（四）民间传承的自觉追求氛围将更加浓厚

在民间，太极拳仍有着不可忽视的民众习练基础。应加快从老一辈传承人身上探究各流派太极拳的技术特点、理论特点和技术方法等方面的精髓内容，加强口述史保护和历史传承，使各流派的内容实质避免失传的危险。还要重视解决人才断档问题，未来需加大太极拳人才梯队建设，有意识地培养具有太极拳情怀的接班人。整合、优化各流派力量，合力打造太极拳全球推广传播平台，将成为太极拳传承发展的一大动向。

（五）学校教育将扛起太极拳传承大旗

习近平主席自2016年以来在多个公开场合指出，"坚定中国特色社会主义道路自信、理论自信、制度自信，说到底是要坚定文化自信"，进而引发了全民族坚定"文化自信、自强"的热潮。学生是新时代传承和发展中华民族传统文化的主力军，也是传承与弘扬中华传统武术瑰宝太极拳的中坚力量。在学练太极拳强身健体的同时，学生可以体悟中华传统文化的博大精深，培养民族文化自信。2017年我国发布了《关于实施中华优秀传统文化传承发展工程的意见》，倡导在学校推广与传承中华民族传统瑰宝太极拳，学校将成为开展太极拳文化教育、传承和弘扬太极拳文化的主要场所。

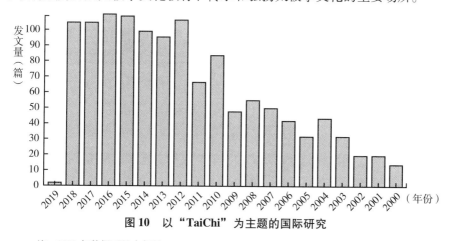

图10 以"TaiChi"为主题的国际研究

注：2019年数据不是全年的。

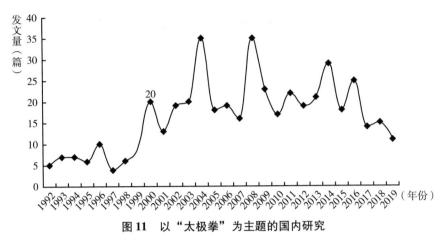

图11 以"太极拳"为主题的国内研究

注：2019 年的数据不是全年的。

（六）学术研究将走向专业化、科学化

伴随着国际"太极拳热"以及各类太极拳研究会的成立与相关工作的展开，太极拳研究将逐步走向专业化、科学化。以太极拳学术研究为主题的高水平学术期刊，如《太极拳研究》《太极拳科学研究》《太极拳文化研究》的申请创办工作，将会纳入部分太极拳研究组织或协会的重点工作。随着太极拳科研水平的提升，此类期刊将有望参评核心期刊、CSSCI、CSCD 等权威专业期刊评价体系，甚至会申请创办国际学术期刊 *Journal of Taijiquan Science*，*Journal of Taijiquan Culture Research* 等，并不断探索、创新，努力申请入选 SCI/SSCI 检索收录，汇集展示全世界顶级太极拳研究成果，使太极拳研究更加完善、科学，从而助推太极拳走出国门，为实现太极拳的国际化发展贡献科技智慧。

综上所述，随着"健康中国"等一系列国家战略的实施、国家相关政策制度的引领、世界各国对太极拳的喜爱与接纳，未来太极拳将呈现蓬勃发展的态势。尤其是太极拳在健身领域的独特价值，使得其在世界康养领域中的地位与作用日益不可替代，逐渐被世界越来越多的国家和人民所认识与接受，从而推动太极拳更加健康、快速地向前发展。

流 派 篇

B.2
陈氏太极拳的传承与发展

严双军*

摘　要： 陈氏太极拳是太极拳发展史上一个非常重要的流派，明末清初时期由河南温县陈家沟人陈王廷所创。创拳初期主要在陈氏家族内部传承，到第六代传人陈长兴时期，陈氏太极拳开始向外传播。经过十几代人的传承、创新和发展，陈氏太极拳在全国和全世界传播开来，并衍生出许多流派和支系。陈氏太极拳融哲理、拳理、医理于一身，集健身、修心、养性、娱乐、休闲等多元化功能于一体，已成为独特的传统体育项目。未来，陈氏太极拳在国内的传承发展主要致力于数据库建设、建立有效的传承机制、加强基础设施建设、加大保护投入力度、加快人才培养等几个方面。在国际发展上，既要

---

* 严双军，河南省温县政协副主席，主要研究方向为太极拳历史与文化。

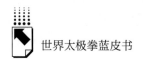
与奥运标准接轨，又要将中国文化融入太极拳传播实践中，树立太极拳文化品牌，不断提升太极拳的国际发展魅力。

关键词： 陈氏太极拳　陈王廷　数据库　传承机制　文化品牌　传承人

太极拳发源于河南省焦作市陈家沟。在这里诞生的陈氏太极拳是中华武苑的一枝奇葩，在中国传统文化中占有重要地位。诞生之初，一枝独秀，后经300多年的发展，太极拳流派纷呈，名手辈出，绵延不绝，成为深受现代人喜爱的一项体育活动，并在健身和养生方面发挥着独特的价值功能。太极拳作为一种文化形态，无论是理论渊源、实践准则，还是养生理念、动作名称，都体现出与中国传统文化的丝丝关联。陈氏太极拳以一种特殊的肢体运动方式，通过具体的动作，形象地表达、阐述、彰显了中国传统文化精神。因此，陈氏太极拳可以称为"活态的中国传统文化"。

一　陈氏太极拳起源

陈氏太极拳的创始人，是明末清初河南温县陈家沟人陈王廷。当其他各派太极拳衍变产生后，人们称发源于温县陈家沟的太极拳为陈氏太极拳。

陈王廷（1600—1680年）出生于河南温县常阳村（陈王廷壮年时改称陈家沟村），他在秉承家学的基础上，依据太极之理，遍采百家之长，创造了陈氏太极拳。

据《陈氏家乘》记载：陈王廷，字奏庭，明末清初陈家沟陈氏第九代人，明武庠生，清文庠生。祖父陈思贵，父陈抚民，均好拳习武。陈王廷从小习文练武，文武兼备，擅长拳法，武功纯厚。青年时披坚执锐，在豫、鲁、晋一带走镖征战，负有盛名。因应考武举惹出命案而终生与仕途无缘。明亡后，时局动荡、政治荒芜，陈王廷报国无门，万念俱灰。晚年，他隐居乡里，潜心收集、研究民间武术。他根据太极阴阳转换之理和

《黄庭经》等导引吐纳之术以及中医经络学说，在重点继承和发扬戚继光于1560年写成的《拳经》32势等多门武术的基础上，融汇传新，加上自己平生习武所悟，创立了"陈氏太极拳"，又称"陈式太极拳"或"陈家太极拳"。

二　陈氏太极拳传承脉络及代表性人物

陈王廷所创陈氏太极拳的直接传人主要有堂侄陈所乐、陈汝信等。

陈所乐（1625—1704年），陈家沟陈氏第十世，陈氏太极拳第二代代表性传承人。平日在村中设帐授徒，陈氏子弟从其学武者甚多，主要有侄儿陈光印、陈正如和孪生子陈恂如、陈申如等。

陈汝信（1630—1711年），陈家沟陈氏第十世。他勤学苦练，功夫日臻炉火纯青，深得陈王廷喜爱，和师兄陈所乐同为陈氏太极拳第二代代表性传承人。其子陈大鲲、陈大鹏皆得其真传而名满江湖。

陈氏太极拳第三代代表性传承人主要有：陈恂如、陈申如、陈正如等。

陈恂如（1635—1655年）、陈申如（1635—1715年），陈家沟陈氏第十一世，陈所乐之孪生子，自幼随父习拳。兄弟二人是太极拳史上具有传奇色彩的人物。二人年未弱冠而拳术精湛。

陈正如（1650—1730年），陈家沟陈氏第十一世，师承陈所乐，精于一百单八势太极长拳。陈正如教子从严，授徒有方，其弟子陈敬柏、郭永福，其子陈廉、陈爵、陈义、陈静等皆以文韬武略闻名于世。

陈氏太极拳第四代代表性传承人主要有陈敬柏、陈继夏等。

陈敬柏，名瑶，陈家沟陈氏第十二世。拳艺出神入化而擅长用"靠"。年轻时，曾从巡抚于鲁，晚年归隐乡里。

陈继夏，字炳南，陈家沟陈氏第十二世。师承族叔陈光印学太极拳，善"肘"。以磨面为生，借推磨练内劲。平日善用肘，与陈敬柏齐名，有"陈继夏肘，陈敬柏靠"之称。

陈氏太极拳第五代代表性传承人主要有陈公兆、陈秉奇、陈秉壬、陈秉

旺等。

陈公兆（1715—1810 年），字德基，陈家沟陈氏第十三世。乾隆六十年（1795 年），陈家沟 85 岁的陈善和 88 岁的陈毓英奉旨至京赴"千叟宴"。返乡时巡抚、知府为二叟上门挂匾。不料鞭炮声中冒出一头惊牛直冲人群而来，绿营兵将不知所措。这时，80 岁的陈公兆，力斗惊牛，将牛掀翻在地，巡抚、知府、绿营兵将和围观群众无不钦仰。至今，陈家沟还流传着他的"养生歌诀"："三十年不停拳，三十年不饱饭，三十年独自乐，三十年独自眠。"

陈秉奇、陈秉壬、陈秉旺，三人是堂兄弟，明嘉靖年间人。陈家沟陈氏第十三世。三人从小拜族叔陈继夏为师，学习家传太极拳术。五年扎基功夫过后，陈继夏便将三人分开，分别授予技击、点穴、卸骨绝技。后三人将拳技尽传于秉旺之子长兴。

陈氏太极拳第六代代表性传承人主要有郭永福、陈长兴、陈有本等。

郭永福（1736—1796 年），本名陈有孚，陈家沟陈氏第十四世，其父陈永兆，母亲郭氏。因其在温县打死一名恶霸，于 1770 年逃往山西省洪洞县苏堡镇，改名郭永福。郭永福是陈氏太极长拳的主要传人。

陈长兴（1771—1853 年），字云亭，陈家沟陈氏第十四世。秉承家学，功夫深厚，练拳行走身正合一，人称"牌位先生"。他在陈王廷所传套路基础上，精练归纳，创编出陈氏太极拳大架一路和二路（又名炮捶）。其弟子最著者为陈耕耘、杨露禅。

陈有本（1780—1858 年），字道生，陈家沟陈氏第十四世。他在陈王廷所传套路基础上，精益求精，创编了一套以走立圆、走小圈为主的套路，世人称之为"陈氏太极拳小架"。陈氏太极拳小架师承严格，多在陈氏族内传授，鲜为人知，普及范围有限。

陈氏太极拳第七代代表性传承人主要有陈清平、陈耕耘、陈仲甡、陈季甡、杨露禅等。

陈清平（1795—1868 年），陈家沟陈氏第十五世，居住在陈家沟北的赵堡村。自幼随陈有本习练太极拳小架，结合自己心得体会，在其师改进族叔套路基础上再行改进，形成与师陈有本不同的太极拳小架套路。人们称其师小架为"略"，称其小架为"圈"。陈清平太极拳与陈家沟所传在架形上有明显不同。因其于赵堡村开馆授徒，后人称其所传拳架为赵堡太极拳或太极拳赵堡架。

陈清平弟子中，以和兆元、李景炎、李作智、武禹襄、王赐信、任长春等最为著名。赵堡村人和兆元创"代理架"，又称"赵堡快架"，即和氏太极拳；辛堂村人李景炎创"圪颤架"，即太极拳忽雷架；南张羌村人李作智创"权托架"，又称"矮桩架"，即太极拳腾挪架；河北永年人武禹襄创武氏太极拳；北冷村人王赐信创太极拳忽灵架；西辛庄村人任长春创太极拳领落架。武禹襄再传弟子孙禄堂创孙氏太极拳。

陈耕耘（生卒年不详），字霞村，陈家沟陈氏第十五世。陈长兴之子。从小习练家传太极拳，青年时已成名手，在同辈中出类拔萃。走镖山东，以惊人技艺威震贼胆。清光绪年间，山东莱州府百姓为其立碑。后袁世凯赴山东见碑，遣人来温县请陈耕耘教子，时耕耘已故去多年，遂聘耕耘子陈延熙。

陈仲牲（1809—1871年），字志曛，又字宜篪，号石厂，陈家沟陈氏第十五世。仲牲、季牲系孪生兄弟。自幼深受父陈有恒、叔陈有本熏陶，韬略无不精通。少年时与弟同入武庠，能使用和演练15千克左右的铁枪。

陈季牲（1809—1865年），字仿随，陈家沟陈氏第十五世。幼受父辈陈有恒、陈有本熏陶，立志涉经史，读兵书，钻研武学，少年时即与兄陈仲牲同入武庠。

杨露禅（1799—1872年），名福魁，字露禅，以字行世。清直隶省广平府永年县闫门寨（闫门寨今属河北省邯郸市永年区）人。19世纪初期，杨露禅随广平府西大街药号太和堂东家陈德瑚至河南省怀庆府温县陈家沟，师从陈长兴学太极拳。艺成授拳京城，逐渐改编拳套动作，成为流行于世的杨氏太极拳。

陈氏太极拳第八代代表性传承人主要有陈鑫、陈延熙等。

陈鑫（1849—1929年），字品三，河南省温县陈家沟人，清岁贡生，近代中国体育史、武术史上著名的太极拳家，太极拳理论集大成者。著有《陈氏太极拳图说》四卷、《太极拳引蒙入路》（即《陈氏太极拳图说》简

明本)、《三三六拳谱》《陈氏家乘》五卷、《安愚轩诗文集》若干卷等。陈鑫弟子主要有陈克孝、陈克弟、陈克忠、陈克信、陈克礼、陈克义、陈克强、陈克良等。

陈延熙（1848—1929年），河南省温县陈家沟人。陈耕耘次子。自幼随父学拳。常夜卧木凳，醒即练拳不止。耕读之余，教习子弟练拳。

陈氏太极拳第九代代表性传承人主要有陈椿元、陈子明、傅振嵩、陈发科、陈省三、陈金鳌、陈克弟、陈克忠等。

陈椿元（1877—1949年），河南省温县陈家沟。幼年随父习文研武，文武兼备。1929年前在湖南设馆授拳，收徒传艺，兼做生意。1929年，因其叔鑫年迈而无子，恐所著《太极拳图画讲义》手稿散失，召其返里，授以手稿，嘱其妥为保存，并望尽快出版。椿元不负重托，抛舍在湘一切，回到家乡，对鑫之手稿，进行修订、补遗、整理，更名《陈氏太极拳图说》，于1933年由开封开明书局出版。

陈子明（1878—1951年），河南省温县陈家沟人。从小跟随父、叔学习太极拳，功夫纯厚，且备明拳理，年轻时已成名手。曾在怀庆府（今沁阳市）成立国术团体传授太极拳，从学者甚多。后经人推荐，到上海、南京、西安等地教练拳术。

傅振嵩（1881—1953年），号乾坤，河南省沁阳县人。著名武术教育家，太极拳家。早年于乡中习武，曾随陈延熙学陈氏太极拳、随陈铭标学太极拳忽雷架，又学八卦掌等功夫。1928年应邀执教于南京中央国术馆，后又南下广州于两广国术馆任教，培养了大批太极拳、武术人才。综合各家特点，自创傅氏太极拳、械套路。

陈发科（1887—1957年），字福生，河南省温县陈家沟人。陈长兴曾孙。师承其父陈延熙。曾任北京武术社社长。陈氏太极拳新架创编者。

陈省三（1880—1942年），河南省温县陈家沟人。自幼爱武喜文。先从太极拳名家陈延熙学拳15年，练成精湛技艺，后从陈鑫练拳习文。对太极拳大、小架皆精。

陈金鳌（1899—1971年），字文斗，河南省温县陈家沟人。生于太极世家，系陈垚嫡孙、陈鑫侄孙，得家学真传，并以继承发扬太极为己任。参订《陈氏太极拳图说》一书，1928 年被河南大学聘请为武术教授，名闻遐迩。

陈克弟（1905—1984 年），河南省温县陈家沟人。幼年即偕堂弟陈克忠从族祖陈鑫学习太极拳械，得拳艺真谛。抗日战争爆发后旅居陕西西安，协助族兄陈金鳌教拳。

陈克忠（1908—1966 年），字子纯，河南省温县陈家沟人。自幼随族祖陈鑫习学陈氏太极拳小架，拳艺精湛，理法独到，深得太极拳、械套路精髓。其师弥留之际，授以有关拳事文稿及《三三六拳谱》。

陈氏太极拳第十代代表性传承人主要有沈家桢、陈照丕、陈照奎、洪均生、冯志强、顾留馨、李经梧、陈伯先等。

沈家桢（1891—1972 年），江苏省如皋人，南北议和后，在北平（北京）平汉铁路局工作。1928 年 10 月，河南陈家沟的陈发科受聘于北京同仁堂药店传授拳法时，沈家桢通过属下介绍，开始向陈发科学习陈氏太极拳，先后达十年之久，深得陈氏拳法之精妙。他与武术界人士接触广泛，又常资助武术活动，被推举为北平国术馆名誉董事长。中华人民共和国成立后任浙江省建筑公司顾问工程师、杭州市政协委员、杭州武术协会副主席，是《陈式太极拳》一书的作者之一。

陈照丕（1893—1972 年），字绩甫，河南省温县陈家沟人。曾任全国国术国考评判委员、全国武术协会委员，被授予"全国太极拳名家"称号。学拳于叔祖陈延熙、陈鑫和三叔陈发科。1933 年曾任全国运动会国术裁判委员会委员和全国第二届国术国考评判委员会委员。1962 年，在全国武术大会上，被授予"太极拳名家"称号。著有《太极拳入门》《陈氏太极拳汇宗》《太极拳引蒙》等。

洪均生（1907—1996 年），河南省禹县人，幼年时随父寓居京城，因体弱于 1930 年拜陈发科为师，学习陈氏太极拳 15 年不辍，深得陈发科真传。1956年再度赴京，拜晤其师陈发科，以求拳法之精与拳理之密，更得陈发科晚年之技击精粹。征得陈发科同意，遂将师授之技法融于套路之中，为后学者开辟了一条掌握陈氏太极拳技击奥妙的捷径，后人称之为洪传陈氏太极拳。

顾留馨（1908—1990 年），上海市人，著名武术家。11 岁开始习武，对杨氏和陈氏太极拳及推手有很深造诣。1979 年当选为中国武术协会委员和上海市武术协会主席，后应聘为上海体育学院兼职教授。著述主要有《简化太极拳》《太极拳术》《太极拳研究》《陈氏太极拳》《怎样练习简化太极拳》《炮捶》等。

李经梧（1912—1997 年），山东省掖县（今莱州）过西村人。20 世纪 30 年代初，在北京先后向赵铁庵、陈发科、杨禹廷三位太极拳名家学习吴氏和陈氏太极拳。1941 年任北平太庙太极拳研究会理事。中华人民共和国成立后，积极参与宣传普及推广国家编定的太极拳套路，1959 年移居北戴河，又开创了一片太极拳传承新天地。

陈伯先（1920—1989 年），字耀祖，号斌农，河南省温县陈家沟人。自幼随父陈以温习练太极拳。先后受教于陈子明、陈照旭、陈照丕等，更得陈克忠亲传，攻读了《陈氏太极拳图说》《三三六拳谱》等书，深得太极拳真谛。

冯志强（1928—2012 年），河北省束鹿县（今辛集市）人。8 岁开始练武，先后学练过少林桩拳、通臂拳、心意六合拳等，24 岁时跟陈发科学陈氏太极拳。为了普及陈氏太极拳，结合多年教拳实践，取传统套路之精华，编创了《心意混元陈氏太极拳》，深受中外太极拳爱好者的喜爱。

陈氏太极拳第十一代代表性传承人主要有陈立清、陈立宪、陈庆州、陈全忠、王西安、朱天才、陈小旺、陈正雷等。

陈立清（1919—2008 年），女，河南省温县陈家沟人。曾任陕西省西安市萃华武术馆馆长、名誉馆长，中国（温县）国际太极拳年会副秘书长、顾问。中华人民共和国成立前夕迁居西安市，从事教育工作 40 余年，传拳 60 年。著有《陈氏太极拳小架》传世。

陈立宪（1923—1983 年），河南省温县陈家沟人，迁居沁阳市。人称"三绝"（拳术、正骨、土木工程设计）。深得祖传太极拳之奥妙。功夫深厚纯正，理论扎实渊博。总结一生练拳经验，用现代科学翻译古老哲学，编成《陈氏太极拳拳式讲解》一书，整理出《陈氏太极拳练习要领》一书。1983 年，荣获全国优秀武术辅导员称号。

陈庆州（1933—2015 年），河南省温县徐吕村人，陈氏太极拳"尊古"老架传人。自幼体弱多病，先随父亲陈世恭习拳，师承陈照丕后，身体逐步好转，故精心习艺，刻苦练功，身怀绝技。发表过多篇太极拳文章，著有书稿《陈氏太极拳行功太极球》，出版有《陈式太极拳功夫荟萃》一书。

陈全忠，1925 年 7 月出生，河南省温县陈家沟人，1940 年，陈全忠举家迁往陕西省西安市。自幼秉承家传，后拜陈守礼、陈敬平、陈金鳌为师。现为陕西省西安市武协委员和陈氏太极拳研究会会长、中国温县国际太极拳年会西安市分会会长，并兼任美国 ACT 陈氏太极拳协会、广东省广州市及河北省邯郸市等地太极拳组织的名誉会长、顾问等。

王西安，1944 年 7 月出生于陕西省西安市，河南省温县陈家沟人，祖籍河南省荥阳县汜水镇许村，1945 年随父迁居河南省温县陈家沟。自幼酷爱武术，1963 年师从陈照丕学习陈氏太极拳老架一路、二路，五种推手及刀、枪、剑、棍等器械，后随陈照奎学习新架一路、二路及单式擒拿技巧。他的功夫具有迅猛灵脆、闪战惊弹的特点。

朱天才，1944 年 7 月出生，河南省温县陈家沟人。自幼习练太极拳，后拜族舅陈照丕为师，学习陈氏太极拳老架一路、二路及各种器械和太极拳理论。陈照丕逝世后，又拜族舅陈照奎为师，学习新架一路、二路，太极拳推手和擒拿走化技术，从而全面掌握了太极拳功夫。

陈小旺，1945 年 10 月出生，河南省温县陈家沟人。自幼习拳，后拜族伯父陈照丕、叔父陈照奎为师，精通陈氏太极拳理论、套路、器械、推手、散手，长期从事专职太极拳训练和教学工作。

陈正雷，1949 年 5 月出生，河南省温县陈家沟人。自幼习练祖传拳术，8 岁拜伯父陈照丕为师，后又拜族叔陈照奎为师，精通太极拳大架（老架）、小架、新架各种套路以及各种太极器械、太极拳推手和散手，刻苦钻研太极拳文化理论，功夫纯正，理论娴熟。

陈氏太极拳第十二代代表性传承人主要有陈沛林、陈沛山、陈沛菊、王战海、王战军等。

陈沛林，1956 年出生，河南省温县陈家沟人。自幼受到良好的传统式家

庭教育和习武环境熏陶，曾祖父陈铭三、祖父陈鸿恩、叔祖陈鸿烈均为太极拳名家。儿时随父亲陈立宪和姑母陈立清习练家传陈氏太极拳，深得真传，文武兼修，功夫纯正，精通陈氏太极拳理论、经络、穴位、擒拿等实战技能，具有"圆柔刚劲、轻灵敏捷"等特点。现任河南省太极拳协会副主席。

陈沛山，1962 年出生，河南省温县陈家沟人。自幼师从父亲陈立宪学习家传陈氏太极拳及其理论、各种器械与实战推手，后蒙姑母陈立清严格指导，深得真传。其拳术具有舒展紧凑、发力强等特点，注重技击运用。致力于太极拳健身与太极文化方面的研究。1992 年创立了（日本）陈氏太极拳协会，任主席；2000 年与胞妹陈沛菊共同创立国际陈氏太极拳联盟（ISCT），任主席。

陈沛菊，1965 年出生，河南省温县陈家沟人，5 岁起随父亲陈立宪习练陈氏太极拳，后蒙姑母陈立清教诲和指导。曾任河南省武术运动管理中心主任助理和副主任职务，兼任河南省武术协会副秘书长、河南省太极拳协会常务副秘书长、河南省非物质文化遗产保护工作专家委员会专家委员。

王战海，1968 年出生，河南省温县陈家沟人。自幼在父亲王西安言传身教下苦练套路、揣摩实战、深得真传。16 岁首次参赛即夺得冠军，其后十余年间参加所有全国及国际性太极拳赛事屡次夺冠。现任王西安拳法研究会副会长及执行总教练、太极禅文化国际发展公司技术总监。

王战军，1974 年出生，河南省温县陈家沟人。自幼随父王西安先生习拳，学习陈氏太极拳老架、新架、国家规定竞赛套路及所有器械，推手及散手，在实战方面颇有造诣，尤其擅长太极拳推手、擒拿技巧。自 1988 年起，多次在各种太极拳大赛中荣获冠军，全国武术锦标赛蝉联冠军，2008 央视武林大会陈氏太极拳年度总冠军，吉尼斯世界纪录（丹田弹抖——2 千克重物弹出 102 厘米）保持者。

三 陈氏太极拳发展现状

陈氏太极拳在河南省温县陈家沟村陈氏家族世代传承，到了晚于陈王廷五代的陈长兴和陈有本，二人由博归约，分别创编出太极拳大架一路、二路和太极拳小架一路、二路。陈长兴从理论上对太极拳进行总结，著有《太极拳十大要论》《太极拳用武要言》《太极拳战斗篇》等。陈氏太极拳从陈长兴起开始向族外传播，逐渐衍生出了多家流派支系，太极拳也从温县陈家沟一隅开始向全国和全世界传播开来。

陈氏太极拳是中国武术发展历程中诞生的一个优秀拳种，也是中华武术的"金字招牌"。它具有丰富的内涵，是经过自然沉淀过滤、营养全面的清纯甘泉，赋予了国人良好的精神风貌和民族形象，更是华夏民族精神建构的脊梁。

太极拳在大众生活中经过不断地去陈推新、提炼发展，逐步形成了融哲理、拳理、医理于一身，集健身、修心、养性、娱乐、休闲等多元功能于一体的传统体育项目。太极拳在人们的健身理念、生活方式中巧妙地融合了人与自然、人与人之间的和谐宇宙观、世界观，是西方体育文化追求极限、打破自然所无法比拟的。如今太极拳的生活化发展，彰显了人文精神和社会主义精神文明建设的一个重要体系，也是抵御文化垃圾对人们生活方式、思想观念腐蚀的重要工具。太极拳从道家汲取了顺应自然的思想，倡导人与自然、人与人、人与社会之间的和谐共处。当前社会生活环境下，和谐的价值理念更需要植根于人们的思维方式之中，用太极拳一贯秉承"天人合一"和"尚中贵和"的思维方式，追求人与自然、人与社会、人与人之间共生、共存、共同发展的新型关系。

四 陈氏太极拳的未来发展

随着生活节奏的加快，工作压力的加大，人们的心理承受能力不断降低。因此，人类生活需要"太极化"，太极拳的发展更需要进入社会生活，即"太极生活"，就是说人们在日常生活中的规律、节奏、步伐、习惯等，都应遵循太极拳中的哲学理论。《中庸》有云："中也者，天下之大本也；和也者，天下之达道也。致中和，天地位焉，万物育焉。"儒家也强调

"中"是天下根本，天下本源，万物只有达到"中和"的状态，方能和谐平稳发展。和谐中庸的生活方式造就了中国古人"尚中贵和"的生活状态与处世原则。

因此，未来做好太极拳的传承发展工作，不仅对培育中华民族精神、弘扬中华文明、建设中华民族共有精神家园具有重要意义，而且对于保持世界文化多样性、促进国际社会文明对话、实现人类社会可持续发展具有重要作用。

（一）未来陈氏太极拳在国内的传承发展

进一步加大对太极拳文化的保护力度，推动全国太极拳传承保护工作全面、深入地开展。未来太极拳在国内的传承发展主要集中在以下方面：一是开展深入调查，建立较为完善的太极拳档案和数据库；二是分类指导，科学保护；三是加强对太极拳代表性传承人的保护，建立有效的传承机制；四是加大太极拳保护投入力度，提供资金保障；五是加强基础设施建设，鼓励兴建太极拳展示传习场所；六是合理利用太极拳文化资源，促进传承发展；七是开展科研教育，加强太极拳人才培训；八是推进立法进程，制定相应保护政策；九是广泛开展宣传展示活动，促进非物质文化遗产太极拳的传播和弘扬。

除了竞技太极拳之外，众多的太极拳习练者所追求的理念基本是一致的。太极拳在青少年中秉承着"习拳育人，塑造人格"的教育理念，也成为中老年人"休闲娱乐，健身健心"的主要运动方式。耳闻"太极"两字，就寓意出健身养生之观念，这一观念已深深地烙印在广大民众的心里，健身养生的理念在人们心中早已根深蒂固。太极拳已成为人们锻炼身体的最佳选择，也是休闲娱乐的生活方式之一。因此，太极拳在中国有着深厚的群众基础，有着基数庞大的参与人群。

（二）未来陈氏太极拳在国际的传承发展

健康是人类生活永恒的追求话题，休闲、健身、运动、娱乐是 21 世纪阳光体育的发展趋势，同样是 21 世纪开拓新型生活方式的新理念。陈氏太极拳融合了太极阴阳、儒家思想、道家思想、中医经络学等中华传统文化，并在此影响下与传统武技相结合而产生，具有源远流长的历史，拥有博大浩然之精气，携带多元化价值功能。太极拳是为人类社会打造和谐健康的品牌，突显了中华民族共同的核心价值取向。

陈氏太极拳运动具有"绿色、低碳、环保"的体育健身特点，它可以满足现代人健身、养生的需要，而且不受场地、经济等条件的制约。从社会学角度分析，大众生活文化的形成，主动性的大众消费是人们从众心理的反映。抓住大众心理，满足大众生活需求，就是大众为此消费的最直接推动力。

未来陈氏太极拳在国际间的传承发展，要从竞技比赛和民间传承两方面考虑。在竞技比赛上，需要注意以下几个问题：一是与奥运标准接轨；二是项目设置新尝试；三是竞赛技术有标准；四是动作编码数字化；五是运动员空间更大。

在民间传承上，则需要将中国文化融入太极拳传播实践中，树立太极拳文化品牌，整合传播的媒介网络，建立官方组织与民间组织的合作机制，扩大段位制的范围等。更重要的是利用其内在的养生健身功能，提高人类的健康水平和生活质量，这是国际社会最为关注的问题，也是太极拳在国际间传承发展的魅力所在。

为了陈氏太极拳的进一步传承推广，还应将继承和创新相结合。在深入理解太极拳内在特点的基础上，发展相对简单易学、具有明显专项健身功能的太极拳套路。在科学实验的配合下，太极拳不仅吸取古典拳种的精华，还将根据不同病症的医学要求创新发展，创编出人们喜闻乐见的新套路。

陈氏太极拳从经典理论向现代语言和现代科技诠释的过渡，也将推动太极拳运动的更大普及和国际传播。将古老的东方文明与现代科技相结合，应用现代科技手段和理论方法来弘扬中国传统文化，继承与创新相结合，必将加速探索太极拳优化生命质量奥秘的进程。在可以预见的将来，系统的太极拳锻炼，可能成为促进人们缓解压力、强身健体、去除疾病、益寿延年的一个重要手段，从而为缓解21世纪社会的人口老龄化压力、提高中年人健康水平、开发青少年人智力、提高脑力劳动能力，全面提升人类健康水平和精神文明作出独特的贡献。

B.3
杨氏太极拳的传承与发展

杨振铎 杨军 李秀*

摘　要： 杨氏太极拳是太极拳发展史上的一个重要流派，创拳者永年县广府镇人杨露禅，于清末时期从学于温县陈长兴，师成之后到北京传拳。北京特有的文化环境为太极拳的发展提供了拳法实践和系统理论指导的宽阔舞台，杨露禅长期在王府中供职，与政治文化界上层人士的交流拓展，使他在技击和拳理的阐释上颇有成就，成为将太极拳最早摞响京城的先行者。杨氏太极拳因契合了救亡图存的时代需求，大批仁人志士踊跃加入，使杨氏太极拳在这一时期实现了突破性的发展，在社会上产生了广泛而深远的影响。中华人民共和国成立以来，国家体委以杨氏太极拳为蓝本推出的简化套路，直接推动了杨氏太极拳在全社会更大范围的普及和推广。

关键词： 杨氏太极拳　杨露禅　简化套路　文化交流　太极拳社团

---

* 杨振铎，杨澄甫三子，杨氏太极拳第四代嫡传人；杨军，杨澄甫曾孙，杨氏太极拳第五代嫡传人，国际杨氏太极拳协会会长；李秀，海南大学体育部民族传统体育教研室主任，教授，主要研究武术文化与教学。

一 杨氏太极拳沿革

（一）杨氏太极拳创始人及发源地

杨氏太极拳创始人杨福魁（1799—1872 年），字露禅①，现河北省邯郸市永年区广府镇人。

永年区，有 2000 多年的历史，地处邯郸东北 30 公里，古称曲梁郡，隋末窦建德称帝曾建都于此。明清之后，改设为广平府，原直隶南首府所在地。

（二）杨氏太极拳的起源、定型与发展

杨露禅拜河南温县陈家沟太极拳名家陈长兴为师，奠定了深厚的武学根基。清咸丰、同治年间，杨露禅经友人介绍来到北京授拳，教授人群是王公大臣、将军贝勒、八旗子弟。因他武艺高强，在屡次交手中击退挑战者，世称"杨无敌"。

北京特有的文化环境为太极拳的发展变化提供了拳法实践和系统理论指导的宽阔舞台。杨露禅带领其子杨健侯、杨班侯，后有其孙杨少侯在王府中供职，与政治文化界上层人士的交流拓展了杨露禅祖孙三代的眼界。从而在技击和拳理的阐释上，又有了新的成就。

杨澄甫在京辅助父亲杨健侯授拳，将授拳对象广泛面向社会。之后民国政府迁都南京，杨澄甫与弟子受邀南下，拉开了太极拳南传的序幕。杨澄甫巡回授拳于北京、南京、上海、杭州、汉口、广州等地，经其定型的祖传太

---

① 关于杨露禅生卒年龄，现在地方、官方或后人撰写的资料里，明确记载杨露禅生于 1799 年，卒于 1872 年，享年 73 岁，包括杨家后代的著作里也认可这一说法。《太极》杂志 2012 年第 1 期登载杨宗杰所撰文章《太极宗师迁陵杨氏太极苑》，记录永年县政府将杨露禅家族墓地进行搬迁至规划新址并筹建供世人寻根祭祖的杨氏太极苑，2011 年 12 月 14 日，墓地挖掘后，工程设计师杨清波与杨志芳（杨澄甫嫡孙，杨振国儿子）一同再去杨露禅墓地细寻，"不见任何文字留存之物。考之当地居民，答这里无有随葬镌刻生卒年月瓦当的习俗，殊为憾事"。因此杨露禅具体生卒年仍沿用官方惯用说法。

极拳架自此流传于全国各地，由家族成员及弟子们广为传播。

杨澄甫与弟子们所著的《太极拳术》《太极拳使用法》《太极拳体用全书》和《太极拳术十要》《太极拳之练习谈》，以及两套拳架照片及推手照片，几经沧桑，至今仍然是指导人们习练杨氏太极拳遵循的准则。

自杨露禅进京到杨澄甫传播太极拳，祖孙三代，紧扣时代脉搏，适应国民锻炼需求，修订拳架，形成架势宽大，动作柔缓的太极拳，确立了太极拳以健身为主的发展宗旨，在国内外广泛传播，被后人称为"杨氏太极拳"。

（三）杨氏太极拳的特点

杨氏太极拳架势舒展简洁、结构严谨，身法中正、不偏不倚，动作和顺、刚柔内含，轻灵沉着兼而有之。练法上由松入柔、运柔成刚、刚柔相济，形成姿势开展、自然中正、庄重朴实和气魄大、形象美的独特风格。

（四）杨氏太极拳的传承脉络及代表人物

1. 杨露禅

杨露禅是杨氏太极拳的开山鼻祖，祖籍河北永年县闫门寨，后移居广府南关。杨露禅自幼好武，16 岁时，学艺于陈长兴，艺成后名声远扬。人们见他的拳法动作绵而有化解击敌之功效，纷纷称之"绵拳"或"化拳""粘拳"，从学者众，蔚然成风。

杨露禅入京教拳，门人甚多，除其儿子外，著名的还有凌山、全佑、万春、时绍南、岳柱臣、王兰亭等人。

2. 第二代：杨班侯、杨健侯

杨露禅生有三子，长子杨凤侯英年早逝，两个儿子杨班侯、杨健侯是杨氏太极拳极负声誉的第二代代表人物。

杨班侯（1837—1892 年）相貌清癯，自幼极富习武天资，习练拳技常能举一反三，膂力惊人，善用散手，往往出手必发。[①] 性情刚烈耿直，高傲

---

① 吴文翰编著《武派太极拳体用全书》，北京体育大学出版社，2001。

孤僻，常与上门挑衅者交手。

在杨露禅进京授拳之后，班侯、健侯兄弟随从授拳。据民国期间杨敞《雄县刘武师传》记载，清护军营统领公爵广科喜欢技击，在香儿胡同设西厂，邀杨班侯授拳[1]，后皇诰授予他"武德骑尉"的称号，戴蓝翎[2]（武职正六品）。

1868 年杨班侯返回永年广府，居家传艺。除了与父在京同授的凌山、全佑、万春外、纪子修、侯得山等人外，杨班侯在永年还有几位弟子：教莲堂、陈秀峰、张信义、冀福如、李万成、外孙白忠信等。

杨班侯一生为杨氏太极拳打出了名声，因此后人赞曰："杨露禅创天下，杨班侯打天下。"

杨健侯（1839—1917 年），号镜湖，性情温和，虽不比其兄班侯，但也武功精绝，其拳法"内似钢铁，外似柔棉"[3]，刀、剑、杆等拳械无一不精，周身皆能发人，蓄力发劲常在笑谈之间，善于发射弹弓，发无不中。因性格笃实温和，敏于教学，循循善诱，学生豁然贯通，知术明理。

杨露禅去世后，杨健侯接替父职，在京授拳。

3. 第三代：杨兆熊（少侯）、杨兆清（澄甫）

1902 年，杨健侯长子杨兆熊（少侯）、三子杨兆清（澄甫）进京随父习拳、教拳。

杨兆熊（1862—1930 年）：字少侯，幼年随父亲杨健侯、伯父杨班侯习拳，功夫上乘，但性情却似伯父杨班侯。平生刚勇寡言，好打抱不平。其技击手法多变，步伐灵巧，有"千手观音"之美誉。常在喜怒哀乐之间，搭手发劲，触者立倒。

杨少侯独特的连打带摔的教学方式使许多人敬而远之。因此，所教的学

[1] 杨敞《雄县刘武师传》："时护军营统领公爵广科喜技击，谋以此课部曲。延师（按：指刘仕俊）为设一厂于六条胡同，名东厂。同时，延永年杨钰（按：指杨班侯）授太极拳于香儿胡同，名西厂"。参见《体育》1918 年第 1 期，北平体育研究社发行。
[2] 吴文翰编著《武派太极拳体用全书》，北京体育大学出版社，2001。
[3] 许禹生：《杨健侯先生传》，《体育》1938 年第 5 卷第 4 期。

生门人不多，较为著名的弟子有：吴图南、尤志学、马润之、田兆麟（后拜杨澄甫为师）、汪永泉（被指拜杨澄甫为师）。他的名声与弟杨澄甫齐名，晚年于南京去世。

杨兆清（1883—1936年）：字澄甫，人称"三先生"，性情极似其父，温和谦善，绝顶聪慧，自幼得父亲杨健侯教诲，日夜苦练，终负盛誉。其体格魁梧，技击精湛，拳架"开展而柔顺，手法绵软而沉重，所谓丝绵裹铁弹，柔中有刚，好太极拳者均欢迎之"①。

1912年，太极拳开始向社会公开传播，29岁的杨澄甫在北京体育研习所、北京中山公园、北京消防局等地设立拳场，其间著名的弟子有武汇川、田兆麟、牛春明、李雅轩、陈微明、崔毅士、张钦霖等人。

1918~1928年，杨澄甫与陈微明、武汇川等众弟子相继南下，太极拳开始向南方传播。

1928年，杨澄甫应馆长张之江之邀，赴中央国术馆担任太极拳教员。

1929年，杨澄甫又应浙江省省长兼浙江国术馆馆长张静江之邀，任浙江国术馆教务长。1929年浙江国术馆承办"国术游艺大会"，杨澄甫等26人担任评判委员。②

1935年，广东的陈济棠特邀杨澄甫南下广州教拳。后来因病返回上海。

杨澄甫所处时代，清朝灭亡，民国建立，思想空前解放。有不少饱学之士、社会精英渴求太极拳，拜在杨门之下，为梳理、阐发杨氏太极拳理论起到关键的作用。因此杨澄甫开始完善杨氏太极拳理论体系的架构，把家传技艺传播于世。

杨澄甫是杨氏太极拳的定型者及承前启后的人物，对当代太极拳的发展影响极大。

4. 第四代：杨振铭、杨振基、杨振铎、杨振国

杨振铭（1910—1985年），字守中，杨澄甫长子。8岁开始习练家传杨

① 黄元秀：《武术偶谈》，国术统一月刊社，1936。
② 凌耀华整理《千古一会——1929年国术大竞技》，《武魂》1986年第4~5期。

氏太极拳，14 岁便解悟拳经，19 岁时成为杨澄甫之助教，由北至南，随父授拳。1949 年，移居香港，在香港授拳长达 36 年，教学形式主要为一对一教学，不搞集体开班教学，在教学过程中，合乎祖传拳规，又能根据学员特点，因人而异，口传身授，效果显著。

杨振铭的著作主要有：《双人图解太极拳用法及变化》（1962），*Practical Use of Taichi Chuan*（1976 年波士顿及香港英文本）。

杨振基（1921—2008 年），杨澄甫次子，行拳风格中正舒展、轻灵自然。毕生致力于杨氏太极拳的传承和推广，20 世纪 50 年代至"文革"前，主要受高层领导邀请到多地教拳；20 世纪 90 年代始广泛教学，办班近 300 期，从学者众多。为维护杨氏太极拳技术的准确性和正统性，于 1993 年由弟子严翰秀协助整理出版《杨澄甫式太极拳》，将祖传的《太极拳老拳谱三十二目》公开于世，书中将杨澄甫《太极拳体用全书》及诸先师的太极精论附后，为杨氏太极拳的正确练法提供了有力佐证。

杨振铎，1926 年生，杨澄甫三子，拳架风格潇洒流畅、劲力雄浑稳健，独树一帜。自 20 世纪 60 年代后期始，致力于弘扬和普及杨氏太极拳，1982 年 4 月，成立山西省杨氏太极拳研究会（后改为山西省杨氏太极拳协会），当选为会长。同时倡导"天下太极一家亲"，为杨氏太极拳在海外的传播作出了杰出贡献。教拳之余勤于笔耕，著有《杨氏太极拳》（英文版）、《杨氏太极拳剑刀》，编著"中国太极名师经典丛书"中《中国杨氏太极拳》《杨澄甫先生太极拳架式挂图》，参与中国武术协会编写的《杨氏太极拳 40 式竞赛套路》，出版《杨氏太极拳》《杨氏太极剑》《杨氏太极刀》及参与出版《中华武藏》系列之"杨氏太极拳"等音像制品。

杨振铎现为中国武术九段，中国武术武林百杰，2011 年国家体育总局武术研究院首批专家委员会专家，2013 年被《中华武术》杂志评为"30 年最具武术影响力人物"之一。任国际杨氏太极拳协会董事会主席，山西省杨氏太极拳协会名誉会长，山西省武协杨氏太极拳研究会名誉会长。

杨振国（1928—2013 年），杨澄甫之四子，获文化部授予"国家级非物质文化遗产项目（杨氏太极拳）代表性传承人"称号。工作之余以从事杨

氏太极拳的研究、交流和推广为主。20 世纪 90 年代，受聘为美国波城哲禹太极拳社名誉顾问，后曾应台湾郑子太极拳研究会和时中学社邀请，赴台进行文化交流，引起海峡两岸太极拳界的广泛关注。2000 年以来，先后出版《杨氏太极拳精选套路》（即 55 式，台湾）、《杨氏太极拳三十七式》《杨氏太极拳十八式》等，并参与《中华武藏》系列之"杨氏太极拳"的拍摄，所演示的杨氏太极拳被作为经典影像收录。

5. 第五代：杨志芳、杨军、杨斌、杨勇

杨志芳，1959 年出生，杨振国之子。自 6 岁起随父杨振国和伯父杨振基、杨振铎学习祖传杨氏太极拳。行拳走架中规中矩，沉稳庄重浑厚，颇具杨氏太极拳大家风范。杨志芳作为杨氏太极拳第五代代表性传人，在 2017 年、2018 年，成功召开了首届及第二届全球杨氏太极文化节暨海峡两岸太极文化交流大会，得到了世界各地杨氏太极同仁的极大支持与好评；在 2008 年、2014 年两届邯郸国际太极拳大会上被国家武管中心评为太极名家；2016 年 10 月参加邯郸市第十三届太极拳大会，被授予"推介大使"称号；2018 年 10 月 26 日邯郸第 14 届国际太极拳大会被大会组委会评为旅游形象大使；2018 年 11 月获批成为河北省非物质文化遗产（杨氏太极拳）传承人。

杨军，1968 年 6 月生，杨振铎长孙，师承祖父杨振铎。作为杨氏太极拳第五代代表性传人，经过 20 年的努力，杨军提炼出一套以"明理、知体、达用"为核心理念的精华教学体系，先后在全球 24 个国家和地区成立杨澄甫太极拳中心、附属学校和太极拳师范学院 108 个（所），有注册教练近 200 名，弟子门生遍及世界 50 多个国家和地区。2014 年，杨军与保加利亚大特尔沃大学签署开设杨氏太极拳硕士班的协议，标志着传统太极拳不仅进入海外高等学府并且成为独立下设专业的硕士教育体系。2014 年，杨军荣获肯塔基联邦最高荣誉——"肯塔基上校荣誉奖"。先后出版的协会电子杂志、电子英文版书《杨氏太极拳精要》《杨氏太极拳》《杨氏太极剑》《杨氏太极刀》《杨氏太极推手基础》《杨氏太极推手用法》的教学 DVD，被翻译成多种语言，赢得了全球拳友的广泛好评。现任国际杨氏太极拳协会会长，"一带一路"中国太极文化世界行讲师团成员，山西省非物质文化遗产杨氏太极拳代表性传承人。

杨斌，1972 年 11 月生，杨振铎次孙，师承祖父杨振铎。作为杨氏太极拳第五代代表性传人，现任山西省武术协会副主席、山西省杨氏太极拳协会主席，山西省太原市非物质文化遗产项目（杨氏太极拳）传承人。2009 年 11 月，杨斌开始创建教学基地传承传统杨氏太极拳，首创渐进式、班级建制、循序教学模式，亲身施教，著书立说，自成体系。杨斌以普及全民健身规范教学及师徒相传两种形式相结合的传播、推广模式，大力开展公益教学，着力培养各类师资力量，并在身体力行中，奉行大道至简。

杨勇，1978 年 4 月生，杨振铎幼孙，现任山西省杨氏太极拳研究会会长。自幼随祖父杨振铎习练家传杨氏太极拳，多次参加长兄杨军举办的各种培训，2018 年担任山西省杨氏太极拳研究会会长。2018 年在青岛第八届全国杨氏太极拳邀请赛担任组委会、仲裁委员会副主任。多年来致力于杨氏太极拳的推广与普及，遵祖父训，为弘扬太极造福人类作出贡献。

6. 亲族传人傅钟文、赵斌、傅声远、赵幼斌、傅清泉

傅钟文（1903—1994 年），河北永年广府南街人，杨澄甫之侄外孙女婿。傅钟文是上海精武体育总会常务理事。1944 年 10 月 1 日在上海创建永年太极拳社，培养了数以千计的太极拳人才。中华人民共和国成立后，傅钟文担任上海武术队太极拳教练，受到贺龙元帅等领导接见。1979 年被推选为上海武协副主席，1988 年被中国武协授予武术贡献奖，1992 年应邀赴瑞士洛桑被国际奥委会授予奥林匹克奖章。傅钟文出版的《太极刀》《杨式太极拳》，是中国武术协会审定的杨氏太极拳权威范本，经久不衰，并被译成英、德、法、西、日等多种外文版本。

赵斌（1906—1999 年），河北省永年县广府镇人，系杨氏太极拳宗师杨澄甫之二兄杨兆元外孙。16 岁毕业于永年师范讲习班。后被保送到黄埔军校，为第六期炮科学员。毕业后，被派遣到西北杨虎城将军第 17 军西北绥靖公署步兵训练班任武术教官。后退出军界，定居西安。1984 年创立西安永年杨氏太极拳学会并任会长。他数十年如一日，坚持自练与授徒，从学者成千上万，推动了杨氏太极拳这一珍贵文化遗产在西北地区的发展。

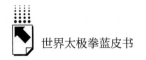
　　傅声远（1931—2017 年），傅钟文之子。应澳大利亚太极拳爱好者及政府邀请，成立"傅声远国际太极拳学院"，并任西澳大学、科登大学、麦道大学等高等学府的太极拳教练。1998 年被中国武协授予国际"武术推广奖"并被评为中国武术八段，成为历史上第一个被授予高段位的海外中国武术家。2012 年被意大利武术联合会授予武术九段。2013 年被《中华武术》杂志评为"30 年最具武术影响力人物"之一。

　　赵幼斌，1950 年生，祖籍河北永年广府镇，7 岁起随父赵斌习拳。16 岁开始授拳，是国内外著名的杨氏太极拳的继承者、传播者、太极拳活动家。2008 年 7 月，被国家体育总局武术管理中心、中国武术院、中国武术协会特聘为《中国武术段位制系列教程—杨式太极拳》的主要参编人员及教学演示者。现任中国体育科学学会武术分会委员；中国武术八段；陕西省太极拳委员会副主任；西安市武术协会副主席；西安永年杨氏太极拳学会会长；香港赵幼斌杨氏太极拳总会永远荣誉会长；泰国太极拳总会"终身贡献奖"获得者。其子赵亮，承其衣钵，协助传播杨氏太极拳。

　　傅清泉，1971 年生，傅声远之子。5 岁起跟随祖父傅钟文和父亲傅声远学习杨氏太极拳，17 岁就获得全国比赛的太极剑冠军、太极拳亚军。18 岁入选国家队参加中日太极拳比赛，获得杨氏太极拳冠军。1989 年傅清泉随父赴澳大利亚授拳，协助祖父和父亲在海内外推广杨氏太极拳。出版有《嫡传杨式太极拳教练法》《杨式太极拳拳照图谱》《杨家传太极拳体用秘法》，以及《中华武藏之嫡传杨家太极系列》等教学视频。现任世界永年太极拳联盟副主席、精武体育总会杨氏太极拳总教练，澳大利亚傅声远国际太极学院院长。

　　7. 亲族以外的代表性传人（排名不分先后）

　　许禹生（1878—1945 年），字龙厚，曾习多种拳械，后拜入杨健侯门下。是近代振兴武术和改革武术教育的先驱，杰出的武术理论家、教育家，终生致力于武术特别是太极拳的传播、发展和弘扬，推动传统武术进入社会体制。他第一个将传统武术与基础教育、实践应用相结合并培养出大批师资力量；在传播推广武术的同时注重征集和收购"国术秘本"，对挖掘和保存传统武术文化起到很大作用。有《太极拳势图解》《少林十二式》《罗汉行功法》《中国武术史略》等著作，其中，1921 年的《太极拳势图解》是最早公开出版的太极拳读物，影响深远。

牛春明（1881—1961 年），先从杨健侯学拳，1902 年拜于杨澄甫门下，毕生传授杨氏太极拳，中华人民共和国成立前曾在杭州创办"牛春明太极拳社"。1960 年中央新闻纪录电影制片厂联合浙江电影制片厂为牛春明拍摄太极拳个人专题纪录片《万年长青》，著有《太极拳》《太极剑》等。

王其和（？—1932 年），字春山，河北省任县人。自幼酷爱武术，先习洪拳、三皇炮捶，师从郝为真习练太极拳，1914 年拜杨澄甫为师，并得到杨健侯、杨少侯的指教。1931 年，杨澄甫所著《太极拳使用法》一书中，将王其和列入传人传承表中。所传拳架曾被称为"混合架""综合架""郝杨架"，后被确定为"王其和太极拳"，2014 年列入国家非物质文化遗产保护项目，成为太极拳的一个重要流派。

田兆麟（1891—1959 年），少年时得杨健侯亲传，1915 年拜于杨澄甫门下。1917 年杨健侯荐其南下杭州教拳，成为最早把太极拳传向南方的武术家之一。

张钦霖（1888—1969 年），曾习多种拳术，1906 年拜于杨澄甫门下，毕生潜心授拳，淡泊名利，精通医道。

崔毅士（1890—1970 年），自幼习多种拳术，1909 年拜于杨澄甫门下，拳、剑、刀、杆、推手等无一不精，毕生以授拳为业，弟子学生众多，其中有多位国家领导人、驻华使节和著名作家、艺术家。

武汇川（1890—1936 年），先习少林拳，后拜入杨澄甫门下，功夫全面，尤善打手，擅发寸劲。中华人民共和国成立前，曾任山东国术馆教务长，1927 年在上海创办"汇川太极拳社"，授杨氏太极拳、器械、推手、散打等功夫。

李雅轩（1894—1976 年），曾习少林拳、绵掌，1914 年拜入杨澄甫门下，中华人民共和国成立前曾在南京成立"首都太极拳社"，后定居成都，是太极拳在四川的开拓者和重要传播者。

陈微明（1881—1958 年），出身仕宦之家，是编纂《清史稿》学者之一。先从孙禄堂学习形意拳、八卦掌，又从李景林学武当对剑，后正式拜入杨澄甫门下。中华人民共和国成立前，在上海创办"致柔拳社"。著有《太极拳术》《太极拳讲义》《太极剑》《太极答问》等，其中，《太极拳术》一书是由杨澄甫口授、陈微明笔录，为杨氏太极拳传承和发扬作出了贡献。

汪永泉（1904—1987 年），1917 年拜入杨澄甫门下。其拳架舒展、大方，形成杨氏太极拳汪传一脉（俗称"老六路"），其口述《杨氏太极拳述真》由弟子魏树人、齐一整理出版，对杨氏太极拳的理论研究作出了贡献，入室弟子有朱怀元、孙德善、高占魁等 10 多人。

褚桂亭（1890—1977 年），先后习形意拳、八卦掌、武当剑法等，1929 年正式拜入杨澄甫门下。传其拳架风格轻灵、刚柔相济、虚实分明。中华人民共和国成立后，定居上海并开展太极拳传授活动，20 世纪 60 年代参与"简化太极拳"的研讨、编写工作。

董英杰（1897—1961 年），先习练多种技艺，后拜入杨澄甫门下。中华人民共和国成立前，主要协助杨澄甫教拳，1931 年协助杨澄甫编著出版《太极拳使用法》，另著有《太极拳释义》一书。其传人遍及 20 多个国家和地区，是杨氏太极拳海外传播的重要力量。

吴志清（1887—1951 年），早年曾习弹腿、查拳等，1918 年随杨澄甫精研太极拳。长期从事体育及武术教育工作，注重理论研究和正宗习练方法，著有《太极正宗》《太极正宗源流》等太极拳学术研究的重要著作。

叶大密（1888—1973 年），名寿彭，字祖羲，后改名大密。先后从田兆麟、孙禄堂、李景林等习太极拳、八卦掌、武当剑，1928 年后师从杨澄甫学习，并得杨少侯传授。中华人民共和国成立前，在上海创办"武当太极拳社"，是最早成立的以太极拳命名的社团组织。其拳势人称"杨氏叶大密架太极拳"或"叶氏太极拳"，主要在上海、温州、嘉兴、杭州、黄山、广州等地传播，近年来传播至新加坡、马来西亚等国家。

濮玉（1907—1998 年），字冰如。是杨澄甫门下女弟子，行拳走架浑厚圆润、自然天成，是太极拳界十分罕见的优秀女性传承者。自 20 世纪 40 年代中期开始业余免费授拳，中华人民共和国成立后也始终坚持义务教授太极拳，传授学员数千人，为太极拳的民间传播作出了重要贡献。

吕殿臣（1886—1948 年）河北束鹿人。出生于武术世家，幼承家学，1924 年，进京经耿怡引荐拜师于杨澄甫。弟子中得其传唯王子和、马德芸、张君辉、萧锦城等几人。

郑曼青（1902—1975 年），1929 年拜入杨澄甫门下，其"诗、书、画、拳、医"精绝，有"五绝老人"美誉。除协助杨澄甫整理编著《太极拳体用全书》，极大地丰富了太极拳理论的宝库之外，还是台湾与美国传播杨氏太极拳的先驱，对杨氏太极拳在海外传播的贡献十分突出。

曾昭然（1900—1995 年），又名曾如柏。先后习多种拳术，1934 年拜入杨澄甫门下系统学习太极拳。1960 年，编著《太极拳全书》由香港友联出版社出版发行，是华南地区主要的太极拳传播者。

顾留馨（1908—1990 年），先后习练多种拳械，1927 年分别师从陈微明、武汇川修习太极拳。20 世纪 60 年代，国家推广太极拳运动，他提携多位民间的优秀太极拳家并把他们推上历史的舞台，曾在原杨、吴、陈、孙四家太极拳基础上力主增加武氏太极拳，促进形成五大太极拳流派。同时，重视实用以及太极拳历史和理论研究，著有《简化太极拳》《太极拳术》《怎样练习太极拳》，参与编著《太极拳研究》《陈氏太极拳》《大百科全书》等，为太极拳的普及作出了重大的贡献。

王子和（1911—2003 年），名炬，字子和。曾习多种拳械，后正式拜师吕殿臣精研太极拳。毕生致力于传承杨氏太极拳，以科学化的眼光来研究太极拳，著有《太极拳涵化文集》等。所传弟子众多，其中以邓时海及其所率台湾杨家太极拳总会影响最大，并在欧美有一定影响力，为杨氏太极拳海外传承作出了重要贡献。

张玉（1909—1988 年），字玺亭，为武汇川得意弟子。精于推手。多年从事太极拳教学和研究工作，并参与编纂《简化太极拳》《杨氏太极拳》《太极拳运动》等，为传统太极拳的传承和发展作出了贡献。

陈泮岭（1891—1967 年），字峻峰。曾习多种拳术，先后从杨少侯、吴

鉴泉、许禹生精研杨氏太极拳。倡导武术教学方法的科学化、动作的标准化，著有《太极拳教材》。后至台湾，组织成立"太极拳俱乐部"，为太极拳及传统武术的传承作出了重要贡献。

熊养和（1888—1981年），原名体元，字宇涵。拜胡虎（陈微明弟子）为师①专研太极拳，著有《太极拳释义》《太极刀单练法图解》。拳架称"杨家老架熊氏太极拳"或简称"熊氏太极拳"，对杨氏太极拳在台湾的传承和发扬有重要作用。

侯铁成，1950年生，9岁时就在天津拜武术名家郝寿春学习弹腿、燕青拳、六合刀等拳术技法，20岁加入邯郸市摔跤队并多次在国内大赛获奖。后又随王玉昆习练大成拳，1976年跟随杨振基学习杨澄甫式太极拳、剑、刀、推手等，1994年成为杨氏太极拳第五代入室弟子。2005年被邯郸市武协聘为教练，现任邯郸杨澄甫式太极拳学会北京分会与天津分会会长兼总教练。共计收徒100多名，其弟子有高学智、郭松海、刘仁国、杨天南、苏敬斌、孙国富、欧阳锡伟、田应雄、李尚、梁凤山、冯靖兰等。他的多名弟子与学员在第十一届国际太极拳运动会和其他省市太极拳赛事中取得了优异的成绩。

二 杨氏太极拳的传播发展概述

杨氏太极拳经历了清末民初、中华人民共和国成立后两个传播发展的黄金时代。

清末时期，传授武术的形式已经摆脱了过去单一的家传、师徒传承、在秘密结社中传授的状况，开始面向社会公开团体传授。

1912年，杨健侯传人许禹生在京成立"北平体育研究社"。1925年5月，陈微明创办"致柔拳社"，使太极拳开始普及到南方。1926年叶大密创办"武当太极拳社"，1928年武汇川创办"汇川拳社"，20世纪30年代武

---

① 陈微明是杨健侯之子杨澄甫的弟子，胡朴安是陈微明的弟子，故熊传太极拳确可称是杨健侯一脉。

汇川的弟子吴云倬创办"用中太极拳社",1934年,李雅轩在南京"太极拳社"就任社长,1944年10月1日,傅钟文成立"上海永年太极拳社"等。

杨氏太极拳开始传播之初,较好地运用传播媒介进行广泛的传播与宣传。1921年,杨健侯的弟子许禹生出版的《太极拳势图解》,是杨氏太极拳史上第一部技术和理论完整一体的著作。1925年陈微明执笔著述《太极拳术》,随后杨澄甫于1931年、1933年出版《太极拳使用法》《太极拳体用全书》,并留下《太极拳术十要》《太极拳练习谈》两部重要论述,至今仍有极高的学术研究性。

陈微明的《太极剑》《太极答问》、陈炎林的《太极拳刀剑杆散手合编》、吴志清的《太极正宗》、姜容樵的《太极拳讲义》、董英杰的《太极拳释义》、王新午的《太极拳法阐宗》等杨氏太极拳著作也相继出版。

从20世纪40年代末开始,杨氏太极拳传播至海外,如杨澄甫长子杨振铭在香港传播;杨澄甫弟子郑曼青、再传弟子王子和、王延年扎根台湾,随后郑曼青首传美国;杨澄甫弟子陈微明在香港、台湾传播;董英杰及弟子后裔在香港、东南亚、欧美传播;曾如柏在香港传播,等等。改革开放后,许多杨氏太极拳名家及传人远赴海外,杨家嫡系及亲族传人杨军、赵幼斌、傅声远、傅清泉等建立影响较大的海外杨氏太极拳社团,传播杨氏太极拳。

中华人民共和国成立后,历届中央领导重视太极拳活动的开展。1956年国家体委以杨澄甫拳照及动作名称、杨氏太极拳器械为蓝本,推出24式简化太极拳、32式简化太极剑。这种国家层面的认可和推广,极大地推动了太极拳的社会普及,杨氏太极拳开始遍及全国乃至世界。

杨氏太极拳在传播过程中,较好地借助了电视、电影等媒体,取得了良好的传播效应。体现杨氏太极拳风格、影响较大的影视作品有《神丐》《太极(1、2)》《太极宗师》《广府太极传奇》,另外还有各地电视台采访、制作的杨氏太极拳人物、拳种、健身、文化访谈节目等。

杨氏太极拳在传播过程中,还较好地通过积极参加赛事活动,不断扩大社会影响。1959年第一届全运会开始,太极拳(杨氏太极拳)就被列为正式的武术比赛项目。各地也争相举办各类太极拳观摩交流、邀请赛、联谊

会、年会等太极拳竞赛活动或商业赛事，均设置有杨氏太极拳的项目。其中，影响较大的有1991年发起的河北永年国际太极拳联谊会、1992年发起的河南温县国际太极拳年会（后改为中国·焦作国际太极拳交流大赛）、山西国际杨氏太极拳邀请赛、香港国际武术节等商业赛事。从2001年开始，"世界太极拳健康大会"以及国际武联规定自2001年起每年的5月为"世界太极拳月"，有力地推动了杨氏太极拳的影响和运动技术水平的提高。

B.4
武氏太极拳的传承与发展

翟维传 李建民 翟世宗*

摘 要： 武氏太极拳是太极拳的一个重要流派，由清直隶广平府武禹襄所创。武禹襄出身官宦门第，文武兼修，举官不就，在温县陈清平所授拳技基础上，学悟不辍，终成一代宗师。武氏太极拳诞生100多年来，历经数代传承，取得很大发展，报告呈现了六代传承的代表性人物及贡献。从发展历程来看，武氏太极拳较好地借用了民国时期全国武术发展的历史机遇、中华人民共和国成立后国家发展太极拳的政策推动力。在国家实施文化发展战略和全民健康战略的当今时代，武氏太极拳将顺势而为，采取多种措施，全面提高武氏太极拳的社会影响力，从而为文化发展和全民健康作出新的贡献。

关键词： 武氏太极拳 武禹襄 太和堂药店 太极拳学派 代表人物

一 武氏太极拳起源

武氏太极拳由清直隶广平府武禹襄所创。武禹襄出生于清嘉庆十七年壬申（1812年）二月初四日亥时，自幼受家族影响习文好武。其祖上山西太

---

* 翟维传，武氏太极拳代表性传承人，永年禹襄太极研究院院长，研究方向为武氏太极拳拳理拳法；李建民，邯郸学院太极文化学院武氏太极拳主教练，研究方向为太极拳文化；翟世宗，永年禹襄太极研究院执行院长，研究方向为武氏太极拳拳理拳法。

谷人，明永乐时迁居直隶永年，曾祖武镇，字静远，武生，授卫千总。祖父武大勇，字德刚，武生。外祖父赵宏勋，宣化镇君子堡把总。父武烈，字丕承，邑庠生。武禹襄在兄弟三人中排行第三，长兄武澄清，清咸丰二年（1852 年）壬子恩科进士，河南舞阳县知县；次兄武汝清，清道光二十年（1840 年）庚子科进士，刑部四川清吏司员外郎。武禹襄虽未举官，但熟读经书，知识渊博，廪贡生，候选训导。清咸丰初年，时任工部左侍郎的吕贤基奉旨去安徽督办团练，镇压太平军，吕"肃书币"，邀武禹襄与李鸿章参戎机，不就。后尚书毛昶熙、巡抚郑元善又皆礼辟，不就。足见武禹襄的德识才学在当时的社会影响力。

谈及武氏太极拳开创，不得不提太和堂药店。太和堂药店既是武禹襄初识太极拳的重要场所，也是"温县与永年太极拳文化交流的桥梁"①。传说曾有人在太和堂药店滋事与伙计发生争斗，只见药店掌柜王昶隔着柜台，手一挥就把寻衅之人打出了门。武禹襄听说此事后，就"常到太和堂闲坐，见店伙所演拳技与众不同，遂以客东之谊求授"，虽"练习有年，而奥妙难悟"②。在这期间，"我郡南关杨君，爱而往学焉。专心致志，十有余年，备极精巧"③，杨露禅返乡后，"武氏兄弟慕其技之精妙，皆折节与交"④，武禹襄"常与比校，彼不肯轻以授人，仅得其大概"⑤。遂于"咸丰四年（1854 年），武禹襄因公赴豫，绕道温县陈家沟，拜访陈长兴，学习拳术。但因陈长兴年事已高，卧床不起，遂被介绍到温县赵堡镇陈清平处"⑥，"研究月余，而精妙始得，神乎技矣"⑦。其后他的长兄武澄清在舞阳县北舞渡镇盐店发现一份《王宗岳太极拳谱》⑧，其中有《王宗岳太极拳论》及行拳

---

① 张志勇：《永年太和堂药店在太极拳发展中的重要作用》，《体育学刊》2004 年第 6 期，第 52～55 页。

② 吴文翰编著《武派太极拳体用全书》，北京体育大学出版社，2001，第 2 页。

③ 姚继祖：《武氏太极拳全书》，山西科学技术出版社，1999，第 277 页。

④ 徐震：《太极拳考信录》，山西科学技术出版社，2006，第 44 页。

⑤ 李亦畬：《郝和珍藏·王宗岳太极拳论并五字诀后附小序》，手抄本，1881，第 21～22 页。

⑥ 李建民：《武式太极拳传承研究》，硕士学位论文，河南大学，2016。

⑦ 姚继祖：《武氏太极拳全书》，山西科学技术出版社，1999，第 277 页。

⑧ 吴文翰编著《武派太极拳体用全书》，北京体育大学出版社，2001，第 3 页。

歌诀四篇，携回交予武禹襄。

武禹襄以深厚家学渊源和超常坚韧精神，依《王宗岳太极拳论》，结合陈清平所授理法，潜心研练，细心揣摩，并常延请身强力壮，精于武技壮士试招，验证所习，历经十数载修订与完善，终于大彻大悟，研创出一套独具风格的拳势及刀、剑、杆套路。这期间随时记录练拳感受，提炼总结出《十三势行功要解》《太极拳解》《十三势说略》《四字秘诀》《打手撒放》等文章。"从拳理、拳法到刀杆运用，一帜卓树、蔚然成家，形成了一个完整的太极拳学派。"①

二 武氏太极拳传承脉络及代表人物

武氏太极拳发展近 200 年，已前后承袭相传七、八代。

第一代，以武禹襄为首的兄弟三人。三兄弟生活优裕，学养深厚，视研拳、创拳为一种提高自我修养的方式，并不着意于传人。

武禹襄（1812—1880 年），名河清，字禹襄，号廉泉，兄弟中排行第三，是武氏太极拳最重要的创始者，或曰集大成者。幼喜习武，始练洪拳，后潜心研究太极拳，终生不辍。传人有李亦畬、李启轩等。

武霁宇（1800—1884 年），名澄清，字霁宇，号秋瀛，兄弟中排行第一。"读书为文，暇则习武，数十年来善自卫摄"②，于太极拳颇有研究。据传任舞阳知县时，在北舞渡镇一家盐店得《王宗岳太极拳谱》③，后交武禹襄，使武禹襄如虎添翼，终成大器。

武酌堂（1805—1887 年），名汝清，字酌堂，号兰畹，兄弟中排行第二。汝清与太和堂药店东家陈德瑚交游甚厚，为武禹襄初识太极拳创造了条件。在京任职间，常乘公余之暇，不懈习拳。"刑部诸公极为钦佩其术，愿

---

① 吴文翰编著《武派太极拳体用全书》，北京体育大学出版社，2001，第 4 页。
② （清）武澄清：《武澄清自定年谱》，清光绪十四年刻本，第 122~123 页。
③ 吴文翰编著《武派太极拳体用全书》，北京体育大学出版社，2001，第 3 页。

执弟子礼而师事焉。"①

第二代，以李亦畲为首的兄弟二人及部分武氏子弟，共20多人。武氏子弟有武澄清长子武用章，次子武用礼；武汝清子武少潜；武河清长子武用康，次子武用恽，三子武用咸，四子武用昭，六子武用极。武禹襄外甥李亦畲、李启轩对武氏太极拳的传承贡献突出，二人不仅在李氏家族内传授技艺，且向外传授弟子开展技艺传承，影响至清河、磁州、临清、彰德等地。

李亦畲（1832—1892年），名经纶，字亦畲。武禹襄外甥，弟兄四人中居长。22岁始从母舅武禹襄习太极拳，终生钻研不辍。弟子有葛福来、姚洛朝、葛顺成、李洛同、魏庆祥、郝为真、王明德及其侄李宝相、儿子李宝廉、李宝让等。其中郝为真、李宝让为后世传承贡献颇多。

李启轩（1835—1899年），名承纶，字启轩。武禹襄外甥，李亦畲之长弟。喜爱考据之学，淡泊名利，无意仕途，与兄同学太极拳于母舅武禹襄，终生研习。得其传者有清河葛顺成、南宫马静波及子李宝琛、李宝箴、李宝恒。

第三代，以郝为真、李宝相为首的武氏子弟、李氏子弟和部分李氏弟子，近百人。有记载的有武延绪、武传绪、武莱绪、李宝琛、李宝箴、李宝恒、李宝廉、李宝让、李宝相、李宝极、郝为真、葛福来、葛顺成等。

郝为真（1849—1920年），名和，字为真。初习洪拳、二郎拳，后从李亦畲潜心习练太极拳20多年，造诣精纯。李亦畲视其为衣钵传人，赠亲抄王、武、李拳论"老三本"之"郝和本"。郝为真曾在省立十三中学、县立高等小学任武术教员。在永年、邢台、北京等地传拳。

李石泉（1873—1943年），名宝廉，字石泉，李亦畲长子。善刀剑、推手，但从不收徒外露，在家课二子李槐荫、李棠荫学文习武。

李逊之（1882—1944年），名宝让，字逊之。李亦畲次子。拳艺受父亲李亦畲指点，更多得自其兄李宝廉、李宝相，深得家传。1937年受挚友赵俊臣"胁迫"，始收赵蕴圆、刘梦笔、魏佩林、姚继祖四人为徒。虽传人仅

① 吴文翰编著《武派太极拳体用全书》，北京体育大学出版社，2001，第511～512页。

四，却因弟子魏佩林、姚继祖影响广泛而名显。

李献南（1865—1922年），名宝琛，字献南，李启轩长子，精医道，常配丸散膏丹，免费为人医病，乡邻谢其德，送一匾，悬其门上，上书"仙手佛心"。

李信甫，生卒年不详。名宝恒，字信甫，李启轩三子。性淡默，寡言词，精太极拳，曾与长兄李宝琛于清光绪二十四年（1898年）应岑旭阶太守之聘，教其子侄。

李辅吕，生卒年不详。名宝相，字辅吕，李亦畲三弟李省三之子。"与郝为真同学于亦畲，自谓与杨班侯、郝为真相伯仲，视陈敬亭如婴儿之在股上耳……他壮年漫游燕郊、津门，广访武林高手，名声远播，可谓李氏又一代的太极圣手。"①

葛显斋（1868—1932年），名顺成，字显斋、咸义，人称"葛老显"，河北清河县葛村人②。自幼习武，精八方捶和少林拳，后师从李亦畲、李启轩习太极拳。葛福来、葛顺成叔侄最早将永年广府武氏太极拳传播到邢台，遍及清河、南宫、威县、夏津、临清等地。

第四代，传人较多，已逾千人。由于武氏子弟多以此艺自娱，因此第四代的传人主要是由李氏的子弟和弟子，郝氏的子弟和弟子组成，形成李氏传系和郝氏传系两支。李氏传系有李槐荫、李棠荫、李池荫、李福荫、李召荫、魏佩林、赵蕴圆、刘梦笔、姚继祖及清河葛福来、葛顺成的传人霍梦魁、顾胤柯等；郝氏传系有郝为真四子郝文勤、郝文桂、郝文田、郝文林，及弟子永年李福荫、韩钦贤、张振宗、李集峰、范念祖；邢台申文魁、申文翰、申文岑、李圣端、王延九、李宝玉、郝中天、王其和、刘东汉、毛根元、郭三刚、阎志高及河北完县孙禄堂等人。

第四代李氏传系主要代表人物如下。

李集五（1892—1943年），名福荫，字集五。李启轩之孙，李宝琛之

① 《永年太极拳志》编撰委员会：《永年太极拳志》，人民体育出版社，2006，第596页。
② 宋保年：《武派太极拳葛顺成（字显斋）架传承脉络》，葛传武式太极的博客，2009年7月17日，http://blog.sina.com.cn/s/blog_611409a10100egxa.html。

子。幼承家教，后又拜郝为真为师。1929 年被永年县国术馆聘为教员。同年，将"启轩本"编排为《李氏太极拳谱》油印出版。1932 年倡议并集资建"太极酱园"。1935 年与堂弟李槐荫又将《李氏太极拳谱》重新编次，在太原出版发行。其子李中藩、李正藩、李公藩三人，均继承家学。

李子固（1903—1956 年），名槐荫，字子固，李亦畲之孙，李宝廉之长子。1932 年在太原参与发起"山西省武术促进会"。后又从永年、邢台两地聘来多位太极拳名师，如永年的韩钦贤、张振宗、李召荫、张旗，邢台的李宝玉等云集太原。主导献出家藏拳谱，并亲回永年与堂兄李福荫、李召荫协商，在山西出版了《李氏太极拳谱》，免费发放 10000 多册。

李化南（1910—1948 年），名棠荫，字化南，李亦畲之孙，李宝廉之二子。自幼随父兄练拳，后又从韩钦贤学艺，曾随兄李槐荫在太原授拳。后回永年老家，专研太极拳术，着手组建了"斌儒学社"，收李屏藩、李锦藩、李迪生、赵振国 4 人为徒。

魏佩林（1913—1961 年），河北永年广府人，自幼体弱多病，遂习武强身。1937 年随李逊之习练太极拳，1940 年拜师。长期在刘营、刘宋寨、马军营等地授拳，后又在邯郸、邢台等地推广。传人有陈令保、史三杰、翟维传、杨法明等，其子魏高申、魏高义、魏高志深得家传。

姚继祖（1917—1998 年），字绍先，河北永年广府人。1924 年从祖父学习太极拳，1927 年读高小时随时任武术教员的郝月如学习武氏太极拳，1932 年入永年国术馆与韩钦贤等各派传人一起研习太极拳推手和器械。1937 年从李亦畲次子李逊之学习武氏太极拳。1940 年，经赵俊臣介绍，正式拜李逊之为师。有手稿《太极锁钥》留世，著有《武氏太极拳全书》一书。1978 年创办首家"永年县太极拳学校"；1981 年在邯郸接待"全日本太极拳协会访华团"；1984 年在武汉"国际太极拳（剑）表演观摩会"上被评为全国十三太极名家之一。1990 年向政府和有关部门建议举办大型太极拳联谊会并被采纳。1992 年创办"永年广府武氏太极拳研究会"并任会长。姚继祖弟子众多，著名者有金竟成、翟维传、胡凤鸣、钟振山、王印海、李志忠、王元良、杨书太、李剑方、翟会传、姚志公、姚志平、崔志光、冀长宏等。

顾印珂（1894—1973 年），亦写作胤柯，河北清河人。1910 年拜葛顺成为师，习武氏太极拳。1933 年在奉天大西门开馆授徒，名"清河太极顾武馆"，并请师兄霍梦魁来奉天协助教授。1938 年担任"奉天武道振兴会"教授[1]。1944 年，返回清河，教拳安度晚年。

霍梦魁（1890—1962 年），河北清河人，葛顺成内弟。1910 年拜葛顺成为师，习武氏太极拳、械。后得李福荫指点。1933 经师弟顾印珂邀请，到奉天"太极顾武馆"教授武氏太极拳。1947 年，应沈阳众弟子之邀在沈阳大北关火神庙开设"清河太极霍武馆"。

第四代郝氏传系主要代表人物如下。

郝月如（1877—1935 年），名文桂，字月如。郝为真次子。自幼随父习拳，在师祖李亦畬蒙馆读书受益良多。历任山西大同镇署武技教员、江苏陆军十九师七十三团武技教员、永年县政府国术教授等职。1928 筹建永年国术馆，任副馆长。从学者有魏佩林、姚继祖、翟文章、郝向荣、冀福如、申奎、夏建州、张信义、祁锡书等。1929 年 4 月 27 日受江苏省国术馆副馆长兼教务长孙禄堂之邀至镇江，任该馆教习。[2] 1930 年赴南京教拳，从学者有江苏张士一，陕西冯卓、徐震、吴知深等名士。1935 年春被国民政府中央大学聘为国术教授。著有《武式太极拳要点》《操手十五法》《太极拳的走架打手》《舍己从人》《武式太极拳身法要点》《太极拳义》等文。

郝砚耕（1904—1947 年），名文田，字砚耕。自幼从父郝为真习拳。1929 年，任永年国术馆教员。1932 年，与亲友共同集资，开办了"太极酱园"。郝砚耕搜集、整理了大量的太极拳史料及武澄清、武汝清、李亦畬等前辈遗文。

韩钦贤（1885—1958 年），名文明，字钦贤。河北永年广府人。16 岁

① 傅仁东：《辽沈地区的武式太拳》，《精极武》2010 年第 1 期，第 5～8 页。
② 《职员录——本馆现任职教员履历一览》，《江苏国术馆年刊》1929 年第 1 期，第 3～8 页。

始从郝为真习拳。1930年任永年国术馆馆长。1935年受山西省国术促进会会长邱仰濬聘请，赴山西教拳。1936年曾先后在邯郸怡丰面粉公司、亚细亚煤油庄、孤儿学校等处教拳。1941年在曲周县授拳。著有《太极拳走架打手白话歌》。传人有广府翟文章，邢台马荣、陈固安，邯郸贾朴、米梦九、麻守全等。

张玉轩（1882—1956年），名振宗，字玉轩。河北永年西杨庄人。幼年因体弱，始从郝为真习练太极拳。孙禄堂曾重金聘他南下执教，均被婉言谢绝。郝为真谢世后，他积极联系孙禄堂等同门，为老师树碑立传。传人有张世琦、张延祜、杜玄志、祁从周等。

李集峰（1881—1960年），永年广府西街人，郝为真弟子。民国时期到邯郸、邢台、太原等地教拳。曾任永年国术馆教练，参加过斌儒学社。1952年定居南沿村，致力于武氏太极拳在这一带的传播，弟子有陈红玉等12人。

王其和（？—1932年），字春山，邢台任县环水村人。自幼酷爱武术，先习洪拳、三皇炮捶，被京都会友镖局聘为镖头，后拜郝为真为师，学拳6年，后还曾随杨澄甫习拳，在常年习练武氏、杨氏太极拳的基础上，王其和通过多年的悉心研练，根据自己的体悟，默识揣摩，将几位大师所传拳艺融会贯通，逐渐形成了一套独具特色的太极拳套路，经过百年传承，2014年被列入国家级非遗项目，确定为"王其和太极拳"，成为太极拳的一个重要流派。

李香远（1889—1961年），名景清，字香远，乳名宝玉。邢台会宁村人。初随任县刘瀛洲习三皇炮捶，后经刘瀛洲推荐，至杨兆林门下，后又拜郝为真为师。1923年击败邢台驻军师长胡景翼，名声大振。辗转苏州、南京、山西、河北等地授拳，有"太极圣手"之称。

李圣端（1888—1948年），名斌，字圣端。河北省邢台人。随郝为真习太极拳。1928年与王彭年、郝中天、郑月南、陈兰亭等人共同创少林社，1930年少林社改为"邢台国术研究社"，任社长。弟子有马荣、王德春、王德贵、王学政、王万庆、王典五、陈固安、陈恩禄、杨杰、杨自修、张德禄、吴文翰等。

阎志高（1882—1961年），河北清河人，保定武备学堂毕业。曾习练洪拳、形意拳、八卦掌。在永年县省立十三中学求学期间，从郝为真习拳。在京津武林界誉为"诚笃君子"，1923年出版《近今北方健者传》对其拳术有详载。1950年应邀赴沈阳，设教场于沈阳城内军团街，授徒600多人。得其一技之长者有河北清河县刘钦洲，河北蓟县田彩章，山东蓬莱张学善，辽宁抚顺赵庆玉，哈尔滨赵炳然，沈阳市陈明洁、卜荣生、刘常春、王清泉、赵润生、肖玉普、康国福等。

第五代，传人众多，分布于全国各地。除了传人，还有数量众多的爱好者和习练者，总人数已无法估算。代表性传人有：郝少如、徐震、郝向荣、张世琦、李光藩、李迪生、李正藩、郝振铎、陈明洁、刘常春、陈固安、吴文翰、马荣、贾朴、翟维传、钟振山、魏高申、魏高志、杨书法、杨书太、秦文礼、李剑方、李旭藩、李永章等。

郝少如（1908—1983年），名梦修，字少如。河北永年广府人，郝月如之子。6岁开始学拳，受祖父和父亲双重指点，深得家传。1930年南下助父教拳，后经张士一介绍到上海新亚制药厂传拳，1933年在武进正德学社和私立上海中学教拳，1937年在上海发起成立"郝派太极拳社"。1961年复出，应著名太极拳研究家顾留馨之邀，在上海体育宫开武氏太极拳学习班。1963年出版了被后世称为经典之作的《武式太极拳》一书，将长期以来的"郝派太极拳"称谓易名"武式太极拳"。郝少如弟子甚多，有郝吟如、孙懋令、吴声远、刘积顺、浦公达、杨德高、葛楚臣、胡庆祥、张金华、李伟民等。

吴文翰（1928—2019年），河北南和人。长期从事政法教育工作。幼年拜李圣端为师学习武氏太极拳。先后任《武术健身》杂志特邀编辑，《武魂》杂志编委，《中国太极拳》杂志编委，《太极》杂志特约编委，《香港武艺》杂志顾问，发表文章近200余篇，被誉为"武林一支笔"。著作有《武派太极拳体用全书》《吴文翰武术文存》等。

翟维传，1942年生，河北永年广府人。国家级非物质文化遗产传承人、中国武术八段、精武百杰、中国老年体协太极拳专委会专家、河北省武术协会专家委员。12 岁开始习拳，师从魏佩林、姚继祖，终生刻苦研究，成就卓著。著述颇丰，先后发表论文 30 余篇；著有《武式太极拳述真》《武式太极拳术》《传统武氏太极拳丛书》《中华太极系列丛书》等书；出版音像教学片《武氏太极拳》系列光盘、《中华太极系列 DVD》、《太极拳之身法、功法、心法、用法 DVD》等。先后到香港、澳门、马来西亚、日本、韩国等地授拳，曾到北京大学、北京理工大学、浙江中医药大学讲学。曾任河南大学、邯郸学院、焦作师专、韩国掤捋挤按太极拳学校客座教授，2012 年在天津开办维传武氏太极会馆，2016 年在杭州开办真源养生太极生活会馆。2018 年与子翟世宗在家乡广府开办永年禹襄太极研究院。

钟振山，1948 年生，河北永年广府人。中国武术八段。13 岁拜姚继祖为师，多次受国家体育、文化部门邀请以武氏太极拳名家身份参加各种大型太极拳活动，在美国参加国际太极拳论坛时被授予"肯塔基上校"荣誉称号。撰写论文《太极拳的听劲与懂劲》《浅谈太极拳的保健与技击》等 20多篇，主编《中国杨武氏太极拳中小学经典教程》，参编《武式太极拳竞赛套路》，执笔《中国武术段位制——武式太极拳》等著作。多次培训邯郸市骨干体育教师，有力推动了武氏太极拳在邯郸市中小学的推广；多次受邀到北京大学、清华大学、北京外国语学院、北京中医药大学、长江商学院等高校教授武氏太极拳。

第六代，是当今传承武氏太极拳的中坚力量，比较杰出的有郝吟如、刘积顺、杨德高、石磊、么家祯、王汇川、牛钟明、高连成、丁新民、温儒新、康增润、贾建华、王玉清、李建设、吴国章、魏润平、魏雪民、魏雪山、刘庆喜、李伟奇、白占国、左红军、刘红年、李红旗、金永安、翟世宗、贾海清、陈吉强、韩克峰、章佳欢、傅志旭、邱永清、刘德兵、翟世奎、贺太安、孔祥刚、刘现坤、任治仲、翟素霞、金卫群、许昶伟、贾军海、胡艳蕾、石新志、王振红、张永清、路永军、李红双、左士民、王艳萍、徐志军、郑子华、钟永军、周永林、刘永新、李同彬、李海彬、苗红强、李建民等人。

第七代，第八代（略）。

三 武氏太极拳历史发展概述

中华人民共和国成立前，武氏太极拳基本上抓住了民国时期全国武术发展的机遇，1914 年"广平府中学堂"更名为直隶省立第十三中学，郝为真到该校任武术教员①，开启了武氏太极拳的学校传承之路。武氏太极拳弟子郝为真、李宝相游北京、天津。特别是国民政府中央国术馆建立后，全国各地国术支馆相继成立，武氏太极拳弟子也不为人后，先后有郝月如、郝文勤、郝砚耕、李福荫、韩钦贤、张振宗、陈秀峰、李集峰等在永年成立永年国术支馆，于省立第十三中学传授武氏太极拳；李香远南下苏州、南京授拳，后又辗转山西太原等地；郝月如、郝少如父子携郝向荣、胡金山等下南京、苏州、镇江、上海等地传拳；李槐荫、韩钦贤、李棠荫、张振宗、李召荫、张旗等于山西省国术促进会授艺；李圣端、王彭年、郝中天、郑月南、路彩臣、陈兰亭等组建"邢台国术研究社"；顾印珂、霍梦魁、阎志高到沈阳设场。这一时期为抵御外辱，强国强种，武氏太极拳的向外传播慢慢开启。

中华人民共和国成立初期，1956 年前后，国家开始推动太极拳的发展。武氏太极拳弟子顺势而为，相继走出来传播武氏太极拳，阎志高受霍梦魁、李荃英、高云五、田彩章等人邀请到沈阳教授太极拳；郝振铎定居天津传拳；郝向荣、魏佩林、姚继祖等在永年当地传播武氏太极拳；徐震任甘肃省武术协会主席，创编《武式定式太极拳》在西北推广；郝少如到上海市体育宫举办武氏太极拳培训班。这一时期，武氏太极拳传人为武氏太极拳的传承和推广发挥了积极的作用。

改革开放以后，武氏太极拳步入大发展时期，姚继祖首创永年县太极拳学校，利用自身省政协委员的身份向政府部门提议举办大型太极拳联谊会，参加了 1984 年的"国际太极拳（剑）表演观摩会"；翟文章、李锦藩、李光藩、李迪生等人也在广府传播武氏太极拳；吴文翰致力于武氏太极拳研

---

① 李正藩、李连喜：《"十三中"与永年太极拳》，《武魂》2003 年第 9 期，第 41 页。

究，利用自身《武魂》杂志编辑的身份，对武氏太极拳历史进行了大量的梳理和考证，应邀出席第一、二届全国太极拳名家研讨会，以武氏太极拳传人身份参加了第二、三届世界太极拳修炼大会和第五届中国永年国际太极拳联谊会；杨书法、杨书太、秦文礼等姚继祖的弟子在邢台崭露头角；施雪琴、刘积顺、乔松茂、魏高申、翟维传、钟振山、姚志平、高连成、刘长春、张方等人开始活跃于武坛。

进入 21 世纪以来，武氏太极拳传人翟维传、胡凤鸣、钟振山、魏高义、魏高志、翟会传、孙建国、郝平顺等人积极地开展传播工作，出版专著、拍摄教学视频、办班收徒、参加会议推荐，宣传武氏太极拳。特别是国家文化战略和全民健身战略的实施，为武氏太极拳的发展提供了新的契机，同时也为武氏太极拳传人提出了更高的要求。武氏太极拳将成立全球性组织机构，团结世界各地武氏太极拳组织和个人，共同研究武氏太极拳全球发展大计；深度挖掘武氏太极拳技击、文化、健身价值，针对不同受众准确选择传播内容和路径，增强传播针对性和有效性；扩大普及面，增进武氏太极拳普及广度和深度；吸引青少年，增加有生力量；加强武氏太极拳、武氏太极拳推手、武氏太极器械等技艺性知识传授；举办武氏太极拳学术研讨会、交流会，加强武氏太极拳文化性和科学性发掘；打造武氏太极拳年度赛事，增进交流，提高习练兴趣；通过技术影像、口述视频，影视剧等可视性传播手法，提高武氏太极拳知名度和美誉度；出版武氏太极拳系列教材，加强武氏太极拳传播内容的标准化和系统化；加快培养师资力量，全面提高武氏太极拳的社会影响力，从而为文化发展和全民健身战略作出应有的贡献。

B.5
吴氏太极拳的传承与发展

关振军*

摘　要：　吴氏太极拳是太极拳的一个重要流派，满人全佑师承杨露禅后通过默识揣摩，初创吴氏太极拳雏形，后经吴鉴泉、王茂斋等潜心研练和修润，形成"架式小巧规矩、动作细腻柔和、体态松静自然"的拳法特点，新开太极拳一派。吴氏太极拳诞生一百多年来，历经数代传承，取得很大发展，报告以时间顺序和事件节点呈现了吴氏太极拳的历史发展概况和代表性人物及贡献。吴氏太极拳发祥于北京，成长于北京，北京人文地理等各种优势的叠加，对吴氏太极拳的传播起到了重要的推动作用。目前，全国练习吴氏太极拳者已达 40 多万人，各地已建立吴氏太极拳协会、研究会等组织 100 多个。

关键词：　吴氏太极拳　全佑　南吴北王　太庙太极拳研究会　45 式竞赛套路

一　吴氏太极拳的起源

满人全佑师承杨露禅，在常年练拳教拳过程中默识揣摩，逐渐从杨氏太

---

* 关振军，海内外吴式太极拳联谊会会长，研究方向为太极拳技击奥秘。另外，此文内容还吸收了现任北京市武协吴式太极拳研究会刘伟会长提供的部分资料，以作充实。

极拳老架和小架中演化出以柔化为主的独特风格，后经全佑弟子吴鉴泉、王茂斋等潜心研练和修润，改造而成一种"架式小巧规矩，动作细腻柔和，体态松静自然"的拳架，后定名为吴氏太极拳。

（一）全佑初创吴氏太极拳雏形

清同治年间，杨露禅到端王府教拳，后端王又推荐杨露禅到旗营教拳。从学者有皇亲贵族、高官、普通军士等。旗营护卫凌山、万春和全佑得其真传。三人各有所长，凌山善"发"，万春得"刚"，全佑善"柔化"。杨露禅命三人拜其子杨班侯为师。

全佑（1834—1902年），满族，清顺天府大兴县（今北京东城区）人，家族以武功著称。青年时期为端王府护卫，从师杨露禅，后以教拳为生。全佑太极功夫纯正全面，离开旗营后，先在提督衙门当差，后来设馆于清廷督察御史、九门提督之家——北京东城水磨胡同惠宅前院。惠家是满族马佳氏族，惠新吾是今人马岳梁的五伯父，当时全佑所传的是杨氏拳架，全佑为人善良，天生性格温和，在教拳过程中，不断发扬其特点，逐渐形成了以柔化为主的风格，到了清光绪年间，全佑的拳路已脱离杨氏风格，创新出吴氏太极拳的雏形。全佑与人推手较技必让人三招，此乃吴氏太极拳推手"君子之风"的源头。全佑收徒严格，入门弟子不多，除其子吴鉴泉外，弟子中大弟子王茂斋为其义子，郭松亭为其外甥，夏公甫、常远亭、齐阁臣、刘采臣、英杰臣等人皆系武将出身，是带艺投师，他们多数是吴鉴泉的结拜兄弟。

（二）吴氏太极拳在北京东四钱粮胡同"同盛福"定型

1902年全佑逝世。王茂斋所经营的"同盛福"麻刀铺成了全佑太极功的训练基地。

王茂斋（1862—1940年），名有林，山东莱州人，少年时到京学徒。他离开学徒的铺子之后，在北京东四钱粮胡同开设了一个"同盛福"麻刀铺。前院门脸为门市，后院为货场，可容二三十人练拳，货场便成为全佑弟子及再传弟子们聚集练功之地，店铺的收入为吴氏太极拳的发展提供了经费支持。

在"同盛福"，王茂斋、吴鉴泉和郭松亭三人花了 10 多年的时间，同心协力研究拳艺，整理拳理，对全佑所传的拳架加以修润改造，使之成为架势小巧规矩，动作细腻柔和，体态松静自然的套路。每一招、每一式都在学生身上试用。由吴鉴泉、王茂斋二人演练口述，郭松亭记录并编成歌诀，最终定型为吴氏太极拳。这套拳动作细腻柔和，每个动作都有健身和技击的作用。

吴鉴泉（1870—1942 年），满族，名爱绅，全佑之子，承家学，武艺高强，得太极拳精髓，是吴氏太极拳定型者之一，把太极拳传到大江之南，为吴氏太极拳第二代宗师。

郭松亭（1872—?），又名郭芬，满族，全佑外甥，以教书为生，喜拳术，拜全佑为师，是吴氏太极拳定型者之一，后协助王茂斋教拳。

（三）吴氏太极拳走向社会

吴氏太极拳发祥于北京，成长于北京，在北京传承到第四代，而后于 1928 年才传播到上海、长沙等地。

1912 年，为推动武术运动的发展，许禹生等人发起成立武术教学机构——北京体育研究社，1916 年改建后更名为北京体育研习所，面向全国招收大、中学校体育教员学习国术，培养武术教师，吴鉴泉、杨澄甫、杨少侯、纪子修、刘恩绶、刘采臣等受聘任教。杨澄甫传授杨氏大架，杨少侯传授杨氏小架，吴鉴泉传授新定型的拳架，人称为太极拳中架，又称吴氏小架。太极拳从而成为学校的教材内容，广泛传于社会。

1912～1928 年，吴鉴泉在北京体育研习所培训了一大批学生分布到全国各地。吴鉴泉在北京收弟子 30 多名，如：杨德山、吴公仪、吴公藻、吴英华、赵寿邨、吴耀宗、吴图南、吴桐、马普安、马岳梁、金玉琦、葛永德等人，为以后吴氏太极拳南下储备了人才。在此期间，王茂斋在"同盛福"义务教拳，广收门徒，其中王子英、彭仁轩、张子和、张式聚、王历生、李文杰、朱家和、修丕勋、赵铁庵、刘光斗、杨禹廷都是武术名家，成为吴氏太极拳的中坚力量，王子英、彭仁轩等又收弟子数十名。到 1928 年彭仁轩编《太极功同门录》时，吴氏太极拳已在北京传承到第四代。

（四）南吴北王——吴氏太极拳南北两大传承体系的形成

1928 年吴鉴泉应邀南下到上海教拳，王茂斋留在北平教拳，他两人的影响直到 20 世纪 40 年代末。在此期间，吴氏太极拳得到历史性大发展，史称"南吴北王"。

吴鉴泉到上海，一时众多社会名流都向他学拳，吴氏太极拳很快风靡大江南北。1933 年，吴鉴泉在上海成立鉴泉太极拳社，成为南方传播吴氏太极拳的大本营，南京、杭州、长沙、武汉、广州等地也相继建立了吴氏太极拳组织。吴公仪于 1924 年应邀到广州任黄埔军校教官，又兼任中山大学体育教师，后来他与吴公藻还把吴氏太极拳传到香港、澳门。吴公藻在长沙教拳时编著了《太极拳讲义》。

抗战时期，马岳梁到重庆行医教拳，国民党高级将领刘斐等一批社会名流也向他学拳，吴氏太极拳在重庆风靡一时。

王茂斋继续在北平教拳，1933 年，在北平市长袁良的支持下，王茂斋与许萌山等创建北平太庙太极拳研究会，王茂斋任总教练，日常课程由他的弟子杨禹廷执教。北平太庙太极拳研究会成为北平吴氏太极拳中心，培育出不少太极拳英才，并把吴氏太极拳推广到河北、山东和东北三省。

在王茂斋的支持下，他的弟子彭仁轩（1890—?，河北任丘人）1928 年出版了《太极功同门录》，1933 年出版了《太极拳详解》。

王茂斋另一弟子刘光斗（1912—1940 年?），山东蓬莱人，10 岁开始习武，人称武术奇才，17 岁考入北平朝阳大学后，就开始教拳，1932 年在西安禁烟局工作，并在陕西国术馆任职。1936 年由杨虎城推荐，应张之江邀请到国民政府中央国术馆任教练。抗日战争期间，在山东蓬莱被日伪逮捕入狱，1940 年在天津失踪。刘光斗传弟子刘晚苍、刘焕烈等。

1940 年，王茂斋逝世后，杨禹廷接任北平太庙太极拳研究会总教练。研究会最兴旺时，会员达 300 多人，既有社会名流，也有普通工人、学生，其中有著名的"太极推手五虎上将"：赵安祥、李砚之、李经梧、孙枫秋、王培生。

二 新中国成立之后30年，南传徐致一北传杨禹廷成为吴氏太极拳发展的中流砥柱

（一）徐致一扛起吴氏太极拳的大旗

20世纪50年代初到70年代末，正值我国政治历史大变革时期，吴氏太极拳的发展受到政治形势的影响。吴氏太极拳第三代传人有数人受到政治冲击，上海鉴泉太极拳社于1954年自行关闭，南方吴氏太极拳呈群龙无首状态，发展受阻。当时甚至有人不敢承认自己学过吴氏太极拳的事实。

在这种形势下，徐致一（1892—1968年）冒天下之大不韪，勇敢地站出来，举起吴氏太极拳的旗帜。他于1958年出版的《太极拳（吴鉴泉式）》，在20世纪60年代被国家体委确定为吴氏太极拳代表作。1980年人民体育出版社把陈、杨、吴、武、孙各氏太极拳合编成《太极拳全书》重印出版。吴氏太极拳能立于武林，徐致一功不可没。

徐致一早在1927年就出版了《太极拳浅说》，1933年又出版《太极拳图解》，1958年出版《太极拳（吴鉴泉式）》。1959年第一届全运会，徐致一是武术竞赛五名负责人之一，20世纪60年代他还担任过北京市武协副主席，成为吴氏太极拳第三代代表人物。徐致一在北京的弟子有白玉玺、武淑清等人。

在上海坚持传授吴氏太极拳的还有吴耀宗、赵寿邨、马普安、吴英华等几位老拳师。

吴耀宗（1909—1990年）满族，吴鉴泉侄子，吴氏太极拳第三代传人，曾任鉴泉拳社副社长，多年主持社务，在上海教拳，中华人民共和国成立后代表上海吴氏太极拳参加全国比赛，弟子众多。

马普安（1912—1999年），吴鉴泉弟子，9岁拜师，是吴氏太极拳主要传人之一，在上海、安徽等地传拳。

赵寿邨（1901—1964年），北京人，幼年从吴鉴泉学拳，随吴鉴泉到上

海精武会教拳。新中国成立后一直在上海复兴公园等处教拳，曾应邀到人民出版社、人民美术出版社传拳。

（二）北方吴氏太极拳在新中国成立后得到巨大发展，第三代代表人物杨禹廷先生功不可没

杨禹廷（1887—1982年），名瑞霖，北京人，系王茂斋的得意弟子，著名太极拳教育家。自幼习武，先后练过长拳、弹腿、黑虎拳、形意拳、八卦掌，青年时就享誉京城。1916年带艺投师，拜在王茂斋门下，专攻吴氏太极拳。1940年王茂斋逝世后，由他执教"北平太庙太极拳研究会"，一直到1951年拳场移出太庙，搬到中山公园十字亭。杨禹廷一生勤勉好学，苦练精研，形成了风格独特的拳架：川字步型，虚实分明，轻柔细腻，意形并重。1961年出版《太极拳动作解说》，成为北方吴氏太极拳的范本，在国内外广为流传，对吴氏太极拳的发展影响至深。

20世纪60年代杨禹廷曾任北京市武协副主席，北京市东城区政协委员，他执教70年，从学者数万人，入门弟子40多人，使吴氏太极拳传遍祖国各地。他的弟子中很多人成为当代中国武术名家，如北京王培生、李秉慈、翁福麒，河北秦皇岛李经梧，邯郸地区赵安祥，辛集地区冯子英，辽宁丹东王辉璞，抚顺赵任情，香港马有清。杨禹廷1982年逝世，享年96岁，是太极拳界长寿者之一，也是武术界公认的吴氏太极拳第三代代表人物。

从新中国成立到改革开放的30年间，北方吴氏太极拳得到较大发展，北京吴氏太极拳有三大拳场：中山公园杨禹廷执教的规模最大，每天有社会各界百余人来学拳，第三代传人王子英、李子固等经常来助阵，除原来太庙培养出的推手"五虎上将"，又涌现出"四大金刚"：戴玉三、冯士英、王光宇、刘馨斋；城南天坛拳场有王培生执教；城北拳场有刘晚苍执教；此外还有几处小拳场。以北京为龙头，吴氏太极拳主要在山东、河北、辽宁、吉林、黑龙江等地依各支脉的传承发展延续，其中仅哈尔滨市就有修丕勋、王历生、刘光斗、张式聚四大支系。

在山东传播吴氏太极拳的主力是修丕勋。修丕勋（1892～1976年），字桂臣。山东莱州大武官村人，系吴氏太极拳第三代传人。1913年拜太极拳名家王茂斋为师，1935年掖县国术馆成立时被聘为教务长兼太极拳教练。新中国成立后，曾任县政协委员。晚年仍协助县体委组织筹办武术比赛，并出场示范表演，堪称吴氏太极拳的杰出人物。得其真传者有其长子修良、次子修占，以及温铭三、孙镜清、周凤歧、战波等。

在黑龙江哈尔滨传播吴氏太极拳的主要有王历生、张式聚等。王历生（1908—1980年），又名王悦，山东省掖县（今莱州市）大武官村人，自幼从伯父王茂斋学练吴氏太极拳，得家传吴氏太极拳真谛，19岁到哈尔滨经商时开始传播吴氏太极拳，后于20世纪60年代初创办历生拳社，是王茂斋的重要传人。王历生在哈尔滨共培养弟子数十人，主要有：王彦、王金城、李承祥、赵学武、杨国选、毛希丰等。

（三）吴、陈大战——推动吴氏太极拳在海外发展

1948年，吴公仪（1900—1970年）重返香港教拳。20世纪50年代，中国香港、澳门及东南亚等地比较流行南拳，对从北方南迁的太极拳颇有不服。澳门白鹤拳家陈克夫挑战吴公仪，后经澳门知名人士何贤出面协调双方，将比武争霸变成赈灾义演，1954年1月17日在澳门新花园泳池举行吴、陈擂台比武。比武到第二回合，吴公仪一拳击中陈克夫鼻子，陈克夫血流如注，吴公仪自己嘴角也见血丝，两人都起脚犯规，主裁判何贤当即终止比赛，巧妙地宣布双方"不胜、不负、不和"，这次武林盛事圆满结束。

此战之后，吴公仪及吴氏太极拳名噪一时，海外团体纷纷致函邀请。吴公仪命其长子吴大揆在香港弥尔顿道开设九龙鉴泉太极拳分社，次子吴大齐和侄子吴大新分赴新加坡、吉隆坡、马尼拉等地设立鉴泉太极拳分社，从此吴氏太极拳风行东南亚，并发扬于海外。吴公仪对吴氏太极拳的传播功不可没。他在海外是当之无愧的吴氏太极拳第三代代表人物。

吴鉴泉的早期弟子吴桐把吴氏太极拳传播到内蒙古，现在呼和浩特市有一支吴氏太极拳的队伍。

吴鉴泉的内侄葛永德,又名馨吾,北京人,在抗日战争时期把吴氏太极拳传到陕西西北农大;新中国成立后,葛永德的弟子郭环琦在陕西汉中传播吴氏太极拳,郭的弟子众多,其中刘国军为佼佼者。

三 第二次南吴北王——改革开放后吴氏太极拳大发展、大繁荣

1978 年之后,在党和政府的关怀下,吴氏太极拳迎来大发展大繁荣时期。南方代表性人物有吴英华、马岳梁、吴耀宗等,北方代表性人物有刘晚苍、李经梧、王培生、李秉慈、翁福麒等。从 20 世纪 80 年代初到 21 世纪初的近 30 年间,吴氏太极拳得到了广泛的发展和普及。

(一)20世纪80年代初,震撼全国吴氏太极拳界的两件大事

一是上海鉴泉太极拳社复社,吴英华再次成为南方吴氏太极拳的领军人物。1980 年上海鉴泉太极拳社复社,吴英华任社长,马岳梁任副社长。徐汇区复兴中路 1295 弄 5 号的吴鉴泉宗师故居鉴泉厅,成为上海吴氏太极拳门人的活动中心,鉴泉太极拳社成为南方吴氏太极拳推广普及的重要基地。

吴英华(1907—1996 年),女,满族,8 岁正式习武,经其父吴鉴泉严格训练 10 年,拳架、推手、器械样样精通。她全面继承了吴氏太极拳家传,盘架姿势准确、功架稳重、轻灵圆活,自然松静,在吴鉴泉众多学生中最具典型性、规范性。1926 年,她受西门子洋行之邀到上海教拳,是第一位把吴氏太极拳传播到上海的人。1928 年吴鉴泉应邀到上海教拳,她为助教。1933 年上海鉴泉拳社成立,吴鉴泉任社长,她任副社长。1942 年吴鉴泉逝世后,马岳梁、吴公仪、吴英华先后任社长,受到广大社员的拥护。1980 年复社,她任社长后,有力地推动了吴氏太极拳的发展。她长期教拳,学生数千人,培养出一批吴氏太极拳的后起之秀,如施梅林、金叶、马江豹、马江麟等多名运动员,多次获得全国太极拳比赛冠军。1984 年上海市体委为

表彰她与马岳梁对我国传统武术所作出的贡献，报请上海市政府批准她与马岳梁同为上海文史馆馆员。1993 年，中国武协授予她与马岳梁为中国武协名誉委员。吴英华、马岳梁共同出版了《正宗吴式太极拳》《吴式太极剑》等著作。主要弟子有马海龙、马江豹、马江麟、钱超群、施梅林、金叶等50 多人。

马岳梁（1901—1998 年），字嵩岷，满族，北京人，师承吴鉴泉，吴式太极拳继承发扬之代表人物。毕业于协和医学院，先后在北京协和医院、上海中山医院、红十字会医院等单位任职。他一生从事医疗卫生事业，对吴式太极拳也钟情一生。马岳梁自幼学习三皇炮捶、通臂拳、查拳、摔跤等传统武术，后拜师吴鉴泉学习太极拳，并与吴英华女士结为伉俪。马先生拳艺精湛，功力深厚，一生传功授业，主要著作有《吴鉴泉氏的太极拳》《太极拳详解》等。

另一件大事是，王培生战胜日本拳师。

1981 年 5 月，国家体委武术司在沈阳举办了一次中日武术技术交流。王培生以神奇的太极技法迎战日本少林拳法联盟的顶尖高手山琦博通，交手时搭手即翻，连续将其打倒七次，山崎博通鞠躬钦服并表示欢迎王培生到日本讲学交流。日本《阿罗汉》杂志称王培生为中国十大武术家之一。王培生名声大振，应邀到全国各地讲学，推动了吴氏太极拳的大发展。

王培生（1919—2004 年），名力泉，号印诚，系第四代吴氏太极拳代表人物。出生于河北武清，幼年随父到北京。1931 年从师杨禹廷，学吴氏太极拳，并受师爷王茂斋指点 8 年，精通八卦、形意拳、弹腿、八极、通臂拳及道家、儒家、佛家气功，擅吴氏太极拳推手，并以实战技击著名，系太庙太极拳研究会"五虎上将"之首。1947 年参加组建北平汇通武术社，任副社长。1954 年建立群众武术社，任社长。1953 年创编吴氏太极拳 37 式，开简化太极拳之先河。从 1953 年起担任全国武术比赛的评判员、裁判员、仲裁委员。20 世纪 50～60 年代一直在国家机关、大专院校教拳，1982 年参加全国武术工作会议，1982 年杨禹廷逝世后被推举为北京吴氏太极拳掌门人。1984 年北京武协吴氏太极拳研究会成立，任副会长，1989 年任会长，1994

年任名誉会长，北京市武协委员。他理论精深，主要著作有《吴式太极拳》（中文版、英文版）和《太极推手》《吴式太极剑》《太极功及推手精要》《健身祛病小功法》《三才门乾坤戊己功功谱》《八卦散手掌》《吴式太极拳诠真》《太极拳的健身和技击作用》等，传子王乃洵、王乃昭、王乃祥、王乃春、王乃军，入门弟子200多名，主要有：骆舒焕、刘峻骧、陈兴波、高壮飞、曾维祺、张耀忠、张全亮、关振军、刘庆奎、金满良等，传人有李和生、周世勤、赵芹、马金龙、纪有文、文升兰、陈玮、周生等，他们在国内外影响广泛。

（二）1982年全国武术工作会议，促进了吴氏太极拳大发展大繁荣

1982年全国武术工作会议召开，吴氏太极拳的与会代表有北京王培生，辽宁王辉璞（1912—1995年，山东文登人，杨禹廷弟子，吴氏太极拳第四代传人，与王培生合著《吴式太极拳37式行功图解》），上海吴英华、马岳梁等，他们对武术工作献计献策，受到中央领导同志接见。为挖掘传统武术，推动群众武术运动，马岳梁当即表示献出吴家秘传的吴氏快拳，王培生表示要抓紧写出《吴式简化太极拳》，王辉璞表示回去后要抓紧成立吴氏太极拳研究社。吴氏太极拳一个拳种同时有四名代表参加全国会议，使吴氏太极拳界备受鼓舞。

（三）各地研究会协会组织如雨后春笋，练拳队伍迅速扩大

全国武术工作会议激发了各地吴氏门人的传承热情和积极性，纷纷成立吴氏太极拳组织。首先是王辉璞于1983年6月在丹东成立吴氏太极拳研究社；1984年1月15日，在北京市武术运动协会的支持下，曹幼甫、刘晚苍、王培生、李经梧、王辉璞、冯士英、戴玉三、柳恩久、李秉慈、翁福麒等王茂斋传人，即吴式太极拳第三、四代门人发起成立了吴式太极拳研究会；1984年6月河南郑州成立吴氏太极拳研究会；随后几年间，全国各地建立吴氏太极拳研究会、协会、拳社50多个。各地吴氏太极拳组织的建立，促进了练拳队伍的迅速扩大。比如丹东吴氏太极拳研究社，设立了15个辅

导站覆盖丹东地区，把吴氏太极拳推广到机关单位、工厂、学校，一个边陲小城市练吴氏拳者达到 3000 多人。据不完全统计，到 20 世纪 90 年代中期，全国吴氏太极拳习练者已达到 20 万人。

吴图南（1885—1989 年），蒙古族人，原姓乌拉汗，名乌拉布，生于北京，师承吴鉴泉，后拜师杨少侯、张策广，涉多门武功。曾担任全国武术协会委员，全国武术学术委员会委员，北京市武协副主席等职，1980 年被聘为北京市文史研究馆馆员。主要著作有《科学化的国术太极拳》《弓矢概论》《国术概论》《太极拳之研究》《中国武术史》《长寿学》《太极枪法》等 10 多部。

曹幼甫（1906—1988 年），名钢，北京人。幼时好武，曾向多位名拳师学艺，精数门拳术。20 世纪 30 年代初拜王茂斋习练太极拳，苦学深研。曾担任北京吴式太极拳研究会第一任名誉会长。20 世纪 60 年代退休后，坚持传播太极拳。他以精湛的拳技功夫，渊博的武学知识以及经历过半个世纪的武途，被称为"武林活字典"。传人主要有葛润江、柳恩久、果毅、刘俊仁、李益春、徐裕才、李振海等。

刘晚苍（1905—1990 年），名培松，字晚苍，山东蓬莱人，师承刘光斗，学习弹腿、长拳、八卦拳、形意拳、太极拳等。曾任北京市武协第二届委员会委员、第三届委员会顾问，1984 年出任北京市吴式太极拳研究会首任会长。他一生好武，精通八卦拳、太极拳与教门弹腿，尤其太极拳推手技艺精湛。1974 年在与来访的日本武术代表团进行技艺交流时被尊为"中国刘"。主要著作有《太极拳架与推手》。传人有赵兴昆、王举兴、马长勋、赵德奉、刘光鼎、刘培一、刘培俊、刘培良、张楠平等。

李经梧（1912—1997 年），山东莱州人，师承赵铁庵、杨禹廷，并随陈发科学习陈式太极拳，随胡耀贞、王子英学习太极内功。1959 年起就职于北戴河气功疗养院，曾担任河北省人大代表、秦皇岛市政协常委、北戴河政协副主席、省运动医学会理事兼副秘书长、秦皇岛武协主席等职务。李经梧对陈、杨、吴、孙各派太极拳皆有深入的研究，博采众长于一身，20 世纪 50 年代受国家体委之邀拍摄了全国第一部《太极拳》科教片。到北戴河工

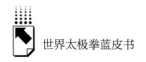
作后，他积极推广和普及太极拳，为全国各地培养了一大批师资和骨干，从学者逾万。主要著作有《李经梧传陈、吴太极拳集》《太极内功》等。传子李树椿、李树俊，传人有王大勇、梁宝根、吕德和、徐翔、冯益健、秦文礼、张玉琼、刘玉兰、冯志明、谷平海、左志强、单颖、梅墨生等。

戴玉三（1920—1993年），北京人。师承杨禹廷。曾任北京市海淀乡卫生院副院长，第二届北京吴式太极拳研究会副会长。出身中医世家，20世纪40年代正式拜师杨禹廷，全面学习吴式太极拳，技艺精湛。后在北京门头沟、海淀、昌平等地推广普及太极拳，享誉一方。传人有李植元、傅崇贵、张顺江、李裕钧、郭清风、王来银、卢树元、刘长福、赵喜福、傅世和、简启华、莫玉忠、赵长吉、邓永忠、王善龙、逯庚祥、苏占奎、陈旺、肖建军、戴金镛等。

翁福麒，1931年生，满族，辽宁辽阳人。师承杨禹廷，从李耀庭习练形意拳、从高紫云学习太极拳、从张董僧学习浑圆功、形意拳、八卦掌。曾担任北京市武术协会吴式太极拳研究会副会长兼秘书长。1957年为杨禹廷整理出第一部书《太极拳动作解说》。1982年在北京东城武术馆传教太极拳和左手纯阳剑。从1990年开始在北京中医药大学义务传授吴式太极拳，受到同学们的热爱和校方的赞誉。主要著作有与李秉慈合著的《杨禹廷太极拳系列密要集锦》《吴式太极拳拳械述真》和《太极拳至理臻法》，拍摄了《吴式太极拳》电视教学片。传人有刘堃、吴凌云、王邦博、丁德光、张斌、丁宇、张瑞峰、韩优莉、张晗睿、李成龙等。

（四）规范竞赛套路，使吴氏太极拳走向全国

1988年，国家体委组织专家编写推广各式太极拳竞赛套路，吴氏太极拳第四代传人李秉慈参加了吴氏太极拳竞赛套路的编写，并负责规范动作。他以北派吴氏太极拳传统老架83式为基础，吸收南派吴氏太极拳的一些典型的动作练法，形成45式吴氏太极拳国家竞赛套路，受到专家们的好评。在国家实行武术段位制后，把陈、吴两个套路列为六段的考试科目，同时列入大专院校的教材内容；45式竞赛套路的问世，把吴氏

太极拳推向了国家武术比赛的平台，打破了过去只在少数人中传播的局限，使吴氏太极拳在国内外出现了前所未有的迅猛发展；他应邀到国内外讲拳，担任武术比赛大会的裁判工作，对吴氏太极拳的发展作出了重大贡献。

李秉慈，1929年生，北京市通州人。少年因体弱多病而习武，系太极拳名家杨禹廷入室弟子，又从师多位名家学习查拳、大悲拳、形意拳、八卦掌，1956～1963年多次参加各级比赛获拳、械优秀奖。1980年参与成立北京市东城区武馆并先后任教务长、副馆长。曾任中国武协委员、国家级裁判、北京市武协吴氏太极拳研究会副会长、会长、名誉会长，中国武术八段，1995年被中国武协、国家体委武术运动管理中心授予"中华武林百杰"称号。李秉慈从事武术教学、训练、调研、评审、裁判等工作40多年，培养了包括刘伟、宗维洁、景德敏、吴阿敏、童红云等多次获得全国太极拳锦标赛吴式太极拳冠军的运动员。李秉慈与师弟翁福麒合著《杨禹廷太极拳秘要集锦》《吴式太极拳拳械述真》，专著有《吴式太极拳拳照图谱》《简化吴式太极拳十三式》及《太极拳全书》吴式太极拳部分，曾参加《四式太极拳竞赛套路》和四十二式太极剑及推手教程的编审、录像工作。传人有梁秀珍、王秀清、魏东振、刘德启、严祥荷、王文、王革、阎莉莉、肖泽鸿、刘伟、宗维洁等。

（五）名家出国讲学，推动吴氏太极拳在海外发展

从20世纪80年代起，多位吴氏太极拳名家出国讲拳，在国外传播太极文化，把吴氏太极拳推向全世界。在国外讲学传拳的有吴氏太极拳第三代传人马岳梁、吴英华，第四代传人王培生、李秉慈、战波、马江豹、吴大新、吴大齐等，第五代传人吴光宇、张旭初、钱育才、金满良、高壮飞、张伟一、王革、邵雷、高峰、周维禹等，第六代传人曾宪斌、陈仲宁、赵泽仁、鲁胜利、张云、高小飞等，他们把吴氏太极拳传播到美国、加拿大、德国、西班牙、奥地利、希腊、瑞典、荷兰、俄罗斯、新西兰、澳大利亚、斯里兰卡、新加坡、泰国、日本、韩国等国家和地区。

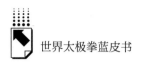

四　吴氏太极拳发展现状

据不完全统计，全国练习吴氏太极拳者达 40 多万人，各地吴氏太极拳组织（协会、研究会、委员会）100 多个。

为推动吴氏太极拳的发展，北京市武协吴氏太极拳研究会积极开展技术交流，加强理论研究，得到全国各地吴氏门人的积极支持。

（1）开展技术交流。以纪念太极功宗师王茂斋先生诞辰 150 周年为契机，挖掘整理吴氏太极拳优秀的传统技法，发动全国吴氏门人共同参与编印出版《太极功同门录》续编（吴氏太极拳门人谱）和纪念王茂斋文集《泰岳雄峰》。为先贤立传，为今人记谱。

（2）加强理论研究。北京以《吴式太极拳》（会刊）为交流平台、上海以《鉴泉拳社·社讯》为平台，交流感悟，加强太极拳理论研究。坚持举办"太极文化"讲座，传播太极文化知识。从 2008～2016 年，在北京共举办了 20 多次讲座，产生了良好的社会效果，并在网上广为传播。

（3）积极组织太极拳推手活动。从 2013 年起，在北京紫竹院已举办 60 多次吴氏太极拳推手大会，为广大爱好者提供学习场所，搭建交流平台，传播推手技艺，培养太极拳推手传人。吸引了全国各地的推手爱好者前来交流学习，还有美国、日本、韩国、新加坡、英国、法国、巴西、俄罗斯、以色列等外国太极拳友也慕名前来参与。此举在全国产生了广泛影响，各地推手活动也在快速发展，如上海人民公园太极拳推手角，汉中江滨推手社等。

（4）开展联谊活动。2015 年 10 月，在山东威海举办吴氏太极拳健身益寿国际研讨会，各地 300 多门人代表参会，进行学术交流，表演拳艺，编辑出版了论文集《长寿拳探秘》。大会宣布海内外吴氏太极拳门人拳友联谊会正式成立，推举关振军为会长。

关振军，1944 年生，北京房山人，毕业于首都师范大学、中国人民大学，北京市人民检察院高级检察官。北京吴氏太极拳研究会第五届、第六届会长。擅长太极拳推手，弟子众多，著作颇丰。郑时敏、王培生两位大师的入室弟子,为中华优秀太极人物,太极拳优秀推广人。

刘伟,1967 年生,现任北京市武协吴式太极拳研究会会长,国家级社会体育指导员,国家级武术裁判员。曾蝉联九届全国武术比赛吴式太极拳冠军,多次被中国武协和地方武术协会邀请到全国各地,以及日本、新加坡、澳大利亚等国进行太极拳讲学和交流活动,参与太极拳段位制评定,培训全民健身社会辅导员等活动,著有《吴式太极拳标准宝典》。

2018 年 5 月,在陕西汉中举办"海内外吴式太极拳同门拳友联谊会第二届交流大会"。全国有 40 支代表队 500 多人参会,各地吴氏太极拳主要代表人物马海龙、马江麟、马文钊、朱方泰、修占、战波、张全亮、金满良、关振军、刘国军等名家参加了大会,身居加拿大的吴光宇发来贺电。大会安排了名家推手实际演练和拳械表演,受到与会人员的高度赞扬。此次大会充分展现了吴氏太极拳的大联合、大团结、大交流。世界太极拳网等媒体对大会进行了实况转播,产生了巨大影响。

第六代传人赵泽仁是当代吴氏太极拳推手的优秀代表。赵泽仁,1951年生,北京人,中国儿童电影制片厂导演。12 岁开始习武,16 岁从师骆舒焕学习内家拳法,18 岁又得师爷王培生的亲传,推手功夫高超,先后于2016 年、2019 年两度访美讲学,技击功夫享誉海外,被欧美多家武术团体聘为高级顾问。曾整理出版了王培生武学系列影像资料。近年来发表了 20多篇太极拳理论文章,并与张云合著出版逾百万字专著《说手——太极拳静思录》。

马海龙,1934 年生,上海人,吴英华、马岳梁长子。医务工作者。马岳梁逝世后,接任上海鉴泉拳社社长。主编《吴式太极拳丛书》。

五 吴氏太极拳的特点及理论研究成果

(一)吴氏太极拳特点

吴氏太极拳被广大民众誉为"君子拳""长寿拳"。从这两个雅号便知

它的特点和社会功能。20世纪70～80年代，吴氏太极拳队伍中出现长寿群体，令武术界和广大群众惊喜。人们纷纷练习吴氏太极拳，探求其益寿延年的奥秘。

吴氏太极拳总体风格：拳架缜密大方，推手以柔化为主。练拳时体态松静自然，动作细腻轻柔，其动作要领：川字步型，三尖（鼻尖膝尖脚尖）相照，大虚大实、实脚辗转。内练中和之气，外练柔顺之形，在健身方面能够延年益寿，在技击方面要求内功鼓荡。吴氏太极拳重内功修炼，强调形意并重，实行修身养性，德艺双馨，重天人合一，创和谐环境。

（二）理论研究空前繁荣，著书立说蔚然成风

改革开放以来，吴氏太极拳门人不断加强理论建设，追溯发展的历史，精研拳理拳法，纷纷著书立说，弘扬太极拳文化。据不完全统计，30年来吴氏太极拳门人正式出版图书100多种，在各种武术期刊上发表文章2000多篇。

吴英华、马岳梁著《正宗吴式太极拳》和《吴式太极剑》成为吴鉴泉系的代表作，李秉慈、翁福麒合作出版的《杨禹廷太极拳系列秘要集锦》为王茂斋系的代表作，都集中体现了吴氏太极拳的流派风格。

王培生著《吴式简化太极拳（37式）》《吴式太极拳诠真》，特别是曾维祺的英译本《吴式太极拳》，在全球影响广泛，曾被美国宇航局列为宇航员的训练教材内容。

王培生著《乾坤戊己功》（后增编成《健身祛病锦九段》），在总结形意、八卦、太极等多拳种经验的基础上，找出武术共有的科学规律和科学的练功方法，是王培生成为武学大家的标志性书籍。

关振军主编的《长寿拳探秘》，汇集了吴氏太极拳几代人总结的健身益寿经验，可帮助读者探求吴氏太极拳健身之奥秘。他主编出版的《泰岳雄峰》，汇集了王茂斋研究的文献资料及理论阐发，彰显了他对传播吴氏太极拳的历史功绩。

2018年上海人民出版社出版马海龙主编的《吴式太极拳丛书》，全面介

绍了吴氏家族的太极拳理论及实践。

吴氏太极拳第五代门人中山版著作最多的当属王培生的弟子张耀忠和张全亮。

张耀忠（1925—2013 年），山西阳泉人，中国武术八段。参加过抗日战争、解放战争和抗美援朝战争。先后在北京林业大学、北京市体委先农坛体工大队、北京军事体育总校等单位担任领导职务。20 世纪 70 年代与著名武术家王培生相识并拜师，全身心投入修炼武当内家拳和印诚门功法（印诚功法为王培生所创编），出版发行著作 15 册。目前张耀忠的弟子、再传弟子和三传弟子共有 670 多人。

张全亮，1941 年生，回族，北京大兴人。退休前任北京大兴建总党委书记，区人大常委会委员、区武协主席。系八卦掌名家李子鸣、太极拳名家王培生入室弟子。中国武术八段。WMA 首届中国武术职业联赛第一部"太极拳实战技法 30 招"教材编委、执笔。曾出版八卦掌、太极拳专著 8 部、武术光碟 17 碟，发表八卦掌、太极拳等方面文章 200 多篇。创办北京鸣生亮武学研究会，并于 2014 年成功申请吴氏太极拳为国家级非物质文化遗产。弟子遍布全国各地。

此外，还有李立群、李申光、李经梧、马金龙、王辉璞、柳恩久、高壮飞、刘明甫、刘晚苍、刘石樵、周世勤、梅墨生、李树峻、单颖、钱育才、赵芹、王举兴、马长勋、梁秀珍、张伟一、左志强、刘培一、刘培俊、季培刚、宗维洁、刘伟、童红云、谢守忠、薛军、厉勇、赵泽仁、鲁胜利、张云、姜胜华等人均出版有吴氏太极拳方面的书籍，为弘扬太极拳文化作出了一定的贡献。

六　吴氏太极拳代表人物

吴氏太极拳历经 100 多年发展，已经传承到第八代，门人超过 1.3 万人。

第一代，创始人：全佑。

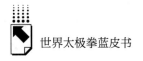

第二代，吴鉴泉、王茂斋、郭松亭、常远亭、齐识平、夏公甫、刘恩绶、英杰臣、刘采臣等9人。

第三代约160人。吴鉴泉传吴公仪、吴公藻、吴英华、马岳梁、赵寿邨、吴耀宗、王荣培、吴桐、葛永德等46人。王茂斋传王子英、王历生、修丕勋、刘光斗、杨禹廷、赵铁庵、朱家和、曹幼甫等98人。其他人传约20人。

第四代300多人，主要代表人物：刘晚苍、李经梧、王培生、李秉慈、王辉璞、柳恩久、李承祥、修占、战波、马汉清、毛希丰、郑玉庆、孔庆乐、马海龙、钱超群、施梅林、马江豹、吴大揆、吴大新、郭怀琦、瞿兴华、林太民、吴秉孝。

第五代2800多人，主要代表人物：骆舒焕、高壮飞、张全亮、张耀忠、关振军、马金龙、戴家余、王乃昭、王乃相、刘庆奎、金满良、马长勋、李红东、李长胜、丁立杰、晏慎余、刘培俊、王举兴、王大勇、李树峻、梁秀珍、刘伟、吴光宇、朱方泰、黄平、刘国军、马文钊。

第六代约6000人，主要代表人物：赵泽仁、鲁胜利、张云、王洪鄂、高小飞、戴国斌、杨翔玲、王炳寰、谢守忠、厉勇、贾秀芬、田德文、潘敬芳、张小瑛、汤铁军、吴明、季培刚、李洪舜、罗玉川、耿献忠、周毕文、张志红、董青。

第七代约4000人，主要代表人物：柯思德（Strider Clark）、薛军、毕弘龙、王森、童飞。

第八代约300人。

B.6

孙氏太极拳的传承与发展

刘彦龙[*]

摘　要： 孙氏太极拳是太极拳的一个重要流派，由近代著名武术家孙
禄堂纳太极、形意、八卦等内家拳术于一体而创立。20 世纪
30 年代开始在江南传播，新中国成立后特别是改革开放以
来，孙氏太极拳的宣传、学术研究与推广进入了黄金发展阶
段。孙氏太极拳创立于北京，展现于江南，兴盛于新中国，
虽成拳较晚，但仍然取得了很大发展。未来，在健康中国发
展战略实施中，孙氏太极拳必将发挥应有的重要作用。

关键词： 孙氏太极拳　孙禄堂　《太极拳学》　孙氏太极拳研究会
蒲阳拳社

一　孙氏太极拳的起源

孙氏太极拳是近代著名武术家孙禄堂所创，约成拳于 1919 年，同年孙
禄堂撰写了《太极拳学》，于 1921 年出版发行。

孙禄堂（1862—1933 年），名福全，宗禄堂，晚号涵斋，河北省完县东
任家疃村（今属望都县）人。孙禄堂 9 岁丧父，家境贫寒，12 岁时到保定
府一家毛笔店做学徒以谋生计。其间，经亲属介绍，随李奎元（郭云深之
弟子）读书修文，并随习拳术。李奎元经三年的授文传武，察孙禄堂文武

---

* 刘彦龙，中国亚洲非遗工作委员会副主席，北京市武术协会孙式太极拳研究会原会长。

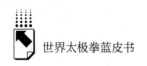
两个方面均极具天赋，又下得苦功，唯恐误其前程，将其推荐至其老师郭云深处。郭云深（1820～1900年）河北深县人，乃形意拳河北流派鼻祖，有"半步崩拳打遍天下"的美誉。

1875年春天，孙禄堂弃业离乡，赴深县投奔郭云深习拳学艺。郭云深往来各省，走访武林同道。据孙禄堂之弟子陈曾则所云："郭先生骑而驰，先生手揽马尾，步追其后，奔逸绝尘，日尝行百余里"，"晨从郭，暮依程，如是精练者数年，游行郡邑，闻有艺进，必造访，或不服与较，而先生未尝负之"①。

因孙禄堂天禀气质超乎常人，又虚怀若谷，专心潜学，怀绝学者多愿意相授其技。约于1882年间，经师祖郭云深介绍，拜京城八卦拳名家程庭华为师习八卦拳术。程庭华乃是八卦拳创立人董海川之弟子，其八卦拳自成风格形成程派游身八卦掌。孙禄堂从其研学两年，又绝受其术。

至此，形意、八卦、太极三派内家拳术得其二。孙禄堂深深体悟到，形意、八卦虽分二派，形式各异，但不离太极八卦之数，阴阳互济之功，顺逆伸缩之理，起钻落翻之用。

孙禄堂从郭云深习形意拳八载，从师程庭华习八卦拳二年，其间功夫，日进一日，"十年磨一剑"，举目武林已鲜有望其项背者。

1888年秋，孙禄堂回到阔别已久的家乡，在河北定兴、故乡完县前后设立拳社，传授武学。1896年，孙禄堂的同门师兄孙绍亭邀请孙禄堂到其家乡定兴县内章村设立拳社，传播形意、八卦等拳术，历时12年，教授学生千余名、收入门弟子数十名。其中不乏优秀者有孙绍亭子侄孙振川、孙振岱、孙振声、孙振刚、孙振英，以及周边村民肖玉昆、殷照其、李敦素、朱国福、朱国祯、高振东等人，这些人成为孙禄堂南下教学的重要师资。1910年孙禄堂举家迁至北京，仍不离传艺教学。1912年仲夏经友人介绍，孙禄堂与武氏太极传人郝为真相识。郝为真来京访友，不意身患痢疾。因郝初次来京，除与同乡杨氏太极拳名家杨建侯相识外，无一熟人。孙禄堂念其同

---

① 孙福全撰《拳意述真》，中国书店，1988，陈曾则序。

道，医服药，月余而愈。郝为真感其萍水相逢，解其危难，即以平生所学——武氏太极传授于孙禄堂。在授受过程中，郝为真十分叹服孙禄堂的武学天赋。惊赞道："异哉！吾一语而子通悟，胜专数十年者"。[①] 孙禄堂受教后，朝夕习练，数年之久，参明拳中道理。

孙禄堂正是以三派同理为理念，纳三派为一体，创立了独树一帜的孙氏太极拳。

二　孙氏太极拳传承脉络及代表性人物

孙氏太极拳自 1919 年创立以来，代代相传，至今已有五代。

（一）第一代创立人：孙禄堂

孙禄堂经过对形意拳、八卦拳、太极拳数十年的朝夕习练、潜心揣摩与体悟，将三派拳术融合为一，创立了孙氏太极拳。

孙禄堂一生都沉浸在易理及算术、奇门遁甲、道家修养和武学的研究中，道德高尚。他游历大江南北，无门户之见，闻有技精艺高者，必往访之。与人切磋、较艺 50 多年，未尝有负，但从不自矜。因为屡次挫败日、俄等多国力士，孙禄堂一时声名鹊起，蜚声海内外武术界。时任奉天（今之沈阳）督军的徐世昌，延请其为幕府，并保知县。后又入职总统府任校尉承宣官，授六等文虎章。1928 年，年近古稀的孙禄堂应南京中央国术馆馆长张之江（原西北军冯玉祥旧部、六合八法拳名家）、副馆长李景林将军的邀请，携弟子杨世恒赴任南京中央国术馆武当门门长。每有申请到国术馆任教者，李景林均委孙禄堂审定取舍。孙禄堂勇于担当，对自视甚高、又无实学的人断不录用。虽是胸怀坦荡，但难免遭人嫉妒，人事之纷扰，不胜其烦。同年底，即接受时任江苏省主席的叶楚伧之邀，转赴镇江任江苏省国术馆副馆长兼教务长。

---

① 孙福全撰《拳意述真》，中国书店，1988，陈曾则序。

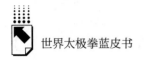
1933 年夏，孙禄堂辞去教职，回到家乡，仍不忘传授武学，成立了蒲阳国术研究院，开课授徒。1933 年 12 月离世。生平著有《形意拳学》《八卦拳学》《太极拳学》《拳意述真》《八卦剑学》。

（二）第二代代表人物：孙剑云、孙存周

（以下按姓氏笔画排序）

于化行	马 兰	马承智	方成一	支燮堂	齐公博	叶梦侠	孙少江
孙如兰	孙伯英	孙国屏	孙振川	孙振岱	朱国祯	任彦芝	阳铁生
李书琴	李玉林	李庆澜	李老丹	李芙初	李世戡	李墩素	张小菘
张子衡	张玉山	张玉峰	张旭光	张仲谋	张景琪	张锡君	张熙堂
张苏玖	陈一虎	陈文伯	陈守礼	陈法可	陈敬承	陈微明	吴楷之
沈玉林	肖汉卿	肖格清	宋长喜	汪宋海	汪孟舒	金一明	金仕明
金淑英	杨世垣	杨奎山	杨复春	杨德垣	周仲英	周作孚	周明叙
周锡琛	郑佐平	郑怀贤	顾汝章	顾梦慈	单启鸾	单启鹄	郎塽甫
胡凤山	胡俭珍	姜怀素	俞亮臣	柳映虎	闻善益	侯殿元	袁 伟
奚在溪	徐克延	徐梦华	徐铸仁	徐慧舫	海桂元	贾绥卿	黄凤池
黄竹铭	崔老玉	龚剑堂	曹晏海	童文华	童麟珠	靳云亭	雷师墨
蒯晋德	鹿宏世	鹿季子	裴德元	潘子芳	潘赞化		

孙存周（1893—1963 年）孙氏太极拳创立人孙禄堂之子。近代武术界具有极深造诣的实践家。自幼秉承家教，随父习武，敏而好学，深得太极、形意、八卦诸拳之精髓，文武兼修，功夫精湛，以武术技击闻名于世。

孙剑云（1914—2003 年）孙氏太极拳创立人孙禄堂之女。其生前曾任北京市武术协会副主席、北京市武术协会孙氏太极拳研究会会长等职。在 1995 年全国首次"中华武林百杰"评选活动中被评为"中国当代十大武术名师"之一，并被中国武术院聘为特邀研究员。

孙剑云天资禀赋极高，幼承家学，无论拳、剑，观摩三遍，即能熟记于心。17 岁时随父亲任上，担任女子班教授。曾从师李景林习得武当剑法。在致柔拳社成立六周年庆祝大会上，与父亲、兄长同台表演八卦剑法，深得

称赞。时人评曰："得其父之神。"1934年，孙剑云考入北平国立艺术师专，师从周云亮习工笔画，尤善山水、仕女。1937年于北京中山公园举办个人画展时，被誉为北平四小画家之一。

新中国成立后，孙剑云积极投身武术推广事业，多次出任全国和北京市武术比赛的裁判、裁判长。1957年，她在全国武术表演赛大会上，被聘为名誉国家武术裁判；1959年，在第一届全运会上，成为我国首位女裁判；1962年，在北京市高校运动会上，担任副总裁判兼裁判长。孙剑云无论是武德还是武学，在武术界都有很好的口碑，享有很高的威望。她于1979年当选为北京市武术协会副主席；1983年当选为北京市武术协会形意拳研究会会长；同年，北京市武术协会孙氏太极拳研究会成立，她出任首任会长。古稀之年，孙剑云仍率领国内孙氏门人、学生，以蒲阳同学会为号召，以研究会为联络平台，往返于全国各地巡回指导，几年间建立起孙氏太极拳组织机构30余个；1985年，她还亲赴日本讲学，将孙氏太极拳推向世界，日本、美国、英国和瑞典相继成立了孙氏太极拳研究会。在孙氏太极拳的推广中，孙剑云先后撰写了《孙氏太极拳、剑》《孙氏太极拳简化套路》《形意八式》《纯阳剑》《孙氏太极拳特点和要求》，主编了《孙禄堂武学录》等书籍。

孙剑云家学渊源，承继父志，70年练功不辍，在孙氏太极拳的宣传推广中，更是不遗余力。可以说，孙氏太极拳创立于孙禄堂，兴盛于孙剑云。她为孙氏太极拳的推广和普及，为中华武术事业的发展作出了历史性的贡献。

（三）第三代代表人物

孙婉容	孙永田	孙雨人	孙淑荣	孙保安	孙保亨	马丁·大卫（英国）
于 彬	王双合	王启民	王治立	王铁汉	王 瑞	万艳君　白淑珍
白普山	冉 槐	申志刚	田 盼	史文慧	史建华	史凤英　吕易儒
吴 敏	孙大纲	孙凤桐	孙维参	后藤英二（日本）		后藤梅子（日本）
申志刚	任士岚	许国钧	刘洪池	刘树椿	刘恩顺	刘淑芳　刘陶新

刘清淮　刘翔飞　杜　良　杜　威　苏　春　李丽君　李　顺　李鸿驹
李银祥　李慎泽　张大辉　张中能　张汶义　张永安　张伟强　张树贵
张振华　陈家伦　陈湘陵　陆布威　沈宝发　范景霞　林光荣　柳寿臣
柳杰世　扬　颖　金永平　金继宏　金继香　周世勤　郑浩繁　孟凡秋
赵振声　赵　敏　姚建忠　徐思波　袁　平　袁德安　袁德海　秦　静
梁凤翔　梁竞平　栾新春　黄万翔　阎世民　蒋　玲　傅淑云　童旭东
焦　兴　焦冠军　谭风雅　翟金录　霍培林　戴建英　周宝田　张长在
赵俊生　张茂青　王振青　俞家健

孙永田，1949年出生于北京，祖籍沧州，幼年时习练唐拳、摔跤等技法。1982年从师孙剑云习形意、八卦、太极拳剑，于1984年拜师入门。老师见其为人宽厚，遇事有担当，又能事师如母，团结同门，对其格外器重和信任。1995年1月8日在北京梅地亚会议中心，在国家武术管理中心、北京市武术院、北京市武术协会等单位主要领导的主持下，在北京市武术协会各研究会负责人的见证下，孙剑云将其确立为衣钵传人——孙氏太极拳第三代掌门人。师徒二人并非同族同宗，一时传为武术界佳话。

孙永田在老师生前紧密配合老师、团结同门上下及武林同道积极开展各种武术交流、比赛、教授、宣传等武术推广活动，号召组织本单位（时任航天科工集团汽车销售公司董事长）员工习练孙氏太极拳，组建了300多人的太极拳表演队。孙剑云辞世后，他承师遗志，接任孙氏太极拳研究会会长，并被选为北京市武协副主席。为推广孙氏太极拳，足迹踏遍国内各省及港澳地区，还先后多次到美国、法国、德国、意大利、加拿大、日本、马来西亚、荷兰等国讲学。

孙婉容，1927年生，近代著名武术家、技击家、孙氏太极拳创立人孙禄堂之孙女，著名武术家、技击家孙存周（孙禄堂次子）之女。现任蒲阳拳社社长。曾与其姐孙淑容、其弟孙宝享合作编辑了《孙禄堂武学大全》《孙式太极拳竞赛套路教与学》，主编了《孙式太极剑》（北京体育大学出版社出版发行）。

孙婉容承继了祖父孙禄堂的禀赋，自幼酷爱武术和多项体育运动，曾就学于北京师范大学体育系，于 1951 年毕业后，就职于北京体育学院，曾任训练竞赛科科长、副教授，射箭国际裁判。在工作之余，潜心家学，跟随其父孙存周、姑姑孙剑云练功习武，深得太极拳的精髓。在社会上努力推广孙氏太极拳的传播，曾在北京市海淀区、中国科学院等场所开办讲习班，为机关、企业以及社会培养了众多的教练员、辅导员以及孙式太极拳学习、推广、传播骨干。在离开工作岗位后，更是将全部身心投入到孙氏太极拳的推广发展活动中，经常到一些省市开展讲座，出席各种武术推广活动。2004 年在孙婉容的倡导下，北京成立了孙禄堂武学文化研究中心，后更名为孙禄堂武学文化发展中心。平日里静下来时，她会在北京体育大学校园和家中教授学生、指导弟子练拳。还经常结合自己的专业和习练中的体悟讲解武学，探索和揭示孙氏太极拳的真谛。现已至耄耋之年，仍活跃于各种武术宣传、推广活动的场所，以先人和自身成就叙述着孙氏太极拳的魅力，激励着后学者投身于孙氏太极拳的学习、习练和推广、研究中。

（四）第四代代表人物

孙 伟	孙庚辛	孙 琪	孙 鹏	刘彦龙	刘淑花	陈宝弟	王春彦
徐 伟	段 超	杨桂荣	李 冉	杨国瑞	辛起飞	李长春	卢艳茹
车文秀	奥 博	杨志刚	李义学	许 琰	马于堃	郭 勤	袁 名
卢淑芳	王殿山	刘国营	王永安	刘 义	郑克强	陈永新	袁文斌
何建林	徐银珍	白富海	江锦东	江 山	郭大年	王从利	赵继永
潘 铭	常 义	李飞鹏	包文龙	陈 杰	杨玉冰	张金锁	王亚中

（五）第五代代表人物

马凤山　齐星旭　李福刚

三　孙氏太极拳历史发展概况

孙氏太极拳创立于 1919 年，此时正是孙禄堂著书立说的集中时段，不

久又到总统府担任公职，当时孙禄堂对太极拳的教授只限儿女及身边弟子。所以说，孙氏太极拳创立于北京，展现于江南，兴盛于新中国。

辛亥革命后，江苏太仓中学聘孙禄堂之三子孙务滋任体育教员教授武学，孙氏太极拳方在江南始露端倪。至 1924 年，孙禄堂的弟子陈微明与同仁在上海西藏路宁波同乡会创办了致柔拳社，各报大肆宣传，孙式太极拳之名方广为人知。孙禄堂在镇江江苏国术馆任职 3 年，广收门徒、传授学员，孙氏太极拳至此之后即在江南传播。1933 年夏孙禄堂辞去江苏省国术馆职务返乡后，在时任完县教育局局长刘如桐的提议下，成立了蒲阳国术研究会，收闭门弟子 18 人，从学者有 1000 多人。河北、江南在新中国成立前是孙氏太极拳传播较早的两个区域，估计当时习练者应有数千人之众。

新中国成立之初，民间的武术活动主要以师徒授受和乡社形式传播，规模较小。1952 年毛泽东主席题写了"发展体育运动，增强人民体质"，并号召开展包括太极拳在内的各类体育活动。当时孙剑云在北京工艺美术厂工作，受厂领导委托带领全厂职工利用工间操时间学练太极拳，这是孙氏太极拳在公众场合的一次展示。

改革开放后，孙氏太极拳的宣传、学术研究与推广进入了黄金阶段。老一代武术家解放思想，收徒授艺，纷纷到社区和公园传授太极拳及各种武术，开展推广活动。尤其是进入 20 世纪 80 年代后，北京市武术协会动员各派名家担纲，以武术门派为基础，成立了各拳种研究会，1983 年孙氏太极拳研究会应运而生，并由孙剑云出任会长一职。孙剑云举起先父孙禄堂——蒲阳拳社的旗帜，以蒲阳同学会为号召，以研究会为平台，带领门徒、学生和孙氏太极拳爱好者一道，不顾年事已高，奔波于全国各地，指导建立起各类太极拳组织 30 多个，直接和间接地带动了 20 多万人习练太极拳。为迎接第一届世界太极修炼大会的召开，满足孙氏太极拳爱好者的学拳需要，孙剑云调整了拳式的转换连接，删繁为简，编制了《孙氏太极拳简化套路》，共 35 式，深受孙氏太极拳爱好者的喜爱，至今仍广泛传播。

孙氏太极拳的竞赛套路是由国家体委武术研究院组织太极名家，依据传统性、科学性、竞赛性的原则共同研究编制而成，孙氏太极拳竞赛套路共

37 个动作，内容充实，动作规范，编制合理，结构严谨，适合比赛和武术健身锻炼。时任北京市武术协会副主席、北京市武术协会孙氏太极拳研究会会长孙永田参加了编制工作。

孙氏太极拳从创立至今百余年，成拳较晚。孙禄堂在创拳中用工至精，孙氏太极拳在传承中拳架、拳式基本保持了原始的状态，做到了原汁原味一脉相传。

改革开放 40 多年来，随着经济的发展，人们的生活节奏越来越快，心理压力也越来越大，加之老龄化社会的到来，仅靠生活水平和医疗水平的提高是远远不够的。"上医治未病"，从健康角度看，太极拳能有效缓解心理压力，保持心理健康。从社会角度看，可以使人提高修养，促进社会和谐。当今时代，在健康中国发展战略实施中，孙氏太极拳必将发挥应有的重要作用。

B.7
李氏太极拳的传承与发展

白玉玺　何瑞锋　沙利军　李春华　张振发*

摘　要： 李氏太极拳作为太极拳的一个重要流派，清末民初由直隶省武清县李瑞东集太极拳、心意拳、八卦掌等多种拳法于一身而创立。本报告主要概述了创拳经过，呈现了五代传承的代表性人物及贡献，略述了各个历史时期的发展状况。目前，李氏太极拳已经传播到全国20多个省市和港澳台地区以及海外30多个国家，并且普遍建有研究会、拳馆、传习所、修炼中心等专业传播推广机构。

关键词： 李氏太极拳　李瑞东　24式简化太极拳　李式太极拳研究会　武术进学校

一　李氏太极拳起源

（一）李氏太极拳宗师李瑞东简介

李氏太极拳又称李派太极拳，是清末民初的一代武学宗师李瑞东所创。

* 白玉玺，北京崇文汇通武术社社长、中国中医研究院骨伤研究所中医师；何瑞锋，北京崇文汇通武术社副秘书长，研究方向为太极拳发展史；沙利军，天津市武清区文化馆武术队、武清区武协副主席、武清区非遗项目评审专家；李春华，李氏太极拳嫡传人，研究方向为李氏太极拳内心功法及钓蟾功法；张振发，《正说李瑞东》（正说卷）和《续编卷》作者，研究方向为太极文化实践与现代文明建设。

李瑞东（1851—1917 年），名树勋，字瑞东，号文侯，又号烟霞逸士，人称
"鼻子李"。直隶省武清县（现为天津市武清区城关镇）人，自幼习武，最
后集太极拳、岳氏心意拳、八卦掌、少林内廊秘法拳、戳脚以及钓蟾功于一
身，终成一代大师。民国初，受命主持中华武林英雄会，任总裁判长并做上
乘武功表演。时人称赞其"南京到北京，把式数瑞东"。

（二）李氏太极拳的形成

李瑞东 7 岁习武，12 岁跟随韩道长学习少林拳，20 来岁师从河北饶阳
戳脚门名师李老遂学习戳脚番子。30 岁遇到了一位对他的武学有转折性影
响的人——王兰亭，自此师从王兰亭学习太极拳。王兰亭的太极拳来历要从
杨露禅说起。杨露禅经同乡武汝清介绍到北京教授太极拳，住在今天的东直
门附近，跟从他学拳的人很多，包括王兰亭、全佑、富周等武官。王兰亭在
杨露禅所传拳谱的序中记载了自己拜师的经过：1865 年杨氏的弟子富周
（仲权）向王兰亭介绍太极拳的精妙，后在 1868 年富周再次向其介绍"太
极拳百战百胜，实在诸技之上"，同年 7 月王兰亭从保定返回北京，拜在杨
露禅门下，随侍杨左右，受教七年。杨露禅把太极功夫按照谱诀次第，逐层
毫无保留地传给王兰亭。

1880 年，李瑞东被王兰亭的武艺所折服，两人结拜为兄弟。王代师传
艺（当时杨露禅已去世），把自己掌握的各种太极拳都教给了李瑞东。1884
年，李瑞东随王兰亭入王府供职。在王府任职期间，王兰亭（王府管事
官）、李瑞东（田亩管理处管事官）、司新三（王府文案）、李宾甫以及龙禅
和尚等人共同研究切磋武艺，后四者各有所长，但太极拳均从学于王兰亭。

李瑞东青年时代与王子斌（即大刀王五）结义金兰，互换拳艺，得王
五所传"山东教门弹腿"之精妙。后从王兰亭学太极拳、八卦掌，从岳青
山学岳氏心意拳，从龙禅和尚学少林内廊秘法拳，1901 年从甘淡然学得江
南派钓蟾功。

李瑞东晚年回到老家武清，潜心研究武术，将平生所学融会贯通，系统
地整理出了《太极五星锤》《太极六十四式》《十三外丹歌诀》《太极内功

运用》等，总结出了天盘拳、地盘拳、人盘拳，取天、地、人三才合一之意，被后人称为"李氏太极拳"或"李派太极拳"。

李氏太极拳的代表拳法为人盘拳——太极五星捶，该拳拳势完整，内外兼修，合太极阴阳、五行八卦之理，取法鸟兽形象之意，左右均衡，有上有下，有左有右，被称为整趟架子。太极五星捶分别为金蟾望月捶、海底翻花捶、如意紫金捶、混元一炁捶、玄牝安炉捶。该套路将大、小、松、紧、刚、柔、快、慢、中平九种架子融为一体，讲八种刚劲、十二种柔劲。八种刚劲为：反弓、箭督、风猛、炮燃、雷震、电闪、山崎、刚硬；十二种柔劲为：轮转、球滚、胶粘、磁吸、木漂、水流、绵软、金柔、针尖柔、箩底丝缠、箩中蹦豆、平准。

太极五星捶（108 式）为人盘拳，含天盘拳（36 式）和地盘拳（72式）之总要。李瑞东认为，天地间，人当万物之灵，通天接地，故列"三才"，三才归一，是为人盘。人盘拳容天盘拳之空灵，兼地盘拳之刚猛，其拳机深奥玄妙，运变纵横交化。所称"太极五行捶"，既显含金、木、水、火、土之五行生消之理，又呈现"行"与"捶"的蕴意合弥，机理完整并自然衍化为"天人合一"之时空与人文和谐运变之规律。

八法奇门拳即地盘拳，据说根据江南派甘淡然所传的八刚劲法所创，共72 式，是专门练刚发的内容，讲究走奇门，踏中门，离、奇、闪、转，为实战的必备练习内容。

八法奇门拳因不拘形式，如疯似野又被武术界称为野太极。八法，即八种"闪离"之法，所以说八法奇门拳专讲"离奇闪转""放劲放气"，势如排山倒海，进走八卦奇门，所以又称"八卦奇门拳"，简称"奇门拳"，而此拳被称李派"武太极"。该拳凸显刚武特色。讲"天圆地方""地阴天阳""阴柔阳刚"。地盘拳执于"地方"，又执于阴阳中之"真阳"，故风格主刚，是当年李瑞东融汇南派（包括河南派和金蟾派）太极文化精华创编而成，而今成为李派多套太极刚架的经典。

七星妙法如意拳即天盘拳，共 36 式，主修上盘功夫，属于轻功提纵术的功夫，据传李瑞东有"墙上挂画"的功夫。

七星，是指北斗七星，环绕北极星旋转，又对应二十八宿之归移，显示地球在循环往复不停地接受时空的能量和四象垂成与时令变化等自然形成的运动规律。所谓"险象环生，顺其自然"。这是李瑞东将时空运变与四季更替融入拳理之妙化。

古人称北极星为天心，其一圆为360度，每10度为一天罡，故为36天罡。北极和北斗共8颗星，加以28宿，共为36星。天盘拳（七星如意拳）36式，即应36天罡，又合36星宿。李瑞东认为，这不是自然巧合，而是天象（周天）运布之玄机，四象（周天）流变之法则，是他创编天盘拳所遵循的自然原理和自然规律。这种"规律"，就是人与天地互依共存的自然成象，即"天人合一"，"合一"为道为顺，所谓"道合天文，顺自然"。故天盘拳被称"如意拳"，"如意"是"顺"，其本质是一种高雅，所以此拳又被称李派"文太极"（李氏太极有文武之分）。

太极五星捶在练法上有"初练""单练""双练"和"练理""练势""练气""练机"的步骤和方法，李瑞东在《单练四要》中说道："夫单练者，乃一身独练也。独练切勿贪多，务求纯熟。或择一二式而专练之，此谓之练势；或连三五式而急练之，此谓之练气；或趁势之便利而任意练之，此谓之练理；或酌式想象而练之此谓之练机，合而言之，单练四要也。""本理以造势，即势以运气，借气以生机，行机以达理。""不练势则势不稳。不练气则气不接，不练机则机不灵，不练理则理不通。俱有次序，不知理而徒练势，则势不真；不练气而遽练机则机不活；不练机而遽练理则理不圆。"根据初练、单练、双练和理、势、气、机的次序进行太极拳的练习，可以起到事半功倍的效果，使练习者能少走弯路，尽快地登堂入室。

李氏太极拳的核心理论与王宗岳《太极拳论》等太极拳经典理论一脉相承，以"掤捋挤按採挒肘靠"为母式，以"进退顾盼定"为基本步法，以"开合升降提举吞吐"为意气变化方法，以"粘连拈随牵拨合进"为基本用法。练法上主张刚柔相济，外易筋骨，内壮意气，动作上轻灵潇洒，松而不懈，柔而不弱，慢而不滞，快而不乱，刚而不硬；讲究不丢不顶，引进落空，由"粘连拈随"而至"离拈随"，形断劲不断，劲断意不断。

二　李氏太极拳传承脉络和代表性人物

（一）传承脉络

李氏太极拳100多年来已经传承了六代，第二代、第三代弟子主要分布在京津冀地区，之后开始在全国乃至全世界范围内传播。李氏太极拳在创立之初就开始广泛传播，相传李瑞东弟子有3000多人。从第三代开始李氏太极拳弟子数以万计，第五代、第六代弟子正处在发展之中。

（二）主要传承人

第一代：李瑞东，祖师。

第二代：李伯英、李仲英、李季英、李子廉、李进修、项润田、张　滔、陈继先、高瑞周等。

李伯英（1894—1952年），名德芳，字伯英，系李瑞东长子，幼通诗文，少嗜拳勇，得李瑞东真传，全面掌握李派拳术和器械功法，尤以太极五行捶和长棍见长，为第二代传人佼佼者。曾任北平大学国术教练，东北陆军大学武术教练、南京中央国术馆首任武当门门长、河北省国术馆教务、太极门总教习等。

高瑞周（1900—1958年），河北永清人，系李瑞东入室弟子。1947年组织成立汇通武术研究社并任社长，多次担任全国武术表演和竞赛的武术评判员，门下弟子也多次参加全国或地区举办的武术比赛，成绩斐然。积极参加国家体委组织的精简太极拳的编写工作，后来这套太极拳被修订为太极拳爱好者广泛熟悉和学习的24式简化太极拳。高瑞周心性孤高，一生快意行事，常与高人结交，京剧大师梅兰芳先生所练习的太极拳、太极剑即是他所教。他作为李氏太极拳的代表人物，为李氏太极拳的发展和传播作出了杰出贡献。

第三代：主要传承人如下。

（李伯英传）李荫农、任万良。

（李季英传）张万生、郑炳章、李兴、杨福贵、赵洪起。

（李子廉传）张彬儒、溥心畬（著名书画家）、溥叔明。

（李进修传）李昭荫。

（高瑞周传）白玉玺、武淑清、赵淑琴、张旭初、张振荣、石德才、尹朋考、刘福德、周世勤、许慧麟、马金龙等。

李昭荫（1893—1986 年），字仰真，武清城关无梁庙村人。自幼随其叔父李进修（李瑞东麾下掌门人）习武，深得李派真谛，是李派第三代传人中比较全面掌握李派拳法和武学精髓者之一，尤以少林拳、八法奇门拳、十二形拳、点穴橛和轻功著称，曾在南开大学参与创办并主持"广武学会"，终生习武不辍。

白玉玺，1933 年生，北京市通州区人。北京汇通武术研究社的后期领导人之一，主管教学训练工作，协助高瑞周社长培养了一批优秀的武术教练员、运动员。高瑞周逝世后，白玉玺又在太平湖、后海等地教拳。前卫生部部长钱信忠将军所练太极拳、剑，即为白玉玺亲授。1987 年，白玉玺赴东南亚行医授拳，任菲律宾世纪太极拳社总教练，广泛传播李氏太极拳。

因白玉玺后来还拜吴氏太极拳名家徐致一为师，跟随数年，尽得所传。故得以将李氏太极拳和吴氏太极拳本来的特点融会贯通，形成了"无形无相、君子不器"的风格特点。

第四代主要传承人如下。

（张彬儒传）韩来雨、赵尽臣、白信侯、白仰秋。

（李昭荫传）李广增。

（李荫农传）贾仕文。

（白玉玺传）刘玉贵、何瑞锋、高卓、步凌云、王淼等。

（任万良传）任正光。

（张万生传）张绍堂。

（郑炳章传）郑昭明、南永路、贡集昌、宋合、马士余、骆洪军。

第五代主要传承人如下。

张振洲、贾会元、李春华、李连科、杨松华、陈泓兵。

（刘玉贵传）瑞士洋弟子若干。

（步凌云传）李海召、姚亦周、郁文开、韩昊民、高瑀晗等。

李春华，1969 年生，天津市武清区城关镇人。自幼习武，跟随三、四、五代传承人学习李氏太极拳法，精通李氏太极拳的各种套路及技法。2005年，作为李瑞东的亲属组织落成了李瑞东纪念碑。他亲自组织李氏太极拳申遗工作，2009 年李氏太极拳被批准为天津市非物质文化遗产，2014 年被批准为国家级非物质文化遗产，李春华成为国家非遗李氏太极拳代表性传承人。现任李瑞东历史研究会会长、天津市武清区武术协会副秘书长。

三　李氏太极拳历史发展概述

清中晚期，太极拳横空出世，受到达官显贵，乃至朝廷宗室的追捧，成为传统武术中的显学。因李瑞东在端王府和皇宫任职，李氏太极拳创立之初主要在李派门内、清廷皇宫、王府及军队内传播。李瑞东、王兰亭等曾在醇王府和端王府任职，李瑞东还收端亲王载漪为徒。1894 年，端亲王携李瑞东和其弟子李进修入紫禁城给慈禧祝寿，展示了李氏太极拳的精妙，李瑞东也从此得到清廷的赏识。八国联军祸乱之后，李瑞东从朝廷返回民间，后在天津创武术进德会和中华武士会，广泛传播李派太极拳，声名隆盛。

民国时期，李瑞东弟子项润田、李伯英、陈继先等在武清县（现武清区）城关镇真武庙内成立国术馆。1947 年高瑞周等筹备成立北平汇通武术拳术研究社，1948 年研究社正式成立。

李瑞东被认为是"武术进学校"的最早倡导者之一。他向天津南开学校校长张伯苓举荐弟子蒋致中（蒋万和）进校传授武术，使南开学校成为国民政府教育部推广"武术进学校"的典型，李瑞东长子李伯英和李派第三代传人李昭荫等，曾先后进驻南开学校任教。

新中国成立后，李氏太极拳继续在京津冀等地传播，并进一步发展到全国和世界范围。组织形式有武术社、高校社团、研究会和师徒传承等形式。这一时期，高瑞周担任社长的北京汇通武术研究社是国内非常有影响力的社团组织,是北京武术界的一面旗帜,京内外武林同道多在此切磋交流。当时北京市武术界的联谊会就在北京汇通武术研究社召开,会演之时,盛况空前。

贺龙元帅曾到汇通武术研究社参观考察,国家武协领导毛伯浩、李天骥,国家体委武术司司长田振峰,以及京城内外各派名家经常汇聚到汇通武术研究社交流。除每日早晨傍晚两次训练外,李经梧、孙凤秋、马步周、韩秀峰、王培生等名家晚上都经常到汇通武术研究社推手交流。当时该社的社员有少年、中青年和老年人等,学习内容以李氏太极拳及其基础拳械为主。高瑞周去世后,其弟子白玉玺等人一直带领汇通武术研究社成员及爱好者练习李氏太极拳。

1958年后,太极拳等武术运动在高校中蓬勃发展,各体育院校增设武术专业,各大高校陆续成立了武术队。高瑞周弟子武淑清从中央体育学院毕业后,1970年在河北大学成立武术队并担任总教练,1984年又成立河北大学武术协会,并在优秀学员中教授李氏太极拳。周世勤长期在北京丰台武协以及航天系统传播李氏太极拳。2003年,马金龙等成立北京市武协李式太极拳研究会,白玉玺、周世勤任名誉会长,马金龙任会长。

2007年,北京崇文汇通武术社成立,白玉玺任社长。与武术运动协会下设的二级社团和研究会不同,北京崇文汇通武术社是独立法人的非营利社团。北京崇文汇通武术社在北京及全国范围内建立太极拳活动站,广泛教授学员。北京市区范围内就有多处教学站点:步凌云、闪晖等在亦庄地区,高卓、杨钧等在回龙观地区,何瑞锋、吴飞舟在石景山地区,王淼在通州地区同时开展教授李氏太极拳。白玉玺的弟子们还在河北的保定、邢台等地,广东的广州、深圳等地传播李氏太极拳。

改革开放后,李氏太极拳开始了海外传播。1987年,白玉玺到东南亚授拳、行医,并成立菲律宾世纪太极拳社,担任拳社总教练,在菲律宾华裔中广泛传播李派太极拳近20年。20世纪80年代武淑清到日本、芬兰以及中国台湾地区传播李氏太极拳。赵淑琴长期在美国教授李氏太极拳。白玉玺的弟子刘玉贵在瑞士日内瓦武魂武术学校担任总教练。

2015 年 4 月，高卓、韩云峰、杨钧、苏铮、王淼等成立北京源道汇通文化传播有限公司，在李氏太极拳商业化运作上进行了有益的探索。

李瑞东五世孙李春华已在李瑞东故居创办"中国·李派拳法传承和推广中心"。2012 年南永路等成立天津武清雍阳武馆，任总教练。2014 年李氏太极拳被列入国家级非物质文化遗产名录，为李氏太极拳的飞速发展，奠定了新的基石。

目前，李氏太极拳已经传播到全国 20 多个省市和港澳台地区，以及海外 30 多个国家，并且普遍建有研究会、拳馆、传习所、修炼中心等专业传播推广机构。李氏太极拳第四代名家邢启林作为文化部审定的指派专家，先后被派往美国、日本、新西兰、丹麦等国家传播太极文化，传授李氏太极拳，引起巨大反响。

B.8
和氏太极拳的传承与发展

和有禄　和慧超*

摘　要： 清末民初温县赵堡镇和兆元，师承陈清平后广交文人武友，博采众长，开创和氏太极拳一脉，成为太极拳的一个重要流派。本报告主要概述了创拳经过，呈现了六代传承的代表性人物及贡献，略述了各个历史时期的发展状况。在文化繁荣的当今时期，和氏太极拳必将彰显出时代魅力，在为人们提供压力释放窗口的同时，实现今后的更大发展。

关键词： 和氏太极拳　和兆元　行医习拳　和氏太极拳学院　赵堡和氏太极拳研究会

一　和氏太极拳起源

和兆元（1810—1890 年），姓和，名兆元，也写作"肇元"，字育庵，和氏太极拳创始人。出生于温县赵堡镇赵堡村，自幼学医，习文练武。赵堡镇历史悠久，春秋时期，晋昭公封大卿赵公食邑于温，于温东十五里许挖地筑堡而居，故称赵堡。赵堡镇的名胜古迹有铁三官、杨裹槐、金银二冢、凤凰台、没梁庙、舍身台、六人合围唐古槐、永安寺（即南大寺）等。① 赵堡

---

* 和有禄，和氏太极拳代表性传人，温县和式太极拳学院院长；和慧超，河南理工大学讲师，研究方向为武术文化。
① 赵堡镇镇志（碑文）。

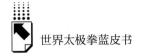
村位于温县城东八公里，北依太行，南临黄河泗水渡口，与古军事要塞虎牢关、伏羲画卦台、河洛交汇处遥遥相望，自古以来赵堡东西通衢，是怀川一带经济文化和武术的交流中心。

古赵堡镇上，和氏一族设"文盛堂"悬壶济世，被誉为"杏林世家"，在当地颇具声望。祖传中医药理医术，族人多以医为业。和兆元诞生在这个家族，他的父亲和彦方精通医术，在当地颇负盛誉，和彦方为使儿子秉承家学，常常嘱咐和兆元习文学医，和兆元自幼便聪颖过人，在医术方面也颇有造诣。"文盛堂"西邻三百步是赵堡武术名师陈清平府邸，和兆元慕其拳艺，拜于陈清平门下成为大弟子。因和兆元聪颖机敏，得到陈清平的倾囊相授，陈清平评价和兆元"闻一知十，拳艺尤得骊珠之妙"①，时人遂誉和兆元为"骊珠之才"。后随理学大家晚清重臣李棠阶宦游南北进驻京都，广交文人武友，博采众长，融通文武，创太极拳"代理架"。晚年回乡，致力传播拳技理法，开创和氏太极拳一脉。和兆元流传的代表著作有《太极拳谱》以及《太极拳要论》等。

晚清重臣李棠阶于嘉庆二十三年（1818 年）迎娶夫人和氏后，钦佩妻弟和兆元文才武功，长期邀和兆元相随赴任，称和兆元为二弟。李棠阶（1798—1865 年）号文园，谥号文清，是与赵堡邻近的南保封村人。李棠阶是晚清时期理学复兴的大儒，被尊为当时学界的"海内三贤"之一，曾主讲河朔书院 13 年，并担任过清道光、咸丰、同治三朝皇帝的侍读、进讲等工作，是当时的朝廷要员。和兆元曾随李棠阶北上督学，南下主考，担任贴身保镖、文秘等工作，和兆元跟随李棠阶走南行北执行公务，虽多次遭遇劫寇，但他都始终坚持以武技赢人，以武德服人，进驻京城后，获授"武信郎"。

在《李文清公日记》中，与和兆元相关的记述颇多。其中包括：访和育庵托事、请育庵录朋友各信、和育庵照已校之本校对备两宫皇太后披览的文件等 3 类。和兆元在与李棠阶的长期交往中，既受其理学造诣影响，又得

---

① 《赵堡太极拳宗师列传之八》，https：//www.douban.com/group/topic/37354035/。

与其学友请益交流，理学水准不断提升。和兆元常与李棠阶、祁春浦、倭仁等文化大家谈拳论理，不断完善了理学与拳架的融合。观赏和兆元练拳，恰似以拳艺演绎太极之理。《李文清公日记》写道："拳勇以虚灵为妙用，因人之力制人，不参己力，可悟圣学。"[①]"圣学"，即孔子创立的儒学。理学是哲理化的儒学。理学认为"总天下之理即是太极"，代表太极之理的拳架可名"代理架"[②]。"代理架"不胫而走，逐渐流传开来。

二 和氏太极拳传承脉络及代表性人物

和兆元开创和氏太极拳之后，对赵堡镇地域内的太极拳界产生了极大的影响。在拳学理论方面，使得和氏太极拳架势有"理"可依。和兆元自京城归乡之后，为人低调内敛，代师授拳，与人切磋却并未开山收徒，仅传给子孙后人。直至1928年进入国术中兴时期，和兆元的长孙和庆喜，不顾71岁的高龄，决意弘扬家传武技，广收门徒，和府门庭若市，和庆喜传人过百。第四代和氏太极拳的传承者，主要处于一个颠沛流离的动乱时期。也因此，和氏太极拳开始逐渐走向全国各地，具体习练人口还有待考证。第五代和氏太极拳的习练群体大幅增加，主要得益于社会传承方式的多样化传播，习练人数已达数十万。第六代和氏太极拳传承者是当今最为活跃的传承主体，他们为和氏太极拳的发展实现了历史性跨越，习练人口已达数百万人之多。时至今日，和氏太极拳已传承八代，传人辈出，各领风骚，和氏太极拳已发展成为传播于海内外的一个重要流派。

第一代。

和兆元，和氏太极拳创造者。师从邻里陈清平习拳后，精心钻研武学，以《周易》理论、医家之学、儒家之理来指导规范拳架，创编出"代理架"，晚年回乡，致力传播拳技理法，开创和氏太极拳一脉。传拳于四子和

---

① （清）李棠阶著，穆易校点《李文清公日记》，岳麓书社，2010。
② 康戈武：《太极拳传统技术与练法的儒学文化根源及其现代价值》，《武术研究》2018 年第 2 期。

润芝、和勉芝、和敬芝、和慎芝及长孙和庆喜。

第二代传人如下。

和润芝（1836—1916 年），字泽甫，温县赵堡镇人。从小跟随父习练拳术，研习医理，承家学。和氏太极拳历代宗师陵园碑文对其有如下记载："咸丰年间，于赵堡悬壶济世，其岐黄之术、太极拳神迹，素为大众所仰。润芝公德行素著，淡泊名利，令名播于乡里，时人尊之为'大师傅'。"主要传承者有其子和庆喜、和庆文、和庆台。

和敬芝（1850—1918 年），字式甫，温县赵堡镇人。和兆元第三子，幼随父习拳，得其真传。清同治年间，随李棠阶之子李建参赞政务，侯尔良所著《和氏太极拳精义》一书还提到和敬芝曾辅佐晚清"四大名臣"之一的张之洞[1]，被例授"文林郎"。和敬芝曾在河朔书院讲学，群才兴焉，并著有《高手武技论》传世。和敬芝身兼官职，后以讲学为业，所以也并未公开收徒，仅将拳术传给子侄。

第三代传人如下。

和庆喜（1857—1936 年），字福棠，温县赵堡镇人。和润芝长子，和氏太极拳第三代代表性传承人，深得祖父喜爱，后得祖父亲传。和氏太极拳历代宗师陵园碑文对和庆喜记述如下："自幼随父习拳，颖悟非常，兆元公深赏之，亲授以太极拳，技理大进，冠乎侪辈。庆喜公谦冲和善，绝技在身，未尝忘藏器之道也。适逢乱世，无由传艺。公元 1928 年，民国大兴国术，风云继起，庆喜公乃以七旬高龄，出山授艺。"晚年广收门徒，主要有和学信、和学敏、郑伯英、郑悟清等。著有《习拳歌》《耍拳解》等。

和庆文（1872—1948 年），温县赵堡镇人，和润芝次子。他继承家传，开设"文盛堂"药号，和庆文主要以行医为业，但是他的涉猎极广，在其碑文中便记有一事："悬壶之余，雅好堪舆，山西某地素旱，多方掘井，均不得水。庆文公行医至此，嘱乡人于树下九步之遥掘井，竟得水源，村人视之为神。"1938 年日本侵华期间，和庆文举家迁避宝鸡，其子和学信、和学

---

[1] 侯尔良：《和氏太极拳精义》，人民体育出版社，2006。

惠跟随父亲迁居后，继承家族衣钵，行医习拳。

第四代传人如下。

和学信（1890—1957年），温县赵堡镇人。和庆文的二儿子，从小继承家学，学习医术，刻苦练拳。和庆文从医繁忙，所以和学信也随大伯和庆喜学习家传拳术。和学信业医习武，成为和氏家学集大成者。动荡时期，全家迁徙到宝鸡避难，被当地中医学会推举为中医师。新中国成立初期，和学信举家返回温县。在家中传子和士英、和士俊。他还收藏有《高手武技论》等家传拳论。

和学俭（1938—2002年），温县赵堡镇人。自幼随父习拳。1993年经有关部门批准成立"赵堡和氏太极拳研究会"后任第一任会长，这期间多次带领学生积极参加各种武术盛会，取得优异成绩，先后被有关社会团体聘为顾问，为和氏太极拳的发展作出了贡献。传子和保龙、和保国。

郑悟清（1895—1984年），温县赵堡镇人。和氏太极拳第四代传人，师从和庆喜，深究拳理，被誉为"和式太极西北二郑"之一。曾先后在西安警备司令部、黄埔军校七分校等处任国术教官，1949年后，任西安市体委委员。

郑伯英（1905—1961年），字锡爵，温县赵堡镇人。和氏太极拳第四代传人，师从和庆喜，是和庆喜的得意弟子。1931年4月在河南开封举办的武术比赛夺得魁首，赢得"拳艺高水平"荣誉。后避乱迁居西安，任陕西国术馆委员，人称"和式太极西北二郑"之一。

第五代传人如下。

和士英（1918—1987年），字立明，和学信的大儿子，从小立志继承家学。在从医的同时，积极搜集整理家传拳谱及药方典著，对和氏家学的传承和发展作出了贡献。后传拳给子侄及徒弟。

和保森，1949年生，和学惠之子，是当代和氏太极拳代表人物之一，早年与叔父等人创立"赵堡和氏太极拳研究会"。后在多地成立了和氏太极拳协会及辅导站，并组织各地协会积极参与国内外多项赛事。

侯尔良，1937年生，温县赵堡镇人。和氏太极拳第五代传人，师从和

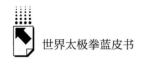

庆台、郑悟清。先后在西安及铜川等地授拳，著有《和氏太极拳精义》一书，其弟子达千余人。

第六代传人如下。

和定乾，1955年生，温县赵堡镇人。和士英次子，从小习拳不辍。在众多赛事中取得傲人成绩。他是1993年成立"赵堡和氏太极拳研究会"的主要发起人，担任研究会副会长。多年来他走遍全国传授和氏太极拳，弟子众多。

和有禄，1963年生，温县赵堡镇人，和氏太极拳当代重要传承者，和氏太极拳项目国家级非物质文化遗产代表性传承人、国内外多所院校客座教授。已出版多本和氏太极拳相关书籍及影像资料，并在和氏太极拳发源地赵堡镇筹建和氏太极拳宗师纪念堂及和氏太极拳学院，此举将对和氏太极拳的发展产生深远影响。

三 和氏太极拳历史发展概述

赵堡镇是太极拳发展的重要发祥地，和兆元创"代理架"太极拳后，逐渐在赵堡镇流传开来。和兆元辞官归来后，致力传播拳技理法，开创和氏太极拳一脉。

和氏太极拳自创始至今，已跨越3个世纪。创立初期只是在家族内传承，从第三代开始，逐渐出现了师徒传承的方式，习练人群转化为严格师承的流派传承者，仅和庆喜所授门徒便有百余人。

1931年，和庆喜亲自率领众弟子参加国术擂台赛，技压群雄，获得"拳艺高水平"的称号，和氏太极拳也因此威震武坛。

和氏太极拳传承至第四代时，正值社会动乱，和氏一族多有迁居，外姓弟子也广泛活动于全国各地。和氏太极拳随之传播到全国各地，其中最为突出的"和式太极拳西北二郑"——郑悟清、郑伯英，此二人为和氏太极拳在西北地区的发展奠定了基础。

随着传承者们的门派意识愈发强烈，最初的"代理架"之称已不便于在社会上传播，和氏太极拳的传承者遂改称此拳为"和家拳"或"和氏太极拳"，如郑悟清在写自己的拳悟所得之时，便有此称。

和氏太极拳传承至第五代，传承方式也更加多样化，开始出现了社会团体组织的传播形式。和氏太极拳传承人数进一步提升，越来越受到武术界的关注。

和氏太极拳传承至第六代，各地协会组织纷纷建立，传统师徒制的传承方式，也越来越规范化，传承者对择徒、门风等有了严格的要求和与时俱进的改变。同时，和氏太极拳开始走进学校，和有禄创建的温县和氏太极拳学院，与多所高校和一些国际机构达成合作关系，使和氏太极拳成为许多学校的课程内容。

新中国成立后特别是改革开放以来，和氏太极拳的发展可谓是突飞猛进，宛若耀眼新星。各地相继成立了和氏太极拳的社团组织，主要分布在河南焦作、郑州、开封、漯河、平顶山，四川成都、绵阳，吉林长春、公主岭，陕西西安、铜川，福建厦门、福州，安徽芜湖、蚌埠，江苏常州、姑苏，江西赣州、抚州，湖北武汉、孝感、襄阳、麻城，广东广州、深圳、顺德，浙江杭州、义乌、绍兴，广西桂林，新疆乌鲁木齐、伊犁，以及北京、上海、重庆、山东、西藏、贵州、甘肃、黑龙江等地。并且，走出国门传到海外，如在韩国、澳大利亚等国家传习尤多。

和氏太极拳虽诞生近两百年，但是因之前的传承方式及地域影响，发展缓慢，但是也促使和氏太极拳在时代的洪流下保有原汁原味的传统拳架，同时使得传承者能够静心沉淀，修润完善技理。所以在文化繁荣的当今时期，和氏太极拳的独特魅力也越发彰显。第一，在家族传承方面，和兆元的后人习拳不辍，嫡宗传人在中国传统技艺传承方面往往备受瞩目，除了耳濡目染的氛围之外，也有千百年来固化于心的家族使命感，促使传人的自我约束与鞭策。和氏太极家族的后人也一直是各个阶段和氏太极拳的代表者，如现今的和有禄、和定乾、和宝森、和保国等，他们都是和氏太极拳当代主要代表性传承人，是和氏太极拳家族传承的核心力量。第二，在师徒传承方面，师徒传承的历史也有百年的历史，门规戒律也逐渐形成，师徒制度更加完善，

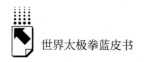

传承人也与时俱进地建立传承谱系。目前，和氏太极拳的传承人正在结合现代信息技术手段，建立传承库，以期完成传承人信息统计。师徒传承极大地拓展了和氏太极拳传播人群的多样性，为广泛传播提供了保障，注入了活力。师徒传承是和氏太极拳未来发展的中坚力量，是和氏太极拳发展的有效保障。第三，在社会传承方面，社会团体等形式的推广，是推动和氏太极拳现今影响的主要力量，是和氏太极拳拥有大基数习练人群的主要传承方式。未来和氏太极拳的发展，社会传承将会是主要方式。第四，在学校传承方面，虽然和氏太极拳进学校稍晚，辐射面不够广，但是和氏太极拳的学校传承以高校为主，中小学稳步推进，成为和氏太极拳发展的未来之力，也使和氏太极拳的未来发展可期。

在"天人合一""刚柔相济"等抽象理念下，和氏太极拳深入浅出地提出极具可操作性的"耍拳"理念。将玩耍的心态对应难以找寻的"自然而然"，将随意自然对应难以拿捏的"天人合一"，和氏太极拳是将太极哲理生活化、形象化，将拳架归于本能，将本能视为"规矩"。大道至简，返璞归真，顺应自然，和氏太极拳为当今社会的人们提供了释放压力的出口，为人们追求美好生活提供了健康保障和精神食粮。

王其和太极拳的传承与发展

孟志斌　牛　牛*

摘　要： 王其和太极拳是由河北省任县王其和先生，在深厚的武功基础上，精心研练郝为真、杨澄甫两位宗师亲传太极拳法，融合创编而成的一套形神兼备、练用结合、独具特色的太极拳套路，经过百年传承，成为太极拳的一个重要流派。其形成和发展过程，大体经历了清末民初的创拳阶段、改革开放之前的完善推广阶段和改革开放以来的高速发展阶段。特别是"河北省王其和太极拳协会"的成立起到了重要的推动作用。目前，习练群体和协会机构遍布河北、北京、天津、山西、广东、福建、吉林等全国十多个省市及美国等海外地区。

关键词： 王其和太极拳　王其和　武事文为　《太极文武论》　辅导站

作为太极拳界国家级非物质文化遗产代表性项目之一的"王其和太极拳"，历经百年传承与发展，逐步形成了系统丰富且独具特色的拳理功法体系，并以其健身性、技击性、文化性、艺术性，渐渐享誉武林，成为太极拳传承发展中的一个重要流派。

---

* 本报告由河北省王其和太极拳协会供稿，孟志斌、牛牛执笔。孟志斌，河北省王其和太极拳协会名誉副主席，研究方向为王其和太极拳发展史；牛牛，河北省王其和太极拳协会对外联络部副部长，研究方向为王其和太极拳功理功法。

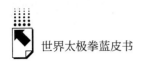

一 王其和太极拳的起源

王其和太极拳形成于清末民初，是河北省任县人王其和在深厚的武功基础上，精心研练郝为真、杨澄甫两位宗师亲传的太极拳法，融合创编而成的一套"形神兼备、练用结合、独具特色的太极拳套路"[①]。

王其和（？—1932年），字春山，河北省任县邢家湾镇环水村人。受当地浓厚的崇文尚武氛围影响，他自幼酷爱武术，跟随本村武师习练洪拳及刀、枪、剑、绳鞭等器械，打下了扎实的武术功夫基础。可他不满足于本乡拳艺，走出乡里，寻访名师。他曾拜当时著名镖师刘瀛洲为师学习三皇炮捶，还拜清末武举景廷宾为师学习景家刀法。勤学苦练数载，功夫日益精湛，被北京会友镖局聘为镖师，踏入江湖，威震四方。由于其师刘瀛洲与太极名家郝为真、杨兆林等交厚并结为盟友，经刘瀛洲引荐，他前往永年广府拜郝为真为师学习武氏太极拳，达六年之久；其间，他还受到杨兆林、杨兆元等名家指教，获益良多。1914年，王其和随郝为真入京，得遇杨氏太极拳名家杨澄甫。由于王其和曾在广府发大水时救过杨澄甫的家人，同时也已具备了扎实的功夫，所以得到杨澄甫的格外器重与厚爱，留在杨澄甫身边朝夕学艺。其间，他还得到杨健侯、杨少侯的亲授。杨家两代大师将其拳技奥秘倾囊相授，并将王其和视为杨氏太极拳的重要传人。在杨澄甫1931年所著《太极拳使用法》一书的传承表中，王其和作为精选传人名列其中。后杨澄甫南下沪广，王其和因故未能成行，遂带艺归家，不求闻达，蛰伏乡里。但他毕竟身怀绝技，研练不辍，并不断深入地默识揣摩，融会贯通，逐渐形成了一套独具特色的太极拳法。

纵观太极拳的发展史，郝为真、杨澄甫是民国时期太极拳界的领袖人物，而能够同时得到这两位宗师亲传的人可谓凤毛麟角。王其和有幸追随两位宗师，深受器重，得其真传。他不图名利，只求真功，但又不满足于已得

---

① 永年太极拳志编纂委员会：《永年太极拳志》，人民体育出版社，2006，第169页。

之功，潜心探索，追求更深、更独到的功夫。他所付出的努力和取得的成就在太极拳史上无疑具有重要的意义。而且对该门派传人禀性朴实、心无旁骛的心性培养和"练拳重真功、学艺轻浮名"的门风形成，起到了至关重要的作用。王其和对其创编和传授的拳法，一直没起任何名称，而是在经过几十年教习逐渐流传后，才有人称其为"混合架""综合架"或"郝杨架""杨武架""软硬架"，也有直呼"其和架"或"王式太极拳"的，直到 2014 年被评为国家级非物质文化遗产代表性项目，才被定名为"王其和太极拳"。由于王其和太极拳集大成，原生态，并且重内功、善实战、能健身，古朴实用，深受广大习练者的喜爱。有学者称其为太极拳的"活化石"。

二　王其和太极拳主要特点

王其和太极拳，整体拳架大小适中，圆满紧凑，阴阳相济；上身舒展大方，张弛有度，饱满和顺，法度严谨；下盘底劲深厚，平稳灵活，虚实分明，上下相随。行拳立身中正，头如悬丝，尾如吊坠，节节贯串，内外相合；出手"立掌如刀"，螺旋多变；步随身换，两腿如一，逢进必跟、逢退必撤；每一动，眼神领先，并且与心神相通，与气韵相连；练功心神定静，以意导行，以心行气，刚柔相济，浑圆灵动，心神、气力、形体协调统一。具有健身、防身、修身等多方面功能。

三　王其和太极拳的传承

王其和太极拳的形成和发展，到目前大体经历了三个阶段。第一个阶段是清末民初，王其和经过 20 多年的早期研练，形成了基本的拳架功法套路；第二个阶段是我国改革开放之前的 60 多年，以刘仁海、王景芳等为代表的第二代传人对该拳进一步完善，在邢台地区进行了较大范围的推广，并在新中国成立初期由第三代传人檀凤林、刘俊英等，分别传播到太原、天津等地，拓宽了发展空间，扩大了对外交流；第三个阶段是 20 世纪 80 年代之后的 30

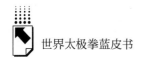
多年，随着改革开放和各级政府的重视、支持，以及第三、四代传人的努力，该拳得到了迅速发展，习练者数以万计，并广为海内外武术文化界所熟知。

王其和一生授徒众多，第二代主要代表人物有刘仁海、王景芳、张金榜、吴振奎等，其中功夫最深、理论最高、贡献最大、影响最广的，首推王其和的大弟子刘仁海。

刘仁海（1904—1982 年），字慈瀚，河北省任县环水村人。17 岁时拜王其和为师学习太极拳，颇受恩师器重，深得太极拳之精髓。他练拳悟理六十余载从不间断，拳技精湛，拳理妙通，功夫出神入化。1960 年春，被称为太极之乡的邯郸大专区在巨鹿县城承办全省大型武术赛事，刘仁海首场亮相便取得太极拳成年组第一名的成绩，名扬河北武坛。可是他淡泊名利，放弃了参加全省乃至全国的赛事，静心在家练功传艺。[①] 刘仁海一生授徒近千人，他将练拳、教拳视为生命、生活中最主要的内容，教拳授徒不厌其烦，因材施教，循循善诱。他武德高尚，虽身怀绝技，但谦和宽厚，即使有人提出切磋试艺婉拒不过，也是留有余地，点到为止，制人而不伤人，使来者心悦诚服。刘仁海为王其和太极拳的传承发展付出了毕生的心血，作出了卓越的贡献。众多弟子在他身上不仅学到或见到了王其和太极拳的精湛功夫，更重要的是在他身上感受到了那种平凡而高尚的人格力量，并深受影响。刘仁海当年所演练的拳架有幸被弟子拍成了一套完整的图片，成为王其和太极拳保存最为完整的一套早期影像资料，并被本门传人奉为套路圭臬。

王景芳（1913—1982 年），字兰亭，王其和之子。他生于太极世家，未成年时就对太极拳的精要心领神会。他秉性刚烈耿直，功夫高深，尤善散手，一生崇拜杨班侯，笃信"不打不成交"[②]。他具有威武不屈的民族气节，曾在抗战时期冒险为邓小平等一行将士摆渡，夜过滏河转战冀南。他的右腿被日寇用枪打残致僵，落下残疾，但仍能保持"前蹿一丈，后退八尺"的功夫，动作凌厉，使人叹服。王景芳为王其和太极拳扬威显名所作出的贡

---

① 孟志斌：《武林百年枝春风展新姿》，《武魂·太极》2016 年专刊，第 4 页。

② 李剑方：《太极文武论》，河北人民出版社，2006，第 186 页。

献，鲜有人比。①

第三代传人众多，主要代表人物有刘舜曾、张志祥、李剑方、刘云廷、檀杏敏等。

刘舜曾（1938—2016年），河北省任县环水村人，中国武术六段，河北省王其和太极拳协会原名誉主席。他早年受教于刘仁海，习武50多年，功夫深厚，并结合人文科学与自然科学，形成了"武事文为"的练拳理念②，运劲松柔绵长，意蕴和顺安舒。他一生授徒数百，传艺循循善诱，含道必授，在生前最早发起组织了王其和太极拳研究会并任会长，为王其和太极拳传承发展作出了突出贡献。

张志祥（1941—2018年），河北省任县岭南村人，1961年拜刘仁海为师，几十年如一日，苦练不辍。曾任河北省王其和太极拳协会顾问、任县王其和太极拳研究会会长。他多年来在该拳的发祥地，也是传人最集中之地任县授徒传艺，组织开展活动，为该拳在家乡的普及发展、薪火相传作出了突出的贡献。

李剑方，1957年出生，河北省任县邢湾人，中国武术八段，王其和太极拳代表性传承人。他自幼受教于刘仁海，后遵师遗嘱，又拜姚继祖、傅钟文、王荣堂等为师，习练武氏太极拳、杨氏太极拳和八卦掌。他勤学苦练，深入研究，先后出版《太极文武论》《王其和太极拳图册》《耕暇集》《求索》《草书太极拳论》等多部专著，发表多篇论文并在高层学术研讨会上获奖，多次作为中国武协等权威机构正式邀请的太极拳名家出席重要武术赛事和交流研讨活动，是当代太极拳界的重要代表人物。他曾任河北省武协副主席、河北省太极拳协会名誉主席、河北省王其和太极拳协会名誉主席，也是《世界太极拳蓝皮书》智库领衔专家、人民网"人民太极发展联盟"首席专家。他文武兼修，学养深厚，是中国书协会员、中华诗词学会会员、河北省诗词协会名誉会长，并被河北大学、河北师范大学、河北科技大学、河北省

---

① 孟志斌：《武林百年枝春风展新姿》，《武魂·太极》2016年专刊，第4页。
② 孟志斌：《武事人为——记王其和式太极拳传人刘舜曾先生》，《太极》2007年第5期，第10~11页。

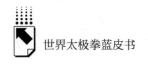

体院、邯郸学院等多所高校聘为研究生导师或客座教授。

刘云廷，1954年出生，河北省任县环水村人，中国武术六段，王其和太极拳代表性传承人，现任河北省王其和太极拳协会副主席，邢台市武协副主席。他8岁拜寇长青为师学习杨氏太极拳，后随师爷曹珂深造，最终跟随本族祖父刘仁海学习王其和太极拳。他勤学苦练，功力深厚，善于实战，发人如暗流涌动，化人如行云流水。他曾获青岛国际太极拳邀请赛金奖，并在权威刊物发表《练王其和太极功夫体会谈》《太极推手与打手》《形于指尖达以心神》等多篇论文，还多次在重要武术赛事上做重点名家展演。

檀杏敏，女，1955年出生，河北省任县邢湾人，中国武术七段，现任河北省王其和太极拳协会主席。她生长在传统武术世家，少年时即师从刘仁海，后又拜姚继祖、王荣堂为师，还得到傅钟文的亲传。她带领协会使王其和太极拳的发展呈现前所未有的崭新局面，为国家非遗项目的保护、传承和发展作出了突出的贡献。2014年她被中国武术协会授予"杰出太极拳推广奖"；2016年被评为河北省"燕赵文化之星"。

众多的第三、四、五代传人（详见附表《王其和太极拳主要传承人名单》），以传承发展王其和太极拳为己任，不计回报，不存杂念，授徒传艺，努力奉献，默默地守望着自己的精神家园，使王其和太极拳这颗点燃百年的火种，薪火相传，渐呈燎原之势。

四　王其和太极拳的发展现状

王其和太极拳在百年传承中，坚持"德、真、悟、恒"四字要旨，收徒重德，传艺求精，因人施教，循序渐进。授拳时面对面、手把手，甚至单对单；师徒之间交流切磋，讲拳必拆招，拆招必过劲，言传身教，不搞虚假，所以使其传播数量和范围受到很大限制，但是也把先师传承的真功夫原汁原味地加以保留。近年来，王其和太极拳蓬勃发展。2014年初，河北省王其和太极拳协会成立，目前协会设分会15个，辅导站（点）360多个。习练群体不断壮大，遍布邢台、北京、石家庄、深圳、福建、浙江、上海、吉林、天津、山东、山西、四川、江苏、西安、香港、台湾，以及美国等地。如今的王其和太极拳，不仅在太极拳界崭露头角，引人注目，而且已经成为由县至省的一张文化名片，在促进全民健身、对外宣传交流和社会文明建设中发挥着积极的作用。

一是积极落实"六进"工作，大力推动王其和太极拳普及。河北省王其和太极拳协会成立以来，紧紧围绕党中央、国务院《关于实施中华优秀传统文化传承发展工程的意见》，积极落实做好王其和太极拳进机关、进学校、进企业、进社区、进农村、进家庭等工作，有力推动了王其和太极拳的普及。

二是训赛结合，加快王其和太极拳人才培养。近年来，河北省王其和太极拳协会内部举办各种形式的培训班及比赛166场次，受训及参赛会员多达2.8万人次，其中有200多名会员已通过培训获得了星级授业拳师资格证书。同时，通过以赛代训，促进素质提升，先后组织会员参加了36场次大型国际武术赛事，荣获奖牌868枚。

三是与社会各方联合组织多项武术交流活动，促进王其和太极拳传播。其中，2016年7月，河北省王其和太极拳协会配合国家体育总局武术运动管理中心、北京市体育局、石景山区政府等单位，在京举办了"王其和杯"北京国际武术文化节暨第十一届北京国际武术邀请赛，共有美国等11个国家和地区及国内各省市共109支代表队，1287名运动员参加。2017年10月，河北省王其和太极拳协会联合北京市中小学体育协会、北京市武术协会等有关部门举办了"王其和太极拳杯"北京市中小学武术公开赛，近1700名中小学生参加了此次比赛。此外，河北省王其和太极拳协会积极组织参与各级全民健身活动、送文化下乡演出以及向灾区献爱心等公益活动，为推动区域发展和繁荣群众文化生活作出了贡献。

四是以拳载道，弘扬中华传统文化。2016年11月，河北省王其和太极拳协会选派优秀人员组成太极演武艺术团赴美国进行演出，整个活动历时5个多月，演出160多场次。2017年6月，美国考察团一行应邀到河北省王其和太极拳协会进行了交流，并与协会签订了有关协议；同年8月，协会代表团受邀赴美国进行了武术文化交流。2017年7月，河北省王其和太极拳

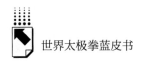
协会应香港"庆回归20周年"组委会邀请，选派365名会员组成太极表演团，赴香港进行了3个半小时的专场演出。2018年12月，河北省王其和太极拳协会代表团一行19人应邀赴日本参加纪念"中日和平友好条约缔结40周年大型武术公演"，开展了一系列太极文化交流活动。

五是开展太极拳科学实证研究。2019年1月，河北省王其和太极拳协会会同《世界太极拳蓝皮书》编辑部及北京有关高校、科研单位、医疗机构联合举办"太极拳好"科学实证班，由各方面专家学者联合组成科研组，利用现代科技手段，并采取数据跟踪采集分析的方法，对太极拳习练效果进行深入细致的研究，目前已举办两期，取得了初步的成效。同年5月在河北科技大学建立了王其和太极拳研究基地，把太极拳与医学、哲学、心理学等学科结合起来，通过系统研究，推动王其和太极拳的发展。

五　王其和太极拳的未来展望

未来，河北省王其和太极拳协会将继续在各级党政和文化、体育部门、社会各界的关心支持下，以"立足当地、造福家乡、服务社会、惠及民众"为统领，加大王其和太极拳的发掘和传承力度，广泛开展推广与交流活动。

一是要认真做好国家级非物质文化遗产保护和传承工作。加强王其和太极拳功理功法的挖掘、整理与研究，加快推进国家非遗传习场馆的施工建设，加大对王其和故居及相关遗迹的保护、修复力度，建立完善一批王其和太极拳传习站（点），把王其和太极拳项目打造成集教学、旅游、康养、武术交流于一体的传统文化产业。

二是加强师资培养。增加授业拳师的数量，提高授业拳师的水平，特别是培养青年骨干力量，建立一支高素质、高学历、高技艺的师资队伍。

三是进一步扎实推进王其和太极拳普及推广。继续广泛开展进机关、进学校、进企业、进社区、进农村、进家庭的"六进"活动，重点加强中小学的教学推广，并通过报刊、网络、广播电视等媒体全方位、多角度、多层次的宣传，使更多的人认识太极拳、习练太极拳。

附表：王其和太极拳主要传承人名单

（按姓氏笔画排序）

第一代创始人

王其和

第二代主要传承人

王景芳、刘仁海、张金榜、吴振奎

第三代部分传承人（按姓氏笔画排序）

刁凤超、王计友、王占英、卢玉海、刘助军、刘俊英、刘舜曾、孙连妮、杜春堂、李运刚、李英才、李敬宣、张占祥、张志祥、张腊八、金存学、孟永辰、贾增海、夏广修、倪善坤、檀文堂、檀占平、檀凤林（以上传承人已故）

刁云礼、王占其、王兰平、王志恩、王朋军、王贵群、王景辰、王殿辰、曲俊雄、朱占中、刘云廷、刘占英、刘建华、刘录辰、刘遂刚、安永彬、孙玉科、孙占军、孙志科、孙省祥、杜爱军、李计周、李计勋、李英才、李建志、李剑方、李振铎、杨永群、吴计明、吴辰茂、辛庆栓、张五乐、张五道、张文斗、张文平、张进东、张志平、张杏林、周　芒、周雪春、孟二牛、孟恒徐、胡长春、胡文英、钱景华、董丙文、薄文廷、檀杏敏、檀振刚

第四代部分传承人（按姓氏笔画排序）

于志跃、马骏驰、王卫平、王少敏、王立平、王志国、王明格、王勇、王春山、王俊堂、王胜波、王萌萌、王淑兰、王随斌、王童飞、王赞祥、牛　牛、尹顺芳、石振军、卢卡斯（加拿大）、卢立卫、申立平、冯辉、成英鹏、关华荣、任英丽、任建兴、刘　柏、刘　洪、刘生录、刘建民、刘振国、刘高升、刘海奎、刘鹏为、闫建勇、孙仓民、孙玉飞、孙世香、孙立彬、苏　惠、杜振军、李　涌、李　锐、李　斌、李玉宁、李国英、李明亮、李泓量、李建洪、李勇勤、李淳润、李朝鹏、何立虎、杨建国、杨智广、肖怀波、吴建国、吴艳旭、辛庆华、汪　毅、张书华、张玉

良、张巧平、张世儒、张兵校、张建广、张素云、张银方、张朝峰、陈勇、周向辉、孟　强、孟振奎、夏瑜鸿、赵　刚、赵　军、赵志国、赵怀兵、赵忠峰、胡春岭、侯立杰、贾明其、倪栓群、郭庆国、郭素强、曹建宏、曹胜夫、梁军平、颉龙群、董彦群、韩建广、鲁孟文、温志超、靳志恒、靳建敏、路少河、霍存行、檀克勋、檀俊强

第五代及之后传承人（略）。

区 域 篇

B.10
北京市太极拳发展历史及现状趋势

龙勿用*

摘 要： 北京历来是中国的政治文化中心，也是文化传播的聚集地。
太极拳正是从北京走上时代舞台实现历史性的发展。本文基
于北京市太极拳传承发展的历史回顾，通过对北京市太极拳
发展的资源优势分析，提出传统太极拳传承保护的相关政策
建议。

关键词： 北京 太极拳 资源优势 杨露禅 格斗能力

* 龙勿用，美国加州政府数据科学家，伊州大学政策经济学博士候选人，研究方向为武术史
学和武术学。

一　北京市太极拳的历史

1850年，太极拳宗师杨露禅进北京传拳，可看作近代中国拳术黄金时代的起始。而以太极拳为首的"内家"拳术居于这个黄金时代的中心位置。1900年义和拳失败，重格斗的拳术开始衰落。民国时期，武术被尊为"国术"，但政策导向已经由格斗而偏向强身、养生。只是因为还有老拳师在，尚可以维持较高的格斗水准。新中国成立后，健身武术和竞技表演性武术得到很大发展，基本上结束了重格斗拳术的时代。

（一）杨露禅、杨班侯父子"打天下"

作为将太极拳公开于世的第一代，19世纪50年代中杨露禅、杨班侯父子进京"打天下"，获得"杨无敌"的称号，杨班侯年仅20多岁就在国舅爷广科组织的西厂任总教习，和时年六七十岁的老拳师、老江湖"雄县刘"刘仕俊平起平坐[①]。当时杨刘二人的拳术已经是民间拳师中被官方认可的最高等级了。大约19世纪60年代中期，杨氏父子结交了端王府高级主管王兰亭，来端王府教拳，端王府下级侍卫全佑、凌山、万春三人和杨班侯年龄相当，传说三人遵杨露禅之命拜在杨班侯名下，成为杨氏太极拳嫡派弟子。杨露禅去世后不久，杨班侯就回老家闲居，教出了侄子杨少侯，当地也有不少学生。

（二）太极拳被武术界广泛接受（1880～1900年）

晚清北京官方有善扑营，民间有镖局，各种高端拳法如通臂拳、三皇炮捶、八极拳、弹腿、查拳、少林六合拳和新兴的八卦掌、形意拳等都在北京开馆授徒，十分繁荣。这些拳术门下各拳师之间交流颇多，很多人都受到太极拳拳理和技术的影响。"大枪刘"刘德宽和"鼻子李"李瑞东二人可视为当

---

① 杨敞：《雄县刘武师传》，《体育季刊》1918年第1期，第1页。

时接受、推广太极拳的民间和官方两类拳师代表。他们都交游广阔，徒弟众多，很有社会影响力。

刘德宽是少林六合拳传人，在京学拳、枪于刘士俊并其门下"金枪"徐六，学八卦掌于董海川，又曾学太极拳于杨露禅父子。从拳界内各种传说看，他很有商业头脑，又有创新精神，不拘泥于一家，创出多种拳法器械套路，例如和杨露禅女婿夏贵勋创出八卦太极拳，又有直趟八卦（刘氏八法）等。1890 年代八卦、形意、太极三拳重组"内家拳"，刘德宽作为太极拳代表，是主创之一。

李瑞东家境富裕，人称"小孟尝"，学有多种拳法。民国初年任天津中华武士会会长，是王兰亭的结义小兄弟。按李派门内的说法，王、李二人都好道法，故李氏拳法多与仙道联系。李瑞东受王兰亭推荐，1881 年入京在端王府任职。19 世纪 90 年代李瑞东曾任四品带刀侍卫。相传王兰亭曾拜杨露禅为师，王兰亭把太极拳拳法传给李瑞东，王、李在所得拳法基础上与司新三等好友一起依照太极拳之拳理拳法另创太极五行捶。

这个时代杨健侯、全佑等太极拳嫡派都很低调，但太极拳有刘德宽、李瑞东这样的"大腕"不遗余力地推动和尊崇，在武术界得到了广泛传播和认可。

（三）杨健侯苦苦支撑（1900 年～民国初期）

杨班侯离京后，杨露禅三子杨健侯一直在北京，曾在消防队教拳，也出入某贝勒府。1900 年义和拳运动失败使北京民间武术界大受打击，以至"多畏习拳"[①]。这时杨少侯也入京，杨家苦苦支撑。太极拳拳法却因祸得福，转入民间。这时期杨健侯父子教导了一些太极拳学生如牛春明、田兆麟、尤志学等，后来都拜到杨健侯三子杨澄甫门下。民国后，杨澄甫开始在中山公园设立拳场，公开招生，只教架势，若继续深造，则需到杨家由杨健侯亲授。杨澄甫这些徒弟成为后世杨氏太极拳的中坚力量。

---

① 《许禹生、杨健侯先生传》，《体育》1938 年第 4 期，第 17～20 页。

（四）民国初年许禹生办教育：现代体育和国术融合

许禹生，本名龙厚，是民国时期北方甚至全国最重要的武术教育家。虽出身于满族武官，却属新派人物，有现代眼光和志向。许禹生极为好武，少年时来北京，先拜刘德宽为师习六合门拳术，又拜杨健侯为师修习太极拳，杨健侯对他有很大期许。虽然许禹生太极拳拳技不高，但在拳界身份高，见多识广，尤其对太极拳由北京向全国传播作出了很大贡献。民国初年许禹生做了四件大事。

（1）1912年创办北京体育研究社。该研究社和当时新成立的天津中华武士会、上海精武会等一样，是一种新型拳术教学、研究组织，改变旧有手工作坊式的师徒秘传的学艺方式，使之成为向社会开放的、类似现代公共学校的师生式教学传承。

（2）1916年成立北京体育讲习所。北京体育讲习所相当于体育师范学校，全国招生，培训大中小学体育（武术）教师。许氏研究社、讲习所教师多属刘德宽、杨健侯两师门下，刘氏门下又多兼习太极拳，故最重要的术科就是太极拳，早期学生也多以太极拳知名，如王新午、吴公仪、吴公藻、李先吾等，这些学生后来成为太极拳在全国传播的中坚力量。

（3）主持出版拳术期刊、教学书籍。1912年，许禹生约请关百益整理出版杨家老谱《太极拳谱》，1921年出版《太极拳势图解》，两者都是全国最早公开出版的太极拳拳理、源流、践行的专著。后来又首次报道了洪洞通背拳，为太极拳正本清源留下宝贵的史料。这些期刊和专著系统地记录了传统武术，对太极拳贡献尤多。

（4）寻访武术传人。民国初年许禹生结识宋书铭，宋有家传五路太极功（拳）法和老谱《宋氏家传太极功源流支派论》抄本。1928年，许禹生又邀请陈发科入京传拳，陈氏太极拳面貌始为人知。

（五）北平太庙太极拳研究会（1929～1949年）

1928年国民党北伐成功，中国政治文化中心南移，北方拳师大量南下，许禹生虽勉力支撑、其麾下的北平国术馆等组织最终还是无以为继，北平太庙太极拳研究会代之而起，主持人是王茂斋，前台执鞭是王氏弟子杨禹廷。

王有林，字茂斋，系全佑弟子。早年在京学徒，后成为设在东四大街钱粮胡同的同盛福麻刀铺掌柜。人品端正，有商业头脑、组织能力强，又重视文化传承。1902 年全佑去世，王茂斋即组织全佑子吴鉴泉、徒郭芬等人闭门钻研 10 年有余。门内传说民国初年王茂斋约 50 岁时，与"大力恒"恒寿山推手时受轻伤，回老家养伤，一日顿悟艺成，返京后拳友皆不能敌。北京对外公开教拳的杨澄甫、吴鉴泉携徒南下后，杨、吴两家已经无人在京授拳，故王茂斋始肯挂帅太庙研究会，皆全佑一支门下弟子。其教学法类似于杨健侯杨澄甫父子，普及与精炼并重，早晨和上午在太庙（今劳动人民文化宫）公开授受的是普及性太极拳，收费低廉，有教无类，颇得政府和社会贤达支持。人数最多时每天有二三百人在太庙学拳，20 年中从学者近万，是当时全国最大的太极拳组织。其中凡自己有意深造、品行端庄，被认为有一定前途的可成为弟子，被纳入王茂斋设在同盛福的私人拳场，每晚按照传统口传心授、切磋学习。这种组织形式显然行之有效，除了第二代弟子不断提高外，还培养出王培生、刘晚苍等能打能教能写的隔代传承人。至此，全佑一支（吴氏）成为北京太极拳第一大派，王茂斋、吴鉴泉并称南吴北王。抗战军兴，王茂斋去世，都对北平太庙太极拳研究会打击很大。好在这时期下一代已经兴起，有"武霸"之称的王培生于 1937 年开始独立教学，成为太极拳在北平的"看门人"。先在北平第三民众教育馆教拳，1948 年又与高瑞周等在积水潭汇通祠共同创办汇通武术研究社，同时又引领李经梧、孙枫秋、戴玉三等吴氏门下新人继续苦练，这种局面一直维持到新中国成立后。

（六）陈发科带来陈氏太极拳

1928 年杨澄甫、吴鉴泉南下，许禹生手中的师资和资金皆出现真空，

于是许禹生先后邀请河南温县陈家沟陈照丕、陈发科侄叔二人来京主持教学。陈发科武艺极高，在京传拳近 30 年，使陈氏太极拳扬名天下，此功劳无人能及。

陈发科在北京传拳大致分三个阶段：（1）抗战前主要教北京电报局刘慕三手下同事 10 多人，他们本来都是杨氏太极拳的学生，抗战时撤离北京，陈发科暂回老家一段时间。这一期学生中李剑华、雷慕尼等一直在北京传拳。洪均生抗战中移居济南，今称为陈氏洪支。（2）抗战后期至新中国成立初期，李经梧、孙枫秋等几位吴氏太极拳传人来投，并按吴家规矩正式拜师，成为内弟子。20 世纪 80 年代后，李经梧在秦皇岛大开门户，田秀臣、冯志强则坚守北京。冯志强后为北京陈氏太极拳研究会首任会长，因此名声显赫。（3）1953 年陈发科成立首都武术研究社，任社长。

（七）门派众多、卧虎藏龙

北京是当代太极拳发祥地，近代杨、武、宋、陈四大家都在此留名。武、宋两家仅神龙一现，民国初年宋书铭传下的几种家传太极功拳法近乎完全失传，只有宋家老谱《太极功》抄本流传下来，是内家拳和太极拳源流的真实记录。民国初年永年武禹襄嫡派郝和（字为真）来京，孙禄堂从学月余，后结合形意拳、八卦拳，自创孙氏太极拳。

抗战胜利后，各派拳师纷纷返回北京。如吴氏太极拳有吴图南、刘晚苍等人，杨氏太极拳有杨澄甫弟子崔毅士，崔毅士与一直在京的汪永泉后来成为杨氏太极拳在当代北京的两大支派。又民国初年在北京著书立说的孙禄堂，1928 年后携眷南下，其次子孙存周也在抗战胜利后回京。20 世纪 50 年代吴氏太极拳的徐致一、孙禄堂的女儿孙剑云等也入京，分别完成《太极拳（吴鉴泉式）》和《孙氏太极拳》，尤其孙剑云成为孙氏太极拳代表人物，至 20 世 80 年代后孙氏太极拳在北京有很大发展。1948 年，李瑞东弟子高瑞周任汇通武术研究社社长，传授太极五行捶等李派拳法，后称李氏太极拳。

二　新中国成立后北京市太极拳运动的
发展改造、现状和自然趋势

20 世纪 50 年代以后，传统"格斗性"的太极拳式微，作为群众性体育运动而倡导的简化太极拳得到广泛传播，同时高难度形体动作的套路比赛也被大力宣传。从 20 世纪 80 年代起，传统太极拳有所回归。

（一）太极拳的创新

自民国初年教育家主导的新文化运动强调武术功用在于健身、养神，所谓"野蛮其体魄、文明其精神"乃是社会共识。受此影响，太极拳嫡派许禹生开办学校、训练所，杨禹廷在《太极拳教学讲义》（1924 年）中制订"八方线"，将 83 式太极拳分解为 326 个动作，以使动作规范化等，这些都是统一太极拳教学、利于社会普及的努力。但在同时，也容易导致重外在动作而轻内在修炼的情况发生。

新中国成立初期，国家把太极拳作为一项群众性体育运动开展，结合早期的"学者型"拳师如孙氏太极拳的传人李天骥等，又征集了一些有学历、年纪轻的拳界人士进入体制内，如北京吴氏太极拳的传人李秉慈、上海练拳击的蔡云龙等，再在体育院校大力培养一批武术学学者。他们一方面辅助老拳师总结经验，更重要的是在国家体委领导下创新太极拳，以适应群众运动需要。这些学者型武术界人士先后参与、主持了国家体委对各种太极拳套路的编纂工作，这些套路简便易学，在全国迅速得到推广普及。20 世纪 80 年代以来，李秉慈等成为诸多全国套路比赛的冠军教练，为北京市争得荣誉。

（二）传统太极拳顽强生存

新中国成立初期，北京一直有一脉相承的杨氏、吴氏、陈氏太极拳传承，至"文革"前都一直坚持公开教拳，如陈发科成立首都体育社。中山公园是当时公开传授武术的中心，如杨禹廷在公园十字亭教吴氏太极拳，崔毅士在古柏荫下教杨氏太极拳，并成立"北京永年太极拳社"，孙枫秋在西门内教陈氏太极拳。王培生和刘晚苍同为吴氏太极拳第四代传人，王培生在京南"群众武术社"教拳，刘晚苍在地坛教拳，和杨禹廷鼎足而三。另一些著名拳师如吴氏太极拳的王子英、徐致一、吴图南、戴玉三，杨氏太极拳的汪永泉、张虎臣（许禹生学生），孙氏太极拳的孙存周等也在收徒传拳，同时也鼎力支持同门公开教学。

"文革"初太极拳公开活动几乎停滞，后期开始逐步形成一个民间习武的小高潮。一方面，老拳师有传拳的愿望，积极向外传拳；另一方面，年轻人娱乐少、工作压力小，也有学拳的意向，坚持下来的就成为以后30年间的新生代传承人。当时老一辈拳师中年纪最小而武技卓著的王培生，成为北京太极拳界领军人物。60多岁的王培生在1981年国家体委组织的中日武术内部技术交流中，不负众望，使用太极拳及八卦掌招法，连续七次在接手瞬间就将日本少林拳法联盟顶尖高手山崎博通打翻在地，使之彻底臣服，显示出"耄耋御众""应手辄扑"的"内家"格斗效果。

自20世纪80年代起，北京成立了多种官方与民间相结合的传统拳术组织。北京市武协名下，太极拳界分别成立了陈氏太极拳研究会（1983年）、孙氏太极拳研究会（1983年）、吴氏太极拳研究会（1984年）、杨氏太极拳研究会（1992年）和李氏太极拳研究会（2004年）。成立研究会确有恢复传统太极拳的目的，组织各种活动，吸收新人，一片繁荣景象，使传统武术界的文化生活和武技得以传续。但20世纪20年代以前出生的、基本完成了太极拳格斗技术修习、又肯传人或能传人的老拳师已经不多，而有资质、能全身心投入的弟子就更少了。

（三）当代北京市太极拳的发展现状、趋势和挑战

20世纪90年代中国面临市场化大潮冲击，北京市太极拳界传统太极拳受到外来武术群体的冲击，同时自身传承力也不足，可称"濒危"。这也是全国传统武术界的一般现状。很多嫡派太极拳技艺失传，技法向三个错误方向"异化"。

（1）纸上谈兵而"手弱"。许多有传承的太极拳拳师得到拳理传承而未

能得到完整的技术传承，故虽然强调松柔等高端技术却没有完整的训练手段去实现。练习久之，定型后就成为"手弱"，这种通病造成只能师徒推手、自得其乐。

（2）以玄术代替武术。太极拳等内家拳术的内功显然源自道教内丹派，内家拳术借助丹道中纯意识性的思维行为帮助训练，取得特殊效果。但拳术是人体运动的格斗技术，这种纯意识性思维行为不可能直接应用于格斗，两者性质不同，混淆结果就是拳法中的"假大空"，甚至发展成隔空打人一类的虚假表演，完全违背太极拳拳理。

（3）变太极拳为"硬拳"。市场经济大潮下的一些传统武术教师开始"技术创新"，以传统为名而行"硬拳"技术之实，回到以拼体能为本的所谓"能实战"技术，背离了太极拳的技术追求。

随着时代发展的不断衍化，掌握传统太极拳技术的拳师凤毛麟角，这使传统太极拳技术处于"濒危"状态，急需加强传承与保护。

三 北京市太极拳的资源优势和政策建议

就传统文化产品和服务而言，传承十分重要。"民族的就是世界的"，只有自己独有的东西才会吸引他人。中国传统武术就具有这种独特性，而太极拳更是其顶峰和精髓，是中国文化的名片和图腾。作为中国儒释道三教传统文化孕育的"以武入道"之术，太极拳有三大功能：拳法防身、功法健身、道法修身。虽然道教内丹派是太极拳技法源泉之一，但太极拳修身之道法并非道教"仙道"，而是中国儒家"修齐治平"的"生活之道"，简言之"修身"就是增进个人美德，所谓"以武入道"，即通过门内拳术的学习和修习而实现修身的目的，而且切实可行，这在今天仍然是太极拳门内的"活"文化。在人际关系淡漠的现代社会中，这些中国传统美德符合新时代提倡的价值观，可增强社会凝聚力，有益于个人、家庭、国家和社会，值得大力弘扬。尤其太极拳是可以终身修炼的，不但成年人可以参与，而且还可以结合现代体育的方法普及于未成年人，彰显其社会价值。

太极拳传承至今已有数亿人习练，证明了太极拳有极强的自我生存和发展能力。只需准确认定资源和找到可行的政策路径，"濒危"的传统太极拳技艺就可以获得重生。

（一）正确认识太极拳功能的辩证关系

太极拳的主要社会功能从来都是健身养生和修身养性。但同时也必须明确，太极拳的最基本性质（老拳谱中称为"技艺之末"）是一种拳术，即徒手格斗的技术，这是太极拳健身、修身的载体。

（1）太极拳的独特健身效果①是通过拳术（格斗术）修炼获得内功而实现的。追求健身的太极拳修习者尤其"老不以筋骨为能"的中老年修习者不需要追求格斗能力或所谓"实战"能力，但需要按照格斗的技术要求来训练，才能实现太极拳健身效果的最大化。例如，不追求胜负的太极拳推手训练虽然不是实战，却是获得内功和验证内功高低的有效手段。又如，走架的目的是内修。传统吴氏太极拳走一遍 83 式老架需要 30～60 分钟，功力越高者越慢，否则就不可能练成内功，锻炼效果只能停留在肌肉训练的层面上。

（2）太极拳实战格斗能力不但最能检验内功的成就，而且也是内功发展的最大动力。失去实际格斗能力，太极拳最终会失去其健养的独特性。同时，太极拳也必须有"杨无敌"杨氏父子、"武霸"王培生这样能"当场验证"的嫡派传承人坐镇，才能得到社会的公认和传播。

（二）充分发挥北京市的资源优势

北京市武术界在传承发展太极拳方面具有以下优势：历史上太极拳传播产业化的成功经验；历史淀积的人才优势；首都地缘优势；教育体系优势；

---

① 太极拳健身是基于太极拳"内功"修炼的独特方法和效果。内功修炼以"内养"为基础，锻炼神经系统和身体脏器，老少咸宜，可以造成精神状态"脱胎换骨"的改变。故相较于当代世界流行的以强化体能为主的健身运动（主要是锻炼骨骼、筋脉和肌肉），太极拳内功修炼不易造成身体损伤和过劳。

政府政策执行力优势。以上优势决定了北京在传统武术复兴大业中处于领先地位。中国近代武术黄金时代起于北京，北京拳术半天下，虽然经过一二百年的变迁，北京市依然有最大的传统武术教师人才库，这是最关键的资源也是中国传统武术复兴的种子。

（三）政策倾斜，扶持太极拳

太极拳功力是训练出来的，效果并非一朝一夕可见。基于此，政府政策应区分各种不同层面的需求，在太极拳的竞技体育和群众体育的不同方向上扶持太极拳的发展。在大众化普及推广、发挥康养功能的基础上，注重扶持以能格斗防身、内功健身、道法修身的传统太极拳为基础和中心，并特别需要注意消除各种假冒伪劣传授行为产生的负面影响。

（1）明确传统太极拳需要抢救传承。"文革"后期在北京民间有一个学武小高潮，当时的武术学生现在最小的也在60岁以上，其中有极少数老师掌握了传统技艺的基本内容与训练方法。这样的人才是传承的骨干力量。

（2）组织好传统太极拳的传、帮、带。以具备完整传承、身负绝艺的太极拳老拳师为中心，迅速建立切实可行的传、帮、带体系，充分尊重，提供方便，设立10年目标，由老拳师以传统方式、职业化或半职业化的教授小学生，使之具有太极拳格斗能力，是拯救太极拳乃至传统武术的唯一有效的路径。

（3）做好传统太极拳传承的外部协调工作。一方面，要做好传统武术人才和掌握话语权的学术界、行政管理者之间的良性互动，特别是有话语权者需要充分尊重传统；另一方面，要以可验证的方法认真研究中国传统拳术的格斗原理、源流和文化。

（4）制定具有长期性和连续性的发展政策。在文化自信的大时代里，今后10年将是传统太极拳传承发展的关键时期。要制定具有长期性和连续性的发展政策，通过有识之士的共同努力，使北京成为太极拳以及传统武术文化的复兴地。

B.11
河南省太极拳发展现状及趋势

洪浩 李梦桐 李伯渊*

摘 要： 河南省太极拳组织发展呈菱形状态，省级和县级的太极拳协会较少，地市级的太极拳协会较多；太极拳比赛包括竞技太极拳比赛、传统太极拳比赛和太极拳品牌赛事三大类；各级武术或体育管理部门、太极拳组织或学校举办了内容丰富的太极拳活动；太极拳在大中小学得到了广泛开展；生命时代的到来，使太极拳成为富有潜力的朝阳产业。太极拳在河南省广泛开展的同时，也存在着以下五个方面的问题：各流派太极拳发展不均衡、太极拳文化内涵逐渐淡化、太极拳习练者趋于老龄化、中小学太极拳推广有障碍、太极拳产业开发形式单一。展望未来，河南省太极拳的发展将呈现以下五个趋势：太极拳组织不断完善、太极拳推手备受重视、太极拳研究广泛开展、太极拳普及逐渐深入、太极拳产业趋于多元。

关键词： 河南省 太极拳 太极拳比赛 太极拳推手

一 河南省太极拳发展现状

河南省地处华北平原南部的黄河中下游地区，是华夏文明的主要发祥

---

* 洪浩，河南大学武术学院院长，教授，博士生导师，主要从事武术文化与教育研究；李梦桐，河南大学教师，博士，主要从事武术教育研究；李伯渊，开封文化艺术职业学院，讲师，主要从事武术文化研究。

地，在中华文化发展史上占据着十分重要的地位。近年来，为促进太极拳运动的发展，河南省采取了一系列卓有成效的措施，使太极拳这一民族文化瑰宝呈现良好的发展态势。

（一）太极拳组织

太极拳组织是促进太极拳社会传播的有效形式。在河南不仅有专门的河南省太极拳协会，而且在河南省的各级武术协会还设立有太极拳组织。当前，河南省太极拳组织多以协会的形式出现，大多挂靠在省、市一级的武术协会，县区级的武术协会中太极拳组织相对较少。河南省的太极拳协会多以太极拳流派的形式出现，如焦作市武氏太极拳协会、焦作市陈氏太极拳协会、项城市杨氏太极拳协会、焦作市忽雷太极拳协会、开封市武氏太极拳协会、焦作和氏太极拳学会等；也有以某一拳派代表人物姓名而成立的协会，如焦作王西安拳法研究会、陈小旺太极拳术研究会、温县陈氏太极拳协会、温县陈伯祥拳术研究会等。省一级的太极拳组织在 2006 年成立，以陈氏太极拳协会为前身的河南省太极拳协会，直接由河南省体育局管理。挂靠在河南省武术协会之下的太极拳研究会有两家，分别是 2018 年 6 月和 9 月先后成立的混元太极研究会和陈氏小架拳研究会。从整体情况来看，河南省的太极拳组织发展呈现菱形状态，省级和县级的太极拳协会较少，地市级的太极拳协会较多。

（二）太极拳活动

改革开放以来，随着社会发展和经济繁荣，人民的生活水平和物质文化需求不断提高，越来越多的居民参与到太极拳锻炼队伍中来。为适应太极拳的发展，河南省各级武术或体育管理部门每年都举办各种形式的太极拳活动。各类太极拳组织也会定期举行一些太极拳活动，如和氏太极拳交流大赛、陈氏太极拳小架交流大赛、陈家沟太极拳小架发展研讨会，以及以个人名字命名的陈正雷太极年会、陈家沟陈伯祥拳术交流会等。河南省各个高校也举办有各类太极拳活动，如河南大学 2017 年举办的太极拳高峰论坛、2018 年举办的孙禄堂武学思想研讨会暨孙叔容先生百年诞辰纪念会等，都

为太极拳的交流提供了平台。太极拳的蓬勃发展也引起河南省各级政府的重视，纷纷举办与太极拳相关的活动。如2015年焦作市委、市政府发起了"共享太极共享健康"世界百万太极拳爱好者共同演练活动，并成功挑战吉尼斯世界纪录，轰动全国。

（三）太极拳比赛

太极拳比赛是推动太极拳传播的一种十分有效的方式。河南是武术大省，在众多的武术比赛中，太极拳都是主要竞赛项目。当前的河南省太极拳比赛主要分为竞技太极拳比赛、传统太极拳比赛和太极拳品牌赛事三类。竞技太极拳比赛主要是指河南省运动会武术比赛、河南省武术套路锦标赛、河南省武术套路冠军赛等比赛中的太极拳比赛项目。这类太极拳比赛将参赛运动员分为A、B、C三个组别；A、B组以自选的太极拳、剑为比赛内容，其自选的太极拳、剑比赛套路要求必须配乐；C组的太极拳、剑的比赛内容以第三套国际规定套路为标准，所有参赛的对象都是专业的武术运动员。河南省传统武术比赛是太极拳选手同台竞技的另一个重要平台。2017年举办的河南省首届传统武术大赛，在11个地市的分赛区比赛覆盖了全省28个县、市，参赛选手总数近万人，最终有32支县、市代表队的378名选手在郑州举行总决赛。据不完全统计，在河南省传统武术大赛中，半数以上参赛队员比赛的都是太极拳项目。焦作每两年举办一次的中国·焦作国际太极拳交流大赛，是一个由国家体育总局、河南省政府主办，中国武术协会、河南省体育局、焦作市人民政府承办的大型太极拳品牌赛事，堪称太极拳的"奥林匹克盛会"。各派太极拳的传统套路、竞赛套路珠璧交辉，各派的长、短太极器械相映成趣。这一赛事不仅面对国内的太极拳爱好者和专业运动员，同时也面向国外的太极拳习练者。2017年举办的第九届中国·焦作国际太极拳交流大赛，就有57个国家和地区的443支代表队4213名运动员、350多名中外旅游界学者嘉宾、600多名中外企业代表参会。经过多年的发展，这一赛事已成为河南省诸多太极拳比赛中的品牌赛事。

（四）太极拳进校园

自国家体育总局武术运动管理中心提出武术进学校、进机关、进企业、进社区、进乡镇、进军营以来，河南省学校武术教育活动的开展达到了一个新的高峰，太极拳进校园工作也成效显著。在焦作市，太极拳进学校已实现全覆盖，从小学到中学，学生都要学习十八式太极拳，并将太极拳列为中招体育加试项目。在高校，太极拳也得到了广泛传播，河南大学每年都举办万余名本科生和研究生参加的太极拳比赛，并成立了孙氏太极拳研究会、孙氏太极拳协会、和氏太极拳协会等诸多太极拳社团；河南理工大学也在全校推广太极拳，并定期举行"太极名师进校园活动"，邀请了朱天才、和有禄等太极拳名家，给师生讲授太极拳。在2018年河南省武术特色学校验收中，89所中小学中有11所学校将太极拳作为学校的特色武术拳种，太极拳在学校的普及程度可见一斑。

（五）太极拳产业

太极拳蓬勃发展的形势，吸引了一些民营资本纷纷成立太极文化传播公司。如河南陈正雷太极文化有限公司、河南和氏太极文化有限公司、河南东武太极文化传播有限公司、河南正道太极文化发展有限公司、焦作太极之根文化交流公司等。这些公司的业务范围主要是太极拳的文化研究和推广、文化交流活动策划与承办、文化用品的销售、会议展示展览服务、健康服务咨询等。随着居民健身需求的高涨，一些太极拳俱乐部和太极拳培训班如雨后春笋般大量出现，形成了太极拳产业中的另一支重要力量。全民健身时代，习练太极拳的人口比重越来越大，河南省出现了专门为太极拳服饰加工的厂家，如焦作红棉太极鞋厂、新乡豫新太极服装厂、河南修方太极服装加工厂等。焦作市还成立了焦作太极旅行社，以面对中外游客对太极拳故里陈家沟的参访；温县建造了太极祖祠、太极博物馆和杨露禅学拳处等景点。焦作市自然景观秀丽，旅游资源丰富，云台山享誉国内，人文景观遍布其中，焦作市努力以太极文化为契机开发焦作的旅游资源，开展太极文化旅游。在市场经济的大潮中与生命时代的到来，太极拳正成为冉冉升起的朝阳产业。

二 河南省太极拳发展中存在的主要问题

太极拳作为中原文化的突出代表，以其深厚的文化内涵、丰富的技术体系与突出的功效而受到了世界各国人民的喜爱。河南省作为太极拳的重要传承地，为太极拳的传承与发展作出了突出贡献，其成功经验已被其他省份和地区参考和借鉴，但也存在以下五个不容忽视的问题。

（一）各流派太极拳发展不均衡

太极拳发展至今，河南省已形成陈氏、杨氏、武氏、吴氏、孙氏、和氏六个主要太极拳流派。虽然太极拳在河南省的发展整体上呈现良好态势，但各流派太极拳的发展却不均衡。新中国成立后至20世纪末，杨氏太极拳在河南传播较广。进入21世纪，陈氏太极拳呈现快速发展的态势，同样发源于温县的和氏太极拳也紧跟其后，逐步成为另一支在河南广泛传播的太极拳流派。传统武术中的"门户之见"也制约了不同太极拳流派之间的交流，造成各太极拳流派之间缺乏必要的沟通。不仅如此，同一太极拳流派的不同传承，也呈现出独立发展的趋势。虽然随着社会的进步，旧有的封建糟粕思想摒除了许多，但传统文化封闭、内敛的文化属性导致各流派间不能更好地消除成见，共同发展。传统武术"传内不传外"的思想，也影响了不同太极拳流派之间的切磋与交流。总之，由于各流派的太极拳在文化背景、传承骨干队伍、宣传力度，以及地方政府支持力度等方面的不同，导致各流派太极拳的发展呈现不均衡的状态。

（二）太极拳文化内涵逐渐淡化

太极拳因其丰厚的文化内涵而被国人称为"哲拳"，更被海外众多的太极拳习练者视为中国文化的典型代表。然而深入考察当前河南省太极拳的发展，不难发现兴盛的太极拳背后隐藏着危机，具体表现是众多的太极拳习练者仅将太极拳视为一项体育运动，而忽略了肢体运动所蕴含的文化内涵。毋庸置疑，在太极拳的发展历程中，有很多因素影响着太极拳的变迁，但是人类日益丰富的身体文化运动、大众健身理念的革新以及太极拳自身发展的变迁，导致太极拳文化内涵逐渐淡化也是不可避免的事实。综观当前河南省太极拳运动的发展，不难发现习练者练习太极拳的动作难度在不断加大，虽然很多习练者也表明很喜欢太极拳的文化内涵，但对于何为太极拳的文化内涵以及如何体现太极拳的文化内涵却知之甚少。社会上的大多数太极拳爱好者习练太极拳的主要目的是强身健体、消遣娱乐或者调节精神压力，他们对太极拳的文化内涵不甚了解还可以理解，但是作为太极拳传承人或专业人士对太极拳文化内涵的认识如果也停留在肢体运动层面，就不能不引起太极拳界的重视。

（三）太极拳习练者趋于老龄化

由于社会上的太极拳习练者十有八九是中老年人，因此有关太极拳的宣传、学术研究在研究对象上偏重老年人，在一定程度上也给人们造成"太极拳是一项属于老年人运动"的错觉，导致太极拳在河南地区长时间以来都是老年群体健身活动的代言词。在这种社会导向下，太极拳习练者也出现老龄化的趋势。随着全球化进程的不断加快，一方面世界各地的健身休闲运动通过现代媒体传播手段不断地影响着广大青少年；另一方面，青少年由于忙于学业或事业，很少有闲暇时间参与体育锻炼。同时，由于养生功能突出，太极拳更多成为广大中老年人健身运动的优选，使得太极拳习练群体不断趋于老龄化。

（四）中小学太极拳推广有障碍

在复兴中华民族文化的时代背景中，学校是传承优秀民族传统文化的主阵地。虽然《武术段位制推广十年规划（2014～2023）》中明确提出，中小学是武术段位制推广的重点，但是太极拳在河南省中小学中的推广依然存在障碍。从客观情况来看，一方面，现阶段由于受"应试教育"的影响，中小学教育的重心是文化课的教学，体育课依然存在被侵占的情况，此种教育

模式极大地限制了太极拳在中小学的推广；另一方面，武术师资的匮乏也制约着太极拳在中小学的推广。从主观情况来看，太极拳本是一种可快可慢的运动，但当前的太极拳动作基本上是缓慢柔和为主，"动急则急应"的运动特点没有得到充分体现，造成"缓慢"成为太极拳的运动标签。太极拳要想占据青少年群体这一阵地，必须进行观念的革新，突破"缓慢"的藩篱，使其能慢能快，以适应不同群体的运动需求，唯有如此方能全面地认识与继承太极拳。

（五）太极拳产业开发形式单一

改革开放以来，太极拳得到蓬勃发展，给太极拳产业带来了巨大的商机和市场。在广阔市场背景下太极拳产业虽蓬勃发展，但开发形式主要集中在创办太极拳学校与太极拳培训方面。一些太极拳学校办学层次不高、学校规模不大，不能满足太极文化和产业快速发展对专业人才的需要。太极拳教育与培训产业的发展带动了太极拳服装、器材、图书等相关产业的发展，但尚未形成产业品牌。在当前的太极拳发展中还存在一种特殊的经济表现形式，即有的太极拳传承人或太极拳名家通过收徒来创造经济效益。尽管国家体育总局于2017年8月24日印发的《关于进一步加强武术赛事活动监督管理的意见》中对以"拜师收徒""贺寿庆典"等为名收费敛财的行为予以禁止，但此类现象还是有一定的生存空间。有的太极拳流派在传播过程中以家族经营管理为主，此种传播模式显然不能适应太极拳产业化发展的需要。在全面复兴中华优秀传统文化的时代背景下，太极拳文化旅游业有了一定的发展，但尚处于起始阶段。综上所述，在太极拳广泛传播的大好形势下，其产业开发并未形成多元化的产业链条，而是呈现较为单一的产业开发形式。

三 河南省太极拳发展趋势

进入21世纪以来，河南省通过不懈努力，正有计划、有组织、有步骤地推动太极拳活动的开展，逐渐形成了良好的管理与运行机制。随着"健康中国战略"的实施，太极拳在全民健身活动中将发挥越来越重要的作用，也必将在河南的文化与经济建设中担当更为重要的角色。

（一）太极拳组织不断完善

河南省太极拳的蓬勃发展，离不开太极拳组织的不断完善，这是一个长久而持续性的工作。河南省太极拳组织的不断完善，首先需要政府部门的高度重视，合理安排，并协调其他部门的积极配合。一是要加强宏观指导，构建全面的太极拳组织网络，完善太极拳协会组织，在宏观方面落实好责任，并给予充分的支持和帮助；二是要建立健全太极协会、辅导站、俱乐部等组织机构，利用武术协会的资源优势，发挥其组织管理、沟通协调、培训与服务的作用。三是要在政府和职能部门的监督管理下，发挥各地武术协会的作用，整合、健全组织体系，配以专门的活动经费；四是要在各地高校成立太极学院等研究和推广机构，充分利用高等教育资源。

（二）太极拳推手备受重视

太极拳推手是对太极拳技击技术的一种有效检验，历来受到太极拳家的推崇与广大太极拳习练者的喜爱。太极拳推手作为与太极拳演练相辅相成的运动形式，具有深厚的传统文化底蕴，它具有在一定社会条件下的历史性、文化性、民族性、传统性、竞技性、科学性、技击性和艺术性等社会特性。近年来，随着竞技太极拳推手的出台和太极拳推手对练套路的创编，太极拳推手在武术竞技舞台上表现出强劲的发展潜力。如今凡有习练太极拳的地方几乎都有太极拳推手活动的开展。太极拳推手的健身医疗、竞赛、娱乐、防身、修身等社会功能，能满足现代人多层次、多方面的需要，越来越引起人们的重视，大力开展太极拳推手运动对创建和谐社会和实施全民健身活动，将有着十分积极的作用。尤为值得重视的是，2017 年的"徐雷约架"事件之后，太极拳能否实战引起全社会的关注，太极拳推手运动也受到广大太极拳习练者的重视。在未来的太极拳发展中，太极拳推手运动将以其浓郁的民族

文化特色，吸引越来越多的人孜孜不倦地去探幽发微，并伴随着时代的演进而不断发展，历久弥新。

（三）太极拳研究广泛开展

随着国家对全民健身活动的重视，太极拳运动的普及程度加大，太极拳的习练人数不断增加，太极拳研究也随之呈现多样化的发展态势。有关太极拳的研究涵盖了不同的主题、运用了多样的研究方法、包含了丰富的研究内容。太极拳健康促进研究是近年来的一大热门研究，涵盖了以运动医学为基础的有关太极拳对疾病的治疗与康复、身体素质与身体机能的提升、心理健康与社会功能的改善等多方面的研究。近年来，有关太极拳促进健康的量化研究，正成为太极拳推广、传播、教学训练和健康工程服务体系的构建基础，为太极拳的各方面研究提供科学的数据支持，有效地指导太极拳爱好者正确练习并远离伤病。随着研究技术的不断拓展与延伸，有关太极拳促进健康的研究在未来将有几个方向值得深入研究，如动作有效元素的提取、科学化表达太极拳的锻炼过程等。此外，太极拳研究还涉及太极拳思想与哲学指导观，涉及太极拳运动对身体健康的影响、太极拳运动结构特点、太极拳运动的推广与国际化等方面的内容。从研究成果的数量分布上可以发现，各个方向的研究分布都相对均衡，但是关于太极拳运动对身体健康的影响的研究较多，与当下社会人们十分关注的身体健康密切相关。随着越来越多的人对太极拳运动的关注，太极拳研究领域正在不断拓宽。悠久的太极拳文化及历代太极拳名师的不断传承与发展，为太极拳提供了可供现代人进行深入挖掘和广泛延伸的丰富的研究资源，在未来对太极拳的研究中，一方面要更加深入地挖掘太极拳的内在文化，发挥其不可估量的时代价值；另一方面，积极响应时代需求，需要深入研究太极拳的养生健身理论，为全民健身添砖加瓦，为构建社会主义和谐社会发挥举足轻重的作用。同时，还要充分利用好太极拳海外传播的影响力，加大术语翻译的研究力度，充分与其他学科交流交叉，应用多学科研究视角来提高太极拳的科研水平，验证太极拳的科学性与合理性。太极拳研究者应在不同领域积极探索太极拳健身的机理和太极拳文化、太极拳技击等太极拳的功能，重视学科交叉与应用的紧密结合，推进太极拳自身的科学化发展，推动太极拳更好地走向世界。

（四）太极拳普及逐渐深入

河南省有着庞大的太极拳习练群体。以 2018 年焦作主办的全国老年人太极拳健身推广展示大联动为例，来自河南省 18 个省辖市和 10 个省直管县（市）共有约 10 万人当天同步参加太极拳展演。河南省太极拳的普及和发展有优势、有特色、有潜能、有代表性。近年来，河南省的太极拳普及程度逐步加深，太极拳活动走进机关、走进企事业单位、走进学校，并逐步纳入中小学课程体系中，在河南省各高校太极拳活动更是广泛开展。随着太极拳活动的推广普及与深入开展，太极拳蕴含的人文价值和经济价值日见彰显。作为陈氏太极拳发源地的焦作陈家沟，在太极拳的普及和发展中更是发挥了重要作用，不管是前期引起各界广泛关注的《纽约时代广场，人类共同的财富》太极拳宣传片，还是备受期待的"中华太极馆""东沟"等项目和陈家沟景区，已将太极拳推广普及与景区发展、城镇发展紧密联系一起，以点成片，打造真正享誉世界的太极圣地。在太极拳的普及力度不断加大、普及程度不断加深的进程中，太极拳所蕴含的和谐发展理念，也在促进河南民众身心和谐、社会道德品质和谐、文化品格和谐，乃至人与人的和谐、人与社会的和谐、人与自然的和谐发展方面发挥越来越重要的作用。

（五）太极拳产业趋于多元

河南省的太极拳产业化发展大致经历了三个阶段。一是以开办太极拳培训班为基本形式。二是以"河南焦作·温县国际太极拳年会"的召开为标志，开始了太极拳与经济贸易的融合。据统计，仅 1989～1998 年举办的 5 届"河南焦作·温县国际太极拳年会"，共接待了 32 个国家和地区 70 多个太极拳组织（包括我国港、澳、台地区在内）的太极拳爱好者 1.7 万名，签订了经贸销售合同 11 亿元，引进资金 9000 万元，成交金额 600 万元，竣工剪彩企业 100 多家，建成合资企业 10 多家，落成宾馆 5 家，接待海内外游客 10 万多人

次，收到了良好的社会效益和经济效益。三是"中国·焦作国际太极拳交流大赛"的成功举办，将经贸、旅游、摄影等一系列活动引入国际太极拳交流大赛，使太极拳产业有了深层次、多元化的发展。据统计，第九届中国·焦作国际太极拳交流大赛暨 2017 云台山旅游节（简称"一赛一节"）有来自 50 多个国家和地区的 3500 多名运动员参加。此届"一赛一节"活动历时 5 天，是焦作市历史上规模最大、活动最多、范围最广的一次盛会，共邀请到 57 个国家和地区的 443 支代表队 4213 名运动员、350 多名中外旅游界学者嘉宾、600 多名中外企业代表，举行了经贸洽谈、主题论坛、专题研讨、宣传推介、展示展览等 30 项内容丰富、形式多样的活动。河南省太极拳文化产业趋于多元化发展，涵盖太极拳学校、太极拳俱乐部、太极拳培训中心，以及太极拳图书、音像、服饰、器械和其他相关产品等多个方面。河南省太极拳产业发展潜力巨大，不仅有世界性的品牌，广泛的群众基础，更有可供充分深入挖掘的文化资源，充分具备了产业化的条件，并将成为河南省经济发展与社会进步的新动力。

B.12
河北省太极拳发展现状及趋势

李建设 *

摘　要： 本文运用访谈法和文献资料法对太极拳在河北省的发展情况进行了调查与分析，得出太极拳在河北省有着广泛的群众基础和深厚的人文底蕴，传播态势较好的结论。针对传承发展中存在的单一性、自发性、分散性和无序性等问题，提出了相应的意见与建议。

关键词： 河北省　太极拳流派　太极拳文化　太极拳教学

一　河北省太极拳文化发展概述

"太极"是中国哲学中的一个术语，出自《周易·系辞上》："易有太极，是生两仪。"认为太极是万物生命的本源。太极拳就是以太极的理论为指导思想的一种拳术。太极拳家认为太极虽有，但两仪未分，故此"有"而无形，即认为有意无形、内动外静的形态就是太极，而内心意念运转能引领气血的运行，引导肢体的运动，从而运化出千姿百态的拳式。清代出现了"太极拳"，太极拳较完整地采用太极的理论作为行拳理论依据。随着社会的发展和人类文明的进步，太极拳也产生了诸多派系，就目前公认的具有代表性的传统太极拳共有八大流派，即陈氏太极拳、杨氏太极拳、武氏太极拳、吴氏太极拳、孙氏太极拳、李氏太极拳、和氏太极拳和王其和太极拳，

---

* 李建设，邯郸学院太极文化学院教授、党总支副书记，研究方向为太极文化和体育教育训练学。

他们主要起源于河南、河北、北京和天津等省市。

早在五千多年前，河北就是中华民族三大始祖黄帝、炎帝和蚩尤由征战到融合，开创中华文明的中华民族主要发祥地，孕育了深厚的传统文化底蕴。太极拳文化也是如此，传统太极拳主要流派多在此发源或发祥，同时还孕育出诸多具有特色的支派，如卢氏太极拳、乔氏太极拳、杨氏太极拳府内派、赵堡太极拳等。河北省境内太极拳文化呈现百花齐放、百家争鸣、繁荣发展的景象。

二　各流派太极拳在河北省的发展情况

（一）陈氏太极拳

陈氏太极拳是太极拳重要流派之一，起源于河南陈家沟，目前在河北石家庄、邯郸、秦皇岛、唐山等地市有较为广泛的群众基础和影响力。

在石家庄，以马虹（1927—2013 年）所传承的陈发科、陈照奎父子一脉的传统陈氏太极拳为主。马虹 1963 年开始随胡连生学习陈氏太极拳，1972 年又从陈照奎学拳，1982 年创建石家庄"陈氏太极拳研究会"，1988年开始在石家庄市长安公园专事太极拳推广研究工作，其弟子在石家庄建立了多个陈氏太极拳辅导站。2000 年 5 月，马虹的亲传弟子杨合发创建了石家庄陈氏太极拳学校进行传拳。至今，学校已成功举办太极拳教练员培训班20 多期，各类培训班 120 多期，培养优秀陈氏太极拳教练 3000 多人，为各大武术机构和专业院校输送了大量优秀人才，培训来自国内以及英国、俄国、意大利、法国、荷兰、以色列、澳大利亚、奥地利、爱尔兰、韩国、日本等国家学员数万名。目前该支陈氏太极拳脉系主要流传于石家庄、承德、张家口、衡水、保定等地，也是河北省参与学练人数较多的一支陈氏太极拳脉系。

在秦皇岛、唐山、承德等地，以经梧太极拳传播为主。经梧太极拳由山东掖县人李经梧（1912—1997 年）所创，它是以陈发科太极拳架为基础，融合吴氏、杨氏、孙氏等太极拳特点而成。拳架浑厚饱满而不失轻灵圆活，具有朴实无华、舒展大方、周身轻灵、刚柔相济、圆活自然的特点。20 世纪 50 年代李经梧在秦皇岛市北戴河气功疗养院，为住院的县团级以上干部教授太极拳。并举办数期培训班，学生过万人，为国家培养了大批太极拳普及推广人才。李经梧入室弟子众多，其中王大勇、吕德和、王凤锁等人为太极拳在河北省的发展作出了巨大贡献。据称李经梧门生有 800 多人，其再传弟子遍及全国各地。

在邯郸市，以张世俊所传承的陈照奎陈氏太极拳为主。张红军是张志俊功夫推广中心华北区的负责人，目前在邯郸习练此派太极拳人数有 700 多人。另外，陈全忠、马虹、陈正雷、李经梧所传的陈氏太极拳，在邯郸市、县、区也有较为成型的传播组织和团体。

2006 年，陈氏太极拳经国务院批准列入第一批国家级非物质文化遗产名录。

（二）杨氏太极拳

杨氏太极拳是太极拳重要流派之一，由河北邯郸永年人杨露禅在河南陈家沟陈长兴所传拳术的基础上，经其子杨班侯、杨健侯，其孙杨少侯、杨澄甫等三代人的刻苦钻研、不懈努力发展创编而成。其拳架舒展大方、立身中正、动作柔和、连绵不断。由于杨氏太极拳姿势开展、平正朴实、练法简易，因此深受广大群众热爱，传播得最为广泛，习练人数也最多。

永年杨氏太极拳包含两方面内容，一是太极拳套路，主要包括大、中、小架和快架，三十二短打等；二是杨氏太极拳器械，主要包括太极剑、太极刀、太极十三杆等。

18 世纪中叶杨露禅进京授拳，开启了太极拳进京传播的先河。1868 年，杨班侯受父命回永年老家授徒，义务授拳，在广府创办的"河北永年广府太极拳学校"培养了众多弟子。1962 年，杨澄甫次子杨振基到河北省体工队专事太极拳教学，1966 年回邯郸市体委，先后举办了 20 多期杨氏太极拳培训班。同年，杨澄甫弟子傅宗元回乡在永年义务教授太极拳。1980 年以

后，杨澄甫四子杨振国在邯郸市正式传授太极拳。杨澄甫弟子傅钟文也多次应邀回乡传授杨氏太极拳。

尤其在 1956 年由国家体委以杨氏太极拳为模板创编了 24 式简化太极拳后，又以杨氏太极拳为基础创编了 48 式太极拳、88 式太极拳规范教材，使杨氏太极拳的传播与发展更是如日中天，在国内外也得到了极大的普及与传播，影响较大的杨氏太极拳传承者仅在邯郸就有杨志芳、杨振河、赵宪平、朱现红、胡利平、路军强、苏学文、郭庆亭、韩兴民、韩清民、贾保安、乔振兴等人。目前在河北省石家庄、保定、邢台、邯郸等地的杨氏太极拳群众基础都极为扎实，杨氏太极拳协会、社团组织、站点等共有 400 多家，杨氏太极拳习练者数万，杨氏太极拳逐渐成为世界人民共同的健身养生项目。

2006 年，杨氏太极拳经国务院批准列入第一批国家级非物质文化遗产名录。

（三）武氏太极拳

武氏太极拳是太极拳重要流派之一，由河北邯郸永年人武禹襄所创。由于武禹襄昆仲习练太极拳纯为自娱，不以教拳为业，因此传人较少，得其传者仅李亦畬、李启轩、杨班侯。跟随李亦畬学拳的有同乡郝为真、王明德，邢台清河县的葛福来、葛顺成。随李启轩学拳的有邢台清河的葛顺成和邢台南宫的马静波。郝为真在永年先后教出了郝月如、郝文勤、郝砚耕、李福荫、韩钦贤、张振宗、陈秀峰、李集峰等太极拳名人、大师，并把太极拳引入学校进行集体教学。郝为真还曾三下邢台授拳，培养出众多著名弟子，为武氏太极拳在邢台地区的传播与发展打下了坚实基础。

新中国成立后，郝向荣、魏佩林、姚继祖、翟文章、李锦藩、李光藩、李迪生等人在永年广泛开展武氏太极拳的授拳与传播。近年来在永年影响较大的武氏太极拳师有翟维传、胡凤鸣、钟振山、魏高义、魏高志、翟会传、孙建国、郝平顺等人。在邯郸市影响比较大的有韩钦贤、马荣、贾朴、魏高申、乔松茂、祁悦增等人。

另外，钟振山在石家庄市创立了武氏太极拳研究会，进行武氏太极拳的研究与推广。2018 年 7 月，武氏太极拳第六代传人王艳萍受石家庄新华区太极拳协会邀请，到区文体中心举办的武氏太极拳班进行授拳。

河北邢台市有杨书法、杨书太、秦文礼等人在传播武氏太极拳；清河县葛顺成，任县刘东汉、王其和均对武氏太极拳的发展起到了推动作用；沧州王慕吟的弟子韩和平在沧州传播武氏郝派太极拳；保定市高阳县周彦创建武氏太极拳会馆积极传播武氏太极拳，影响广泛。

（四）吴氏太极拳

吴氏太极拳由河北大兴人全佑、其子吴鉴泉在杨氏小架太极拳的基础上逐步修订、改进修润而成。此拳以柔化著称，拳架斜中寓正、松静自然。主要在河北石家庄、衡水、沧州、邢台、邯郸等地较为集中地传播。

在石家庄，李经梧的弟子孙金星曾做客河北电视台杂技频道教授吴氏太极拳，还在石家庄平安健康家园开办多期吴氏太极拳培训班，参与学习者有数百人之多。

在衡水市有王培生的再传弟子李文军开办多期吴氏太极拳培训班，并有李经梧的弟子王木杭成立衡水市陈吴太极拳研究会，在衡水市人民公园义务传授吴氏太极拳。

在沧州有吴氏太极拳第四代传人李秉慈、张荫棠等对吴氏太极拳进行积极的传播推广，并于 1989 年开始在沧州开班教授吴氏太极拳；另有李经梧弟子彭树新也积极参与吴氏太极拳在沧州的传播、普及。

1950 年，杨禹廷的弟子赵安祥将吴氏太极拳带回邢台进行传播，先后收秦文礼、晏慎余、梁宝根等人为弟子，为邢台培养了大批吴氏太极拳新生力量。

1995 年，河北邯郸市峰峰矿区吴氏太极拳辅导站成立，注册会员近百人。

（五）孙氏太极拳

孙氏太极拳由河北省完县（顺平县旧称）孙福全（字禄堂）融合形意拳、八卦拳、太极拳三家拳理拳法所创。孙氏太极拳注重实战的风格和进必

跟、退必随、动作敏捷圆活、紧凑开合等特点吸引了大批从学者。它在河北保定、邢台、邯郸等地的传播较为广泛。

由于孙剑云（1914—2003 年，孙禄堂之女）晚年住在保定，使得孙氏太极拳在保定有着深厚的群众基础，在保定成立有孙氏太极拳研究会，注册会员数百人。在多个社区、公园等都有孙氏太极拳辅导站点。全市经常练该拳种的人数达到数千人。

在邯郸市，孙剑云的弟子王武泉创建了邯郸孙氏太极拳研究会，为广大孙氏太极拳爱好者提供了一个交流技艺的平台，使孙氏太极拳在邯郸地区的发展蓬勃向上。

在邢台沙河，孙禄堂的弟子、孙氏太极拳第二代传人胡俭珍常年积极传授、推广孙氏太极拳，使孙氏太极拳在沙河市有着良好的群众基础。尤其以沙河市城关北街、汇通城市花园小区、金汇通集团等地习练的人居多，并成立了沙河市孙氏太极拳研究会、金汇通孙氏太极拳队等组织机构推广孙氏太极拳，练习者数以千计。

（六）王其和太极拳

王其和太极拳，是河北省任县人王其和在深厚的武功基础上，精心研练郝为真、杨澄甫亲传的太极拳法，融合创编而成的一套形神兼备、练用结合、独具特色的太极拳套路。该拳在创编之后的很长时间内并无任何名称，直到近年才统一称为"王其和太极拳"。

王其和一生授徒众多，其中具有代表性的人物有刘仁海、王景芳、吴振奎、张金榜等人。其再传弟子更是有数千之众，其中以刘舜曾、李剑方、刘云廷、张志祥、檀杏敏等最具代表性。

该拳最早由邢台任县向四周传播，先传到巨鹿、平乡、广宗、隆尧、宁晋等县，后逐渐传入天津、山西、山东、江苏、浙江、新疆、东北、福建及台湾等地，习练者众多。

自 2013 年河北省王其和太极拳协会正式成立后，又在多个地区相继成立了河北省王其和太极拳分会，其中在河北省境内的有：任县分会、邢台市区分会、石家庄市区一分会、石家庄市区二分会、平乡县分会、邢台县分会、巨鹿县分会、隆尧县分会、宁晋县分会、临城县分会等，为王其和太极拳的蓬勃发展搭建了坚实的平台。

（七）卢氏太极拳

卢氏太极拳法则严谨却又不拘泥于形式，讲究随机就势、自然而然，时而春风拂面，时而气势磅礴，把刚柔相济的特点体现得淋漓尽致。它既注重攻防实用、又兼顾祛病强身，老少皆宜，是名副其实的"长寿拳"。

卢氏太极拳由河北省广平县卢董村人卢鸣金（1830—1900 年）所创。卢鸣金自幼跟随祖父卢钦若学文、学医、习武，深得真传。他遍访中原各地武林高手，博采众家之长，大胆创新，结合自家功夫，创立了自己独特的太极拳门派。

至今，卢氏太极拳已传承八代 170 多年，代代传承，脉系清晰，各种谱论及文史资料系统完备，逐渐发扬光大。2003 年，河北省邯郸市卢氏太极拳研究会成立。2010 年开始，先后有英国、法国友人来广平县卢董村交流学习。2012 年，卢氏太极拳被列入河北省非物质文化遗产名录。2012 年 6 月 10 日，河北省邯郸市卢氏太极拳研究会与白俄罗斯国立大学校签署合作协议。2013 年 11 月，卢氏太极拳正式走进白俄罗斯的最高学府。2014 年 9 月 23—30 日，河北省邯郸市卢氏太极拳研究会组织 11 人代表团赴白俄罗斯巡演，在白俄罗斯设立卢氏太极拳传播基地。

卢氏太极拳在太极拳运动广受关注的背景下，吸引了诸多海外太极学者、爱好者前来研究和学习，每年近千余人次。近年来，来自俄罗斯、白俄罗斯、美国、乌克兰、立陶宛、马来西亚、韩国、巴基斯坦、塔吉克斯坦、缅甸等地的太极拳爱好者数百人，到广平卢鸣金故居拜师学习。

（八）赵堡太极拳

赵堡太极拳在河北省的传播相对较弱，20 世纪 90 年代初赵堡太极拳师王海洲将其传入邯郸，郭江、魏振等人为邯郸地区赵堡太极拳的主要传播

者。目前赵堡太极拳除在邯郸外，在其他地区也有传练者，比如河北工业大学（位于天津）等。

（九）其他

在河北省各级各类学校中，太极拳的传播非常广泛。24式简化太极拳是普通学校的体育课教学内容，一般都开设16~32课时。有很多学校将太极剑等器械列为太极拳教学的提高项目，还有部分学校将地域性较强的传统太极拳项目列为太极拳教学的拓展项目，比如河北大学的孙氏太极拳、邯郸学院的杨氏太极拳和武氏太极拳、河北科技师范学院的陈氏太极拳等。尤其在邯郸，太极拳被列为中小学业余双爱好项目之一，每年都有市教育局、体育局组织的邯郸市中小学生太极拳比赛活动，还将太极拳比赛成绩列入中考参考加分项，极大地促进了太极拳文化在邯郸市中小学的普及与推广，受众者数十万人。

邯郸学院在太极拳文化传承方面利用独特的地域文化优势，在各级政府的大力支持与扶持下，率先将太极拳文化作为学科专业引入高等教育，成立了独立的太极拳文化专业学院——太极文化学院。并于2011年实现了首批本科招生，目前他们已为社会培养了四届优秀的太极拳专业毕业生，与海外10个国家和地区签署了共同发展太极拳文化的协议，已创建了6所海外太极学院或课堂，为中国太极拳文化的传播与推广起到了积极的推动作用。

2018年，邯郸学院的太极文化传承项目被教育部批准成为第一批中华优秀传统文化传承基地之一，他们将站在国家文化发展平台上更好的培育太极文化与太极拳文化高级人才、开展高水平高层次的科学研究、举办更多更高档次的赛事交流活动、进行更广泛的普及与传播。

三 河北省太极拳文化发展展望

（一）存在的问题与原因

河北省作为太极拳文化大省，流派众多，人才辈出，从练参与者更是有数百万之众。太极拳的平衡技击理念、和合文化思想、阴阳调和作用也能深入习练者思想，使他们能够辩证思维、和谐相处、健康生活。

同时，河北省各级政府主管部门和太极拳社会社团组织也为太极拳文化的传播发展作出了巨大贡献，有的已形成了体系和规模。其中，河北永年县政府发起的"中国·邯郸国际太极拳运动大会"从1991年开始至今已成功举办了十四届，并确定为每两年一届的国际性常规赛事，其主办单位为国家体育总局武术运动管理中心、中国武术协会、河北省体育局和邯郸市人民政府；由中国广府太极拳协会发起并主办的"永年广府国际太极拳年会"也成功举办了十届；各流派协会团体自主举办的流派内太极拳赛事交流活动如雨后春笋，纷纷出现；还有一些企业单位也借助举办冠名的太极拳赛事活动来提高其社会知名度；在以各级政府主管部门主办的各级各类武术赛事活动中，太极拳也是其中的主要项目之一。这些都是太极拳在河北省繁荣发展的独厚优势。但在百花齐放、争奇斗艳的同时，也存在着如下问题。

（1）缺乏系统性传播与发展的规划。各流派传播发展各自为战，相互之间沟通较少，且均没有总体发展的规划设计。太极拳各流派都有一个主要的传播区域，均以自己流派的师承关系或自发成立的民间太极拳社团、协会组织为传播基础，将各自的技术技能或向周边辐射，或是点状传播。整体发展上呈现随机性和无序性，传播区域也无法确定，使得传播发展很难形成体系。

（2）太极拳传播发展缺乏规范。太极拳作为中国传统文化瑰宝一直未能进入奥运会，其中一个原因就是谁都不知道在众多的太极拳流派中，哪一种太极拳的哪一部分更能完全代表中国的太极拳。在太极拳文化百花齐放的同时，太极拳文化的传播与发展缺乏统一的管理与引导，利益的驱使使得社会上太极拳"大师"辈出、"名家"泛滥，到处都是太极拳"正宗"传人，使得从习者难以甄别、无所适从。这些都影响着人们对太极拳运动的正确认识，也影响着太极拳运动的良性发展。

（3）传播的涉众面不够全面。调查显示太极拳文化的参与群体年龄结构严重失衡，在参与太极拳锻炼与活动的群体中，90%以上都是中老年群体，青少年只占其中的很小一部分，使得人们认为太极拳是老人拳。部分地区青少年的参与，也主要是基于学校或地方教育主管部门的主导或行政干预。究其原因是目前社会上传播的缓慢柔和的太极拳在风格、特点等方面与青少年喜动不喜静的生理特征、心理特征和认知能力难以贴合，直接影响着他们对太极拳运动的兴趣与爱好。

（二）促进河北省太极拳文化整体发展的策略

为了更好地促进河北省太极拳文化健康良性、持续稳定的传承与发展，针对河北省太极拳在发展过程中出现的问题与不足，应从如下几个方面进行解决。

（1）成立管理机构。成立不同层面的管理机构，形成完整的管理体系，对太极拳文化的传承与发展进行系统研究和管理。引导太极拳文化系统化、规范化、科学化传承与发展。管理机构可以分为三个层面，由政府组建成立专门的管理和研究机构，比如在省武术运动管理中心下设太极拳运动管理委员会，对河北省太极拳文化进行统一管理；由各流派协同组建成立统一的管理机构，对河北省内太极拳文化的开展进行统一协调；各流派内部成立统一的管理机构，对本流派太极拳文化的传承与发展进行系统研究与管理。

（2）制订发展规划。由省市各级政府管理机构制订、布局省市太极拳文化的发展规划，进行宏观掌控；太极拳各流派在政府发展规划的基础上，制订各自流派太极拳相应的发展设计，并进行具体实施。

（3）规范师资培训。由政府管理机构制订相应的太极拳师资管理、评价体系进行引导；由太极拳管理机构进行具体的师资培训与考评；各流派研究制订自己的技术指标、理论体系与评价标准；对太极拳的师资进行统一的管理与规范。

（4）开展系列活动。太极拳文化赛事交流活动，既可加强人们对太极拳的认识与认知，也可加强人们之间的沟通交流，还能促进太极拳文化产业的发展。由政府主办高级别太极拳赛事交流活动，实行各地市轮流承办的方法，这样既能加强沟通交流、又能促进技术能力和理论水平提高，还能带动举办地的经济发展。构建以太极拳发祥地为底蕴的太极游学模式，促进地域旅游经济的发展。河北省是杨氏、武氏、吴氏、孙氏、王其和太极拳的发祥地，另外还派生出了诸多小的流派，可以把这些流派的发祥地进行规划、设计，建成景点，供太极拳爱好者参观访学和交流切磋，既能传播弘扬太极文化，又能促进旅游经济发展。扩大受众群体，通过系列赛事交流活动，使太极拳文化得以广泛宣传报道，让更多的人能够认识、了解太极拳与太极文化，使更多的爱好者参与到太极拳文化中来，得到传统文化的熏陶。

总之，河北省太极拳整体发展较好，太极拳文化在河北省有着广袤的文化土壤与人文基础，相信在国家政策的扶持与引导下，在地方政府的主导和区域文化发展的需求下，河北省的太极拳文化将会更加蓬勃发展。

B.13
港澳地区太极拳发展状况

刘高升*

摘 要: 本文主要从时间和太极拳流派代表人物两个维度出发,参考现有研究特别是邓昌成等学者的研究,简要介绍太极拳在中国香港、澳门地区的发展状况,以期梳理港澳太极拳的发展脉络和整体态势,并概要探析其未来发展趋势。

关键词: 港澳地区太极拳 文化交流 太极拳健身

一 1949年以前港澳地区的太极拳发展概况

港澳地区的太极拳传播大约肇始于第二次世界大战之前。彼时,内地的客商、文人和拳家有许多人旅居或移民香港,为港澳地区的太极拳传播带来了火种,加之地理上香港毗邻粤、闽、桂三省份,文化交流传播也更加便捷。最初在港传拳的是杨氏太极拳和吴氏太极拳,而陈氏、孙氏、和氏或赵堡、武氏太极拳后来才陆续传播到港澳地区。港澳地区的太极拳以"家派"称之,故杨氏太极拳和吴氏太极拳在港称作"杨家太极拳""吴家太极拳"。

在1949年之前,港澳两地的杨家太极拳代表人物是董英杰和梁劲予;吴家太极拳的代表人物是吴鉴泉及其子吴公仪、吴公藻。董英杰初从武氏太极拳传人李香远习拳,后从学于杨澄甫,著有《太极拳释义》。董英杰在港

---
* 刘高升,北京大学高等人文研究院博士后,研究员,研究方向为正身功夫和商业儒学。

传人有其子董虎岭，其女董茉莉，以及黄萱、欧阳南、方伯诚等。梁劲予是另一位杨家太极拳在港的积极推广者，1932年师事于在中山大学教授太极拳的陈微明，次年成为陈微明的入室弟子。梁劲予于1938年先迁居澳门，设立环中太极拳社，成为澳门地区最早的太极拳社之一。1948年再移居香港，于永吉街设医馆，并成立香港环中太极拳社，传授杨家太极拳，其弟子学生众多，后于1985年离港移居美国。

吴家太极拳在港澳地区传播的宗师人物是吴鉴泉。1937年，吴鉴泉偕长子吴公仪离沪抵港，于轩尼诗道开办香港鉴泉太极拳社。吴家得助于南华体育会及精武体育会的支持，很快发展壮大。吴鉴泉的拜门弟子众多，如郑荣光、廖少彭、唐希敏、邓幼亭等。1942年吴鉴泉先生逝世后，吴公仪回大陆担任上海鉴泉太极拳社社长，1948年回港，于湾仔骆克道复建香港鉴泉太极拳社。吴鉴泉次子吴公藻于1937年南下香港，与兄吴公仪共同建立香港及澳门鉴泉太极拳社，后于1942年香港沦陷前回沪。1980年，吴公藻再次来港，在香港出版《吴家太极拳》一书，并附《太极法说》手抄本，为太极拳理论的传承和传播作出重要贡献。

二 1949年~20世纪末的港澳地区太极拳发展概况

由于前辈太极拳家的传承铺垫，1949年后，港澳地区的太极拳获得了繁荣发展。首先在流派上，除了杨家和吴家，其他各派太极拳悉数登陆港澳地区，可谓百花齐放，百家争鸣。

其中，早年即已扎根港澳地区的杨家太极拳传播者，如董英杰的传人和子孙、梁劲予的弟子门人，在新中国成立之后，不断发展壮大，并将杨家太极拳进一步传播至欧美。例如，20世纪70~80年代，董英杰的子女即董虎岭及董茉莉除了经营香港董英杰健身学院之外，还分别在美国和澳大利亚成立太极拳武术院。再之后，董英杰之孙董增辰、董继英分别在美国、加拿大等地授拳；曾孙董大德于美国、加拿大、欧洲、东南亚等地授拳。梁劲予一脉中，香港特别行政区长官董建华曾随梁劲予的弟子关世勋学习杨家太极

拳。除了这两条支脉，杨家太极拳也有陆续来港澳地区传拳的新鲜血液，其中，以杨守中、胡云绰、曾昭然三位为代表。

杨守中，字振铭，杨澄甫长子，1949 年定居香港，初设馆授拳于新界元朗和湾仔骆克道，再版杨澄甫生前著作，将太极拳推广到港、澳、台地区及东南亚各国，并流传至全球各地，其传人有叶大德、朱振舜、朱景雄、黎学荀、张世贤、宋耀南、邓煜坤、伍宝钊、徐滔、马伟焕、罗琼、马容根、陆锦松、徐标志、邓昌成等。1985 年，香港杨氏太极拳学会成立，聘杨振基为创会导师；2002 年，该会正式注册为"香港杨式太极拳总会"，由杨守中的弟子马伟焕、罗琼担任创会会长。杨守中再传弟子谢秉中，师从张世贤，创"柔静太极研艺社"于元朗，门人甚众，较显者有曾永康、倪秉郎等。再传弟子曹树伟（师从叶大德）教授港督尤德及其夫人习拳，并在《新报》和《明报周刊》先后刊登太极拳教学图解。

胡云绰，师从陈微明、杨澄甫宗师习杨家太极拳，1949 年来港，在南华体育会教授杨氏太极拳十多年，并传扬海外。后于 1997 年迁居台湾。曾昭然，师从陈微明，在广州致柔分社学习太极拳，并在粤向杨澄甫学习，由杨守中教授拳架，来港后出版了《太极拳全书》及英文版器械书，后传廖建开等。廖建开于 1980 年创立双鱼太极拳社，也出版了多种杨氏太极拳书。除了以上的杨氏太极拳家之外，杨振铎、杨振国、杨振基、赵幼斌、傅声远、傅清泉、崔仲三、王志远等均曾来港指导。

吴家太极拳由于吴鉴泉、吴公仪、吴公藻三人的奠基，吴家后人如吴公仪之子、吴公藻之子、吴大揆之子女及钟岳平、蔡乃标、萧维隆、冯天锡、黄汉荣、陈昌立、龚夏辉等均教授吴家太极拳。1954 年，53 岁的吴公仪与33 岁的白鹤派代表人物陈克夫于澳门新花园比武，轰动粤港澳。当时杨家太极拳的传人董英杰与鹰爪功法刘法孟也作了对打义演，赛后大幅度推动了港澳地区学习太极拳的热潮。

吴鉴泉的弟子郑荣光在南华体育会及馆内传授吴家太极拳，从学者有其子郑沛淇、郑淇胜，以及吴惠农、欧阳浩民、郑天熊、冼孟豪、罗振奇、胡胜、廖镜枝、廖广森、张耀强、叶伟基等。其中，吴惠农于深水土步大埔道教授吴家太极拳，郑天熊则于1950年创郑天熊太极学院，以太极内功及散手善战驰名于港府。1957年，郑天熊在台湾地区举办的台港澳国术比赛上，击败台湾中量级冠军余文通，名满港澳台。郑天熊后在港台和东南亚不断培养善于实战的弟子，多次夺得擂台赛冠军，对印证太极拳的实战功用作出了突出贡献。后郑天熊于1972年创香港太极学会，于1979年创办香港太极总会，中外门徒甚众，著有《阴阳廿四段太极内功》等。此外，邓荣的弟子冼孟豪于1984年邀请马岳梁来港传授吴氏太极拳。

陈家太极拳登陆港澳地区较晚，吴世英在九龙平安大厦教授杨氏太极拳、陈氏太极内功拳、太极红拳、张兆东形意拳及八卦掌、龙门气功。沈家桢的学生杨景萱、陈照奎的学生吴崇奇在中环遮打花园授拳；陈正中执教于九龙信号山，苏经礼、吴汝华执教于体育中心，有学生万文德、李雅芳等。

其他流派的太极拳也陆续登陆港澳地区，特别是1994年香港武术联会邀请了很多太极拳名家来港，使港人能更清楚各派的独特之处。如孙剑云来港传授孙氏太极拳，纪昌秀来港传授赵堡太极拳。傅振嵩传下之傅氏太极拳，及傅永辉传下之孙氏太极拳，在港传授亦多。孙氏太极拳传人顾汝章的门人龙子祥在港授拳，其子龙启明于黄大仙小区授拳，后定名顾氏太极拳，成香港主流太极拳派之一。

此外，还有耿德海教授的一套杨氏老架太极拳，后称作耿氏太极拳。1949年来港的梁子鹏将意拳等功夫融入太极拳理，追随者众，传人有李润、孙秩、刘堆、邓香海、李英昂、陈乙燊、魏华等。还有李英昂创编李氏精简太极拳。王壮弘来港后创王氏太极拳，后更名水性太极拳。魏树人的老六路杨氏太极拳，在港台地区有传人郭正勋，并有杨云中等在港传拳，名为如是太极拳。蓝晟创编智勇太极拳、心性太极拳。郑曼青的弟子徐忆中在香港维多利亚公园传授郑氏太极拳。等等。20世纪80年代，香港中国国术总会开办了太极拳师训班，由名宿聂智飞、胡云绰、龚夏辉、龙启明、邓志刚、谭丰雅、萧剑刚、方伯诚、陈霭玲、聂少峰、廖广森、沈润为导师。在此之后，海峡两岸及港澳地区的太极拳文化交流越发繁荣，港澳地区的太极拳运动更加蓬勃发展。

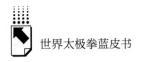
三　港澳地区太极拳的发展特征和未来趋势

　　首先，港澳地区太极拳的发展对于太极拳的海外传播和发展，起到了桥头堡作用，是在"一带一路"传播太极拳的重要发源地。其次，港澳地区的太极拳发展比较重视太极拳的技击实战，证明了太极拳发展的实战作用。最后，港澳地区的太极拳运动，重视创新发展，涌现出众多新兴流派，并十分强调科学研究，针对太极拳的健身和运动机理进行深入研究。未来，港澳地区的太极拳运动将有望进一步朝着科学化、国际化和创新化的方向发展，为中华传统文化的创造性转化、创新性发展以及创生性传播作出更大的贡献。

B.14
台湾地区太极拳发展状况

——兼谈杨家老架太极拳在台湾的传承发展情况

苏清标　刘高升*

摘　要： 本文对台湾地区的太极拳传播进行了概况分析，对台湾地区太极拳的主要流派与代表人物进行了梳理，对杨家老架太极拳在台湾的发展历程进行回顾总结，对其竞技比赛活动进行了介绍，并分析总结了杨家老架太极拳动静结合、延年益寿的功法特点。

关键词： 台湾　杨家老架　太极拳传承人物　太极武艺

一　台湾太极拳发展概览

台湾地区的太极拳发展发端于 20 世纪 40 年代。据研究，1945 年，陈微明的弟子谢镜湖与周敏益二人在台湾新竹地区创办拳社、传授太极拳，成为太极拳在台湾发展的序曲。为了在台湾推广武术，二人策划组织了一场武术观摩会，希望太极拳名家陈微明能现场表演。1948 年 6 月，陈微明接受谢、周二人邀请，偕徐文甫、陈铎鸣，乘飞机抵达台湾，台湾当地的《新生报》对此进行了报道。《新生报》事先已登出消息，观摩大会人头攒动，气氛异常活跃。陈微明当时还战胜了上台挑战的壮汉，一时间，陈微明

* 苏清标，台湾中华杨家老架太极拳协会理事长，研究方向为太极拳的体用修炼进路；刘高升，北京大学高等人文研究院博士后，研究员，研究方向为正身功夫和商业儒学。

"国术大师"之名在岛内广传，也为 1949 年以后台湾太极拳的发展起到了重要的铺垫作用。

台湾地区太极拳真正意义上的发展是从 1949 年开始的。台湾学者郭应哲在《太极拳在台湾》中就 2005 年之前的太极拳发展做过认真的梳理，是有关台湾太极拳发展的重要研究。① 台湾的吴啸，也简要分析了台湾太极拳发展的总体样貌。② 大陆地区学者如张银行、杜舒书、邱瑞瑯，从两岸文化交流的视角探讨了台湾太极拳的发展状态。③

总体上，台湾太极拳的发展经历了保存期（1945～1986 年）、发展期（1987～2007 年）和融合期（2008 年至今）。从 1945～1986 年解除戒严与开放两岸探亲前是一个阶段，因为这个阶段台湾地区的太极拳基本上还都是保留着自己的特色在发展，受到大陆地区同时期的影响微乎其微；从 1987～2007 年，开放两岸探亲之后两岸的交流频繁，这期间或有大陆名家来台教学，或是台湾团体到大陆交流，特别是 2000 年后两岸的网络交流开始兴盛，台湾太极拳受其影响发生多方面的变化，开始酝酿融合创新，并与其他艺术文化进行多元性发展；从 2008 年起，大陆地区经济蓬勃发展，并举办了奥运会，对台湾地区太极拳的发展产生了重大影响。

二 台湾地区太极拳的主要流派与代表人物

台湾太极拳的流派发展不亚于港澳地区，尤其是在杨氏和陈氏太极传播上更胜一筹。陈氏太极拳谱系的代表传人有台湾"六老"，分别为杜毓泽（师承陈延熙）、王晋让（师承陈映德）、潘咏周、王鹤林、王梦弼（师承陈发科）和郭青山（师承陈省三）。杨氏太极拳的代表人物更多，如郑岳（曼

① 郭应哲：《太极拳在台湾》，太极网，https：//www. taiji. net. cn/article－15679－1. html。

② 吴啸：《台湾太极拳各派发展简介》，太极网，https：//www. taiji. net. cn/forum. php？mod＝viewthread&tid＝45897。

③ 张银行、杜舒书、邱瑞瑯：《台湾太极拳发展及海峡两岸交流平台构建》，《武汉体育学院学报》2014 年第 3 期，第 63～69 页。

青）、李寿篯、周敏益、谢镜湖（吉正）、施调梅、郭连荫、王延年、王子炬（子和）、张敦熙、熊养和和"白水老人"韩雨霖等。

其他太极拳流派（孙氏、武氏、吴氏等）的传人不多，专门传授太极拳者为数更少，传人大多是兼习太极拳者，而非以传承太极拳为主。此外，佛道门的太极拳有南怀瑾和刘培中二位代表人物。创新类的太极拳派别有陈泮岭传的99式太极拳，传人有陈天一、杜鉴堂、黄裕盛、雷殊曼、王树金、陈光南、洪懿祥等人。

三　台湾杨家老架太极拳的发展历程

台湾杨家老架太极拳源于杨氏太极拳，传承于全台湾72年，传播于全世界30年，有赖于露禅学派的三代太极拳传承者的继承和创新。

（一）台湾杨家老架太极拳的传承人物代表

杨露禅创编杨氏太极拳、刀、剑、枪共四个项目，合称为"杨家太极武艺"，即本文的杨家老架太极拳。1949年以后，杨澄甫之子杨守中及弟子董英杰执教于香港、美国，其他诸徒有崔毅士、李雅轩等散居于北平、成都、西安各地。而今台湾有吕殿臣幼徒王子和。自杨露禅以下，一脉相承，代代薪传，谨守教法，所传的正功正法，不曾或易。弟子们在修炼进程中，不敢轻变拳法套路。从杨露禅创下杨氏太极拳的拳、刀、剑、枪四种教材教法，到王子和东传于台湾，始终保持其最完整的原貌。邓时海得王子和严格传授，所以邓时海阐杨家老架太极拳时，必循露禅学派正传道统。苏清标师承邓时海，进一步阐述杨家老架太极拳的哲学思想。

杨家老架太极拳从入门功夫到拳理，可谓体系明确。因此修习杨家老架太极拳，其间的每一阶段都是扎扎实实的，都有其相应的学习内容，所以在每个阶段也都展示出不同的神韵气势，内在修为。

台湾杨家老架太极拳在吕殿臣之后，在台湾主要经历了三代传人的发展和完善，形成了一套完整的理论、技术、竞赛和传承体系。

第一代以王子和为代表。杨家老架太极拳于 1946 年由杨家第五代弟子王子和带到台湾，至今已有 70 多年的历史，王子和不但继承了杨家老架太极拳的正统真传，而且对太极拳的现代化作出了很大贡献。太极拳现代化包含了学术化、科学化和普及化，王子和在太极拳的学术化、科学化领域倾其毕生精力，也确实有很大的成就。而在普及化方面，王子和是将太极拳介绍进入台湾大学院校，带动台湾高层知识分子对太极拳的认知和兴趣的第一人。

第二代以邓时海为代表，导入学校普及至一般社会。邓时海为王子和的得意门生，曾从学于杨守中，受现代师范教育而执教于台湾师范大学，为体坛名教授，深谙现代体育学知识。30 多年默默耕耘，邓时海把杨家老架太极拳带入体育界，呵护成长，并且将现代的体育思想融入太极拳的教学之中。更将太极拳引入现代学校。因此，现在的太极拳不只具备传统的经验传承，而且得到现代体育学术的支持，以及现代语言的诠释。杨家老架太极拳源远流长，经过今日理论的深入挖掘，更是立足当代，傲视未来。

第三代以苏清标为代表，传播太极拳的哲学思想。太极拳的研究对象是人，它把人的身心作为考察研究的对象，竭力探索人体的潜能，包括人体生命的本质，人与自然社会人际的密切关系；把延年益寿和开发生命智慧潜能，借由太极拳动静结合的过程作为研究的主要目的。因此生命的运行机制、拳与人的体用合一、新陈代谢过程、生命存在的种种奥妙、太极人生的体用历程等，都是杨家老架太极拳探讨的课题，从太极拳修炼中开发出人的潜能，获得人与人、人与自然之间和谐相处的宝贵经验。太极拳在 21 世纪的发展必须导入多元的探索，从技、艺、道三层修炼结构中，以辩证思维的方式与实际的知觉运动落实。

（二）杨家老架太极拳在台湾、全世界办理竞技比赛近30年

竞技比赛是太极拳普及化最有效的方法之一，而且有了完美理想的比赛活动。杨家老架太极拳锦标赛于 1990 年开始举办第一届至今已近 30 年，历届比赛除了完整的拳架、推手、刀术、剑术等比赛项目外，最具特色的当数

两方面：一是拳架和兵器细分，太极、白极、黄极、蓝极、红极等级别；二是杨家老架太极拳分成四节进行比赛，既能保持拳架套路的完整性，也符合现代化比赛时间 6 分钟的适当长度。通过完整的教材，定期的教练训练、裁判讲习，层次分明的竞赛规则和不同等级的裁判技术，历经了 30 年的时间历程，让杨家老架太极拳长期保持在高水平状态，不因岁月的更替而降低学员的水平。

B.15
温县太极拳发展现状与趋势分析

郑爱珍　申国卿　严双军　宋明军　范小涛*

摘　要：　本文联系当代中华伟大复兴战略语境，基于河南省温县的
　　　　　"太极圣地"定位，揭示当代陈氏太极拳宏观发展状态，论
　　　　　述以河南温县为主体的陈氏太极拳国内发展、国际传播基本
　　　　　情况，分析陈氏太极拳主体发展趋势与整体演进特征，从中
　　　　　华文化软实力建设的视角，阐释并强调当代陈氏太极拳发展
　　　　　的主题思想与文化要义。

关键词：　温县　陈氏太极拳　文化软实力　太极拳产业

陈氏太极拳是中华太极拳的核心组成部分，也是诸多太极流派的拳学母体。新中国成立后特别是近年来，温县按照中共焦作市委关于打造"世界太极城·中原养生地"的总体要求，确定"全力打造享誉世界的太极圣地"发展方向，围绕做大做强太极拳文化产业的目标，强力实施"太极＋"战略，推动了太极文化产业的发展。进入加快建设中国特色社会主义历史新阶段后，中华优秀传统文化之一的太极拳面临着空前的时代机遇与广阔的传播空间，发展太极拳，传承太极拳文化，是陈氏太极拳责无旁贷的历史使命，也是陈氏太极拳薪火相传的现实要求。

---

* 郑爱珍，河南省温县政协主席、党组书记，主要研究太极拳文化的传承发展及其与人类康养的关系；申国卿，郑州大学体育学院教授，主要从事太极拳与地域武术文化研究；严双军，温县政协副主席，研究方向为太极拳的历史与文化；宋明军，温县宣传部副部长兼温县太极拳武术文化管理中心主任；范小涛，温县太极拳武术文化管理中心副主任。

一　当代陈氏太极拳宏观发展状态概述

提及当代陈氏太极拳发展现状，首先当从陈氏太极拳祖庭河南焦作温县谈起。以河南焦作温县为中心，在众多陈氏太极拳弟子传人众志成城的薪火相传之下，陈氏太极拳走向全国，传播世界，成为当代中华太极拳造福人类的一面旗帜。

（一）以河南温县为中心的陈氏太极拳发展状况

温县位于豫北平原西部，南临黄河，北濒沁水，根系河洛，坐拥太行，不仅是国内知名的"四大怀药"原产区，同时也是享誉全球的中华"太极圣地"。在这块土地上，"怀山药""怀地黄""怀菊花""怀牛膝"静静地展示着大自然对人类养生保健的恩赐，陈氏太极拳则成为太极拳主流支系共同的拳学母体。陈氏太极拳及其衍生的杨氏、武氏、和氏等各家主要太极拳流派，共同构成了当代中华太极拳的宏观体系和中华太极拳文化的经典载体。太极拳是中华优秀传统文化唯一的、有形的、活的载体和特色窗口。

1. 河南温县陈家沟是"中国武术太极拳发源地"已成为广泛共识

明末清初河南温县陈家沟人陈王廷依据太极阴阳哲理，融合中医经络学说和导引吐纳养生术、儒释道文化内涵，在家传拳术的基础上，汲取众家武术之长创编了陈氏太极拳。民国知名武术教育家陈泮岭，先后担任过当时的河南国术馆馆长、中央国术馆副馆长、教育部及军训部国术编审委员会主任等职，在多年考证、研究后于晚年编撰出版《中华国术太极拳教材》一书，其自序中写道："太极拳之盛行于国内者……皆由河南温县陈家沟所传授，故陈家沟实为近代太极拳之策源地……现在所研练的太极拳，皆系由河南温县陈家沟所传授则为今日练太极拳人士所共识公认者也。"[1] 著名武术史学者唐豪，曾在国民政府中央国术馆任编审处处长之职，也是新中国国家体委

《中国体育史参考资料》主编，毕生从事武术史考察研究，为探究太极拳源流，曾经不辞劳苦，登武当、访少林、三赴陈家沟，其所著的《内家拳的研究》明确指出："创造太极拳新学派的是晚于戚继光七十余年明末的陈王廷。"① 当代武术史研究者康戈武曾任国家体育总局武术研究院研究员、秘书长以及国家体育总局武术运动管理中心科研部主任等职多年，在梳理辨析前人所留的太极拳源流文献基础上两次赴武当山、温县等地进行田野考察，再度确证了唐豪、顾留馨等近现代武术史学者的结论，其《解读"温县被命名为：中国武术太极拳发源地"》一文由《人民日报》于 2001 年 2 月分三期刊发②，成为当代武术理论研究的一个重要标志性事件。2006 年 6 月 2 日，国务院公示陈氏太极拳入选第一批"国家级非物质文化遗产名录"。2007 年 3 月，经过中国民间文艺家协会组织的考察评审验收，武术、考古、民俗等领域的相关专家一致认定"温县是中国太极拳的发源地"。同时，中国民间文艺家协会"中国太极拳文化研究基地"在温县设立。③ 2007 年 7 月，中国武术协会命名焦作市温县为"中国武术太极拳发源地"。④ 2007 年 8 月 21 日，国家体育总局正式为"中国武术太极拳发源地"揭牌仪式在陈家沟隆重举行。⑤ 以上述系列重要事件为标志，河南温县陈家沟是"中国武术太极拳发源地"的观点日益深入人心，这一观点也成为当代中国武术学界的正式认同并被各种官方正规著述所沿用，国家体委武术院编撰的《中国武术史》以及《中国大百科全书·体育卷》等各种权威资料均以此说为范本。在各界的认可与推动下，以河南温县为中心的陈氏太极拳蓬勃发展，迅速向国内外传播，目前，太极拳正在积极总结经验，全力冲刺申报"人类非物质文化遗产"的战略目标。

---

① 唐豪：《内家拳的研究》，麒麟出版社，1969，第 10 页。
② 康戈武：《解读"温县被命名为：中国武术太极拳发源地"》，《体育文化早刊》2008 年第 1 期，第 24~27 页。
③ 《太极拳发源地定为河南温县》，《人民日报》（海外版）2007 年 6 月 11 日，第 2 版。
④ 谭勇：《中国武术太极拳发源地揭牌》，《河南日报》2007 年 8 月 23 日，第 5 版。
⑤ 王霞光：《焦作国际太极拳交流大赛举行》，《人民日报》2007 年 8 月 22 日，第 12 版。

2. 陈氏太极拳开启的近代太极拳宏观发展格局

陈氏太极拳创拳后的相当一段时间内，主要在河南温县陈家沟陈氏内部传承，其中，陈氏十四世传人陈长兴、陈有本和十五世传人陈清平等对于该拳作出了创新性贡献。陈长兴和陈有本在原有拳法基础上由博归约创编的套路被后人分别称为大架、小架，各有一路、二路之分；陈清平在小架基础上再次创新，其套路更加突出圆弧运动特点，层层用圈、环环相扣，后人称之为"圈"。陈长兴首开陈氏太极拳外传先河，授艺于河北永年杨露禅，杨露禅艺成后赴北京传拳，乃有杨氏太极拳问世，杨氏太极拳传至吴鉴泉，遂有吴氏太极拳出现；陈清平传武禹襄、和兆元，两者分别创立了武氏太极拳、和氏太极拳；孙禄堂根据武氏太极拳，创编出孙氏太极拳。以上述各流派为标志，陈氏太极拳及其衍生出的杨氏、武氏、吴氏、孙氏、和氏太极拳等众多太极拳法，构成了近代以来中华太极拳宏观体系的主体；陈氏太极拳以及上述各家太极拳流派的众多弟子传人在五湖四海的传播与发展，共同形成了近代以来中华太极拳百花齐放的局面。

3. 陈氏太极拳的当代发展状态

河南温县陈氏太极拳一脉，历代弟子名家辈出，以陈王廷、陈长兴、陈有本、陈清平为引领，陈氏十六世传人陈鑫，十七世传人陈发科、陈子明，十八世传人陈照丕、陈照奎等，皆为拳艺高妙的名师，他们教拳授技、阐武论理、著书演文、修身立德，持续促进着陈氏太极拳技术理论体系的完善，积极推动了陈氏太极拳在温县当地的传承发展，有力地促进了陈氏太极拳在全国各地的传播繁衍，为河南温县"太极圣地"品牌的确立奠定了历史基础和当代地位。

（二）陈氏太极拳发展状态概述

（1）推进太极拳"六进"工作。温县大力开展太极拳进学校、进农村、进企业、进机关、进社区、进军营的"六进"活动和太极拳推广普及工作，每年定期举办全县党政机关太极拳比赛、教育系统教职工太极拳大赛、中小学生太极拳大赛及各类群众性太极拳比赛活动，年均参与人数3万多人。同时，大力推进武术段位制进校园活动，累计有 2700 多人参与考评。目前，全县各机关、企业、团体均将太极拳作为晨练内容，普及率在 90% 以上。全县所有中小学校开展太极拳课程，有计划、有教材、有课时，5 万多名学生人人会练太极拳，普及率 100%。所有乡村及社区均有太极拳辅导员，各类辅导站点 300 多个，全县练拳人数在 10 万人以上。

（2）打造太极拳精品赛事。温县不断承办和举办各类国际、国家级大型赛事活动，以举办赛事聚拢人气，增强社会影响力。一是承办了一批全国知名赛事，先后承办了央视"武林大会走进陈家沟"比赛（对抗赛海选、总决赛）、全国武术太极拳公开赛（前站赛、分站赛、总决赛）、全国传统武术精英赛等赛事，开创了村办国赛的先河。二是打造了一批自办品牌赛事，先后举办了中国陈家沟陈氏太极拳交流大赛，陈家沟太极拳家乡赛，陈氏太极拳、剑、推手锦标赛等数十项大型赛事。三是支持了一批民间传统赛事，先后支持了陈家沟国际太极拳大赛、尊古太极拳大赛、陈家沟太极拳交流大赛、陈正雷太极拳年会、天才杯太极拳交流大赛、王西安大师太极拳公益讲座、陈小旺大师公益讲座、中国太极拳视频大赛等 50 多项民间赛事活动，均取得良好效果。

（3）激活民间武术市场。鼓励社会力量进入太极拳产业发展，通过市场机制引进陈家沟太极拳发展有限公司投资建成了陈家沟太极拳文化国际交流中心，该中心可同时容纳观众 3500 人；建成了接待中心，可同时容纳400 多人入住及就餐。该公司已顺利承接太极拳争霸赛、太极拳邀请赛、太极拳家乡赛等多项太极拳赛事活动，取得了经济效益和社会效益的双丰收。

（4）大力发展教育培训产业。积极发展太极拳武校、家庭武馆，筹建了中国太极拳职业教育中心，聘请陈小旺、陈正雷、王西安、朱天才等为客座教授，面向国际市场开展培训；实施了河南太极拳学院和陈家沟太极拳大师回归工程，陈正雷太极书院落成，陈小旺太极拳艺术馆、王西安艺术馆及朱天才太极院已开工建设。目前，陈家沟村内共有武校 4 家、拳馆 50 多家，县内共有各类拳馆、授拳点 200 多家（个）。陈家沟村内从事太极拳教育培训行业的有 800 多人，全县有 3000 多人。据不完全统计，从温县走出去的拳师共在世界各地发展各类拳馆、授拳点 4000 多家（个）。如今，陈氏太极拳已经风靡全国、走向世界，美、英、法、日等国家还成立了太极拳研究机构，并邀请我国武术教练前去传授太极拳，众多港澳台同胞和国际友人也慕名前来陈家沟访宗寻祖、拜师学艺，陈氏太极拳成为名副其实的国之瑰宝、民族之骄傲、武林之奇葩。

二　深度挖掘以太极拳为精髓的文化产业

近年来，温县深度挖掘太极拳文化内涵，发挥资源优势，培育和提升具有区域特色的文化品牌。一是积极开展太极拳申遗工作。二是出版理论书籍教材，先后整理出版了《陈氏太极拳志》《太极拳丛书》《太极拳》《图说太极拳史》等太极拳理论书籍、武术研究著作、大型图册、文章 120 多部，各类音像教材 300 多套，通过印制出版理论书籍、各类教程教材等，不断提高太极拳文化研究水平和爱好者的理论素养。三是搜集整理陈家沟历史文化资源，依托中国太极拳文化研究基地、陈家沟太极拳研究院等，搜集陈家沟图文资料，持续挖掘太极拳故事。四是组织太极拳文化活动，先后策划组织了中国书协著名书法家走进陈家沟、世界太极拳名家走进陈家沟、百万人演练太极拳等活动；2015 年为推动设立"世界太极拳日"，温县发起"共享太极共享健康"世界百万太极拳爱好者共同演练活动，在国内 60 个城市、国外 25 个城市同时举行，全球 10 万多名不同肤色、不同年龄的太极拳习练者集中演练，百万名太极拳爱好者分散演练，成功挑战吉尼斯世界纪录，香港凤凰卫视全程直播，向全世界集中展示了太极拳的独特魅力；2017 年，在温县陈家沟迈开"武"步，举行了百城千万人太极拳展演活动启动仪式，以"共享太极共享健康"为主题，沿"一带一路"方向即丝绸之路经济带、21 世纪海上丝绸之路方向两条线路，在国内 500 多个演练城市和国外 25 个国家的 30 个城市开展环球演练，促进了中国传统武术文化的广泛发展；组织开展了"千名拳师走进陈家沟"活动，目前全国各地万余名太极拳拳师到陈家沟开展培训、拜祖、交流等活动。五是举办理论研讨论坛，2018 年 4

月太极拳文化传承发展研讨会在北京举行，在全国各类媒体引发报道热潮，新华社、新华网、《半月谈》、凤凰网、百度网、腾讯、《河南日报》、河南省人民政府网站等 30 多家中央、省级官方媒体网站第一时间发力，进行集中报道，转发量和浏览量可观；多次邀请国家级非物质文化遗产代表性传承人，陈氏太极拳大师陈小旺、王西安、陈正雷、朱天才等亲临授课，以名家大讲堂、名家论坛、大师公开课、公益课等形式，为广大太极拳习练者解疑释惑，年均组织太极拳名家授课和表演达 60 多场次，参与学员累计达 6000 多人。六是培植太极拳文化产业链，近年来在授拳产业的带动下温县太极拳文化服饰产品等相关配套服务产业加快发展，主要生产太极功夫鞋的红棉鞋业公司年产值 2000 万元以上；陈家沟村内已建成特产超市、茶馆、酒家、工艺品店等各类门店 80 多家，培育太极服、功夫鞋、太极器械生产企业及专营店铺 40 多家，发展特色民宿 8 家、特色餐饮 10 多家，共吸纳就业近 1000 人，年营业额达 8000 多万元。七是打造太极拳文化历史纪录巨制，邀请国内知名影视纪录制作团队，围绕太极文化渊源和太极拳发源、流派、传承、发展、康养等内容，谋划拍摄 5 集电视纪录片，每集 50 分钟，用镜头记录下当代各流派太极拳名家演练的珍贵资料，成为温县乃至中国传统武术文化传播的重要载体。

三 逐步做大以太极拳为核心的康养产业

围绕国内外太极拳爱好者和周边一小时交通圈旅游休闲养生群体，温县利用太极拳的养生健身特效，开发以太极拳为主的县域养生资源，发展健康养生产业。

一是培育养生品牌。研发太极拳养生疗养功能，培育特色养生产品，打造出珍珠菊花茶、金银花茶、铁棍山药汁等一批养生保健产品。

二是做强养生产业。开办连锁店、俱乐部、疗养馆、功夫馆等，建成海旺弘亚温泉酒店、君怡明珠、天天大酒店、帝苑酒店等 10 多家星级酒店，发展与太极拳和地域文化相联系的推拿按摩疗养、中医药健康养生、温泉养生、休闲清净居住等旅游项目。

三是发展休闲产业。利用滩区黄河湿地、原料林、经济林、怀药种植等滩区风景和资源，建成黄河滩区林场、铁棍山药种植基地等观光采摘、农事体验、土地出租代管、休闲野炊、汽车露营、骑射娱乐等农林旅游园区项目。

四是推进健康产业。鼓励有条件的医疗机构建立康复中心，温县人民医院、温县第二人民医院、温县中医院等三家医院已建成太极拳康复治疗中心。目前，正在接受太极拳康复治疗的患者达到 1000 多人，充分发挥了太极拳在慢性病防治以及康复治疗方面的积极作用。

四　积极构建以太极拳为龙头的旅游产业

（1）站位高远，科学规划。温县规划了控制面积达 20 平方千米的陈家沟太极拳文化旅游产业园区，编制了三规合一的《陈家沟太极拳文化旅游区总规、控规及核心区城市设计》，并将其纳入县城整体规划，与新、老城区及产业集聚区相互呼应、资源共享，形成了"四区"联动协调发展之势。同时，以陈家沟景区为核心，加快推进赵堡镇特色小镇建设，带动全县全域旅游板块全面发展。利用"太极 + 水""太极 + 文""太极 + 农"资源，打造生态旅游带、人文旅游带、田园旅游带，形成"一核三带"的旅游格局。

（2）加大投入，建设景区。项目是太极拳文化旅游产业发展的重要支撑。2017 年以来，温县与湘江集团等公司进行战略合作，累计投资 7 亿元，倾全力对陈家沟进行大规划、大投入、大改造，全面完成了老村改造，按照中原地区明清时代建筑特点，对现有民居和街景进行了复原和改造，东沟改造提升、杨露禅学拳处改扩建、中华太极馆、陈家沟村史馆、王廷大街、长兴大街等 30 多处景点和产业项目进展顺利，投资 8000 多万元的中华太极馆项目建设主体告竣，建成后将是全世界收录太极拳资料最齐全、最权威的综合性、互动体验式展馆。

（3）更新理念，提升品位。以"记得起乡愁"为理念，融入名人故居、太和堂药店、镖局、酒坊、盐社等元素，还原陈家沟原始风貌。实施了老村

改造、东沟改造、智慧景区、旅游汽车站、商业街等建设项目,提升了旅游公共服务水平。聘请专业团队对杨露禅学拳处进行高水平、高档次的布展,利用声光电等现代技术完美展现太极拳发展传播的历史脉络,对祖师堂、拳谱堂和太极拳博物馆进行改造提升,对原有陈列展品、设施设备进行维护更新。创新寻根拜祖仪式,在传统祭奠活动基础上融入先进文化元素,讲好太极拳故事,做好太极拳"根"文化。实施"太极 + 文化创意",IDG 资本"印象太极"演艺项目已完成剧场规划设计,不久将进行全球公演。全力发展太极拳演艺节目、地方特色餐饮小吃和特色旅游商品购物等,促进景区商业繁荣。

(4)强化宣传,拓展品牌。利用新媒体、新手段,持续扩大太极拳和太极拳文化旅游产品的影响力。运用"互联网 +"形成太极拳文化旅游营销新业态。挖掘太极拳史料,融入中华传统文化和中国价值观,与知名文化传媒公司合作,拍摄大型电视连续剧和电影。积极引智,与知名旅游营销集团合作,建立新型旅游营销平台,组织旅行社到陈家沟考察旅游路线,开展地接业务,拓展客源市场。利用"太极拳"融入"老家河南"旅游推荐产品优势,建立陈家沟景区与周边及全国知名景区的合作关系,实现共赢发展。目前,陈家沟景区已与 100 多家旅行社成功对接,与美团、途牛、携程、去哪儿等网站签订了票务合作协议,正在积极创建国家 5A 级景区。

五　陈氏太极拳主体发展趋势分析

习练太极拳不分年龄大小,老少皆宜,不分宗族信仰,不分国界,不受地方大小影响,不受天气影响,备受人们喜爱。今天,太极拳已经传遍世界150 多个国家和地区,全球太极拳习练者达数亿人之多,陈氏太极拳是其中的主力。

(一)健身功能主导着陈氏太极拳多元性发展趋势

无论是国内发展还是国际传播,太极拳特殊的健身康体、修身养性、陶冶情操、娱乐休闲功能都毫无争议地居于核心地位，并且在现实中越来越显著地发挥着主导作用。陈氏太极拳也是如此，具有多样性的显著发展特征。

（1）较好地满足大众健身需求是当代陈氏太极拳发展的最基本特征。当前，从事太极拳练习的人群，主要目的是为了满足自身的健康需要，所以，24式简化太极拳等以明确服务大众健身为主旨的新编套路最为流行。一些群众因为习练太极拳拥有了健康的身体，他们的口耳相传往往能迅速促进太极拳的传播。陈氏太极拳能得到众多习练者的认可，最主要的原因是其具有特殊的健身康体作用。纵观当代各地陈氏太极拳爱好者群体，大多首先是基于健身的需求。因此，可以预见，在今后的陈氏太极拳发展中，健身康体仍将会持续成为主导趋势。

（2）陈氏太极拳的传统功夫将会更加深受有多年习练经历的人群喜爱。陈氏、杨氏、武氏、吴氏、孙氏、李氏、和氏、王其和等各大传统太极拳流派具有较为悠久的历史，承载着浓郁的传统文化特色，受到了拥有多年太极拳习练经历群体的喜爱，他们多年执着于各式传统太极拳流派的学习，休闲放松，寻理究法，乐在其中。相对于其他各家太极拳流派而言，螺旋缠绕、松活弹抖的陈氏太极拳在兼具健身养生功能的同时，还具有能够护身御敌的发力特点，其传统功夫特征对于一般太极拳爱好者来说通常更具吸引力，在今后的相当一段时间内，这一特点在拥有多年习武经历的人群中体现得将会更加显著。

（3）陈氏太极拳的技击功能日益为不同年龄段人群所欣赏、注重、倡导。陈氏太极拳在传统太极拳领域的技击引领地位有目共睹，这种技击功能正日益为不同年龄段的太极拳人群所欣赏。同时，各式太极拳推手大赛对于陈氏太极拳技击功能的发展也起着积极的作用。传统武术界崇尚技艺切蹉交流、以武会友的风俗本来就在太极拳界流传，现代搏击对于传统太极拳技击功能的反衬与刺激，势必促进陈氏太极拳技击功能的普及与强化。目前，许多陈氏太极拳馆校在教学中已经开始强化技击功能的训练与应用，这一趋势将会持续影响并带动陈氏太极拳习练者逐渐向传统太极拳的打练一体风格靠近。

（二）陈氏太极拳艺术表演特征日趋受到社会各界重视与推广

陈氏太极拳突出发力的独特风格正日趋引起社会各界的关注与重视。一方面，当代的竞技太极拳演练导向与整体发展趋势高度契合了陈氏太极拳刚柔相济的武学特征；另一方面，在当前市场经济大环境下举办的各种各样的赛事、演艺活动中，太极拳已经是必不可少的内容，无论是竞技武术比赛还是商业演出活动，无论是自选演练动作还是集体套路编排，太极拳演练形式正越来越偏向于以发力动作见长的陈氏太极拳等。当代舞蹈领域的艺术家们也开始更为积极地吸取陈氏太极拳的技术动作元素，与陈氏太极拳风格相关的舞蹈艺术创意作品也开始进入人们的视野。在现代科技塑造出的全新舞台背景与灯光艺术效应的烘托之下，各种陈氏太极拳风格的武术竞赛、艺术演练形式正在给观众带来愉悦身心的文化美感，同时也在潜移默化地影响着社会各界人士的思维与判断，陈氏太极拳更为灿烂的春天正加速到来。

（三）国际传播与产业发展齐头并进的陈氏太极拳宏观演进特征

从当代陈氏太极拳发展状态来看，沿着国际文化传播与品牌产业开发两条轨道齐头并进的趋势正越来越清晰。在这种趋势下，发展陈氏太极拳早已不是单单哪一方力量的问题，跨界联合、协同创新的战略指导思想正在被更多的社会各界主体所认可与接受。

（1）陈氏太极拳进入高校，规范发展、科学引领和服务人类健康事业。在时代进步与科技发展推动之下，陈氏太极拳发展面临的科学化与规范化问题日益凸显。陈氏太极拳进入各级各类高校，在高等教育平台上实现科学、规范发展，目前已经表现出较为明朗的势头。以河南理工大学、焦作高等师范专科学校、焦作大学这三所焦作高校为首，当前河南省的不少高校较好地做到了陈氏太极拳进校园、进课堂等。全国范围内，北京、上海、广州等地一些高校也纷纷开始将陈氏太极拳作为特色教育内容。高校平台的综合科研优势，在研究、揭示太极拳人体健康促进作用方面已经开始显现，近年来出现了许多相关研究成果，分别以陈氏太极拳技术动作和习练者为对象，从多方面进行探索、描述和阐释。以美国斯坦福大学、英国利兹大学、澳大利亚昆士兰大学等为代表，国外的一些世界顶级学府也在积极开展该领域的科学研究工作。2011 年 4 月，美国佛罗里达州迈阿密大学、迈阿密大学医学院、电影传媒学院邀请陈氏太极拳代表人物陈正雷赴美讲课，并联合迈阿密大学拍摄了《太极拳与人体健康》科学纪录片。中美双方针对太极拳的人体健康效用，尤其是对老人防摔倒、去肥胖、疗忧郁的作用机制，进行了全方位的探讨。① 以高校为平台，以科研为引领，对于陈氏太极拳的规范、科学发展尤其重要，特别是随着近年来"健康中国"以及互联网"太极 +"理念的提出和对"太极 + 高校""太极 + 中医""太极 + 人体科学"等系列新路径的探索，必将引领包括陈氏太极拳在内的当代太极拳开创出一种服务人类健康事业的全新局面。

（2）陈氏太极拳产业勃兴，形成政府倡导、企业参与、社会各界合作共赢的产业发展新局面。2008 年北京奥运会开幕式上，陈氏太极拳的《自然》节目演出向全球展现了太极拳的独特艺术内蕴与潜在综合价值。北京奥运会后，以陈氏太极拳所在的中原大地为先导，全国"武术之乡"纷纷兴起太极拳产业热潮。2010 年 8 月 26 日，中国武协在人民大会堂授权李连杰进行太极拳武术市场开发工作，目标是力争在 10～20 年内使太极拳成为一项世界性的健身文化产业，并推动太极拳推手在 2026 年前后成为奥运会项目。② 之后不久，马云与李连杰联合成立太极文化公司、携手陈氏太极拳发展"太极禅"的报道即传遍了各大媒体。此前，阿里巴巴集团已经与陈氏太极拳王西安拳法研究会联合推广太极拳，并以之作为企业文化核心品牌的内容。③ 这一事件不仅表明了陈氏太极拳在当代太极拳界和体育产业领域的核心地位，还直观显示出一种陈氏太极拳发展的重要信息——国家和政府

---

① 佚名：《太极拳与医学结合科研与媒体推动发展》，新浪微博，2011 年 5 月 10 日，网址：http://sports.sohu.com/20100826/n274491792.shtml。

② 黎晗、李连杰：《受聘推广太极拳：太极 10 年后进奥运》，搜狐网，网址：http//blog.sina.com.cn/s/blog_ 6fd8efab0100u4up.html。

③ 申国卿：《陈氏太极拳文化探骊》，湖北人民出版社，2011，第 12 页。

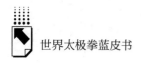
的积极支持，商界精英人士的进入，体育产业大潮的影响，三者的共同推动正在构成当代陈氏太极拳的一种全新复合动力，也预示着"政府倡导，企业参与，社会各界合作共赢"的"大太极"理念正在当代太极拳发展实践中绽放新芽。

（3）陈氏太极拳拥抱世界，协同创新，特色引领，传播中华和谐文化。中华民族伟大复兴为陈氏太极拳创造了空前的时代舞台，"面向世界、开放发展""特色引领、协同创新"，是当代陈氏太极拳发展的必然选择。当前，以河南温县为主体的陈氏太极拳已有充沛的发展动力，在战略上具备了实现新突破的客观积淀。媒体报道显示①，温县立足于陈氏太极拳特色资源，以"太极＋文化""太极＋旅游"理念为指引，正在致力于将陈家沟景区建设成为"享誉世界的太极圣地"，通过太极拳品牌建设，"构筑情景交融的慢生活小镇""树立中国新型城镇化的标杆""绽放千年文明的静雅之美""唤醒中国式养老的脱尘之梦"。在陈家沟这片太极拳热土上，统一管理运作的"陈氏太极拳全球连锁教育培训航空母舰"正在积极谋划中；携手张艺谋团队打造"太极印象"大型演艺节目，"东沟工程""大师回归工程"等正在持续推进；拥有高科技体验的中华太极拳博物馆向来自世界各地的游客和拳友展示着太极拳文化的活态魅力；温县与郑州大学体育学院联合创建"政产学研用"五位一体的河南省太极拳学院项目，将会为太极拳的传承和太极拳文化的弘扬发展，培养出更适合世界发展需要的太极拳复合型人才。这些都预示着以河南温县为主体的陈氏太极拳，正在描绘一幅当代中华民族伟大复兴的和谐画卷。

六　结束语

时代的发展，促使我们思考一个问题——"为什么要发展太极拳？"当

---

① 《河南最"矛盾"的景点隐居多年却国际追捧投资上亿成中国脸面》，搜狐网，2018 年 9 月 22 日。

我们审视陈氏太极拳当代发展状态，求索陈氏太极拳未来演进趋势之时，这一问题同样横亘在我们面前，引起一连串的追问，激发一系列的反思。

因为承载着中国传统文化的经典太极哲学内核，陈氏太极拳在武林大观园中别具一格；因为置身于中华民族伟大复兴的战略语境，当代陈氏太极拳发展面临着无比广阔的时空舞台；因为拥有当代主流太极拳流派拳学母体地位，陈氏太极拳被赋予了得天独厚的综合发展势能。这一切，从另一种视角来看，又意味着与时代共舞，引领着中国太极拳传播的责任与担当。置身于中华民族伟大复兴进程之中，在"一带一路"倡议实施过程中，太极拳将会积极融入当代中国战略格局，充分发挥自身特有的民族体育运动形式与中国传统文化内涵，全面服务当代中国文化软实力建设，以正能量助力当代中国文化国际传播，加快实现习近平总书记提出的构建人类命运共同体，并成为我国与世界各国进行文化交流的一个重要品牌。无论追求商业利益的太极拳产业开发，还是靠拢奥运赛事的太极拳竞技路线，无论采用何种形式表达何种追求，这一主题思想都应当坚定不移。唯其如此，才能正确看待当代太极拳的多样化发展特征，始终保持当代太极拳发展路径的科学化导向，和谐融入当代中华民族伟大复兴的战略格局。

B.16
邯郸市太极拳发展现状

杨宗杰*

摘　要： 河北省邯郸市永年区是太极拳较早出现的地方，依托当地
独特而丰富的太极文化资源，基于市、区两级党委、政府
的高度重视，邯郸市针对太极拳提出了普及、提高和交流
三个发展方向，并确立了一座太极城、一个品牌太极大会、
一所太极文化学院和一份《太极》杂志等四个强力抓手，
着力打造国际太极文化圣地。

关键词： 邯郸市　太极拳　杨露禅

河北省邯郸市太极拳的发展现状，主要基于一个历史立足点，两级党
委、政府的高度重视，三个发展方向和四个强力抓手。

一　一个历史立足点

河北省邯郸市永年区是太极拳较早出现的地方。1881 年永年人李经纶
手抄《太极拳谱》三本，史称"老三本"，是史上首次出现"太极拳"称
谓的历史文献。1928 年《清史稿》载："清中叶，河北有太极拳……至清
末，传习者颇众云。"[1] 作为官方史册，标明"太极拳"名首现"河北"。

---

* 杨宗杰，邯郸市体育局太极拳教练员，研究方向为太极拳文化和历史。
[1] 《清史稿·卷五百五·列传二百九十二·艺术四》。

从清中叶起，永年太极拳绵延不断，大师辈出，流传有序，从杨露禅到杨班侯、杨健侯、杨澄甫，从武禹襄到李经纶、郝为真等，一代代叱咤风云，彪炳史册，两条传承链条被后人称为杨氏太极拳和武氏太极拳，并派生出吴氏太极拳、孙氏太极拳、王其和太极拳。几大流派太极拳传向世界各地，同时把永年的美名传向世界各地，"永年太极拳"也成为太极拳界的一个品牌美誉。太极拳文化成为永年乃至邯郸最宝贵、最具现实活力的历史资源和文化品牌。2006 年，中国武术协会授予邯郸"太极拳圣地"的荣誉称号。邯郸以"太极拳圣地"为荣，以弘扬太极文化、造福人类健康、构建和谐社会为己任，"太极拳圣地"成为邯郸一切太极拳体育文化活动的历史立足点。

二 两级党委、政府的高度重视

邯郸市历届市委、市政府和永年区历届区委、区政府都高度重视太极拳文化这份宝贵的资源和品牌，认真研究，积极谋划，把太极拳文化纳入区域国民经济五年发展规划中加以推进。

永年县（永年区前身）自 1991 年始，率先举办了首届中国永年国际太极拳联谊会，是当时全国首次举办的大型太极拳交流活动。该项太极拳联谊会此后每两年举办一届，2006 年第十届开始上升到邯郸市政府主办，截至 2018 年第十四届，成为全国举办届次最多的一个品牌太极拳盛会。

永年县以"古城、水城、太极城"为核心，在市委、市政府的支持下成立了邯郸广府生态文化园区管委会，大力建设"世界太极旅游目的地"。1996 年永年县创办了《太极》双月刊，以中国永年太极拳联谊会会刊的形式发行，现在办刊已过百期，在社会上产生了持续而良好的影响。1998 年，中国武术协会在北京天安门广场举办庆祝中国武协成立四十周年和邓小平"太极拳好"题词发表二十周年万人太极拳表演活动，永年县应邀组织了北京之外的唯一一支太极拳队伍参加表演。2004 年，永年县政府出台了《弘扬太极文化，实施4421 太极工程方案》，对全县太极拳工作做了整体部署。2004 ~ 2006 年，永年县政府组织力量编纂出版了《永年太极拳志》。永年县民间太极

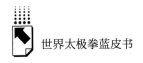

拳社团组织达十几家，太极拳活动丰富多彩。位于广府镇的河北硅谷公司投资过亿元，建造了太极大酒店、太极文化广场、太极国术馆和太极书法碑廊等，为在广府建设太极文化产业园、太极文化交流中心奠定了扎实的基础。

邯郸市委、市政府把太极拳文化作为一张体育文化名片进行宣传和打造。面临经济转型期和京津冀协同发展的新形势，邯郸市委、市政府把太极拳文化作为防止邯郸被边缘化的重要抓手而予以重视。加大太极拳文化投入，每两年一届的中国·邯郸国际太极拳运动大会，市财政列支是500万元。把原永年广府生态文化园区管委会升格为副县级的邯郸广府生态文化园区管委会，强化广府5A级景区的打造和宣传，建设了邯郸到广府旅游专线，开通了邯郸到广府公交线路。支持邯郸学院创办太极文化学院，使中国武术协会段位制考评点、河北省太极拳协会等落户邯郸学院。

三 三个发展方向

邯郸市太极拳，主要有普及、提高和交流三个发展方向。其中，除了职能部门邯郸市体育局、教育局等外，邯郸市太极拳社团也发挥了很好的作用。

（一）普及方面

（1）太极拳"六进"成绩显著。邯郸市较早实施了太极拳"六进"工程，即太极拳进学校、进农村、进企业、进机关、进社区、进军营活动。邯郸市体育局组织了一年一度的全市农民太极拳比赛，成为带动农村太极拳发展的一个有力举措。

（2）邯郸市教育局聘请著名太极拳师举办全市中小学校太极拳师资队伍培训班，编写了《邯郸市中小学校太极拳教材》，设置了传统杨氏、武氏太极拳课程，并开展了太极拳推手教学。

（3）邯郸市消防支队太极拳训练搞得有声有色。支队把太极文化作为提升队伍素质、活跃支队文化生活的重要项目。支队进行了太极拳、太极刀和太极剑等的系统训练，参加了历届中国·邯郸国际太极拳运动大会，取得了较好的比赛成绩。

（4）邯郸市各太极拳组织活跃，每一个社团或集团都是一个普及推广的重要阵地。邯郸市杨澄甫式太极拳学会、邯郸太极拳友会、邯郸市太极拳促进会、河北太极集团、邯郸市太极拳研究会、永年洺州太极拳社、洺苑太极拳传授站、武安市太极拳协会等，通过举办专题座谈会、太极拳比赛、新春团拜会、联欢会及相关庆典活动，将太极拳和文艺节目相结合，产生了较好的宣传太极拳文化、增加太极拳习练人数的作用。

（二）提高方面

永年广府太极国术馆立足"太极拳圣地"，充分发挥太极拳资源优势，实施太极拳教练员和研究员双轨制考评制度，建立了一支理论水平和技法水平双优的太极拳师资队伍。广府太极国术馆在全国各地设点布局，建立了多个广府太极国术馆培训基地，统一教学模式，瞄准太极拳技法和理法的提高层面，举办了多期太极拳培训班。2016 年，法国一个 80 多人的太极拳队伍前来广府太极国术馆学习，他们虽然大都有十几年以上的拳龄，但到了广府，才真正理解了太极文化的博大精深。

邯郸广播电视大学太极拳专业班开展了系统的太极拳教学，从太极拳技法体系到理论体系进行全方位提高。

通过举办已故太极大师纪念活动，开展学术交流，成为促进拳理拳法水平提高的一个重要途径。近几年来，河北省太极拳健康学会举办了杨振基逝世 20 周年纪念活动，永年太极武馆、杨振河太极国术馆等举办了翟文章诞辰百年纪念活动，邯郸市太极拳友会举办了傅声远逝世周年纪念活动，邯郸市太极拳研究会举办了王长兴逝世五周年纪念活动等，所有这些活动，均安排太极拳理论报告和表演观摩，提高了与会者的太极拳理法水平。永年禹襄太极拳研究院举办弟子进修班，对太极拳核心理法进行剖析，在提高水平上狠下功夫。人和小区太极拳协会创办了《太极风》小报，成为一个太极拳理论研究阵地。

（三）交流方面

邯郸市不仅当地群众性的太极拳普及推广活动频繁，而且与外地的交流

活动也很多。广府太极拳协会举办了多届中国广府太极拳年会，持续时间长，参加范围广；2017 年、2018 年，邯郸市杨氏太极拳专委会举办了两届全球杨氏太极拳观摩赛，观摩赛上举行了杨露禅公祭、太极拳论坛和太极拳比赛等活动，每届与会者人数上千人，覆盖全国十多个省份和国际上十多个国家和地区，在社会上产生了较大的影响。2018 年，永年杨露禅太极拳学院举办了全国太极拳交流赛，参赛人数也超过了 1000 人，涉及全国十几个省份，影响很大。

2017 年 5 月成都发生的私人约架事件，在社会舆论上产生了极大的反响，引起了人们对武术观念的混乱。河北省太极拳健康学会及时召集专题座谈会，并邀请媒体参加，对此事件作出谴责，传播了正确的武术观，产生了良好的社会效益。

邯郸常年在各地传播太极拳的著名拳师有杨振河、翟维传、钟振山、常关成、韩兴民、韩清民、董新成、朱现红、苏学文、孙建国、陈东峰等数十位，他们的传拳足迹遍布全国各地，并远播东南亚、欧洲、美洲等地。

2016 年，《太极》杂志举办创刊二十周年庆典活动，分布于全国各地的《太极》杂志发行站举办了形式多样的庆祝活动，涉及 20 余个省份，参与人数过万。

近年来各地来邯郸进行太极拳寻根觅源、寻师访友的太极拳社团和个人络绎不绝，邯郸市将之与旅游相结合，呈现更大的发展趋势，使太极拳成为架起邯郸和世界各地交流的一个文化桥梁。

四 四个强力抓手

（一）一座太极城

邯郸市永年区广府镇，是著名的杨氏太极拳和武氏太极拳发源地，太极拳从这里开始走向通都大衢、走向社会、走向世界，从名不见经传到广为人知，载入史册。2006 年，中国武术协会授予永年"太极拳圣地"荣誉称号。

广府镇集古城、水城、太极城于一身，历史底蕴深厚，拥有两处国家级文物保护单位（古城墙和弘济桥）和众多省级文物保护单位；自然环境优美，湿地面积达598.9公顷的永年洼被列为国家湿地公园建设试点单位，人称"北方小江南"。广府镇2017年晋升为国家5A级旅游景区。

近年来广府镇利用独特而丰富的太极文化资源，着力打造国际太极文化交流中心，交流中心含有以下五大副中心。

太极文化博物中心，也即观光中心。广府太极文化历史资源丰富，历史遗存众多，犹如一座生动的太极拳历史博物馆。其中有省级文物保护单位杨露禅故居、武禹襄故居，还有杨露禅墓地、武禹襄墓地、太和堂药店、傅公祠、赵斌太极园，以及李亦畬、姚继祖、翟文章等太极宗师墓地。相关遗址还有广平府衙、武家大院、清晖书院等。进入广府，相当于进入太极拳历史隧道，能够让人了解太极拳早期发展的历史密码及后来的发展脉络。

太极文化信息中心。纵向上，广府拥有丰富的历史信息；横向上，永年太极拳辐射面广，交流面广，杨氏太极拳传人、爱好者人数在各大流派中高居榜首，世界各地以"永年"命名的太极拳社团组织上百家，到永年寻踪觅源的爱好者络绎不绝，所有这一切，都成为广府的太极信息源，使广府成为太极文化信息中心。

太极文化研究中心。广府作为太极文化信息中心，必然带来对太极文化广泛深入的讨论和研究。但是截至目前，广府的太极文化研究力量还比较分散，没有形成一个统一的研究实体。建立太极文化研究中心，能够有计划、有目标、有步骤、有分工、有合作地深入开展太极文化研究。

太极文化培训中心。目前广府拥有十多家太极拳培训机构，其中比较著名的有广府太极国术馆、杨露禅太极拳学院、杨振河太极国术馆、武禹襄太极研究院、班侯架培训中心等。每一个机构在世界各地都有辐射，形成了一张巨大的太极文化培训网。广府常年在各地授拳的拳师有十多人，他们走出去，也带进来，广府由此成为广大太极拳习练者提高太极水平的必来之地。

太极文化产业中心。立足太极，实现"太极+"的拓展模式，大力发展太极旅游业、太极餐饮业、太极拳培训交流比赛等体育产业、太极服装器

械书籍等服务业。广府的宾馆在短短十几年的时间里，已经从无到有，发展到十几家，几乎是一年增加一家，从一个侧面反映出太极文化给广府带来的产业变化。

交流中心附属五大副中心，相辅相成，相得益彰，共同筑成广府国际太极文化交流中心的大厦，奠定了广府世界太极城的地位。

（二）一个品牌太极拳大会

"中国·邯郸国际太极拳运动大会"是邯郸的一个品牌太极拳大会。这项活动起始于1991年，第一届的名称是"河北永年国际太极拳联谊会"，一般是两年一届，名称不断变更，到2008年，正式定名为"中国·邯郸国际太极拳运动大会"，由国家体育总局武术运动管理中心、河北省体育局和邯郸市人民政府联合主办，由河北省武术协会、河北省武管中心、邯郸市体育局、永年区人民政府、邯郸学院等相关部门承办，作为重大活动，报经河北省人民政府审批。

大会的基本构成主要有四项：开幕式、太极拳比赛、太极拳论坛、闭幕式。每一届根据实际情况，会增加许多相关项目，如太极拳名家展演、太极拳"六进"展演、太极文化展、纪念简化太极拳推广50周年和60周年、太极拳寻踪见源活动、武林大会走进邯郸，以及其他商业推介活动等。

每一届太极拳大会的规模，正式与会代表一般稳定在2000人左右，其中70%是参赛人员，30%是观摩人员。每届大会，还吸引了数十家媒体的参与报道，影响很大。每一届参会人员，都来自国内20多个省份和港、澳、台地区，以及国外爱好者，其中规模较大的一届是2008年第十一届中国·邯郸国际太极拳运动大会，参会人员实现了对国内31个省份和港、澳、台地区的全覆盖，国外有40多个国家参加。

中国·邯郸国际太极拳运动大会是让邯郸走向世界，让世界了解邯郸的重要窗口，邯郸历届市委、市政府高度重视，把中国·邯郸国际太极拳运动大会作为一个国字号的品牌赛事进行打造，举全市之力，发动数十个部门共同参与大会的筹备和组织工作，力求办成精品、名品。

（三）一所太极文化学院

邯郸学院太极文化学院成立于 2009 年 10 月，是全国高校首家培养太极文化本科人才的专业学院。2011 年体育教育（太极拳方向）专业面向河北省招收首批本科生；2014 年面向全国招收本科生，同年开始面向河北省招收五年一贯制专科生。

邯郸学院目前开设有体育教育（太极拳方向）一个专业，设置有太极拳套路、太极拳技击、太极拳养生三个发展方向。现有在校生 280 人，在编专任教师 10 人，外聘专任教师 5 人，客座教授 15 人。专任教师中博士 1 人，硕士 7 人。有武术与民族传统体育（太极拳）省级重点发展学科 1 个，太极拳省级精品课程 1 门。学院拥有太极拳训练馆 2 个，运动生物力学实验室 1 个，传统文化修养室 1 个，是国家武术运动管理中心太极拳推手研究试点单位，武术段位制培训考评点单位。

太极文化学院以推进太极拳现代化转型和弘扬太极文化为己任，面向国内外培养具备系统的现代体育运动理论和太极拳运动理论、突出的太极拳技术、扎实的太极文化知识、良好的传统文化素养，具有较强的服务社会能力和科学求实、开拓进取精神的太极文化专门人才。立足太极文化事业和太极文化市场发展趋势，体育教育（太极拳方向）专业确立了专业化、职业化、精品化的培养方向，能练、能打、能教、能闯的人才培养标准，"教训结合，以训促教"的培养模式。

为更好支撑学科专业建设，邯郸学院太极文化学院联合上海体育学院、河南大学、中国国际广播电台、北京三多堂传媒科技有限公司等单位成立了太极文化协同创新中心，推动太极文化科学化传承；与北京、天津、江苏等地太极文化企业开展校企合作，建立实习实训基地及就业孵化基地；联合中国国际广播电台成立太极文化国际培训基地，在俄罗斯、白俄罗斯建成两所太极学院，与西班牙、马来西亚等 10 多个国家签署了合建国际太极学院的协议，开辟了太极文化国际传播的新渠道。

综观邯郸学院太极文化学院的创办过程，成功的经验主要是：（1）办学动机正确。立足太极文化的博大精深和邯郸太极文化的资源优势，走特色办学之路，坚信太极文化有学科价值，引领太极拳从民间传承走向高校的学科建设。这在太极拳发展史上是一个创举，也是一个探索。（2）招生模式科学。起步即是大学本科，确保了生源的文化基础。（3）探索特色教学之路。办校以来，试验过多种教学模式，关键是如何突破传统。先是打破传统流派，学校独自编创套路；然后分成杨氏、武氏两个太极组，分别学习；当前是传统套路和太极拳推手供学生自己选择，再分别施教。从中发现，传统套路历经岁月，并不容易轻易抛弃；打破传统师父带徒弟模式也非易事，后来采取课上集体教学和课后师父带徒弟模式相结合的教学之路。存在的主要不足是：（1）科研活动是薄弱环节。从目前来看，教学中的科研活动尚是弱项，因为学生从刚入大学才开始接触太极拳，基础太弱，对是否将来一定走太极拳教学之路尚未定志，对太极拳深层次的问题兴趣不大，所以学校的精力主要是花在基础教学上，在一些难点上的深入研究还不是很多。（2）毕业生就业不足。从几届毕业生的就业情况来看，社会上对太极拳专业师资的需求量还很有限，所以大部分学生毕业后并未从事太极拳教学。但是只要继续从事太极拳专业的，都展示了良好的专业素质，具有很强的竞争能力。其中，有应邀出国开展太极拳传播的，有通过层层考核，被应聘到名校担任专职教练员的，有参加太极拳社团做文秘的等，都在各自岗位上取得了很好的工作成绩。还有一批毕业生经过考核后到中小学校任体育老师，他们所到之处，学校的太极拳成绩就会取得十分明显的进步。如何拓宽毕业生专业就业之路，如何使这批新型太极拳人才与社会上的老拳师们相安无事，互相取长补短而不是互相排挤，还需要加强宣传和引导。

（四）一份《太极》杂志

1996年，永年县政府成立了太极杂志社，出版了《太极》试刊号，1997年出版第一期，截至目前已经办刊20多年，出版了130多期《太极》杂志。《太极》杂志是内部刊物，主要是作为中国邯郸国际太极拳运动大会的会刊形式编辑发行，但它是全国唯一一份太极拳专业刊物，拥有稳定的读者群，深受广大太极拳爱好者的喜爱和支持。

《太极》杂志为双月刊，每期48页，共计6万多字。现在设计有五大专栏：经（太极拳经典文献的阅读心得），史（太极拳历史题材的研究），子（当代优秀太极拳人物事迹），集（太极拳习练心得），闻（太极文化信息）。

《太极》杂志立足"太极拳圣地"，发太极拳界的声音，是太极拳界人士的心灵家园。一是编发太极拳专业文章；二是常年接待从世界各地来太极拳故乡交流考察的太极拳社团和个人；三是到各地采访报道各种太极拳活动和优秀代表人物；四是与多家太极拳社团合办了多种太极拳交流活动。

《太极》杂志在太极拳界起到了一个重要的枢纽联络作用，历届中国·邯郸国际太极拳运动大会，太极杂志社都承担了项目策划、与各地联络、发放邀请、会务接待、论坛筹备和组织等工作，太极拳界人士举行收徒仪式、各种大小座谈会、纪念交流活动，太极杂志社人员都积极参与，帮助制订方案，组织实施，成为太极拳社会活动中不可或缺的一部分，是广大太极拳界人士的贴心人，为《太极》杂志常办常新奠定了良好的基础。

国 际 篇

B.17
太极拳国际发展历史、现状及对策建议

张小敏　刘高升＊

摘　要：　在太极拳国际传播进程中，港澳台地区起到了重要的桥头堡作用，进入20世纪50年代后，已经扎根港澳台地区的杨氏太极拳率先走向国际，而后向东南亚和大洋洲、美洲及欧洲辐射传播。报告在对太极拳国际传播进行分析的基础上，分别提出太极拳国际传播值得研究的经验、问题和对策，并提出推动太极拳国际化发展的建议。

关键词：　24式简化太极拳　世界太极拳和气功日　世界太极拳锦标赛

＊　张小敏，中国社会科学院民族学与人类学研究所副研究员，研究方向为人类学；刘高升，北京大学高等人文研究院博士后，研究员，研究方向为正身功夫和商业儒学。

中国古老的太极拳已走出国门，走向世界，成为全世界人民喜爱的一项体育运动和健身养生方式。目前，太极拳爱好者已遍及五大洲 100 多个国家，习练者有 4 亿之众。太极拳国际发展的成绩来源于 70 多年间各流派太极拳家和习练者共同的传承积累。

一　太极拳在亚洲的发展历史与现状

在太极拳正式走向亚洲舞台之前，1916～1917 年，杨氏太极拳传人夏国勋的弟子王恭甫赴南洋爪哇击败英国力士，名震南洋①。此外，王恭甫还作为华工翻译参加过第一次世界大战，成为太极拳扬名海外的先声。

太极拳正式走向国际传播舞台肇始于 20 世纪 30 年代，先是从大陆向中国港澳台地区发展，而后以港澳台地区为桥头堡，向东南亚和大洋洲、美洲、欧洲传播。20 世纪 50 年代，已经扎根港澳台地区的杨氏太极拳率先走向国际，其领军人物以董英杰、郑曼青和黄性贤等为代表。杨氏太极拳名家董英杰于 1936 年抵港授拳，在香港创立太极拳健身院，广收港、澳弟子，名声显赫，东南亚国家包括来自新加坡、马来西亚、泰国的弟子从学于董氏，于是揭开了太极拳向海外传播推广的序幕。20 世纪 50 年代，董英杰应邀前往泰国、马来西亚、新加坡等地教拳授艺，成为东南亚地区的太极拳开拓者之一。

1957 年，郑曼青出版了英文版《郑子太极十三篇》，而后于 1958 年前往新加坡、马来西亚推广郑氏简易太极拳，取得了较大反响，南洋各地频繁聘请台湾太极拳名家前往授艺，郑曼青弟子黄性贤就是其中的代表。1959 年，以黄性贤为主教练的"新加坡太极学会"成立，从此拉开了黄氏在东南亚广泛传拳的序幕。郑曼青晚年弟子吴国忠于 1984 年在新加坡成立"神龙太极拳学会"。

杨氏太极拳田兆麟一系传人陈炎林于 1947 年在上海出版了英文版太极

①　杨明漪：《近今北方健者传》（又称《拳勇见闻录》），直隶教育印书处，1923。

拳著作 *Tai-chi Chuan*: *Its Effects and Practical Application*，相当于中文著作《太极拳刀剑杆散手合编》的英译本，这也是目前最早的外文太极拳著作之一。1956 年 10 月，周恩来和贺龙访问越南，对胡志明介绍了太极拳的医疗保健作用，胡志明十分感兴趣，表示希望学习。数月后，国家体委安排顾留馨赴越教授借鉴苏联的"医疗体育"而创编的 24 式简化太极拳，胡志明和越南军委、体委的领导干部也参加学习，开启了太极拳在越南的传播。

太极拳在日本和韩国的传播时间相比东南亚较晚一些。1958 年，台湾地区的王树金应邀前往日本传播太极拳。[①] 1968 年，在致力于中日两国亲善事业的日中友好会馆名誉会长古井喜实的推动下，日本成立了太极拳协会。1972 年中日两国恢复友好邦交，由国家体委编制的 24 式简化太极拳传入日本。1978 年 11 月，日本武术家三浦英夫随日本代表团访华，在人民大会堂受到时任中国国务院副总理邓小平的接见。喜爱太极拳的三浦英夫聊起了太极拳的话题，邓小平说："太极拳好哇！"并应请求提下"太极拳好"四个大字，成为日后太极拳发展中的重要动力。

1987 年 9 月，首届亚洲武术锦标赛在日本横滨举行。亚洲 11 个国家和地区的 89 名运动员参加了比赛。太极拳作为正式比赛项目在亚锦赛终于正式亮相亚洲，从此后亚洲太极拳爱好者人数持续飙升。

1987 年，日本成立"公益社团法人日本武术太极拳联盟"，并相继在全国 47 个都道府县全都成立了武术太极拳联盟，目前注册会员已超过 1000 万人。

1987 年，亚洲武术锦标赛在韩国举办，太极拳正式亮相于韩国体育界。1992 年中韩两国建交后，太极拳在韩国开始传播，门敢红是其中的代表人物。时至今日，陈氏、杨氏、孙氏等各派传统太极拳已在韩国迅猛发展。

二 太极拳在欧美的发展历史和现状

最早在美国传播太极拳的是杨澄甫的弟子蔡鹤朋（Choy Hok Peng）。蔡

---

① 李自立：《日中太极拳交流史》，株式会社丛文社，2009。

氏于 1939 年应华埠侨胞邀请,在旧金山、洛杉矶、奥克兰、纽约市等地的中国城教授传统杨氏太极拳。[①] 此外,蔡鹤朋在香港的女弟子戈德斯(Gerda Geddes)先是于 1958 年将太极拳传入英国,后来又到美国传拳。蔡鹤朋的儿子蔡锦文也于 1958 年左右到美国旧金山湾区,在中国城教拳,前后共有 30 多年。[②]

20 世纪 50 年代太极拳登陆英国、美国和欧洲大陆,太极拳在那时就已经成为英国舞蹈专业的课程和国家电视台栏目。太极拳在欧美的传播有赖于两位女太极拳家——戈德斯和德尔萨(Sophia Delza)。这两位女太极拳家同时也是舞蹈家,她们于 1949 年同时来到上海,分别从学于杨氏太极拳传人蔡鹏宏和吴氏太极拳传人马岳梁、吴英华,并于 20 世纪 50 年代将太极拳分别传入英国、美国。

自 20 世纪 50 年代起,一大批太极拳家陆续登陆美国,包括郑曼青(1958 年到达旧金山)、梁栋材(郑曼青弟子,1962 年)、陈至诚(郑曼青弟子,1962 年)、Robert W. Smith(郑曼青弟子,1962 年)、郭连荫(杨班侯再传弟子,1963 年到达加州)、黄文山(1965 年)、朱振舜(杨守中弟子,1968 年到达波士顿)、刘振寰(1973 年)、罗邦桢(1974 年)、黄文质(1977 年)、刘肇基(1978 年)、陈云庆(陈泮岭之子,20 世纪 70 年代末)、朱殿蓉(1989 年到华盛顿特区)等[③],以及从香港移居来的董虎岭(1966 年)、梁劲予(1985 年),还有中美两国建交后特别是 1983 年后的中国太极拳家如刘积顺(1995 年)到美传拳。根据美国伊利诺伊大学专家 2005 年的报告称,美国的太极拳习练者有 500 多万人[④]。奥巴马于 2009 年还在众议院国会咨文上,倡导美国社会和公民大力推广和学习太极拳。

此外,太极拳也于 20 世纪 50 年代传入法国和欧洲其他国家,起初只在

---

① Choy Kam Man, *Tai Chi Chuan*, San Francisco, California, Memorial Edition, 1994.

② 朱殿蓉:《太极拳在美国的发展现况》,台湾《太极拳杂志》第 200 期,2012 年 6 月。

③ 朱殿蓉:《太极拳在美国的发展现况》,台湾《太极拳杂志》第 200 期,2012 年 6 月。

④ Wojtek C-Zao, *National Expert Meeting on Qi Gong and Tai Chi Consensus Report*, University of Illinois at Urbana-Champaign, 2005.

华人圈中私下传授，影响有限，直至 20 世纪 60 年代以后而获得广泛传播。在大洋洲，傅声远于 20 世纪 80 年代在澳大利亚授拳，并在柏斯（Perth）成立了国际太极拳学院，推广杨氏太极拳。1988 年董英杰之女董茉莉创办澳大利亚太极拳武术学院，并亲任院长推广杨氏太极拳。此外，大批移民和旅居海外的太极拳家和武术教师在全球各地传授各流派的太极拳。

时至今日，有数百种太极拳外文书籍，其中英文太极拳书籍最多。大陆在 1983 年由朝华出版社先后出版了吴氏、陈氏、杨氏太极拳英文版书籍。1983 年由 Douglas Wile 翻译出版的《杨家太极拳秘诀》和 1996 年出版《遗失的晚清太极拳经典》，在英语武术界颇有影响力；1985 年，Frank DeMaria（马佛仁）出版了《常氏太极拳》；1987 年顾汝章再传弟子谭丰雅出版了《太极拳气功推手》英文版。1985 年，德尔萨的书 *T'ai-chi Ch'uan（wu Style）：Body And Mind In Harmony* 正式出版。Troy Williams 于 2011 年出版的《关注太极拳：太极拳经典研究》，是把太极拳经典研究与太极拳训练相结合的一部力作。

21 世纪以来，随着中外国际文化交流的快速发展，太极拳越来越多地获得国际认可。特别是 2008 年北京奥运会开幕式和赛会特设了太极拳项目，太极拳第一次亮相奥运会赛场，成为太极拳国际发展的里程碑式大事件，从此，太极拳迅速在全球 150 多个国家中传播，并获得了包括国际医疗机构和国际学术研究期刊在内的高度认可。

三　太极拳国际交流活动

（一）国内组织主办的太极拳国际交流活动

1. 国内组织主办的面向在中国的外国人的太极拳国际交流活动

主要集中在国内高等院校的国际交流中心、留学生处、国际教育学院等部门。交流活动主要以留学生体育选修课和课外活动的形式进行。

专业武校和体育院校以讲座、开办国际班、教学、表演等方式进行的国际交流活动。

专业中医院校及研究机构以讲座、开办国际班、教学、表演等方式进行的国际交流活动。

社团、武馆组织的太极拳培训班、国际太极拳交流活动、节庆活动。

2016 年 11 月 21 日上午，中国公共外交协会中非新闻交流中心邀请的24 位非洲主流媒体记者来到北京太极禅生活馆，开启了一场太极问道之旅。记者们虽然此前没接触过太极拳，但当场对太极拳产生了浓厚兴趣，有不少记者跃跃欲试，甚至立说立行，马上学习。

2. 国内组织、主办，面向国外的太极拳国际交流活动

以孔子学院课程、孔子课堂、节庆活动、文化交流活动等方式进行。

自 2004 年成立以来，孔子学院是太极拳传播和推广的重要场所。截至2017 年底，共有 146 个国家（地区）建立了 525 所孔子学院和 1113 个孔子课堂。2018 年全球新建孔子学院 30 所。① 2016 年，全球 78 个国家 240 所孔子学院开设了中医、太极文化课程，注册学员 3.5 万人，18.5 万人参加了相关体验活动，是孔子学院非常受欢迎的课程和项目。2017 年 4 月，全球孔子学院首家"中国武术中心"在美国亚利桑那大学孔子学院正式揭牌成立，展示了美国教育和科研机构把孔子学院作为重要的健康与养生教育平台，更多更深入地在教育、科研和健康方面开发利用太极拳及其中的中国哲学的强烈愿望。②

与中国武术国际化进程紧密相关的太极拳国际竞赛和交流培训活动，以及地方机构、民间社团组织的国际太极拳交流活动、节庆活动日益频繁。在武术国际推广与交流过程中，中国主导筹建的亚洲武术联合会和国际武术联合会，发挥了十分重要的作用。中国武术协会举办了三届国际武术邀请赛，从第一届国际武术邀请赛开始，太极拳就是其中的一个单项项目。国际武术联合会委托中国武协编制了长拳、南拳、太极拳、刀术、剑术、棍

---

① 参见国家汉办官网，http://www.hanban.org/report/index.html。
② 《全球孔子学院首家"中国武术中心"，正式揭牌成立》，http://www.sohu.com/a/137065019_458565。

术、枪术 7 个竞赛套路的图书和录像，并在澳门举办了以上规定套路的教练员训练班。

为推广太极健身文化，2000 年 5 月，中国武协启动了太极拳健康月活动，决定将每年的 5 月定为太极拳月。2000 年 7 月，国际武术联合会执委会为支持中国的 5 月太极拳月活动，将每年 5 月定为世界太极拳月。每年 5 月，世界各地的体育、武术及太极拳组织都会举行丰富多彩的太极拳健身月活动，至今已有近 20 年了。

世界太极拳锦标赛是国际武联主办的六大官方赛事之一，是世界级太极拳单项赛事，旨在为全世界太极拳精英选手提供交流、切磋的平台。2014 年为首届，每两年举办一届，目前已举办三届，分别由中国国家武术协会和波兰武术协会、保加利亚武术协会承办。每届都吸引了来自 30 多个国家的数百名运动员参加比赛。主要包括比赛项目和表演项目两部分。

中国·邯郸国际太极拳运动大会（前身为"中国·永年国际太极拳联谊会"）是由国家体育总局武术运动管理中心、中国武术协会、河北省体育局主办的国际性体育综合赛事，主题为"全民健身，国际交流，传承太极"。大会比赛内容主要分为套路比赛和一至九段的段位考评。举办地为河北省邯郸市，第一届举办的时间是在 1991 年，至今一共举办过 14 届。

中国·焦作国际太极拳交流大赛由国家体育总局、河南省政府主办，承办方为国家体育总局武术运动管理中心、中国武术协会、河南省体育局、焦作市人民政府，每两年举办一届。前身为 1992 年温县举办的国际太极拳年会，2005 年更名。第九届中国·焦作国际太极拳交流大赛举行了以"共享太极·共享健康"为主题的 2017 世界百城千万人太极拳展演活动，历时 17 天，为太极拳申遗助力造势。活动沿"一带一路"即丝绸之路经济带、21 世纪海上丝绸之路方向两条线路，在国内 165 个城市和国外 25 个国家的 30 个城市开展环球传递演练。演练线路覆盖国内"一带一路"18 个重点省市和 10 个节点城市（西安、兰州、西宁、重庆、成都、郑州、武汉、长沙、南昌、合肥），以及新加坡、捷克、希腊、印度尼西亚等 13 个"一带一路"共建国家。活动期间，太极圣火在百城连续传递，全球集中参演人数达 200

万人，分散演练人数达 800 万人，总计参演人数 1000 万人。

由中国武术协会、北京市体育局主办，北京武术院、北京市武术运动协会承办的北京国际武术邀请赛，自 1994 年以来已成功举办了十二届，对武术运动在国内外的推广传播起到了重要作用。

由中国武术协会、国家体育总局武术运动管理中心联合主办，地方武术协会和地方政府承办的世界太极拳健康大会，每两年举办一届。首届于 2001 年在海南三亚举办，至 2018 年底已举办七届，这是将太极拳纳入健康工程的一项活动。

由老子道学文化研究会主办，老子道学文化研究会胡耀贞分会承办的以"老子道文化为核心，探索生命源泉体现"为主题的首届中国·南美太极问道交流会，于 2017 年 10 月举办。

世界太极文化节由三亚市人民政府、世界太极拳网联合主办，由三亚市旅游委员会、三亚市文体局、海南南山文化旅游开发有限公司、北京太和堂文化传媒机构承办，三亚市外事与侨务办公室、世界太极文化研究院、北京大学武术文化研究中心、《武当》杂志、《武魂》杂志等机构协办。首届世界太极文化节于 2016 年举办，至今已成功举办三届。

专业武校和体育院校以组织武术表演团队、参加国际比赛、派出援外教练、举办培训班等方式进行的国际交流活动，仅"十二五"时期，累计派出 132 个出访团队 1312 人次，先后访问了五大洲的 156 个国家和地区，受到世界各地太极拳爱好者的热烈欢迎和一致好评。

专业中医院校及研究机构出国以讲座、开办国际班、教学、表演等方式进行相关的国际交流活动。较早的交流如在南半球举行的一次有关气功、太极拳的讲习班①，中山医科大学康复医学教研室主任卓大宏教授、精神医学教研室主任赵耕源教授、中国科学院心理研究所汤慈美研究员于 1988 年 6 月 28 日至 30 日，应澳大利亚坎布兰卫生学院（Cumberl and College of

① 中康：《在南半球举行的一次有关气功、太极拳的讲习班》，《按摩与康复医学》1988 年第 5 期。

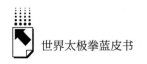

Health Sei. nces）的邀请，在悉尼做"精神紧张的控制：中国的方法和经验"专题讲习班，到会的学员有来自澳大利亚、新西兰、菲律宾、泰国等地的医师、中医药针灸治疗师、理疗师、作业治疗师、心理学工作者和气功、太极拳爱好者共约30人。

（二）国外组织、主办的太极拳国际交流活动

1. 太极拳国际竞赛

各国或地区武术团体举办的国际竞赛，如欧洲武术锦标赛、欧洲太极锦标赛。由美国两大最具影响力的武术组织主办的国际竞赛：（1）美国国家武术总会（USAWKF）是国际武联的合作伙伴，会员及组织负责人以华裔为主，现任主席为吴庭贵。它组织加州国际武术锦标赛等特定比赛，可以作为美国国家武术队的选拔赛，影响较大。（2）世界中国武术冠军联盟（International Chinese Martial Arts Circuit，ICMAC）的会员大多为西方人，主席为 Nick Scrima。每年一度在美国东部奥兰多举办世界武术冠军赛，运动员来自世界各地，影响也较大。

2. 太极拳节庆活动

世界太极拳和气功日（World Tai Chi and Qigong Day，WTCQD）由美国的太极拳爱好者比尔·道格拉斯（Bill Douglas）和安吉拉·黄（Angela Wong）夫妇在堪萨斯城发起，是自1999年以来每年4月的最后一个星期六举行的一年一度的活动，目的是让全世界的人了解太极拳和气功对健康和生活的巨大益处并促进相关学科的研究，为世界节省数万亿美元的医疗费用。该项活动2013年得到哈佛医学院关于太极研究的关注，进而得到世界卫生组织的认可，成为其"走向健康"运动的一部分。在很短的时间里，很多国家和组织加入这一活动中来。

这项国际活动由堪萨斯州欧弗兰帕克（Overland Park，Kansas）的"世界太极拳和气功日"办公室负责组织。世界各地的活动由当地太极拳和气功学校、团体和协会独立组织。在这一天的上午10时，全世界的太极拳和气功爱好者聚集在世界各地，集体练习太极拳和气功，并举办各种表演和交

流活动。庆祝活动从时区最早的新西兰开始，然后在大洋洲、亚洲、非洲、欧洲、北美洲和南美洲次第开展，在经过整整一天之后，最终在时区最晚的夏威夷结束这一世界性的"气"与健康的教育活动。[①]

世界太极拳和气功日的既定目标是：（1）向世界宣传关于新兴医学研究所揭示的太极拳和气功对健康的益处；（2）教育人们如何在商业、医疗保健、教育、刑罚和戒毒中越来越多地使用这些古老的中医疗法；（3）为跨越地缘政治边界的健康和治疗提供全球合作愿景，并呼吁全世界人民接受来自世界所有文化的智慧；（4）感谢中国文化给世界以太极拳和气功这两样礼物。该活动的口号是"同一个世界，同一呼吸"（"One World，One Breath"）。并得到联合国世界卫生组织的认可，成为其"走向健康"运动的一部分。

3. 海外华人、华侨推动的国际太极拳展演、科研交流活动

为弘扬太极一家亲的精神，黄性贤 1982 年在马来西亚丹南举办的国际性太极拳盛会，庆祝第一家黄氏太极会所开幕。[②] 南洋太极[③]面向大学硕博学生和教授、学者为主的高级知识分子受众群体，积极地走出校门，会同海峡两岸及港澳地区的同胞和西方国家的同行们密切交流，开展相应的合作研究，共同为实现太极拳的科学化、标准化、生活化目标而努力，探索一套能让学员在较短时间内掌握太极拳精髓和知行合一的训练体系，并展开科研交流。澳大利亚中国医药学研究院院长、全澳中医工会的会长和澳大利亚武德会会长黄仑，开设研究院和武德会以弘扬中华医学、武术。他用中医辅以气功和太极拳练习的方式，治愈澳大利亚有名的大提琴手索尼娅久治不愈的右

[①] https：//www.worldtaichiday.org.

[②] "4Huang Tai Chi Tenom-Sabah Borneo Malaysia"，http：//www.huangtaichitenom.com/cindex.html.

[③] 南洋太极是南洋理工大学爱好太极拳的师生们在 2010 年开始的自发性练习太极拳的社团，创始人黄违洪博士是新加坡南洋理工大学终身教授。黄违洪于 2009 年 4 月，在星州鉴泉太极健身拳社学习传统吴氏太极拳，后师从北派吴氏太极拳名家、同仁堂坐堂中医师高壮飞。南洋太极的学员目前遍布世界各地，其中南洋理工大学师生超 500 人。南洋太极利用互联网技术和资源，通过社交平台传播科学的太极拳理念，校外学员逾千人。

肩神经痛，一时传为美谈。①

武氏太极拳传播者徐志军及其弟子臧冠程不忘初衷、不以营利为目的，通过各种渠道在美国推广太极拳，进行了各种开创性的探索：（1）自 2007 年以来，每年都会在艾奥瓦州的世界太极拳和气功日等大型活动上演示武氏太极拳并做讲座，多次在当地的亚洲文化艺术节、中国春节等庆祝活动中，为华人和美国太极拳爱好者演示讲解武氏太极拳的精髓和练习武氏太极拳的益处；（2）2012 年开始，徐志军把太极拳引进了当地的公园，在公园教授太极拳套路、健身气功和推手，在美国形成一道亮丽的风景线，引起更多人对太极拳的兴趣并加入了习练太极拳的队伍；（3）武氏太极拳在技击方面与美国搏击训练机构展开交流，如臧冠程通过美国功夫文化联合会与丹佛本地的一些现代综合搏击俱乐部沟通交流，尝试着把武氏太极拳的四两拨千斤、借力打力等技术引入现代搏击中，武氏太极拳的理念和技术目前已经被一些搏击训练者所接受；（4）自 2017 年起，徐志军在美国武术太极及气功类杂志上发表系列文章，传播武氏太极拳，通过网络，如脸书（Facebook）和油管（Youtube）等网站与太极拳爱好者们进行沟通交流；（5）臧冠程将太极拳与康复结合起来，在十多个社区的老年公寓的运动中心指导退休老年人运动健身，进行慢性病的康复，收到很好的效果，他还计划对美国的针灸师、理疗师、运动康复指导师等进行有针对性的培训，把武氏太极拳的一些动作规范化，并针对不同的临床症状为患者量身定做，设计一些太极拳动作使患者恢复健康。

2017 年第六届华盛顿太极节由大华府太极友社（TFCGW）、陈正雷大师美国陈氏太极拳促进会（CTIPO）、美国健身气功协会（AHQA）、美国武术学院（USWA）、默舞武术中心（DISII）联合主办，西北同乡会（NCAAGW）、华盛顿地区同乡联合会（CCCAA）、华府郑子太极拳团队、美国武术学院、美中实验学校、哈维太极健身社、雅竹音钧太极联合协办。

---

① 任谢元：《华侨华人与澳大利亚中医药事业的发展》，《八桂侨刊》2006 年第 1 期，第 65～67 页。

另外，郑曼青门下的弟子们1992年2月起在华盛顿美京华人活动中心成立了太极拳推手社，1998年开始与其他拳社合作，联合美国东部地区各门各派的太极拳爱好者，每年举办四次大华府地区太极拳推手联谊会。

澳大利亚首届国际武术节由澳大利亚东武太极联盟主办，CBD Development Group P/L赞助协办，澳大利亚太极学院、博士山太极中心、墨尔本健身艺术总会、墨尔本佳丽艺术中心、墨尔本北京同乡会协办。此次武术节于2018年12月召开，吸引了多支代表队共500多名运动员参加。

4. 太极拳寻根、文化游学活动

澳大利亚武术太极学院创始人许荣安①从20世纪80年代起，就以"请进来、走出去"的方式带领澳大利亚武术太极学院学员进行太极拳的寻根、学习和文化游学活动。如1987年，在酝酿成立亚洲武术组织的背景下，邀请中国武术队访澳，促进了澳大利亚官方对中国武术的理解和认同；② 2015年组织澳大利亚武术太极学院的33位太极拳爱好者与平凉本土20多名武术太极拳爱好者在崆峒山下，就太极与中国养生文化相互切磋、交流；2016年组织澳大利亚太极拳学院一行20多人参访位于峨眉山大佛禅院内的峨眉武术联合总会，进行学习和交流；③ 2017年再次组队参访峨眉武术联合总会，向和氏太极拳传人沈美言学习。④

2018年，北美武氏太极拳研究会和钟振山武氏太极拳研究总会北美分会，在美国武氏太极拳的学员中组织了"太极拳寻根之旅、永年广府之行"的首次活动，所有参加此次太极拳寻根之旅的武氏太极拳爱好者们共同体会了武氏太极拳的文化艺术和魅力，参观了武禹襄和杨露禅的故居，瞻仰了武氏太极拳各代宗师的雕像，前往姚继祖墓地扫墓，并有幸与广府

---

① 徐行：《澳大利亚的太极传人》，《当代体育》1987年第3期。
② 赵双进：《从"古城会"到亚运会——探访澳洲大陆》，《体育文化导刊》2005年第3期，第66～67页。
③ 《澳大利亚太极学院游学团再访峨眉》，http：//www. emsw. com/index. php？m = content&c = index&a = show&catid = 22&id = 677。
④ 《澳大利亚太极学院游学团峨眉学功夫》，http：//www. emsw. com/index. php？m = content&c = index&a = show&catid = 9&id = 3091。

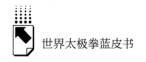

当地的武氏太极拳第六代、第七代传人们共同在武禹襄故居练拳，学习体会了武氏太极拳推手等技能，另外这些"老外"拳友们还荣幸地出席了钟振山的收徒仪式。

四　推动太极拳国际化发展的对策建议

（一）国际传播案例和文献中总结的经验、问题和对策

杨氏太极拳是最早在国外广泛传播的拳种，为太极拳初次进入一个国家进行传播提供了如下宝贵经验：（1）知己知彼，因材施教。郑曼青于1964年到美国开拓太极拳事业时，教授的是在杨氏太极拳的基础上进行简化的37式太极拳，他因为了解美国的当地文化和当地人的特点，在教学安排时进行了调整，将过去教每一式要用6个月的时间，改为9个月的时间学完37式。（2）拳架和推手并重。推手练习能提高学员知觉和触觉的灵敏度、开发学员的主动反应能力和武术技能，易于让学员体会太极拳"以静制动、以柔克刚"的独特性和实用性。（3）功架与中国文化并重。郑曼青利用重要的时机教育美国学员学习中国文化的奥秘，即《易经》包含了天之道、地之道和人之道，既要从《道德经》学习天之道和地之道，也要从孔子那里学习与人相处之道——人之道在拳架中的体现是"平衡"。郑曼青的一个老学员感慨，他初期对郑师爷讲解的有关老子与孔子的知识很反感，不能接受，可当他自己后来再向太极拳深处寻找时，才了解与体会到孔子与老子哲理的伟大，并能落实于太极拳。（4）把太极拳及其深厚的中国文化扎根在当地。郑曼青擅长诗、书、画、拳、医，被赞为"一代奇才""五绝老人"。他在美国时仍研究《易经》和老子、孔子的学说，时常到哥伦比亚大学图书馆借中文古典书做参考，把他的研究用于太极拳的教学中。他的一位学员用伯特兰·罗素（Bertrand Russel）的一句话来评价他："一名文明的中国人是世界上最文明的人。"这不仅是对郑曼青的高度评价，而且是对中国古典文化和文明的高度评价。郑曼青为太极拳事业海外传播

者树立了一个标杆。

1. 太极拳在美国传播的问题及对策。美国非常注重太极拳之用。一是注重健康之用，将太极拳作为补充与替代医学的一种手段，在太极拳用于康复、疾病治疗和应对老龄化等方面的科研经费不断提高，相关研究可能已超过中国，中国应进一步增强相关研究并促成国际交流合作；二是技击之用，美国受众对太极拳技术的印象为"像舞蹈""套路太长""流于表面""种类繁杂""体用分离""太极拳不是武术""没有标准""脱离传统"，美国的一位教练甚至提出了"西方太极拳"的概念来强调太极拳的技击之用，应针对这个问题在美国太极拳的推广中建立标准，增强技击和使用功能。

在文化背景迥异的美国进行传播太极拳，最突出问题是文化的冲突和接受的困难。例如，美国公众对太极拳缺乏深入了解和认识，把太极拳和气功混为一谈，大部分人不知道太极拳是武术功夫；美国人对中国传统文化的阴阳、五行、八卦等概念和理论了解甚少，导致对太极拳的理解也相对肤浅；另外，美国的太极拳学员和老师之间很多都没有确定师承关系，而且流动性很大，很多学员并没有静心认真地练习太极拳，往往在刚刚接触到皮毛层次就开始著书立说、开门立派，而后学者又不辨真伪盲目随从。这就使太极拳在美国看似遍地开花而往往是面目全非，其精髓被传承下来的更是少之又少。武氏太极拳在美国的成功传播，得益于传播者对中西方文化的了解及语言的精通，传播者徐志军对中西方文化均有较深的理解，为美国人介绍讲解太极拳时能够恰当把握两种文化差异的关键所在，根据美国人的接受能力对症下药，其由浅入深的教学方法使所有学员不仅在对太极拳的理解方面受益匪浅，而且对中国文化也有更深刻的了解。因此，在美国传播太极拳应注意培养文武双全的传播者，把太极拳和太极文化以受众易于接受的方式带到西方。

2. 推动新加坡、马来西亚两国太极拳发展的对策。（1）推动教练员和运动员职业化，尽快改变两国的太极拳运动员都是业余训练，教练也几乎都是业余教练的局面。（2）将太极拳练习的人群扩大到青少年，尽力转变太极拳是"老人拳"的观念。（3）推动太极拳教学的科学化、标准化、生活

化，使太极拳教学能够与时俱进。（4）重视传统太极拳，坚持竞赛太极拳套路与传统太极拳并举发展，走出传统太极拳靠民间太极拳团体默默耕耘的状态。

3. 推动太极拳在日本进一步发展的对策。（1）为适应越来越多的日本太极拳练习者希望在学习太极拳技术的同时，多学一些理论知识的要求，中国赴日本进行太极拳讲学的老师，不仅要技术过硬，而且还要有充实的理论知识。（2）日本太极拳练习者老龄化趋势严重，亟须进一步提高年轻群体参与太极拳练习。（3）传统太极拳和太极拳推手在日本普及面窄小，发展没有竞技武术快，需要在传播中加强。（4）加强杨氏太极拳之外的太极拳流派在日本的传播。

4. 推动太极拳在韩国进一步发展的对策。（1）改进太极拳的服装。韩国人爱美在世界上也是有名的，在服装、美容、影视业上比较前卫。而太极拳服装从 20 世纪 60 年代到今天几乎没有什么变化，跟不上审美观的时代变化。服装的吸引力是极大的，应重视开发太极拳的时尚运动服装，以吸引更多韩国年轻人加入太极拳的习练队伍。（2）改进教学方法。太极拳的缓慢移动和初学时的枯燥、见效慢等阻碍了太极拳在韩国快速发展，教学方法的多元化可以让太极拳课堂丰富多彩，趣味横生，提高学员学习太极拳的积极性。要增派高水平的国内教师赴韩普及太极拳工作。如果两国国家层面能够给予支持，能够从国内长期派出经过严格统一培训的高水平、高素养的教练员，在韩国进行系统性的普及推广，太极拳在韩国将会有着飞跃性的发展。

5. 推动太极拳在瑞士传播的对策。虽然太极拳对于健康安全有效的功能在瑞士很早就得到医学界的重视，但是瑞士气功太极拳协会（SGQT）申请参加联邦替代医学疗法的认证评审失败；太极拳和武术未进入瑞士国家体育系统，未职业化，无行业管理，因而教练无生活保障，不足以此为业。要进一步扩大太极拳在瑞士的传播，需要重点从三个方面努力：（1）要加强师资建设，引进和培养双管齐下，建设一支好的师资队伍。（2）拳师之间需要形成网络促进相互交流，特别是要建立拳师和太极拳机构之间的合作网络。（3）继续积极争取太极拳进入联邦替代医学疗法，以得到瑞士主流社会的广泛认可。（4）继续大力争取太极拳进入瑞士国家体育系统，实现职业化、行业化管理。

6. 推动太极拳在新西兰进一步发展的对策。（1）太极拳在新西兰已经有很高的知名度，但本地族群中真正喜欢练习者还是少数，大多还是以养生为主。要积极争取让太极拳进入新西兰政府的医疗体系之内，真正得到新西兰主流社会的认可和普及。（2）太极拳的培训体系在养生方向应当向瑜伽体系学习，在技击方面向跆拳道学习，形成集各方之优长的太极拳标准教学体系。（3）营造良好的市场氛围，促进太极拳的传播。

7. 推动太极拳在澳大利亚进一步发展的对策。（1）培训专业教练，提高太极拳教授水平。（2）创办国际性的太极大学，设立太极理论《易经》、中医理论《黄帝内经》、伦理道德、太极气功、各门派传承、饮食平衡、各类疾病的茶饮、食疗配方、太极医学等课程。（3）促进太极拳在医疗、康复和养生方面得到澳大利亚政府的制度性支持。（4）建立太极生活方式的实体样板，将大学的理论与实际生活相结合，形成一个健康和谐的生活方式。（5）市场化经营是澳大利亚太极拳的瓶颈，要切实改变目前个体小规模经营的状态，规范市场，整合资源，以跆拳道、瑜伽、普拉托为参照，在太极拳市场化方面开拓一条路子。（6）改各门派互相排斥为互相学习和团结。（7）在太极拳教学中以科学化、标准化和生活化来规范教学并提高生活和运动中的太极拳理论的用法，以此"正本清源"，回归太极拳的技击武术功能，并探讨其背后的科学原理。（8）要注意到功夫片在不同文化背景传播引发的武术功夫就是打斗，是一种"暴力行为"的负面宣传效果，未来的功夫片需要在国外讲好中国故事。

8. 推动太极拳在非洲进一步发展的对策。（1）克服语言障碍，便于非洲民众"原汁原味"地学习太极拳。（2）加强武术太极文化和中国文化的宣传，改变以前由于文化背景差异和缺乏沟通交流造成的对中国和太极拳误读的情况。（3）太极文化走进非洲的行动整体上仍处于起步阶段，应加强顶层设计、有效推进。加强非洲各国孔子学院太极拳教学工作，根据非洲学生的实际情况，编撰太极拳专用教材，探索符合非洲学生的教学方法，扩大非洲学生的规模，整合太极文化传播的多种资源。（4）构建以驻非洲各国大使馆为主导，以孔子学院为主体，以各中资机构和援外机构为支撑，以各文化交流协会为纽带的太极文化传播组织。（5）争取各非洲国家政府和相关机构的支持，促进中非人民的友好发展，弘扬中国传统文化，打通太极文化的传播路径。（6）挖掘太极文化产业的非洲市场，通过深度宣传太极拳名人，进一步掀起非洲太极拳热潮；加强非洲市场调研，根据非洲不同人群的需求，精准开发太极学习宣传资料；培育太极文化新业态，开拓影视、动画、漫画、虚拟现实、教育培训等领域，开展太极表演、比赛、讲座、咨询等文化活动，助推太极文化在非洲的传播。

（二）推动太极拳国际化发展的建议

以上述案例的经验和对策为基础，从传播的五要素视角出发，根据需要解决的问题，本文对进一步推进太极拳国际化发展，提出如下建议。

1. 传播者角度：（1）重点解决好教练数量、教练质量不能满足传播需求的问题。（2）解决好教练的职业收入低，不足以作为全职工作，教练容易流失的问题。（3）解决好门派之间、社会拳师与院校拳师之间不能整合力量，有机团结的问题等。（4）联络各大洲各国太极拳组织，促进竞赛、教学、拳师培养的规范化，促进太极拳的国际传播在规模发展的同时，也在质量上得到同步提高。

2. 传播对象：（1）定期了解传播对象及其需求和满意度，教学机构的拳师、教练要了解和掌握传播对象的社会文化背景、相关法律法规规定、需求、满意度等情况，进行针对性的传播，增强传播效果。（2）传播对象存在着结构上的不平衡，以养生、康复为诉求的中老年人占多数，应通过教学内容和文化宣传，取得当地政府的认可，通过太极拳进入学校等方式，扩大青少年学拳人群，促进青少年身心健康和太极的文化、技击功能的传承。

3. 传播内容：传播中平衡技击、康养和文化三者的关系；平衡传统太极拳、简化太极拳、太极气功和各种新出现的太极拳的关系①；平衡套路与功法；编写针对性的外文教材，出版适合当地的太极拳文化书籍；解决传播过程中的语言障碍。

4. 传播渠道：（1）中国应积极整合并合理配置各大洲、各国、各种传播渠道资源，坚持国际太极拳活动中的主体性、主动性与开放合作态度，与国际组织和国际组织发起的太极拳活动主动交流和合作。（2）探索新时代的武侠功夫片，创作与时俱进，价值观上既能代表中国文化的精华，又能被国际普遍接受的作品。（3）在现有的民间传统式的师徒传承、学院规范式为主的传播渠道基础上，创新传播渠道，探索现代化的、标准化的、规范的传播渠道，形成可与跆拳道和瑜伽相媲美的品牌化连锁化经营的文化产品的顶层设计，延伸太极拳运动的广度和深度传播，吸引青少年爱好者和练习者，防止太极拳文化的流失与断层。②（4）根据传播需求，翻译太极拳经典著作，出版当地语言的太极拳技击、教学、文化和大众养生康复的著作，促进太极拳的深度传播。

5. 传播效果：国内应增强太极拳国际传播的研究实力，与国际太极拳相关研究机构建立定期的交流机制，定期进行满意度调查和传播问题、需求等经验交流，组织翻译出版太极拳主题的著作，了解当地太极拳传播的动态和趋势，知己知彼，推动太极拳传播的健康可持续发展。

6. 国家支持：太极拳走向世界需要中国政府的支持，应建立由中国方面牵头成立世界太极联合会，各国成立太极联合会，形成太极拳国际层面的组织平台和传播渠道。

---

① 王岗、邱丕相：《武术国际化的方略：维系传统与超越传统》，《中国体育科技》2005 年第 4 期。

② 王雷、张德胜：《大数据时代太极拳的文化传播策略》，《青年记者》2016 年第 26 期，第 127～128 页。

B.18
亚洲太极拳发展历史与现状

黄建成　张小敏　门敢红 等

摘　要： 太极拳较早通过中国的移民或者精武会，传播到马来西亚、
新加坡、日本和韩国等中国的邻邦。马来西亚在太极拳普及
和竞技方面都达到了相当的规模和水平，这要归功于中国精
武会的传播、不同时代各派太极拳家们的努力。他们促进马
来西亚的太极拳运动组织化、制度化达到较高程度。日本在
竞技太极拳和太极拳应对老龄化及健身两个方面都有令人瞩
目的表现。本文梳理了太极拳传入这 4 个邻邦的历史，以及
当代太极拳在这 4 个国家的传播背景、发展形势；分析了竞
技太极拳与传统太极拳在这 4 个国家的发展趋势和关系；提
出了太极拳在这 4 个国家未来发展的建议。

关键词： 太极拳　马来西亚　新加坡　韩国　日本

一　马来西亚及新加坡的太极拳传入历史、发展及趋势①

（一）导言

马来西亚（简称大马）是东南亚的一个由 13 个州和 3 个联邦直辖区组

---

① 本节由黄建成、张小敏执笔。黄建成，马来西亚资深报人，南方大学博士研究生，专注于
太极拳及南洋地方史研究；张小敏，中国社会科学院民族学与人类学研究所副研究员，研
究方向为人类学。

成的联邦制国家，首都吉隆坡。新加坡历史上曾经是马来西亚的一个地区，1965 年成为一个独立的国家。因此在论述到 1965 年前的马来西亚时，包括新加坡地区在内。截至 2017 年，马来西亚人口超过 3230 万人。

马来西亚在竞技太极拳的国际舞台上创造了骄人战果。如马来西亚武术队的蔡奉芸，获得了 2006 年多哈亚运会太极拳太极剑全能赛冠军、2007 年女子太极拳全能世界冠军、2010 年广州亚运会太极拳金牌。马来西亚在太极拳普及方面也达到了较高规模和水平，这要归功于中国精武会的传播、不同时代太极拳家们的努力、太极拳运动组织化和制度化程度较高等因素。①

（二）太极拳传入马来西亚及新加坡的历史

清末民初，民不聊生，大批中国人远渡重洋到南洋谋生。中华武术也随着移民而传播到南洋。太极拳大约在 20 世纪 20 年代传入马来西亚及新加坡二地，在 20 世纪 50 年代即达鼎盛时期，至今历久不衰，各门各派开枝散叶，百花齐放。

太极拳能传入马来西亚及新加坡并得到蓬勃发展，首先得益于中国精武会无门户之见的主张。中国精武会源于 1909 年中国武术名家霍元甲在中国上海创办的精武体操学校，1910 年改组为上海精武体育会，以体、智、德三育为宗旨，传授武术，教人强身健体。上海精武体育会通过聘请各派太极名家执教，培养了许多人才，并派使团向南洋各地传播精武精神，使太极拳在南洋开花结果。1921 年 9 月，在上海精武体育会的协助下，马来西亚"雪兰莪精武体育会"正式成立，在吉隆坡谐街设立会所，首任会长为张郁才。1929 年在会所内创办精武学校，以"唯精唯一，乃武乃文，立己立人，达己达人"为校训，并专门为受英文教育的华人子弟设立半日班。

1929 年，上海精武体育会的卢炜昌及李佩弦来到吉隆坡雪兰莪精武体

---

① 李秀、杨国良、王群：《太极拳在马来西亚的传播与发展——以马来西亚黄氏太极学会在马来西亚的发展研究为例》，《搏击》2011 年第 5 期。

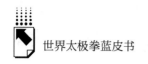

育会执教，太极拳始在马来西亚扎下根基，后来上海精武体育会又派唐文伍、姚申侠两位老师来雪兰莪精武体育会任教，学习太极拳者日益增加。据文献记载，卢炜昌于1928年来新加坡传授吴派太极拳。这说明新加坡的太极拳基本上也是上海精武体育会成立后才引进的。上述老师严格说来都是以教外家拳为主，太极拳为辅。

1936年，中国南京中央国术馆组织国术队到南洋巡回表演，在当地掀起热潮。由于时局动乱，该团的部分武术家留在新加坡发展，如新加坡孙氏太极拳的开山人胡云华，他创有"石云武术健身会"，对新加坡孙式太极拳和马家太极拳的传播作出了贡献。

陈玉和（1918—2010年）1935年到中国南京中央国术馆师资班深造，于1949年受聘于新加坡精武体育会、中华总商会及榕青体育会教拳，对新加坡武术及太极拳的发展贡献巨大。

1936年，陈微明弟子梁孝植来马来西亚槟城经商，参加当地精武体育会并义务教授杨氏太极拳。

1940年，杨氏太极拳名家董英杰的门徒林伯炎（1903—1990年）到新加坡精武体育会教拳；1952年受聘到吉隆坡尊孔中学当华文教师，课余受聘在雪兰莪精武体育会教授太极拳，对杨氏太极拳的传播与推广作出了贡献；1957年他回到新加坡发展，在林氏宗祠九龙堂教拳，桃李满天下。

说起太极拳在马来西亚及新加坡的蓬勃发展，不得不提到一桩轰动一时、影响至今的传统武术擂台赛，即1954年1月17日于澳门举办的擂台赛，由香港吴氏太极掌门吴公仪对战澳门白鹤派拳师陈克夫。该擂台赛不仅吸引了两万多观众，更带动起整个东南亚学习太极拳的热望，还启发了新派武侠小说的诞生，造就了梁羽生、金庸等武侠小说名家。

20世纪50年代，郑荣光、吴宝祥等都到马来西亚及新加坡任教，掀起太极拳学习的另一高峰。此时传入的太极拳包括杨家、吴家、郑子、孙家、陈家、武家等流派，百花争艳。

郑曼青弟子黄性贤，曾获1955年台湾武术大赛太极拳组总冠军。1956年受到新加坡拿督李光前等人邀请，赴新加坡主持太极拳道。1957

年，在马来西亚创办"古晋太极健身学院"，并在各县、市设立分院，还创立"黄氏太极学会"，门生达 4 万多人。1970 年与世界摔跤冠军廖广成进行"中西拳擂台赛"，以 26 比 0 获绝对优胜。黄性贤及"黄氏太极学会"对太极拳在马来西亚及新加坡的传播以及太极拳的组织化、制度化方面都作出了重要的贡献。

马来西亚及新加坡的太极拳原以杨氏太极拳最为普遍，吴氏太极拳孙氏太极拳次之，20 世纪 80 年代末期，随着陈氏太极拳名家冯志强、陈小旺到新加坡授艺、而陈家沟朱天才、朱向前父子先后长年在马来西亚及新加坡两国授拳，形成一股旋风，因此陈氏太极拳在马来西亚及新加坡两国盛行起来，后来居上，成为马来西亚及新加坡目前最普及的拳种。随后其他流派的太极拳如武氏太极拳、赵堡太极拳也传入马来西亚及新加坡。

简言之，马来西亚及新加坡两国的太极拳发展脉络，可分为如下 4 个时期。

（1）通过精武体育会及私人聘请传入，以杨氏太极拳为主，吴氏太极拳、孙氏太极拳为辅。1949 年后，海外靠香港拳师前来授艺，因而杨氏太极拳的董英杰是当时的主要传播者，现在人称董英杰所传太极拳为董氏太极拳。

（2）1957 年后，随着台湾郑曼青弟子叶秀挺和黄性贤的传播，简易太极拳风行一时，历时 30 多年。

（3）20 世纪 90 年代，一方面，国际竞赛 42 式太极拳套路及新套路风行，配以简化太极拳 24 式的普及，开始有太极拳比赛。另一方面，公园内人们三五成群免费习练简易太极拳，太极拳由早期着重技击走向偏重健身及表演的趋势。创编风行、套路众多，各式的太极扇等兴起，追求动作招数优美、高难度、服装漂亮。

（4）2000 年后，太极拳回归传统，由于竞赛偏重于高难度的悬空踢脚动作，国际 42 式、48 式及 88 式竞赛套路等开始走向冷落，人们改变新奇的追求而回头追寻内涵丰富的传统太极拳。

（三）马来西亚及新加坡两国太极拳发展的现状

马来西亚及新加坡两国目前的太极拳发展都有类似的共同点，即偏重竞

赛、追求新套路、传统（养生、推手）。

1950年以前，太极拳是以师传方式传入马来西亚及新加坡，太极拳老师都由上层社会殷商聘请来私下传授，以传统杨氏太极拳及吴氏太极拳为主，除了养生更偏重推手，在知识分子层面盛行。因此直至20世纪50年代中期，新加坡、马来西亚两国人民对太极拳还是很生疏的。

之后吴、陈二人擂台赛让新加坡、马来西亚人民对太极拳刮目相看，新加坡、马来西亚两国武术总会成立后进一步推动了太极拳的发展。从此各门各派在武术总会的团结和领导下，打破了过去自扫门前雪的陋习。

新加坡武术界响应李光耀总理的号召，于1966年12月30日率先成立全国武术总会。马来西亚全国武术总会成立于1978年4月4日。两国武总不时交流。2009年新加坡全国武术总会正式更名为新加坡武术龙狮总会，形成了武术、舞龙、舞狮三位一体的管理架构。马来西亚也将龙狮纳入武术总会的管理范围。就新加坡而言，目前新加坡全国共有230多个武术团体，其中，90%为总会会员，是一股强大的推动力量，因此新加坡武术及太极拳的发展十分迅猛。马来西亚有13个州，每个华人较多的州府都成立有各州的武术总会，属下武术会员团体众多，成绩骄人。

随着武术总会的成立，新加坡和马来西亚分别开创了各自的全国武术锦标赛，太极拳是其中的项目，分竞赛与传统两项。比赛掀起太极拳的热潮，也造就了很多在公园义务执教的师资。

在新加坡，政府通过人民协会管辖的各个社区内的民众联络所开办太极拳班，收费低廉，吸引民众学习，推动太极拳健身活动。马来西亚方面，武术总会属下的各州武术总会常年主办公开锦标赛，选拔州选手参加全国赛。选手由各武术团体的教练培训。

（四）未来的发展趋势

2000年后，随着太极拳自选套路（竞赛）难度提高，运动员的比赛生命期很短，他们退役后，只能转向传统太极拳，壮大了传统太极拳的队伍。对传统太极拳的发展有利；而传统太极拳爱好者并不满足于套路的追求，而是更注重内练的功法，探索推手的训练和心法，研究拳经理论，寻找太极拳真谛。因此，太极拳在新加坡、马来西亚的未来发展趋势，正向追求提升太极文化层次、内涵实用、追求中华文化哲理的方向发展。

二　太极拳在韩国的发展现状与趋势①

中国和韩国一衣带水，韩国的国旗又称为太极旗，太极拳这一极有代表性的中国传统体育在韩国的发展有着很好的文化基础。

（一）太极拳在韩国的起源

1898 年，当时卷入义和团运动和八国联军侵华战乱的山东一带中国居民，为了逃难越渡到了离山东最近的韩国仁川市，于是仁川就成了华侨的最大聚集地，至今还保留有完整的唐人街。随后在仁川和首尔便产生了大小不同的华人会馆和商会。同时，由于各种原因华侨和韩国人之间冲突不断，流血事件频发。这一时期，高生信、秋吉元、杜学悌、毕庶益等中国武术家在韩国进行不同门派的武术教学，其中，毕庶益是第一位开启韩国太极拳教学先河的中国武术家。

（二）太极拳在韩国的发展

对于韩国人来讲，初期并没有"武术"或者"功夫"的概念，跆拳道、空手道、剑道等统称为"武艺"。清末在仁川的武术多存在于军队中，被称为军队武艺。中国功夫是随着香港李小龙的功夫电影而被韩国人所认知，功夫热潮快速风靡全韩国。20 世纪 80 年代李连杰主演的功夫电影《少林寺》的出现，把中国功夫在韩国推向了大红大紫的地步。令人惋惜的是当时中国和韩国之间还没有建立外交关系，为了满足民众对武术的炙热需求，韩国的

---

① 本节由门敢红执笔。门敢红，门慧丰武术院院长，资深武术国际级裁判，美国国际医药大学太极学院客座教授。

武术爱好者们首先引入了台湾的一些拳术，加上当时较为匮乏的拳术资料，形成了较有代表性的被韩化的"少林十八技"。据悉，当时的功夫体育馆已达到 500 家之多。1993 年由李连杰主演的电影《太极张三丰》，动作潇洒飘逸，行云流水，表演精彩绝伦，又把韩国的武术爱好者们的视野带进了太极拳。神秘的拳法，浩瀚的太极理论，让人为之痴迷，李连杰的第一次韩国访问就捧红了当时唯一一家来自台湾的郑式太极拳馆。20 世纪末期，随着信息社会的发展，太极拳的神秘面纱也逐渐被揭开，人们心目中的武侠幻影，神秘的秘籍拳法，追求向往的掌风，一夜之间都沉到了水底，功夫永远留在了那个时代的人们的记忆当中。太极拳在韩国民众中的关注度也有所下降。

1990 年北京第十一届亚运会上武术成为一项正式体育运动项目，武术套路组的比赛中，三块金牌就有为太极拳设定的一块，作为新兴项目，又有着很大的含金量，作为当时亚洲经济四小龙之一的韩国是当仁不让，韩国体育部马上动员当时仍在开办功夫体育馆的馆长们和相关圈内人士组建了韩国武术协会。从此，在韩国这片土地上中国武术有了合法的地位，有了主管单位。

20 世纪 90 年代末在韩国，李小龙、李连杰主演的电影对"功夫"起着极大的宣传效果，然而韩国人对"武术"一词却是几乎无人知晓。很多韩国人会问："武术是什么？太极拳就是跆拳道吧？"作为韩国的武术运动员对太极拳的认知也是非常有限的，当时很少有人能够去中国接受正规化的系统训练，很大程度上是通过各种渠道从中国买来录像带，看着影像资料模仿来的。在那个时候，太极剑是各家武术馆馆长的看家技法，是秘不外传的宝典。为了打开太极拳在韩国的发展局面，经过门敢红的严格训练，韩国国家代表队的太极拳选手梁成赞在 2001 年第九届世界武术锦标赛上勇夺太极剑冠军。提高了各体育馆对太极剑的认知度，同时也促进了太极拳剑在技术上的提升。

其实，中国武术在韩国一直都没有被重视过，因为它不是奥运会竞赛项目，在一些重大的国际赛事上也未能充分地展现其风采，导致韩国武术协会在韩国面临着被取缔的危险，令韩国武术协会的领导层愁眉不展。2002 年韩国釜山亚运会上，太极拳选手梁成赞再次以出色的表现荣登武术太极拳综合项目（太极拳和太极剑的总评）的冠军宝座，实现了韩国亚运会上武术项目零的突破。一时间多家媒体采访，报纸刊登，电视转播，甚至金大中总理也发来贺电，太极拳成了新闻的焦点，梁成赞被韩国政府授予了国家功勋运动员，在很大程度上被韩国民众知晓，韩国武术协会的危机也随之化解。

竞技体育是金字塔的顶端，也引领着韩国国民生活体育的蓬勃发展。为了更好地做好普及推广工作、健康大众，韩国的官方、民间也逐渐开展不同规模、不同类型的太极拳交流活动。2009 年，门敢红第一个在韩国首尔自筹资金举办了国际性太极拳健康交流大会，并连续举办七年。"国际太极拳健康交流大会"得到了很多武术馆馆长和社会的支持，从此增加了韩国太极拳爱好者的国家交流平台。2015 年 9 月，由于韩国国家体制编制的重大变动，国民生活体育协会与韩国武术协会合并，对太极拳的发展带来重大冲击。原先归属于国民生活体育协会名下的太极拳社团不知不觉地解散了很多家，国际经济萧条也给太极拳的发展带来了新的考验。

（三）太极拳在韩国的未来发展趋势

1. 医学界对太极拳的推动作用增大

不健康的生活姿态常造成左右身体结构的不对称、肌肉力量不足，"五十肩"、颈椎痛、"沙发腰"、工作中精神压力大等是现代韩国职场人士的通病，太极拳正是对症下药的良方。太极拳以肢体运动为载体，同时可以得到身心的放松和平衡，非常符合当代人健康需求。通过练习太极拳，可以有效地提高习练者的整体免疫能力，增加腿部力量和平衡能力，减少和预防很多伤害事故。韩国峨山医院等综合医院都有以太极拳为康复手段的科室。韩国人的健康意识很强，从医生那里所得到的消息会深信不疑。不少太极拳的练习者是从医生那里得到建议而开始学习的。太极拳在韩国民众中的普及推广为国家减少了许多的医疗开支，这已经

得到了验证。

2. 中国经济的快速发展和国际地位的不断提高，将会进一步促进太极拳在韩国的传播

想了解中国就要从太极拳开始。韩国三星集团总部在向中国外派的高层管理人员学习课程中，除了中文外，太极拳也是一项必修课程。在韩国的电视台也有太极拳的节目播出。

3. 历史和社会状况是未来可以推动太极拳运动的因素

翻开韩国的历史，这个民族一直以来都是处在战争的动荡之中，特别是近代史，更是硝烟弥漫，造成了韩国人不自觉的警惕和紧张的心理特点。而练习太极拳时意念与身体的动作要求自然松静，加之呼吸的配合就正好可以有效地解决这个问题，由此使身心放松成为韩国社会的刚需，为未来在韩国大力推广太极拳运动奠定了社会基础。

4. 太极拳在韩国有着巨大的发展空间

根据韩国一项对 675 人的调查问卷显示，在健身房运动、自行车、登山、瑜伽等众多运动中，去健身房进行肌力运动的人所占比例最大，而进行武术运动的（包含跆拳道、剑道和中国武术）只占 2.4%。调查表明，20～60 岁具有独立生活能力的人群进行运动的比例最大，工种也为社会中层或偏上。这个调查还表明，通过运动保持健康的体魄已得到人们的认可，是未来社会发展的走向，而武术有着巨大的发展空间。

目前，太极拳在韩国正在逐渐被大众所认识，习练者数量也在不断增加，韩国武术协会现在每年会有 7 次不同主题的全国武术比赛，都设有太极拳的奖项，并成立了太极拳联盟，将会以更大的力度推进太极拳在韩国的发展。在一些高校和民间也出现了很多太极拳拳友会，一些城市的区文化中心也开设了太极拳班，还有一些老年福利机构免费为 60 岁以上的老人开设了太极拳课，深受欢迎。

如何让世人接受内外兼修的太极拳，让更多的年轻人喜爱太极拳，让更多的高级知识分子喜爱太极拳，真正做到服务于健康全人类，是众多太极拳爱好者要努力的长远目标。

三　日本太极拳发展现状及趋势研究①

太极拳在全世界普及得非常广泛，而日本是太极拳普及得最好的国家之一，据称在日本练习太极拳的人有数百万之众。日本已经进入了超高龄化社会，是世界上平均年龄最长寿的国家，这和日本国民的生活习惯与运动锻炼有着极大的关系。太极拳受到日本人的欢迎，原因之一是日本的文化与中国的文化有着一定的渊源，第二个原因是日本高层政治领导人对太极拳活动在日本的开展起到了积极推动作用。②

（一）太极拳在日本兴起的历史背景

太极拳在日本的传播始于20世纪60年代，主要有两条传播路线。

一条传播路线是，日本武术家、中国武术爱好者佐藤金兵卫博士1958年在东京创立"全日本中国拳法联盟"，邀请台湾实战名人王树金在日本传授陈泮岭所创99式太极拳（内家拳精华，综合杨氏、陈氏、吴氏太极拳而编成），并将99式太极拳改名为"正宗太极拳"。99式太极拳当时在全日本有几十个协会练习，是日本传统太极拳最早普及和发展最广泛的太极拳种。

另一条传播路线是，24式简化太极拳随着中日交流传入日本。1959年10月日本政治家松井谦三、古井喜实访华，向周恩来总理提出想学习太极拳。当时，中国方面遵照总理的指示，立即派出著名太极拳师李天骥进行24式简化太极拳的教学，为太极拳走出国门迈开了第一步。

---

① 本节由宗维洁、陈晓怡、郑志鸿、徐濠、太田光俊、永野则彦执笔。宗维洁，北京体育大学副教授，主要从事民族传统体育项目技术与理论研究；陈晓怡，陈泮岭传统武术世家家族总会会长，研究传统武术；郑志鸿，龙门学院院长，研究道家文化、甲骨文；徐濠，龙门书院院长，研究道家文化、甲骨文、传统功法与中医学；太田光俊，COOL武术太极拳俱乐部教练，研究传统武术；永野则彦，大阪精武体育会会长，研究传统武术。
② 〔日〕堀米昭义：《日本福岛县太极拳活动现状与发展对策》，硕士学位论文，北京体育大学，2013。

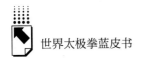

　　回国后，古井喜实就在日本国会旁边的学校开设了一间教授太极拳的教室。来这里练习太极拳的人中，有担任日本众议院副议长的三宅正一，他在1978年访问中国时，希望邓小平同志为太极拳题词，邓小平同志挥毫写下"太极拳好"。

　　由于日本日益老龄化，太极拳在日本很快就普及开来，并于1968年成立了日本太极拳协会，理事长由古井喜实亲自担任。1970年，在日华人杨名时编译并出版了《简化太极拳》一书，并开始在日本传授24式简化太极拳，促进了太极拳在日本的发展。

　　1972年中日邦交正常化后，中国开始向日本介绍中国武术、太极拳等，先后派出武术代表团及张文广、李天骥、何福生、沙国政等一批中国武术界著名人士访问日本。加上20世纪80年代前后日本在电视节目里用太极拳做广告、成龙主演的电影《醉拳》在日本引起强烈反响，使得中国武术尤其是太极拳从20世纪80年代起被日本人所熟知，并且在日本掀起一股学习太极拳的热潮。

　　1984年在大阪举行了第一届全日本太极拳中国武术大会。日本太极拳运动已经初步形成。此后，"中日太极拳交往更加频繁"①。1986年11月，第一届全日本太极拳交流大会在东京代代木第二体育馆举行，此后每年举办一届，至今已经举办了32届。参加人数越来越多，以至于大会不得不由代代木第二体育馆改至能容纳更多人的代代木第一体育馆举行。

　　太极拳在日本发展如此之好，首先是日本人民的需要，太极拳为日本人民带来了健康。其次，是中日两国人民友谊的需要，太极拳为中日两国人民架起了友谊的桥梁，为中日两国的友好发展作出了贡献。2007年，温家宝总理出访日本时，就曾与日中友好太极拳交流协会的会员同练太极拳。原日本太极拳协会后改为日中太极拳交流协会，协会会长由原日本总理大臣羽田孜担任。太极拳在两国交往上起到了纽带作用。

---

　　①　高娅：《当代太极拳运动在日本的发展——以"日本武术太极拳联盟"个案为中心的考察》，《成都体育学院学报》2003年1期，第65～68页。

（二）太极拳在日本兴起的社会环境

日本既是一个发达国家，也是一个老龄化严重的国家，男性平均寿命81.09岁，女性平均寿命87.26岁。2018年，经日本总务省统计日本总人口约为1.264亿人，比2017年减少27万人，65岁以上人口约为3557万人，其中，65岁以上男性人口1545万人，65岁以上女性人口2012万人。① 老龄化社会问题日益明显。

根据日本厚生劳动省概算，日本医疗费用已经呈连年上升趋势。据最新统计，2015年日本医疗费用已经达到了42.1381兆日元，人均33.2万日元，其中65岁以上老人的医疗费用达到了25.1兆日元，医疗费用已经成为日本财政中的一大负担②。

日本政府非常鼓励国民参加体育健身锻炼。太极拳正好是最适合中老年人的运动，受到了民众的欢迎。如今，在日本习练太极拳的人数有数百万人，是目前比较受中老年人喜爱的健身运动。

（三）日本太极拳的发展现状

1. 日本太极拳的教学现状

日本太极拳练习者普遍水平较高，动作规范，反映了太极拳教师较高的教学质量和水平。教学机构分为由旅日华人拳师组织以及日本人组织两类。日本组织以日本武术太极拳联盟影响最大。华人组织分短期教学与长期教学两种。华人拳师虽各自为营，但互相团结。

2. 华人在日本的太极拳教学和交流

在日本长期进行太极拳教学，比较有名气的有：东京的吴氏太极拳名家高壮飞之子高小飞、从学于马岳良和吴英华两位名家的沈刚；大阪的吴氏太

---

① 日本総務省統計局．統計からみた我が国の高齢者—「敬老の日」にちなんで—，https：//www.stat.go.jp/data/topics/topi1131.html.

② 国民医療費統計係：《平成28年度国民医療費の概况》，https：//www.mhlw.go.jp/toukei/saikin/hw/k－iryohi/16/dl/data.pdf.

极拳传人许民；神户的王正、裴华；以福冈为中心的九州地区的陈氏太极拳传人陈沛山等。此外，孙健明、孔祥东、陈静、刘一丁、林燦等优秀武术运动员也活跃于日本各地。

开展太极拳教学、交流活动的华人团体有：

（1）日本九九太极拳协会

九九太极拳协会 2000 年创立于日本福冈，陈晓怡任会长，会员有 120 名，教室 10 多所。该协会是"陈泮岭传统武术世界家族总会"的一个分部。陈泮岭传统武术世界家族总会，由原南京国术馆副馆长陈泮岭先生七子陈云庆、孙女陈晓怡所创，2010 年成立于日本福冈县福冈市。总会目标为"健康，中国武术交流、研修"，每年举办国际交流活动，邀请中国、欧美太极拳家旅日与日本太极拳爱好者交流。2017 年 4 月，举办大型活动"樱花汇武友"，深得好评。

（2）自然道场以及龙门书院

1994 年，中国武当龙门派第十八代传人、裴锡荣嫡传关门弟子、太极拳名师阎世兴关门弟子郑志鸿在小仓创办自然道场，传播古太极、八卦和中国传统文化，深受日本爱好者欢迎。2015 年末，郑志鸿弟子徐濠接替师父继续在日本发展，创办龙门书院，参加当地的各种活动，与当地武术名家及爱好者交流。

3. 日本武术太极拳联盟[①]

作为舶来武术，太极拳是在日本发展较好的一种。日本各地有大小教室，有些健身房、医院、学校也开办了太极拳班，其中最大的全国性组织是日本武术太极拳联盟。

日本武术太极拳联盟成立于 1987 年 4 月 26 日。同年 9 月 25 日加盟亚洲武术联盟（WFA）；1990 年 10 月 3 日加盟国际武术联盟（IWUF）、公益财团法人日本奥林匹克委员会；1991 年加盟公益财团法人日本体育协会，是得到内阁府认可的公益社团法人。

---

① https：//www.jwtf.or.jp/.

日本武术太极拳联盟设有日本的段位、考评内容、考评员、考评机构，体系建设较为完整。全日本太极拳练习者必须通过日本武术太极拳联盟的考试，才能获得相应的段位。段位在日本太极拳界是得到认可的。2014 年统计，日本全国有 150 万太极拳爱好者，其中男性占 30%，女性占 70%。竞技太极拳运动员约 7 万人。

早在太极拳刚刚传入日本时，日本就经常邀请中国顶级太极拳师赴日进行讲学，如李天骥、张文广、冯志强、李秉慈、门惠丰、李德印等权威太极拳师，他们教授出了第一批日本太极拳老师。经过几十年的传承与发展，一代代太极拳弟子遍及全日本。

4. 太极拳在日本普及范围广泛

太极拳在日本普及范围广泛，练习人数众多。太极拳在日本的发展，由最初国会旁边小学校的太极拳教室，发展成为在全日本有上百万人练习的体育运动，普及范围相当广泛，没有一项体育运动可以与之比拟。

5. 日本太极拳比赛形式多样

日本太极拳比赛分为竞技太极拳比赛和交流太极拳比赛。

日本武术太极拳联盟每年举办全日本武术太极拳锦标赛（日文名称：全日本武术太极拳选手权大会），这是选拔日本国家队太极拳队员参加世界竞技太极拳比赛的大会，形式传统，管理严谨，是具有最高权威的比赛。2018 年该锦标赛已经是第 35 届了，参加选手有 1722 名，观众 20000 多名。因正值中日友好 40 周年，此届比赛特别邀请中国武术代表团参加。日本武术太极拳锦标赛中 24 式太极拳的参赛者较多，参赛者分为 A（满 60 岁以上）、B（满 40 岁~59 岁）、C（满 39 岁以下）三组。设有规定套路比赛和传统套路比赛，暂时没有竞技推手和散打项目（其他主办单位的赛事有此项目）。

交流性质的太极拳大会是民间组织的，主要是促进太极拳练习者之间相互交流。主要有自 1986 年开始每年举办一届的全日本太极拳交流大会，至今已举办了 32 届。目前，全日本太极拳交流大会参赛人数由第一届的 535 人，发展到现在最多时参赛人数达到 4700 多人，是举办较成功的民间太极拳交流大会。该大会每届都邀请中国顶尖太极拳师作为嘉宾，进行表演、讲

学交流活动，为太极拳在日本普及和推广作出了突出贡献。

日本每年还有不同形式的民间中国传统武术比赛和节日表演，以交流、增进友谊为目的，管理得井井有条。

6. 各种太极拳在日本普及情况

24 式太极拳、32 式太极剑、42 式太极拳、42 式太极剑在日本普及范围较广，练习人数众多。同时，各个太极拳协会还设有各氏太极拳竞赛套路及传统陈氏、杨氏 88 式、杨氏 66 式、吴氏、孙氏太极拳及传统太极剑教室。

7. 日本太极拳练习人群分布

太极拳适合不同的人群练习。据调查，日本太极拳 60% ～70% 练习者的年龄主要集中在 50～75 岁，其中女性在太极拳练习者中占 60% ～70%，这主要是由日本的社会环境决定的。最早的太极拳练习者全职家庭主妇居多，她们有时间和精力进行太极拳的练习，同时也可以交朋友，愉悦身心。而男性由于工作压力大，多数练习者退休后选择练习太极拳。

8. 日本太极拳练习者老龄化趋势严重

据全日本太极拳交流大会统计，现在参赛者的年龄越来越大。2015 年最大参赛者 94 岁，2016 年最大参赛者 91 岁，2017 年最大参赛者 92 岁，2018 年最大参赛者 93 岁。由此可见，日本太极拳练习者老龄化趋势明显。

（四）日本太极拳的发展趋势

（1）日本太极拳发展以养生、康复、体育为主，以传统为辅，也有渐渐加深传统内容的趋势。太极拳的养生功能在日本得到媒体、医院和研究机构的重视，太极拳的康复功能在老龄化的日本得到开发、利用和推广，出现了坐位太极拳、轮椅上的太极拳等方式。

（2）出现了以太极拳为城市发展特色的太极拳城市。2002 年起，福岛县喜多方市开始发展太极拳城市，以应对老龄化和降低医疗开支。① 又如，2017 年底，纪北武术太极拳协会积极推动在世界文化遗产高野山旁的桥本

---

① 张晶晶：《太极拳在日本传播现状与途径研究》，硕士学位论文，成都体育学院，2014。

市发展太极拳城市，传播武术养生理念。

（3）翻译出版太极拳著作。如华文出版社《吴氏太极拳南湖传习录》、日文版《吳式太極拳　馬長勲老師太極拳を語る》。

（4）太极拳项目将进入日本全国体育运动会。因日本太极拳爱好者较多，以日本武术太极拳联盟为主导，在2019年茨城全国体育运动会的公开竞技中将进行武术太极拳比赛。

B.19
美洲太极拳发展历史与现状

张小敏　臧珂

摘　要： 目前太极拳在美洲的传播研究主要集中在美国，因为美国是
太极拳海外传播较早、规模较大的国家之一，习练人数上百
万人。本文概括介绍了太极拳在美国传播的历史和现状，重
点介绍了武氏太极拳 20 世纪 90 年代后在美国成功传播的规
模、技术特点、重要的传播者和重要事件，总体分析了太极
拳在美国传播面临的挑战和问题。

关键词： 太极拳　武氏太极拳　美国

一　太极拳在美国的传播①

据美国《世界日报》报道，太极拳自 1939 年传入美国起，经过几代人
的努力，现已成为受到美国人广泛欢迎的运动之一，美国伊利诺伊大学的一
份报告估计有 500 万美国人练习太极拳。② 中国改革开放之前，传入美国的
主要是杨氏太极拳；改革开放之后，陈氏太极拳等各个流派纷纷开始在美国
授课、开班、建立国际传播机构，推动了太极拳在美国的传播。自从 2006
年中国政府在美国设立孔子学院到 2017 年年底，美国 48 个州成立了 110 所

---

① 本节由张小敏执笔。张小敏，中国社会科学院民族学与人类学研究所副研究员，研究方向
为人类学。

② Wojtek C-Zao, National Expert Meeting on Qi Gong and Tai Chi Consensus Report, University of
Illinois at Urbana-Champaign, 2005.

孔子学院和 501 个孔子课堂，孔子学院数量已占全球的 1/5，孔子课堂的数量更是占全球的 1/2，是全球设立孔子学院最多的国家。① 作为中国文化符号的太极拳则成为孔子学院或孔子课堂的热门课程，进一步推动了太极拳在美国的传播。

根据现有可查记录，最早传入美国的是从杨氏太极拳。杨氏太极拳第三代传人杨澄甫当年广收门徒，而且他所创的大架拳相对易教易学易练，所以杨氏太极拳在国内和海外的流传都比其他门派广泛。其学生蔡鹤朋（Choy Hok Peng）1939 年受华埠侨胞邀请，到美国旧金山、洛杉矶、奥克兰、纽约等地的中国城教授传统杨氏太极拳。

吴氏太极拳传入美国的时间也较早。20 世纪 50 年代初，索菲亚·德尔扎（Sophia Delza）在上海跟马岳梁学习吴氏太极拳，以治疗自己的脊柱伤病。她返回美国后，于 1954 年在纽约市成立了吴氏太极拳功架班，第一次将吴氏太极拳传入美国。她通过著书、在电视及杂志上宣传等方式大力传播太极拳。1961 年她出版了第一本书，这是第一本由欧美人士写的吴氏太极拳书籍。②

1958 年蔡鹤朋之子蔡锦文（Choy Kam Man）继承父志，回到美国旧金山湾区，在中国城教授传统杨氏太极拳及太极剑，前后共有 30 多年，将学生扩大到华人之外的美国大众，学生数千位，授予其中 38 位教练资格。1963 年，曾在中国学拳的纽约市爱德华·梅塞尔（Edward Maisel）出版了第一本欧美人士写的杨氏太极拳书籍。③

1964 年郑曼青在纽约市成立了"时中拳社"，推广由杨氏太极拳简化而成的三十七式郑子太极拳功架，并注重推手的训练。郑曼青内外兼顾、体用并重的教法，对杨氏太极拳在美国的传播影响深远。他的弟子们也相继到美

---

① 范芷苑、李松岳：《孔子学院在美国的发展现状分析》，《管理观察》2018 年第 20 期，第 151～152 页。

② Sophia Delza, *Body and Mind in Harmony*：*Tai Chi Chuan*（*Wu Style*）；*An Ancient Chinese Way of Exercise*，New York：D. McKay Co.，1961.

③ Edward Maisel, *Tai Chi for Health*，Dell Publishing Co. Inc.，1963.

国各地授拳，如罗伯特·史密斯（Robert W. Smith）（1962 年）、梁栋材（1962 年）、陈至诚（1962 年）、刘振寰（1973 年）、罗邦桢（1974 年）等。除了郑氏一脉，另有郭莲荫 1965 年在旧金山推广杨氏太极拳广平架（杨班侯所传太极拳小架），杨守中（杨澄甫的长子）的弟子朱振舜于 1968 年到美国波士顿传授杨氏太极拳，建立了波士顿首家武馆"振舜太极拳社"，他们共同推动了杨氏太极拳在美国的传播。

郑曼青的弟子们出版了多部关于郑曼青太极拳的英文著作，还将郑曼青的著作引进到美国翻译出版[1]，这些著作深化了郑氏太极拳和杨氏太极拳及中国传统文化在美国的传播。

1966 年，接受美国洛杉矶华美文化学院、美国太极拳学院及檀香山侨领邀请，董英杰（杨澄甫弟子）之子董虎领访问美国及表演太极拳。董虎领美国之行在美国武术界掀起了一股"虎旋风"。

其他各派太极拳则在中国改革开放后才陆续传入美国。现今，陈氏、杨氏、武氏、吴氏、孙氏、赵堡等各派太极拳培训班已遍布美国的许多城镇。

二　武氏太极拳在美国的发展及影响[2]

武氏太极拳历届各宗师授徒极少，尤其是门内弟子更是少见，传播并不广泛。在武氏太极拳的第三代传人中，郝为真深得李亦畬宗师真传，后离开广府并广收门徒，自此武氏太极拳由永年广府流传至外地。

武氏太极拳在美国的传播也是由郝为真这一分支开始的，最早传入时间为 20 世纪 90 年代。早期在美国教授武氏太极拳的是从学于郝为真之孙郝少

---

[1]　参见郑曼青弟子的网站：http://www. egreenway. com/taichichuan/cheng1. htm。这些作者是：William C. C. Chen, Robert Chuckrow, Lawrence Galante, Tam Gibbs, Herman Kauz, T. T. Liang, Wolfe Lowenthal, Benjamin Low, and Robert W. Smith. 他们都用英文出版了关于太极拳的著作。郑曼青著作的重要译著翻译者为 Mark Hennessy，翻译杨氏太极拳著作的译者包括 Louis Swaim，Yang Jwing-Ming 和 Douglas Wile。

[2]　本节由臧珂执笔。臧珂，Summit Tai Ji Academy，院长主要研究方向为太极拳、中医与健康养生。

如的武氏太极拳第六代弟子刘积顺，他1995年开始在旧金山地区的华人区教授武氏太极拳。美国国家精武总会创办人王国强，也是在20世纪90年代开始在得克萨斯州传播武氏太极拳。

武氏太极拳在美国普遍被称为武郝太极拳，因为武氏太极拳传入美国的时间比杨氏太极拳和吴氏太极拳都晚，一方面便于与吴氏太极拳（Wu Style Tai Chi Chuan）在英文称呼上的区分，另一方面早期在美国教授武氏太极拳的均为郝为真一派，故在美国当地以英语交流讨论太极拳时即称武氏太极拳为武郝太极拳（Wu Hao Tai Chi Chuan）。

郝派武氏太极拳在套路、理论及技术等方面很大程度上保留了河北永年广府原派的特点，但其动作在某种程度上失去了老架的小巧紧凑、重内气支配外形的特点，而修改过的拳架也在一定程度上脱离了原派老架的主干，而在外形上添加了开合动作，同时对老架的套路也有删减和改动。可以说武氏太极拳早期流传到美国的是郝派新架拳。

将武氏太极拳老架传入美国的是永年广府武氏太极拳的第五代传人钟振山及其弟子们。他们通过参加2014年第二届国际太极拳论坛峰会、2016年首届全球健康养生论坛峰会、成立钟振山武氏太极拳研究总会美国分会等活动，把武氏太极拳老架原汁原味地带到了美国，使美国太极拳界在一定程度上认识并了解了武氏太极拳老架的风采和魅力。

钟振山的弟子徐志军系武氏太极拳第六代传人，于2007年移居至美国艾奥瓦州，并在当地教授原汁原味的武氏太极拳老架。他通过各种太极拳盛会和节庆活动推广武氏太极拳，并在公园授拳。通过多年努力，徐志军直接教授并长期从学的太极拳学员已达四五百人之多，这在美国艾奥瓦州这样一个人少地广的农业地区是相当难得的成绩，其多数学员都是以健身为目的的老年人，很多学员都成了武氏太极拳的忠实粉丝和积极推广者。徐志军在教学中始终强调推手练习的重要性，吸引了一些年轻人学习太极拳并成为热衷于太极拳推手的习练者。同时，徐志军于2009年创办了北美武氏太极拳研究会，培训了许多太极拳教练，产生了较大影响。目前，艾奥瓦州大部分太极拳教练都把武氏太极拳作为其教学内容之一。

钟振山在美国的另一位华人弟子臧冠程在科罗拉多州丹佛市成立了归一太极拳学院（Summit Tai Ji Academy），开展了一系列的太极拳和气功健身讲座，并授课传播武氏太极拳。除了徐志军和臧冠程两位华人传播者外，钟振山在美国的洋弟子们也在不同程度上为武氏太极拳的传播和发展作出了贡献，如印第安纳州的王子伏、华盛顿州的李柔、艾奥瓦州的何安杰（Jay Heavolo）等。

在美国的众多太极拳习练者当中，多数人是以养生、修心、健身为目的。传统的武氏太极拳从中架入手，随着多年习练逐渐转成小架，小架即高架，外在动作简洁舒缓，内在注重流畅平和、以意领气，非常适合健身及修身养性，深受太极拳的习练者喜爱。武氏太极拳在健康养生方面效果显著，很多习练者都表示原来困扰身体的很多慢性疾病及不适症状都在练拳后逐渐消失了。

把太极拳作为中国功夫习练的人数也占有一定比例，太极拳推手也在一定程度上颇受欢迎。据不完全统计，在美国的众多太极拳习练者中，对太极功夫有一定了解并习练太极拳推手的人数大约占20%，而其中武氏太极拳的习练者人数比例较高。在长期参加传统武氏太极拳学习的学员中，专研推手、以技击为目的的学员占2/3以上。

成绩能说明传播的绩效。在邯郸广府举行的古韵邯郸——太极永年第十四届中国·邯郸国际太极拳运动大会上，来自美国的武氏太极拳习练者们在海外组的传统武氏太极拳比赛中，获得了男子和女子单人传统武氏太极拳套路、男子单人传统武氏太极剑等三枚金牌和团体传统武氏太极拳套路一等奖的好成绩。

B.20
欧洲太极拳发展历史与现状

刘高升　刘飞　张小敏 等

摘　要： 20世纪50年代末杨式太极拳在英国的传播是欧洲太极拳最早的案例之一。20世纪80年代以后太极拳通过不同的方式传入欧洲。21世纪孔子学院的建立以及"一带一路"推进了太极拳在欧洲的传播，比如在法国，太极拳进入了大学的学分体系。2007年成立的挪威卑尔根孔子学院，是全球第一所兼具武术特色的孔子学院，在套路项目开设了太极初级班（24式简化太极拳）、高级班（28式杨氏太极扇）、套路初级班（武术基本功）、套路高级班（第三套国际武术剑术）。本文叙述了太极拳在英国、法国和瑞士3个国家的传播和发展。文章的英法部分介绍了太极拳运动在英国和法国发展的历史和现状简况，指出了英国太极拳协会的建立，是推动太极拳在英国传播的重要原因。瑞士部分概述了瑞士推广太极拳的背景、现状、传播者、困境，以及太极拳受到瑞士医疗界的关注，并最终纳入瑞士医疗的一系列努力。

关键词： 太极拳　欧洲　英国　法国　瑞士

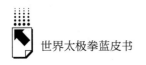
一　太极拳在英国、法国的发展[①]

（一）太极拳在英国的发展及现状

格尔达·戈德斯（Gerda Geddes）是将太极拳带入英国并传播至欧美的先行者。她是出生于挪威的现代舞舞者，后又专攻心理学，希望舞蹈和心理治疗能融合出新的疗愈体系。1949年，戈德斯和丈夫一起来到中国上海，从此与太极拳结缘。当她在黎明偶遇一位太极老人时，她知道了自己不需要再去发明某种新体系，几百年前的中国人已经实现了她的理想。[②] 她坦言："当时我感到自己身上都起了鸡皮疙瘩，立刻就认定，这就是我一生都在寻找的东西。"[③] 据戈德斯自述，她曾于1955年起的3年间，在香港跟随杨氏太极拳传人杨澄甫的弟子蔡鹤朋（Choy Hok Peng）父子学会了杨澄甫的传统拳架，1958年学成后回到英国，因当时无人知晓太极拳是何物，她只好前往伦敦的每个艺术表演学校示范太极拳。1959年，又登上英国电视台示范、宣传太极拳对健身的益处，这样才开成了第一个训练班。通过她的努力，终于将自己的太极拳课程加入了伦敦当代舞蹈学院的新生课程。戈德斯的努力为太极拳在英国的发展奠定了良好的基础。

另一位在英国推广太极拳的代表人物是女太极拳家王玫瑰（Rose Oliver）。她现任上海大学外国语学院外籍教师，上海理工大学英国文化交流中心主任。起初她只是为了帮助腰伤康复，但到最后真正爱上了太极拳。1992年王玫瑰与丈夫（美籍太极拳老师）在英国开办了一所太极学校——东方太极拳与内家拳研究会，主要目的是帮助当地人复健、增加对中华武术

---

① 本节由刘高升执笔。刘高升，北京大学高等人文研究院博士后，研究员，主要研究方向是正身功夫和商业儒学。

② 《60多年前，两位女性把太极拳带到了欧美》，https://cul.qq.com/a/20160405/032823.htm。

③ Gerda Geddes, *Looking for the Golden Needle：An Allegorical Journey*, Manna Media, 1991.

的认知和热爱。他们还曾策划过"中国武术大师到英国"的交流项目。王玫瑰于 2005 年自筹经费创立"中英双龙会文化艺术中心",以传播杨氏太极拳为任务,搭建起中外武术交流的平台。① 2017 年,由于她对于太极拳文化传播的突出贡献,在"上海市民武术节"上获得"首届中华武魂传播使者"称号。

如今,太极拳运动在英国的普及和管理方面已达到相当的规模,其中重要的组织机构是英国太极拳联盟(Tai chi Union for Great Britain)。英国太极拳联盟成立于 1991 年,旨在提高和促进各派太极拳在健康、审美、冥想和自卫等各个方面的技艺,并为公众提供课程等信息来源。联盟为所有会员提供推广活动和课程的机会,并通过网站帮助公众寻找当地有经验的拳师。联盟现有正式注册的太极拳学校近 200 家,各个级别的太极拳教练 200 多名,是英国最大的太极拳师和气功教师的团体,每年组织 2 ~ 3 次全英国太极拳比赛,并邀请其他国家太极拳协会和太极拳俱乐部来参加,规模和参赛的运动员人数逐年增加。② 联盟每年还给普通级别教练举办培训班,以提高太极拳教练的水平。

英国的科研机构和学术平台非常认可太极拳的文化价值。英国的医学界已经认同练习太极拳是促进身体康复的有效手段,苏格兰一家医院将历史悠久的中国太极拳列为关节炎患者的康复疗程之一。英国各地也都有了陈氏太极拳协会、德印太极拳协会、混元太极协会等组织。各流派太极拳的代表人物也频繁地登陆英国,英国太极拳爱好者也到中国开展双向太极拳交流活动。

(二)太极拳在法国的发展及现状

太极拳最早于 20 世纪 50 年代传入法国,起初只在华人圈中私下传授,影响有限。直至 20 世纪 60 年代末,中国和越南太极拳家率先在巴黎正式开课教授太极拳,才公开展现在法国民众面前。20 世纪 70 年代初,杨氏太极

---

① 《一个英国女人在上海 19 年,醉心的竟然是这一件事》,http://www.sohu.com/a/303531816_492789。

② 英国太极拳联盟的数据来自英国亚孜太极功夫学校创办人刘亚孜。

拳宗师杨澄甫的徒孙李光华在萨勒贝特利耶尔医院精神运动科内部组织传授太极拳，并启蒙了兰（Ram）和让·高泰等数名法国的太极拳先驱，太极拳由此在法国获得广泛传播。

从 20 世纪 80 年代获得认可到 1990 年以来的迅猛发展，太极拳练习者越来越多。其中杨氏太极拳杨少侯弟子顾丽生一系的传人于 1981 年到法国传拳，并于 1984 年带领法国武术队参加了在北京举行的第一届世界武术大赛；李琏等曾在法国电视台表演太极拳；陈氏太极拳习练者著名学者包和帝教授在 20 世纪 80 年代在中国学习太极拳，而后在法国各界传播。

目前，法国的太极拳练习者已达 20 多万人，太极拳持证者多达 13000 人，并成立了包括"传统太极拳协会"在内的各地太极拳组织机构，该协会也是"欧洲太极拳联合会"的创始会员[1]。

二 太极拳在瑞士的发展及现状[2]

（一）太极拳在瑞士的发展及现状[3]

瑞士位于欧洲中部略偏南。它北邻德国，西邻法国，东邻奥地利和列支敦士敦，南邻意大利。面积 41285 平方千米，人口 848 万人，有四种官方语言：德语、法语、意大利语和罗曼什语，其中 500 万人讲德语。瑞士人大多工作敬业，压力大，饮食多奶酪甜点，气候较为潮湿寒冷，人口的三分之一基本不运动或办公室久坐工作，而年轻人又喜欢剧烈运动，常致运动创伤，所以多见偏头痛、高血压、心脏病、抑郁症、颈腰痛、风湿关节病、肥胖等

---

[1] 乐凌燕：《浅析太极拳的国际影响力》，https://www.xzbu.com/6/view-3635161.htm。

[2] 本节由刘飞、张小敏、荣军执笔。刘飞，瑞士下瓦尔登州 MEDBALANCE 中医诊所负责人、中医专家，瑞士卢塞恩自然疗法学校中医气功专业讲师兼考官，主要研究方向：中医气功的临床应用；张小敏，中国社会科学院民族学与人类学研究所副研究员，研究方向为人类学；荣军，瑞士国家武术队教练，国际武术、太极拳 A 级裁判，瑞士太极、武术学院创办人。

[3] 本节部分资料来源于 Marko Nedeljokovic："Taiji Practice in Switzerland：A Short Report，"《中西医结合学报》2012 年第 5 期。

慢性病。

20 世纪 80 年代，瑞士大众对传统中医的需求逐年增长，医学教学也增加了中医的内容。对传统中医的认同促进了瑞士大众对太极拳和气功的认同，因为瑞士大众把太极拳和气功看作是整合了传统中医健康长寿理念的身心合一的锻炼方式，一方面锻炼者受益很多，另一方面科学研究也以现实的数据证明了太极拳在预防和治疗疾病方面的作用，促进了更多的人群练习太极拳。

瑞士的第一家太极学校开办于 20 世纪 70 年代末，紧接着 20 世纪 80 年代初太极拳进入了瑞士高等院校的选修课程。现在瑞士的 11 所大学中，有 7 所把太极拳课程纳入运动课程中。

据不完全统计，全瑞士共有太极拳学校、武馆约 40 所，估计全国规律性地练习太极拳者有 5000 人，占人口的比例为 0.063%。

瑞士最大的太极拳协会是 2000 年成立的瑞士气功和太极拳协会（SGQT），约有会员 120 人，是所有门派太极拳教练参加的全国性专业协会，负责考核并颁发太极拳和气功的教师资格证。该协会在会章中制订了太极拳师和气功师资历评审的具体方法，把会员分为普通授课者、教师和专业教师三个级别，定期为会员们提供继续教育课程，组织户外会员间的学术交流，为争取会员利益和政府部门保险公司及其他相关学会进行交涉。

除了瑞士气功和太极拳协会之外，瑞士的太极拳组织还包括其他各门派的国际太极协会瑞士代表处，如陈小旺世界太极拳协会等。瑞士的最大的制表工业城市拉绍德封市从 2001 年开始举办每两年一届的国际太极拳大会，来自不同国家、不同门派的太极拳选手在这里切磋交流。瑞士国内和国际的各式太极拳权威协会也会组织举办定期交流，瑞士针灸中医协会主办的中国保健行业大会近十年来都有太极拳相关的演示。

太极拳在瑞士很早就得到医学界的重视。在瑞士，所有自然疗法治疗师必须得到瑞士最大的传统医学治疗师注册登记机构 EMR 的认证及登记后，才有可能让自己病人的治疗费得到医疗保险公司的报销。而 EMR 早在 20 年前就承认太极拳属于一种自然医学疗法并把它列入已承认的疗法种类名单

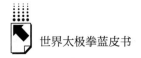

中。不过可惜的是，长期以来各医疗保险公司只承认中医各种疗法，不接受太极拳，因而使学练太极拳的病人不能报销学费，教授太极拳的治疗师们很难以教授太极拳为生，这对瑞士的太极拳发展有不小的阻碍作用。

2010 年，瑞士政府委托刚成立的替代医学工作管理组 OdaAm 对各种自然医学疗法进行筛选认证，以使瑞士政府承认替代医学疗法，并组织专家对其从业者进行考核。这对太极拳来说是个绝佳机会，瑞士气功和太极拳协会（SGQT）便于 2017 年组织人手整理资料，与其他自然疗法协会（如瑞士中医协会 TCM Fachverband、瑞士印度医学协会 SVMAV、瑞士顺势疗法协会HVS 等）同时参加瑞士政府替代医学疗法的认证评审。遗憾的是，尽管准备充分，却因评审组中缺乏了解气功和太极拳的评委而告失败。

自从 2012 年美国俄勒冈州的科研机构通过对 200 例帕金森病人练太极拳与其他健身方法的比较观察，证实太极拳对帕金森症的疗效最高之后，瑞士帕金森病协会 VPS 自 2017 年起每年多次为其会员举办太极拳班。

虽然太极拳这次未被瑞士政府作为自然疗法而被承认，但凭其运动的多样性、安全性，对身心极大的放松力度与深度，经中国乃至全世界卓有成效的临床实践以及很高的普及程度，我们有足够理由相信经过不懈的努力，它终将得到瑞士官方的认可。

（二）瑞士太极拳的传播者

景连振[①]是最早在瑞士传授太极拳的中国人之一，1949 年生于北京，1960～1969 年于北京戏曲学校（今国家中央戏剧学院）学习武丑艺术，1966～1973 年随李尧臣[②]学习武术和太极拳气功，1970～1981 年在国家大剧院工作。1981 年移居瑞士，1984 年在瑞士首都伯尔尼开办中国体育学校，

---

① 资料来源：景连振采访，时间：2018 年 11 月 11 日，采访人：刘飞。
② 李尧臣（1876～1973 年），河北冀县人。幼年曾拜师学太极拳，三皇炮锤及十八般兵器等。曾为慈禧太后表演八仙庆寿剑，当过慈禧太后的保镖，给京剧大师杨小楼与梅兰芳指导过兵器的用法。李尧臣任国民革命军第二十九军武术总教习，编创无极刀法，亲率第二十九军士兵于喜峰口大破日军。

专门教授太极拳和武术，同时还在伯尔尼大学任教。他的学生达到5000人，一些弟子已在瑞士开办太极武馆。景连振曾参加过瑞士气功太极拳协会SGQT，曾建议业务方面应起用中国人，未得到采纳，他觉得该协会较排斥中国人，所以后来退会了。下瓦尔登州中医专家刘飞参加该会已6年，曾积极参加该会组织的搜集科研资料组，以及申请瑞士联邦职业认证组的工作，在瑞士气功太极拳方面拥有10年以上教龄，并在瑞士中医期刊上撰写过气功太极拳科研论文，作为协会中的中国人，的确未曾有过被委以重任的感觉，颇有失落感，所以于两月前也提出退会，协会方予以挽留，建议转为消极会员，考虑到还是应该尽量支持该会，故接受了他们的建议。

荣军是瑞士太极拳国家队教练兼太极拳国际裁判，曾在北京体育大学武术专业本科师从门惠丰和阚桂香两位教授学习太极拳4年。2000年在苏黎世开办荣军太极武术学院，培养了一大批优秀的太极拳人才。荣军兼任瑞士国家武术队教练，多次率国家队参加世界武术和太极拳锦标赛，并获优异成绩。他于2001年通过国际武术联合会考试成为国际裁判，多次在世界太极拳锦标赛中担任裁判工作。

荣军最常教的是24式简化太极拳，传统杨氏太极拳和陈氏56式太极拳。

瑞士东部圣加仑州的朱少凡，自20世纪80年代即在瑞士开办中国武术研究院教授太极拳。苏黎世的张震中医师至今也教了十多年的太极拳。巴塞尔有位京剧演员朱新华教授太极拳多年，在当地颇有影响。在中医界有不少医生也习练太极拳多年，其中苏黎世的史淑贞和圣加仑州的陈氏老架弟子田情在开展太极拳教学。

2015年5月，在巴塞尔成立了西安陈金鳌陈氏小架太极拳学会，首任会长是当时留学瑞士的陈金鳌小架传人王兆宗，会员为该地区曾随王兆宗学习的华人和瑞士人，共9人，现学会每周集体练拳一次，每年参加巴塞尔中秋节表演及潮州会春节表演。而在瑞士人方面，索罗同州的Stehli Regula与Stehli Daniel夫妇（Daniel也是位中医医生并兼办中医教育）联合了法语区和意大利语区的太极拳师们创办了世界陈氏太极拳联合会瑞士分会。他俩自20年前就每年两次邀请陈小旺来瑞士教拳，所教内容有预备功、站桩、缠丝功等基本功及传统陈氏老架一路、二路，传统陈氏太极刀、太极剑和太极枪，以及推手。每次参加学习的一般大约有 40 人，基本上都是练太极拳多年的人，其中不少人有自己的武馆，绝大多数也是世界陈氏太极拳联合会瑞士分会的会员，会员每年都要学习陈氏太极课程，并有固定小时数的要求。太极拳联合会每年举办由陈小旺亲自主考的太极拳演练考试，通过考试才能拿到陈氏太极拳师证书。卢塞恩市 Piet Häuser 约于 20 年前创办"瑞士中部太极气功学校"，他是陈小旺的主要弟子之一，创编了一整套太极拳和气功的专业教程，常年邀请中国有名的太极气功师帮助教课。

卢塞恩自然疗法学校校长 Peter von Blärer 练习太极拳和气功多年，苏黎世的 Hans-Peter Sibler 是在瑞士传播太极拳的先锋之一。在瑞士中部的城市 Baar 有一位 Yang Zhenghe 的弟子叫 Urs Camenzind，他自 1990 年开始习练太极拳，在正式成为杨氏第五代弟子后开办白云武馆。瑞士中部还有一位习练太极拳已 35 年的太极拳师 Inge Hofmann 女士和另外一位女拳师 Jenny Hegg-Hofmann，分别在 Aargau 和 Thun 教授太极拳。

陈小旺的瑞士弟子们所建的世界陈氏太极拳联合会瑞士分会（CWTACH）在推广传统陈氏太极拳方面不遗余力，取得初步发展。为了在瑞士更好地团结华人和传播太极拳文化，刘飞和王杰医生在苏黎世国学社胡炜会长的支持下于 2016 年初成立了国学社太极讲堂，目的在于充分利用瑞士华人太极拳精英的力量，一方面对旅瑞华人传播太极拳文化，另一方面相互学习和交流。至 2018 年夏，共举办 9 次太极拳讲座，内容分别是：乔庆医生的"八翻手与太极推手"、卓玛医生的"杨氏太极拳"、王杰医生的"养生桩和功力桩"、王兆宗医生的"陈氏太极小架"、王嘉洲医生的"我对内家拳松柔概念的解读"、曹国华医生的"由解剖学分析站桩"、西安老君洞道观住持李理强的"道家内丹功与道家太极拳"、香港杨云中的"杨氏太极拳与推手"。

B.21
大洋洲太极拳发展历史与现状

刘高升　崔利民　张速　张小敏

摘　要： 本文介绍了太极拳在新西兰和澳大利亚两个国家的发展形势。通过赵堡太极拳的传播案例研究，梳理了 21 世纪新西兰太极拳运动成功开拓、发展的经历，总结了传播经验，展望了未来发展趋势。文章回顾了太极拳在澳大利亚传播的概况，概述了太极拳在澳大利亚医疗、减压、健身、科研方面的进展，以及在澳大利亚推广太极拳的法律规范等，提出了未来发展趋势展望。

关键词： 太极拳　新西兰　澳大利亚　太极拳协会

一　新西兰太极拳发展现状概览①

大洋洲的太极拳快速发展启动于 20 世纪 80 年代。中国大陆的太极拳家傅声远移民澳大利亚创办国际太极拳学院；在香港已经扎根的太极拳流派董英杰一脉，由其女董茉莉在澳大利亚创办太极拳武术学院；台湾的太极拳家黄性贤等人也来到澳大利亚传拳。澳大利亚、新西兰华人移民的增加和文化交流的频繁，为太极拳在大洋洲的蓬勃发展奠定了基础。

新西兰与澳大利亚一衣带水，是大洋洲影响力仅次于澳大利亚的国家，

---

① 本节由刘高升、崔利民执笔。刘高升，北京大学高等人文研究院博士后，研究员，研究方向为正身功夫和商业儒学；崔利民，独立学者，研究方向为太极拳文化和儒释道修身功夫。

新西兰太极拳的发展与华人社群的海外移民密切相关。新西兰的太极拳发展情况可以说是百花齐放，中国传统太极拳流派如陈氏、杨氏、武氏、吴氏、孙氏、赵堡等以及国家套路都有传人在新西兰。在新西兰教拳的教练早期主要是马来西亚华人，由于早期有很多马来西亚移民，其中就有一部分拳师来到新西兰。20世纪90年代之后中国移民增多，中国的太极拳教练逐渐增加，尤其从2010年之后中国来的太极拳教练更是逐渐走入主流社会，为更多的华人、当地人所熟知。每年的"世界太极日"活动，都在有着"世界最酷小首都"之称的新西兰惠灵顿举行，越来越多的当地人积极参与这个纪念日活动。

由于华人移民较多，在新西兰传拳的拳师也涵盖众多太极流派，因篇幅所限，主要列举几位有一定知名度的代表人物。杨氏太极拳传人李雅轩的徒孙王翀，教授了一部分学员。陈氏太极拳传人乔炳友在奥克兰中区开办有一个拳馆，专职教太极拳兼武术。奥克兰北岸的赵琳琳也教授陈氏太极拳，洪均生的徒弟洪卫国在新西兰也比较活跃。吴氏太极拳传人李秉慈的徒弟周维宇是最近几年比较活跃的教练，参加很多社区的活动表演。还有一支吴氏太极拳传人颜紫元在惠灵顿发展，在太极拳界也比较有名。武氏太极拳传人薛乃印，在新西兰曾经有较大的影响力。孙氏太极拳也有传人在新西兰。

赵堡太极拳一派主要是第13代传人崔利民在奥克兰教拳，尤其是在医院、监狱和市议会合作开设了很多课程，同时在很多活动上演出，使赵堡太极拳在当地享有很高的知名度。此外，心意混元太极拳的李汝来、新西兰中国文化中心武术老师张健勇和惠灵顿猛虎太极拳学校创建者戴维·麦肯齐，也是比较活跃的太极拳传播者。其他华人中练习最广的还应当是国家套路太极拳，从8式太极拳到88式太极拳都有人练习，且人数众多，并在每年的太极日活动中展演。

在新西兰人群中影响力最大的太极拳是来自澳大利亚Dr. Paul Lam创立的Tai chi For Health（https://taichiforhealthinstitute.org/），相当于运动疗法太极拳。将太极拳细分成针对不同疾病的太极拳，比如糖尿病太极拳、关节炎太极拳等，每一种都有教练培训体系，也是新西兰政府曾经唯一承认的太极拳，在10年前老年人练习这种太极拳还曾可获得政府补贴，作为预防摔倒的处方。

在新西兰，特别是惠灵顿市，还有以当地人为主的道家太极拳组织，会员很多。当前真正在新西兰有影响力的还是当地人建立的太极拳组织和以马来西亚华人移民为主建立的太极拳组织，在资金、政策等方面都能优先获得政府的帮助。中国太极拳教练来得较晚，对新西兰社会的内部运作和各种政策并不了解，很难得到更多的支持，影响力还是以华人社区为主。

新西兰太极拳教练基本都是利用业余时间教拳，太极拳教练作为一个职业还不成熟，收入太低，练习人群多是健身为主，健身房是主要的场地。在主要的几个城市都有人教授太极拳。武术段位制并没有在新西兰开展起来，武术联盟对于推广段位制没有足够的动力，没有段位也是制约太极发展的一个因素。太极拳教练以及培训方面缺少明确的职业前途，技术标准化不足，在很大程度上制约了太极拳在新西兰的发展。

从赵堡太极拳在新西兰的传播发展来看，大体经历了三个阶段。

1. 艰难的起步阶段

赵堡太极拳传入新西兰的时间是2012年8月，崔利民在新西兰奥克兰市正式开始教授赵堡太极拳郑悟清这一脉的拳法。当时新西兰几乎没有人知道太极拳还有赵堡太极拳这一派，对于赵堡太极拳的拳理拳法更是毫无所知，最初的教拳地点在奥克兰中区的一所小学校里，利用放学后学校内走廊的地方教课，仅有五六个华人学拳，大约有一半来自台湾，一半来自大陆。

2. 创编养生功法和12式拳架

2013年，崔利民在奥克兰中区租了一个较大场地，学员增多，以华人为主。在这个摸索阶段，从教学方法到教学内容都逐渐成熟。他发现按照传统的教拳方式教拳行不通，因为很多练拳的人，多为年龄偏大或者身体有健康问题的人，年龄大的人记忆力不好，关节僵硬，动作不容易学会，大多对技击方面不感兴趣。当地人对于中国传统文化缺少了解，

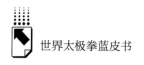

再加上语言的问题，迫切需要一套适合针对寻求健康的人群且行之有效的简化套路。

鉴于这些问题，崔利民根据赵堡太极拳、道家养生功法、四念住内观禅修等功法，以及中医、西医原理，结合自身练习太极拳和四念住对身心的体悟而创编了一套适合教授当地人、老年人练习的太极放松养生功。此功法简单易学，锻炼的效果很好。

由于练习时间短，学员很难学会75式拳架。崔利民从75式拳架中挑出了12式作为初级阶段练习，这12式的动作要领和75式一模一样，方便开始基础练习。

3. 广传阶段

赵堡太极拳在奥克兰的传播是从成立新西兰赵堡太极拳协会开始。2013年9月，崔利民号召赵堡太极拳的一些爱好者在奥克兰成立了新西兰赵堡太极拳协会，之后该协会和奥克兰市政府议会下的健身康复中心合作教授太极拳，在奥克兰各区域都分别开设了赵堡太极拳课程，开始主要教授崔利民创编的太极放松养生功，练习纯熟之后再教75式拳架。此外，还在奥克兰的市中心医院和"一树山"边的医院都开过课程教授医生和护士太极拳，也到奥克兰北岸和南区的监狱教授狱警工作人员和犯人练习赵堡太极拳。

除去正常教课之外，崔利民积极参加各种社会活动推广赵堡太极拳，最初是在华人社团的各种活动中表演太极拳。随着名声的传播，后来很多当地人的活动也邀请他去表演。每年春节，奥克兰各个图书馆都邀请赵堡太极拳前去表演，在一年一度的新春花市和奥克兰灯节上，每年都有赵堡太极拳队伍的表演，已经完全融入当地人的主流节日和活动中。

目前，太极拳在新西兰已经有很高的知名度，但当地人中真正喜欢练习者还是少数，大多还是以养生为主。太极拳如果想进入主流特别是能够进入政府的医疗体系之内，才能得到真正的认可和普及。太极拳的培训体系在养生方向应当向瑜伽学习，在技击方面向跆拳道学习，形成良好的市场氛围和认可，形成太极拳标准的教学体系，更加有利于太极拳的传播。

二 太极拳在澳大利亚的发展历史与现状①

（一）太极拳在澳大利亚的发展历史

澳大利亚是一个多元文化的国家，位于南半球、东半球。澳大利亚四面环海，气候宜人。1770 年，詹姆斯·库克（James Cook）船长航行至东海岸时，宣称这里为英属殖民地，距今已有 248 年的历史。澳大利亚于 1901 年 1 月 1 日签署的一份单独宪法，宣布澳大利亚的六个州联合起来，组成一个联邦国家。今天，澳大利亚的人口来自世界 200 多个国家，共有 250 种语言及 700 种方言。

20 世纪 90 年代前，在澳大利亚传播的太极拳以杨氏太极拳为主。据记载，最早到澳大利亚传播太极拳的是郑曼青的弟子黄性贤，他在 20 世纪 60～70 年代将太极拳传播到澳大利亚及欧美等二十几个国家的 30 多个地方。20 世纪 80 年代初，澳籍马来西亚华人许荣安在澳大利亚传播太极拳，并不遗余力传播太极文化，创立了澳大利亚武术太极学院，如今在澳大利亚有 6 个分院，在校人数达到 5000 人，学生人数总计超过 20 万人。② 1983 年，黄性贤弟子、西澳大利亚大学电气教授 Kit Po Wong 正式成立了中国武术学院，教授南式周家功夫和郑子太极拳。

1988 年，杨氏太极名家傅钟文之子傅声远移居澳大利亚柏斯，创办"澳大利亚永年太极拳社"，继而成立"傅声远国际太极拳学院""世界永年太极拳联盟"，亲任主席。曾任西澳大学、克顿大学、麦道大学等学校的太极拳教练。多年来，傅声远应邀至 40 多个国家和地区讲学传艺，学生遍及全世界。傅声远著有《嫡传杨式太极拳教练法》中英文版，《杨式太极剑》英文版，《28 式精炼太极拳》中英合版。创编"26 式轮椅太极拳"，录制太

---

① 本节由张速、张小敏执笔。张速，澳洲太极学院院长，研究方向为减压防病及慢性病康复；张小敏，中国社会科学院民族学与人类学研究所副研究员，研究方向为人类学。

② 徐行：《澳大利亚的太极传人》，《当代体育》1987 年第 3 期。

极拳、剑、刀、枪、推手光盘多种。

南澳大利亚太极气功学院院长艾伦·凯尔森从 1985 年起，在澳大利亚全国各地开展太极拳和气功的推广活动。①

1990 年陈小旺赴国外推广陈氏太极拳，使陈氏太极拳在澳大利亚落地生根，并成立了"世界陈小旺太极拳总会"，如今总会已经遍布世界 30 多个国家，有 50 多个分会，会员达 10 多万人。

1991 年，解守德移民澳大利亚，创办太极养生学院（Academy of chi Advancement），教授太极拳、八卦掌及其他拳械，在海外传播中华传统文化和中国武术，学员多为中西方商界人士和专业人士，现有 2000 多名会员。之后陆续有中国各太极拳门派的代表人物来到澳大利亚，如吴氏太极拳的传人谢云显等。2000 年澳大利亚太极养生学院成立，2004 年在学员们的推动下成立了澳大利亚太极气功协会，北京大学毕业的张速任院长及会长，为弘扬太极文化、推广太极拳作出了突出贡献。

黄仑是澳大利亚中国医药学研究院院长和澳大利亚武德会会长，同时还兼任全澳中医工会的会长。他开设研究院和武德会，目的就是弘扬中华医学、武术，使两者冶于一炉，巧妙结合，发扬光大。澳大利亚有名的大提琴手索尼娅，右肩神经痛，经西医医生诊治多年无效，后经黄仑的中医治疗，加上她个人练习气功、打太极拳的锻炼，两年时间就痊愈了，又重返乐坛。黄仑的精湛医术一时传为美谈，从此澳大利亚的民众逐渐对中医中药和太极拳有所了解。为了在异国他乡把中国的医药学推向一个新的阶段，年近六旬的黄先生提出中西医结合的方法。病人的病用中医治疗，然后用西医的科学理论和手段，检查验证其治疗的效果，为此他创办了"生命医院"。此外，黄先生还撰写讲义、资料、专著，进行宣传交流，如《中国医学武术研究院》《武术手册》《中医药中文讲义》等，对澳大利亚的中医中药发展尽心尽力。②

---

① 艾伦·凯尔森：《澳大利亚气功事业的发展》，世界医学气功学会学术交流会议，2012。

② 任谢元：《华侨华人与澳大利亚中医药事业的发展》，《八桂侨刊》2006 年第 1 期。

2010 年，澳大利亚悉尼的家庭医生保罗·林博士创立了太极保健研究院，目的是通过太极保健项目增强人们改善健康和福祉的能力。林博士制作了一系列太极拳保健节目和教材，使太极拳学习起来既简单又愉快。2013年，澳大利亚疾病控制预防中心向国家老龄化委员会推荐了林博士的项目，林博士的太极保健项目还获得了世界各地的许多政府部门的支持。

（二）太极拳在澳大利亚的发展现状

在澳大利亚注册的单位和学校、协会，估计大约有 5 万人习练太极拳。太极武术的习练者大约有 10 万人。随着大量中国移民来到澳大利亚，上述数字还在增加。自古医武不分家，澳大利亚中医学会不乏医武双全的太极气功的习练者和传播者。悉尼澳大利亚太极养生学院、澳大利亚太极气功协会、澳大利亚中医学会大约有 3000 名以上的注册学员。澳大利亚各大学大约有 100 人参与了太极对健康有关的科研研究课题[①]。

目前澳大利亚各个州、市、社区基本都有不同的学校、社团组织和武术、太极拳爱好者推广太极拳。国际健身气功协会建立了世界健身气功日，无疑对世界包括澳大利亚人们的身心健康，提高健身意识和实践有一定的推动作用。

1. 澳大利亚太极拳的传承与发展

澳大利亚太极拳的传承基本涵盖了各主要门派。太极气功目前在澳大利亚有很多人知晓。因为相对于太极拳套路和器械，太极拳基本功法和以太极拳为基础的气功更简单易学，随时随地、站卧立行都可以练习。对于减压、康复，不同人群有立竿见影的效果，因此更容易让西方人接受。

太极文化与太极拳并行传承，才能更广泛、更全面的发展和推广太极拳，造福澳大利亚人民。理论与实践相结合，利于学员实践课的进程。所谓明拳先明理，有事半功效的效果。很多教练不能够正确教学．使人们对太极拳产生了太极太慢、太极伤膝盖等误解。所以，正确、安全的教学方法，是

---

① 数据来源于澳大利亚政府健康部门。

传承培训的基本要求。

太极拳在传承发展中需要适应当地环境和法律。比如澳大利亚法律规定：老师是不可以触碰学员身体的。在中国教授纠正学员有身体的接触是正常之举，也对学员有很好的帮助，但在澳大利亚是不允许老师这样做的，需要事先沟通，取得学员的同意方可。太极拳讲究天人合一，太极拳适合在室外大自然中练习。但是，在澳大利亚如果超过 50 人的聚会，需要向区政府交纳一定的费用，并要求组织者必须持有 2000 万澳元以上的公共场合活动的责任保险。

澳大利亚对专业教练的资质要求非常严格。除学历外，教练上岗需要有教学经验，必须持有教练证书。教练同时必须持有职业保险、责任保险和三级急救证书、加入行业协会成为会员，才有资格申请教练证书。

太极拳单纯作为一项体育运动在澳大利亚生存仍有困难。澳大利亚自然环境优良，悉尼四季如春，蓝天白云，自然环境气候适于户外运动，大多数人喜欢走路和慢跑，健身房比比皆是，各种球类比如网球在澳大利亚很流行。澳大利亚的社区均设有各种俱乐部、游泳馆，社区服务中心提供各种活动场所，而且很多活动都是免费的，鼓励退休人员有事可做，以延缓慢性病的恶化和防止疾病的发生，这些都对太极拳的生存和发展产生竞争性影响。

太极拳教练难以依靠专业传授为生。虽然澳大利亚政府提供多方位的社区支持，有多个社区享受政府资助免费参加太极课程，并且受到大多数社区老人的欢迎，但是，政府付给教练的工资不够维持教练基本生存开支。教练必须要有其他职业，才可以生存。

2. 澳大利亚太极拳在生活中的应用

太极拳除了作为武术项目受很多的人喜爱之外，70% 以上参与太极拳习练的人是出于健康生活需求。现在的澳大利亚太极拳广泛应用于社区、学校、医院康复、中医师综合治疗、有职工健康安全需求的工作单位等。因练习太极拳而形成良好的生活方式的群体，一般都通过每天坚持练习太极拳而使许多慢性病在不同程度上得到了调整，同时精神得到了放松，从而享受更高质量的生活。如：减少精神压力效果显著，对疼痛有明显效果，对关节炎和退化性疾病的康复有明显效果，对减肥、减压、减血脂效果显著，对糖尿病降糖效果明显，对消化系统的调节均有不同程度的好转，对体型的调整、肌肉的训练、防止老年人摔倒、睡眠质量的改善、生活质量的提高、免疫力的增强、促进心血管功能的稳定性等均有效果。

澳大利亚医院运用太极拳进行康复治疗，主要用于精神压抑症，或由于紧张造成轻度忧郁症的患者等，不适用重度神经病患者。

澳大利亚在许多公立学校、私人学校中开设了太极拳文化课或体育课。教授的太极拳文化课程包括太极历史、理论和体验、太极拳礼节等，要求学生尊重家长老师，教授孩子们立身中正，使孩子们养成良好的生活习惯，并要求孩子回家后用太极拳礼仪向家长问好等，受到了老师、家长和学生们的欢迎。

太极拳功法和太极气功在澳大利亚还用于办公室职业健康减压。当太极音乐响起，松柔伸拉的肢体动作、呼吸与音乐交融，瞬间合一，在愉悦的心情中调身、调心、调神和减压的效果立竿见影。

太极拳与类似的运动瑜伽、Palate 相比，对健康和减压的疗效更显著，但是太极拳培训的收费只是瑜伽、palate 的 1/3，需要从行业规范、市场定位和市场推广手段上多做努力。

3. 太极拳与健康的科研状况

澳大利亚在太极拳与健康的研究方面，有一定的成果，如悉尼大学关于太极拳与癌症的研究、西悉尼大学关于太极拳对冠心病和心血管功能影响的研究，以及澳大利亚中医药学会《中医与健康》期刊、昆士兰大学等都有相关研究文章发表。

B.22
非洲太极拳发展历史与现状

——以塞拉利昂大学孔子学院为视角兼谈太极拳"走进"非洲

叶文 肖蓓*

摘 要： 本文以案例研究为主，概述了太极拳在非洲传播的渠道和总体情况，总结了塞拉利昂大学孔子学院太极拳传播从太极班到太极俱乐部再到太极园不断发展的成功做法，展望了太极拳未来在非洲的发展趋势。

关键词： 太极拳 孔子学院 非洲 塞拉利昂

中国文化走进非洲具有重要意义。2018年中非合作论坛北京峰会，习近平主席提出未来3年和今后一段时间重点实施的"八大行动"，其中一项就是"人文交流行动"，加强中非文化交流。

太极文化在中非文化交流中发挥着积极作用。一些中资企业积极将太极文化引入非洲，如中铁七局武汉公司坦桑63.8km项目部，为当地非洲居民开展24式简化太极拳套路培训，受到欢迎。除了中资企业的传播外，太极拳"走进"非洲的主要途径是中非文化交流项目、武术团体、孔子学院等。在非洲53个国家中，已有31个国家的武术联合会加入国际武术联合会，参与两年一届的世界武术锦标赛等武术大赛。中国在非洲国家建立的孔子学院，重视系统、全面地向非洲宣传推广太极拳。根据2016年底的统计，非

---

* 叶文，爱丁堡大学博士研究生，主要研究方向为体育人文社会学；肖蓓，塞拉利昂大学孔子学院武术公派出国教师。

洲 32 个国家的 46 所孔子学院中，有 14 所孔子学院开设了武术课程，其中博茨瓦纳大学孔子学院开设的中华武术班及武术俱乐部积极推广太极拳，塞拉利昂大学孔子学院等开设了太极拳课程。随着孔子学院在西非国家塞拉利昂的成立，当地掀起了研习太极拳和太极文化的热潮。

非洲文化比较注重集体、义务、服从，追求平衡、和谐与统一，这是中国文化走进非洲的重要基础。以前，非洲的老百姓主要是通过西方媒体了解中国文化，对中国文化的认知是表层的、零碎的、粗略的，甚至是模糊的。通过中非文化的直接接触和交流，中国文化以更形象、更直接的方式向非洲民众展示，受到了热烈欢迎。例如，在具有非凡影响力的第十一届非洲运动会上，专门安排了题为"武之蕴"的精彩节目。在 6 分 30 秒的武术表演中，太极拳表演时间占一半，其动作柔中有刚，给人以强烈的视觉冲击力和心灵感染力。

太极拳在非洲有深厚的群众基础。20 世纪 60 年代，北京体育大学吸引了不少非洲青年来学习武术特别是太极拳。塞拉利昂青年学生是接受太极文化的重点人群。孔子学院教学点在中学、中资机构、军营等开展的太极拳推广活动，受到年轻人和军人的欢迎。在青年学生的影响下，不少学生家长也加入学习太极拳的行列。军人也是太极拳训练的主力军。2018 年 11 月 15 日，塞拉利昂大学孔子学院举办的武术和太极拳全国巡演活动走进该国第二大城市博城，在恩加拉大学进行了精彩演出，恩加拉大学师生、中资企业代表及当地中小学生等 2000 多人到现场观看。通过观看这场演出，许多非洲学生对中国和中国文化产生了浓厚的兴趣，学校校长也表达了与孔子学院合作开展汉语和太极拳课程教学的愿望。

太极拳走向非洲的主要因素有三个方面：一是太极拳的独特魅力，每次观看太极拳表演，非洲民众都对这种体育和艺术形式表示出极大的兴趣；二是太极拳由非洲人表演，能增加非洲人学习太极拳的自信心和认同；三是非营利性服务理念，孔子学院的定位是非营利机构，坚持服务社区、服务当地。

太极文化能够走进非洲，除了太极拳的独特魅力外，还在于采取了让太

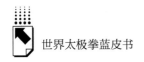

极文化魅力得以在非洲充分展示的有效方式和措施。

1.稳健的推广方式

（1）塞拉利昂大学孔子学院开设太极拳兴趣班。2012年建院伊始，太极拳教学活动只在下设的教学点开课，随着学生对太极拳学习的兴趣渐浓，教学点师生达成共识，利用课余时间开设太极拳兴趣班，以供感兴趣的学生进一步学习。这个班学员规模小，面向校内，不对外吸纳学员。经过多年的班级建设，太极拳兴趣班的影响力逐渐扩大，甚至吸引了塞拉利昂社会各界的目光。2016年9月，在庆祝中塞建交45周年庆典晚会上，太极拳兴趣班的师生首次同台演出，精彩的表演吸引了塞方各界的眼球。

（2）塞拉利昂大学孔子学院设立太极拳俱乐部。经过塞拉利昂大学同意，2016年10月孔子学院建立太极拳俱乐部，以便更广泛地在塞拉利昂大学开展太极拳教学。俱乐部成立之初向社会各界人士开放，吸引了包括当地政要、各国使节及当地民众等共100多人参与。埃及驻塞拉利昂大使马赫·艾尔哈迪作为学员代表，是第一个加入俱乐部的国际友人。他风雨无阻，每周相约孔子学院，更是每天在使馆官邸坚持太极拳锻炼，现已掌握了陈氏太极拳、站桩、24式简化太极拳、八段锦等，在塞拉利昂国际圈引起轰动，来自驻塞英国疾控中心、欧盟、世卫组织的许多国际友人慕名而来。此外，俱乐部成员还有前中国驻塞大使馆商务参赞、中国援塞医疗队、中国援塞疾控中心等华人华侨朋友。俱乐部采取会员登记制度，会员相对固定在每周六上午集中活动。多数会员坚持到俱乐部来学习、交流、锻炼，搭建了一个中外文化交流互鉴的平台。

（3）塞拉利昂大学孔子学院将太极拳俱乐部升级为"太极园"。随着太极拳俱乐部的影响不断扩大和学员人数不断增加，原先俱乐部依托的半个篮球场场地已不能满足学员人数增加的需求。2017年初，在孔子学院总部和弗拉湾学院的支持下，塞拉利昂大学孔子学院在弗拉湾学院兴建了一个"太极园"，为俱乐部的教学活动提供了场地保障，学员规模比以前有了巨大突破，注册总人数达600多人。如今，太极拳已成为塞拉利昂大学孔子学院对外文化推广的一张新名片。

2. 有效的推广措施

（1）精心设计太极拳教学内容。为丰富教学内容，加大对俱乐部的管理，提高学员的学习兴趣，使学员能够奠定扎实的太极拳基础，志愿者教师们认真研究训练课目和训练强度，制订切实可行的训练计划。在训练上，采用集体培训和分组训练相结合的方式，充分辅导每一名学员。内容上有陈氏太极拳、站桩、缠丝劲、太极扇、太极剑等入门教学。"太极起止见金刚，一阴一阳化无常"，圆柔自然的太极动作配上金色的沙滩、蔚蓝的天空和一望无际的大西洋，太极拳俱乐部的太极拳训练俨然成为弗里敦市一道亮丽的风景线，吸引着更多的市民参与太极拳训练。

（2）建立学习激励机制。2018 年 6 月，塞拉利昂大学孔子学院在使馆经商处的资助下，选送 30 名太极奖学金学生，赴中国河南参加为期 3 个月的集训。学员们纷纷表示，能去中国学习太极拳是他们的梦想，一定要好好珍惜在孔子学院太极拳俱乐部学习的机会，争取获得政府太极奖学金的名额。2018 年 9 月 15 日，由中国商务部主办、河南工业大学承办的"2018 年塞拉利昂陈氏太极拳培训班"也迎来了喜庆的结业典礼仪式，30 名太极奖学金学生经过 90 天的刻苦训练，顺利完成了预设培训任务，圆满结业。

（3）开展太极拳展示活动。经过多年的精心打造，塞拉利昂大学孔子学院的太极拳教学独具特色，太极拳表演经常成为当地、驻塞中资机构和企业举办文化活动的特邀节目，参与的活动不计其数，包括中资企业开业庆典、大使馆春节招待会、塞港口改扩建工程项目开工典礼等。在这些活动中，塞拉利昂总统、副总统等政要都观看了塞拉利昂大学孔子学院的太极拳表演，给予了高度赞扬。

展望未来，塞拉利昂大学孔子学院太极拳俱乐部将进入新的快速发展之路。经与塞拉利昂国家体育总局协商，塞拉利昂大学孔子学院将举行太极拳全国巡演，让中国太极拳之花在西非盛放，为太极文化在塞拉利昂的进一步推广谱写新的篇章。

综 合 篇

B.23

太极拳运动发展现状与分析

申国卿 郭 燕 孙向豪 等

摘 要： 太极拳作为一种独特的身心运动，既包含体育文化共性元素，又拥有中华传统文化经典特质。新中国成立后归属为体育运动项目，24 式简化太极拳、48 式太极拳的相继推出，使太极拳得到普及并取得长足发展。本文从太极拳运动现状出发，对太极拳的套路演进、武术竞技及赛事活动进行回顾总结，对太极拳体育教学的现状普及推广和修炼晋级进行分析，指出太极拳不只是一种体育活动，更是内外一体、身心俱修的实践活动。最后提出推动太极拳运动加快发展的七方面建议。

关键词： 太极拳 套路演进 武术竞技 修炼晋级 太极拳赛事

一 太极拳运动现状①

太极拳是中华民族体育文化的重要内容，也是中华民族文化的瑰宝，与中国传统思维方式和思想价值取向存在着密切的内在关联。作为当代中华文化传承者，应当挖掘和弘扬太极拳承载的优秀传统养生文化，积极展现其时代价值并为太极拳传播提供创新思路。当前普通民众尤其是许多国外友人对太极拳和太极文化有着浓厚的兴趣，这种兴趣不仅仅是对太极拳技击健身的迷恋，同时也对太极拳文化所体现的哲学文化意蕴感到惊奇，国内外的众多人体科学研究者对太极拳"治病保健、健身养生"的功能尤为关注。②

（一）太极拳运动现状的宏观表现特点

综观太极拳运动现状，宏观层面表现有四个特点：

（1）拳种、流派逐渐丰富。（2）流传地域、参与人口渐增。推广状况呈现以中国为核心，以日本、韩国、东南亚、澳大利亚、法国、美国、瑞典、英国、墨西哥、芬兰等国家和地区为中心，逐渐向南美洲、中东、非洲、中美洲、中亚等地区辐射的态势。但是，相对于技术传播而言，当下的太极文化影响力尚待进一步提升。（3）太极拳教学基地、组织建设逐渐完善。（4）太极拳的科学研究队伍日益壮大。③

（二）太极拳运动的推广主体及相关举措

太极拳推广的主体是政府、高校、科研院所、民间社会力量、太极拳名家等。太极拳推广的举措和取得的成效有如下几方面。

（1）太极拳推广列入政府发展规划，硬件建设保障太极拳的世界性推

---

① 本节由郭燕执笔。郭燕，河南理工大学太极拳学院教师，研究方向为体育理论。
② 宋清华、胡建平等：《太极拳的发展与对外传播》，人民体育出版社，2017。
③ 杨黎明、杨光：《太极拳的发展与对外传播——以太极拳故里焦作近五年的情况为例》，《辽宁体育科技》2018年第3期，第104页。

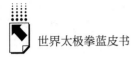

广，培育师资为推广太极拳提供人力资源，搭建平台助力开展太极拳科学研究，宣传推广扩大太极拳的对外影响，产业发展为太极拳走出去增添后劲。[①]

（2）武术界正继续推动武术段位制"六进"，即进学校、进社区、进乡镇、进机关、进企业、进军营，以扩大武术段位制的普及面。

（3）努力实现"六个融入"，即融入全民健身公共服务体系、融入学校教育体系、融入各级政府购买服务项目框架、融入体育产业市场服务体系、融入增加国家文化软实力体系、融入中外体育和文化交流活动。[②]

（三）太极拳运动现存主要问题

（1）随着我国政府对太极拳的高度重视以及传统社会向现代社会和消费社会转变，作为民族传统体育的太极拳出现了竞技化和商品化的趋势。（2）民族原生态文化内涵发生了变异，其生存环境出现恶化，传统体育的存在形式逐渐被去中心化，太极拳的生存受到了极大挑战。[③]（3）大型太极拳表演虽然日趋热潮，利用大、中、小学生和公园里退休人群，不断创造相关太极拳参与人数的历史新高，但多数存在主办方的相关功利行为。（4）太极拳活动的商品化氛围较浓，在一些活动中，太极拳作为招商引资招牌甚至于小部分人的谋利手段。（5）学校体育中的太极拳运动状况普及率较高、涉及面较广，但参与的学生大多兴趣低、底蕴浅。（6）学校体育教师中非太极拳专业群体较多，其相关民族传统文化和运动人体科学理论知识都较为欠缺。（7）社区体育对太极拳运动的需求量大且极具太极文化思想传承意义，但是当前仍突出地表现为"人才少、条件差、科学性不足、规范性欠缺"等不足。（8）曾经的师徒传承的传统逐渐弱化，学校教育和社会教育模式成为太极拳习练与传承的主要途径，这种模式因缺乏口传心授的个性化

---

① 杨黎明、杨光：《太极拳的发展与对外传播——以太极拳故里焦作近五年的情况为例》，《辽宁体育科技》2018 年第 3 期，第108 页。

② 《国家体育总局武术运动管理中心〈中国武术发展五年规划〉（2010～2014）》，https：//www. qqgfw. com/News_ 1Info. aspx？News_ 1ID＝17695。

③ 徐锋、徐俊：《新时代太极拳文化传承的危机与对策——由一场"街头之争"引发的思考》，《体育学刊》2019 年第 1 期，第 20～26 页。

指导而使学生难以掌握太极拳技艺精髓，从而影响到了太极拳文化和技艺的深度传授。① （9）太极拳传授者整体缺乏理论学习，中医知识和现代运动医学水平相对较低。

虽然太极拳目前已传播到世界150多个国家和地区、拥有4亿爱好者和习练者，是当今世界上参与人数较多的运动项目，但是以上问题的存在导致太极拳教师的数量、质量都不能满足太极拳运动快速发展的需要，太极拳家族式的经营模式无法满足太极拳产业化需要，太极拳习练人群老龄化严重，青少年参与者显著不足，太极拳的传播在突出健身功能的同时也明显忽略了传统技击功能。② 此外，受市场经济的影响，高水平太极拳师很多都出国或到大城市开办私人太极拳馆、太极拳健身馆、太极拳养生馆以及太极拳会馆、私企高管培训等，海外太极拳培训市场及国家"汉办"的太极拳师的太极拳技术和理论往往普遍较高，国内大、中、小学体育教师及民间太极拳社团教练和公园里授拳的教练则水平明显参差不齐，导致当下的太极文化影响力尚处在浅表层面与零星状态，太极拳蕴含的中国文化标志有待持续升华和提升。③

推动太极拳运动健康发展的基本思路：加强科研方法理论创新，实现多领域、多机构、多地区之间的相互合作，比如体育局、协会、医院跟高校跨界合作等，为太极拳的发展提供更强有力的理论基础。④ 将"太极拳走出去"上升为国家文化战略，合理布局"国家级孔子学院太极拳培训基地"，全力推动太极拳申报世界非物质文化遗产，积极推动太极文化产业发展，尽快成立"世界太极实验室"和"太极文化研究中心"等。⑤

---

① 徐锋、徐俊：《新时代太极拳文化传承的危机与对策——由一场"街头之争"引发的思考》，《体育学刊》2019年第1期，第20～26页。
② 王甜、张园园：《太极拳发展现状及国际化推广研究》，《运动》2016年第150期，第139～40页。
③ 杨黎明、杨光：《太极拳的发展与对外传播——以太极拳故里焦作近五年的情况为例》，《辽宁体育科技》2018年第3期，第104～108页。
④ 彭响：《太极拳发展的研究综述》，《浙江体育科学》2017年第6期，第97～103页。
⑤ 杨黎明、杨光：《太极拳的发展与对外传播——以太极拳故里焦作近五年的情况为例》，《辽宁体育科技》2018年第3期，第104～108页。

二 太极拳套路演进与武术竞技[①]

研究太极拳套路演进与武术竞技问题，需要从太极拳早期的套路演进状态、近代以来太极拳套路的主要演进方向，以及太极拳与当代竞技武术等几个方面来进行分析和把握。

（一）太极拳套路的宏观演进状态

自太极拳产生以来，一直在以传统宗法制为主的社会结构中进行着持续发展与分化。例如，在陈氏太极拳内部，不仅演进出了陈氏太极拳十三势老架、新架、小架三种拳架，各风格的架势中还有着不同的套路，例如，老架中即有老架一路、二路之分。各流派的太极拳在对外传播过程中同样演进出了更多新的风格，如杨露禅在陈氏太极拳基础上改创出架势舒展的杨氏太极拳，之后由陈氏太极拳和杨氏太极拳衍生出了武氏太极拳、吴氏太极拳、孙氏太极拳等不同的风格体系。

当下太极拳套路的演进更是呈现"百家争鸣、百花齐放"之势，传统套路不断演进，新太极拳套路层出不穷，加上武术运动管理中心审定的太极拳规定套路、竞技套路、段位制套路等，可以说太极拳套路正向着多样繁荣的局面发展。

另外，为了适应社会多元化需求，太极拳套路的演进正在改变传统以徒手套路为主的局面，各种器械内容正逐渐在太极拳套路中占据重要地位。例如：太极拳已经成为在公园、广场锻炼的老年人喜爱的套路形式，太极剑已是竞技武术套路比赛的重要内容，太极刀、太极枪、太极棍、太极大朴刀等颇受年轻爱好者青睐。

（二）太极拳套路的主要演进方向

自 20 世纪末以来，随着我国现代化、城市化进程的不断推进，社会结

---

① 本节由孙向豪执笔。孙向豪，河南理工大学体育学院讲师，主要从事武术文化与教学研究。

构与生产力的变迁带来了文化生存空间的改变。在"物竞天择，适者生存"的生存空间宏观转型中，一些文化形式由于不能够适应社会变迁而逐渐没落和消亡，但另一些文化形式则能够继承创新，适应新的社会需要，从而走向新的繁荣。如上所述，当下太极拳套路虽然呈现"百家争鸣、百花齐放"之势，但在新的社会结构中，无论太极拳套路形式如何繁荣多样，万变不离其宗，它始终围绕着技击防身、健身养生、竞技比赛、娱乐表演等几个主要方向进行着演进。

在技击防身方面，除了传统太极散手、推手之外，竞技推手、功守道等内容也逐渐推出。

在健身养生方面，不仅各太极拳流派、各太极拳传授者都将太极拳与健身养生放在传承传播的第一位，各种新编太极拳套路也多以健身养生为宗旨。

在竞技比赛方面，无论是国家推广的太极拳规定套路24式、48式，还是竞技太极拳套路，及后来出台的陈氏56式规定套路、段位制规定套路等内容，都围绕着竞技比赛的方向来展开。

在娱乐表演方面，不仅太极拳登上奥运会开幕式、春节联欢晚会等舞台，而且在各层次的文艺演出中，太极拳都是非常出彩的内容。

（三）太极拳与武术竞技

武术竞技是近现代以来体育国际化进程中的必然趋势，它推动着武术的社会化宣传与普及。太极拳的武术竞技大致可以分为竞技太极拳与太极拳竞技两种主要形式，它们在两个不同时期，既表现出不同特征，又有着相互交融。

（1）中华人民共和国成立后的新模式——竞技太极拳。中华人民共和国成立后，中华全国体育总会召开武术座谈会，倡导发展武术运动，经过多轮研究讨论，1957年将武术正式列为国家体育竞技项目内容，1958年国家体委制定了第一部以长拳、太极拳、南拳为竞赛内容的《武术竞赛规则》。随着各级竞技武术比赛的推进，竞技武术逐渐形成，太极拳成为竞技武术的三大内容之一，被推广传播并普及开来。当前竞技太极拳不仅是全国运动会、亚洲运动会、世界武术锦标赛等赛事的重要内容，而且还有专门的全国太极拳公开赛、世界太极拳锦标赛等太极拳单项赛事。

（2）改革开放后蓬勃发展的传统太极拳竞技。传统太极拳竞技是指将传统太极拳套路以现代体育比赛的形式进行展示，以评判优劣，衡量参赛者的太极拳水平的赛事活动。改革开放后，随着太极拳在社会中的广泛开展，各种太极拳赛事随之产生，如中国·焦作国际太极拳交流大赛、中国·邯郸国际太极拳运动大会、全国太极拳公开赛、全国太极拳推手比赛、全国"市长杯"太极拳比赛、和氏太极拳交流大赛等，这些赛事平台都是以现代竞技体育的形式衡量传统太极拳的技术水平。

三 太极拳修炼晋级[①]

在练习太极拳的过程中，大多数人都会关注太极拳的学习阶段、功夫层次与修为进境等问题。学习太极拳必须明了太极拳的动作要领，理解太极拳的技术要点，并在长期苦练技术的基础上积极研讨太极拳的拳理和文化要义，对照经典拳论和名家著述，不断提高自己的功夫境界，完善个人的太极拳修为。传统武术领域通常把长期的武功习练与养成称为"功夫"，太极拳修炼晋级，实质上也就是太极拳修炼进境或者说太极拳功夫境界的问题。

（一）由《人间词话》论武术的三种境界

探讨太极拳的功夫境界，需要从"境界"的词义乃至太极拳的武术属性入手。境界主要指人的思想觉悟和精神修养，也指主体在某件事物上所达到的修为程度。清末民初国学大师王国维在《人间词话》中曾说，"古之成大事业、大学问者，必经过三种之境界"：从"独上高楼，望尽天涯路"到

---

① 本节由申国卿执笔。申国卿，郑州大学体育学院教授，主要从事太极拳与地域武术文化研究。

"衣带渐宽终不悔，为伊消得人憔悴"，再到"众里寻他千百度，蓦然回首，那人却在灯火阑珊处"，这个脍炙人口的论断，对于武术练习、探研显然同样适用。一个学武之人，从理想层面首先要有对武术执着的追求，对自己所学拳种体系概貌有通盘了解与认知，明确目标与方向，这是武术学习的初级学问或者初级境界。武术技术的练习过程不是轻而易举、随便可得，必须要坚定不移，经过一番刻苦磨炼，孜孜以求，才能取得一定的收获，达到一定的层次，这是武术的第二种水准或者境界。要达到更高的境界，则必须用专注精神，反复探究，下足功夫，最终达到豁然贯通、学有所成，逐渐从武术习练的必然王国进入武术修为的自由王国。①

在传统武术领域，各武术门派通常也都有自己的功夫进境体认以及相应理论。例如，形意拳著名的明劲、暗劲、化劲"三步功夫"之说，使该拳具备了由初级到高级的循序渐进、科学明了的锻炼依据。② 明代枪法大家吴殳在著作《手臂录》中，也涉及传统武术习练的进阶问题，"初时戳革，务使重实阔大，三四年后，渐渐收为轻虚紧小，则体用皆备"等论述便是经典的阐释。③

（二）太极拳功夫境界的武术视角

太极拳界也有关于武术功夫层次的不同表述。以陈氏太极拳为例，当代陈氏太极拳名家陈正雷在实践中把陈氏太极拳的系统化训练分为循序渐进的六个阶段，即学架子、正架子、捏架子、顺架子、拆架子、定架子。陈小旺则把陈氏太极拳习练划分为依次提高的五层功夫。从陈鑫"一层深一层，层层意不同"的理念出发，当代陈氏太极拳名家张志俊把陈氏太极拳分为初级、渐悟、登堂入室和最高阶段四重境界，其中，"不思而得，不勉而

① 申国卿、邓方华主编《中国武术导论》，重庆大学出版社，2016。
② 买正虎编著《形意拳搏击的理与法》，北京体育大学出版社，2004，第4~5页。
③ 杨祥全：《〈李棠阶日记〉所见武术史料研究》，《安阳师范学院学报》2016年第5期，第6~11页。

中"当为太极拳最高境界之写照，这种境界，实质上就是道德功夫。① 另外，杨氏太极拳门中流传的"十三层功夫"之说，忽雷太极拳强调的"十一层练功法"等，无论从理论还是技术视角来看，在太极拳乃至中国武术体系中皆堪称独特。

王宗岳的经典拳论"由着熟而渐悟懂劲，由懂劲而阶及神明"，指出了太极拳功夫欲达极致，须经由"着熟""懂劲""神明"三个阶段逐步拾级而上，的确是精妙之至。其中，"着熟"是基础阶段，是指习练太极拳架要按照拳理要求做到身正势圆，动作到位，虚实分清，转换顺随，松静自然，柔和顺畅。坚持长期持久的习练，"懂劲"之后，则越练越精，数年纯功，渐及"神明"。王宗岳"一羽不能加，蝇虫不能落"的拳语，便形象地描绘了"神明"者功夫的高级程度，其周身处处皆太极，脱离了"心知"，不以意识的支配，完全运用练就太极身的反应。② 王宗岳的太极拳三段进阶理论不仅在传统武术界产生了广泛影响，而且对武侠文学、武打影视作品等尤其影响巨大，无论是金庸笔下独孤求败的"无刃木剑"，还是李连杰电影描述"霍元甲"的"心中无剑"，实际上都是武学最高境界的一种反映。处在这个境界的习武者已经"不役于物"，物物皆可为我所用，这是习武者对自己身体高度自信的一种表现。

（三）"太极之象"的功夫境界表征

传统武术界流传有一首唐人李道子所传歌诀——《秘授歌》："无形无相，全身透空。应物自然，西山悬磬。虎吼猿鸣，泉清河静。翻江揽海，尽性立命。"其文字古朴简练，短短 32 字内涵却极为丰富，喻示着太极拳功夫境界的八种不同表征。③ 由此经典拳论可知，修炼太极拳的关键就是锤炼平常人看不见、摸不着的太极阴面的东西，即神之虚灵、意之专一、气之内外混化，积攒出"全身透空""混元一体"的整体功夫，当然，这个境界不

---

① 申国卿：《陈式太极拳文化探骊》，湖北人民出版社，2011。
② 陈树道：《武式太极拳释义》，太极网，2008 年 7 月 10 日。
③ 佚名：《太极之象的八种功夫境界》，中国太极拳网，2011 年 3 月 9 日。

是教出来的，而是循理依法、长期不懈地"默识揣摩"而得。随着修炼的持续深入，太极功夫精湛的人神意清净虚灵，无所挂碍而又清澈明了，对生活不贪、不执、不欲，应物自然，切身体会儒家强调的"随心所欲不逾矩"理论，进而则又在恬淡虚静中显示出智慧无碍、生生不已的明心见性境界，最终达到"尽性立命"的太极拳修炼根本归宿，"与天地合德，与日月合明"，实现"天人合一"的中华传统文化至高追求。

综而论之，太极拳不只是一种体育活动，更是内外一体、修炼无止境的身心实践哲学，以身体练习为基础，在日复一日技术打磨的过程中不断积累心理层面的丰富与充实，进而收获生命境界的感悟与提升，最终以拳入道、拳与道合，乃是自然而然且辩证统一的太极拳修炼晋级。如此，太极拳才不至落于江湖化、粗俗化的境地，沦为有术无学、江湖卖艺的谈资。

四　中国太极拳赛事的成长与发展[①]

太极拳赛事的举办具有多种社会意义与价值，在促进人们身心健康、打造城市名片、促进地方经济发展及提升主办城市国际化程度等方面都具有积极作用。

（一）中国太极拳赛事萌芽期（1949～1977年）

为推广太极文化普及太极拳运动，国家体委于1956年编制了"简化24式太极拳"[②]并开始举办"简化太极拳比赛"，1958年编制了《武术竞赛规则》，太极拳成为武术比赛项目之一。由于时处恢复经济的困难时期，文化、体育等事业的基础都相对薄弱，太极拳的发展也处于起步阶段，没有形成严格意义上的规模赛事，更多是以太极拳项目及表演的形式开展（见表1）。

---

①　本节由翟文厦执笔。翟文厦，泰国玛哈沙拉坎大学在读博士生，研究方向为体育赛事管理。

②　徐才：《"太极拳好"的遐思（之二）》，《中华武术》1994年第6期，第5～7页。

表1　中国太极拳赛事一览（一）

年份	开展情况
1953	全国民族形式体育表演及竞演大会(天津)，太极拳首次出现在大型活动中
1956	24式简化太极拳问世，促进了太极拳运动的普及
1959	第一届全运会，太极拳成为正式比赛项目之一
1962	太极拳推手比赛(上海)，制定了太极拳推手规则

（二）中国太极拳赛事起步期（1978～1992年）

1979年国际奥委会恢复了中国的合法地位，中国竞技体育事业开启了新的征程。1991年邯郸国际太极拳大会的召开，拉开了中国地方自主举办的太极拳赛事的序幕（见表2）。

表2　中国太极拳赛事一览（二）

年份	开展情况
1979	锦标赛试行太极拳推手项目
1982	首届全国性散打、太极拳推手表演赛(北京)
1984	首次国际性太极拳赛:国际太极拳(剑)邀请赛(武汉);全国首次太极拳专项赛事:太极拳(剑)邀请赛(哈尔滨)，太极拳推手被列入太极拳中
1986	太极拳、剑、推手成为全国比赛中的正式比赛项目
1987	首次中日太极拳比赛交流大会(北京)，拉开太极拳交流的序幕
1987	杨氏太极拳比赛(上海)
1989	中日太极拳比赛
1991	最早的地方太极拳赛事:国际太极拳大会(邯郸)
1992	国际太极拳年会(温县)

（三）中国太极拳赛事发展期（1993～2007年）

改革开放后，随着生活水平的提高，人们的体育消费意识也逐渐增强。多元化的体育需求为体育产业的发展提供了机遇，竞赛表演项目日益活跃，为中国体育赛事注入了新的活力，也为太极拳赛事的兴起提供了机会（见表3）。

表3　中国太极拳赛事一览（三）

年份	开展情况
1996	第二届世界太极拳大会(温县)
2000	中国·焦作(温县第六届)国际太极拳年会
2001	首届太极拳健康大会
2005	焦作太极拳交流大赛举办并更名为"中国·焦作国际太极拳交流大赛"
2006	邯郸国际太极拳运动大会
2006	首届国际太极拳交流大会(河北永年)

（四）中国太极拳赛事转型期（2008年至今）

以2010年国务院《关于加快发展体育产业促进体育消费的若干意见》为政策支持，一些太极拳乡开始以打造城市文化名片为目的，推广、普及太极文化，举办太极拳相关活动，中国太极拳赛事也逐渐形成规模，开展形式日益丰富（见表4）。

表4　中国太极拳赛事一览（四）

年份	开展情况
2009	首届健康太极拳韩国交流大会
2010	第二届健康太极拳韩国交流大会,加强了中韩文化交流
2011	大青山国际太极拳交流大赛
2011	第六届中国·焦作国际太极拳交流大赛
2011	陈氏太极拳协会五周年庆典地方太极拳赛事
2012	第三届中国·沂源国际太极拳交流大赛
2012	首届中国陈家沟陈式太极拳国际交流大赛
2012	"照丕杯"中国陈家沟太极拳功夫精英赛竞赛
2012	第四届中国·温县和式太极拳交流大赛暨非物质文化遗产项目和式太极拳展演大会
2013	《武林大会》走进太极拳发源地温县陈家沟太极拳套路比赛
2013	第七届中国·焦作国际太极拳交流大赛
2014	第八届永年广府太极拳年会
2014	中国·五莲第二届大青山国际太极拳大赛
2014	第十二届中国·邯郸国际太极拳运动大会

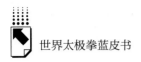
续表

年份	开展情况
2014	中国陈家沟太极拳国际交流大赛
	第五届中国·温县和式太极拳交流大赛
2015	国际杨式太极拳联谊大会(西安)
	中国·五莲第三届大青山国际太极拳节暨志强杯国际太极推手大赛
	第八届中国·焦作国际太极拳交流大赛
	第四届国际混元太极拳交流大会
2016	中国·五莲大青山第四届国际太极拳大赛暨2016全球太极养生感动故事征集活动
	首届泰山国际太极拳赛
	"汤显祖杯"中国抚州国际太极拳大赛
	首届世界太极养生文化高峰论坛暨2016年"枫林谷"杯中国·桓仁全国太极拳公开赛
	第十三届中国·邯郸国际太极拳运动大会
	第六届中国·温县和式太极拳交流大赛暨非物质文化遗产项目和式太极拳展演大会
	三亚首届世界太极文化节
2017	2017新疆维吾尔自治区太极拳比赛暨霍城福寿山首届太极拳邀请赛
	中国·山西第五届传统杨氏太极拳国际邀请赛
	2017年第三届河北肥乡区"九鼎杯"太极拳交流展示大会
	2017中国陈家沟太极拳家乡赛
	中国·承德首届国际太极拳精英展演大会
	第九届中国·焦作国际太极拳交流大赛
	2017年中国扬州太极拳国际邀请赛
	中国日照五莲大青山第五届国际太极拳大赛
	"马虹杯"2017年传统陈氏太极拳联谊赛(石家庄)
	中国·东岭第三届全国太极拳邀请赛暨传统武术比赛
2018	首届武术太极拳比赛(义乌)
	大唐雄风——战太极"功夫王争霸赛"
	第二届中国(承德)国际太极拳精英展示交流大会暨"兴我中华"太极拳系列活动
	第四届(正阳)全国太极拳精英赛
	大青山国际太极拳大赛
	第四届中国陈家沟陈式太极拳国际交流大赛
2018	第二十三届太极拳、械锦标赛(温县)
	"巴国太极养生杯"暨巴州区第二届太极拳运动会
	"怀山堂杯"第四届国际太极拳网络视频大赛
	第二届全球杨氏太极拳文化节暨海峡两岸太极拳文化交流大会
	结缘太极拳朝圣发源地——第二届陈家沟太极拳家乡赛(年度赛)

年份	开展情况
2018	第十四届中国·邯郸国际太极拳运动大会
	河南省首届陈氏太极拳小架交流大赛竞赛
	第五届陈正雷太极年会暨第八届中国陈家沟太极功夫精英赛
	首届太极文化节暨太极交流大赛竞赛（陕西）
	首届孔子故里（济宁）全民健身太极文化交流大赛
	"弘禹杯"晋秦豫黄河金三角太极拳邀请赛暨运城市太极拳比赛
	首届陈全忠太极拳总会交流比赛
	中国武术非物质文化申遗展暨第二届扬州太极拳国际邀请赛
	辽宁省"五女山杯"太极拳公开赛
	第七届和式太极拳交流大赛暨2018年国家级非遗和式太极拳秋季培训班
	全国太极拳（剑）家庭展示交流活动
	"大美甘肃·太极人生"甘肃省首届太极拳网络视频大赛

五　太极拳教学①

作为具有体育属性的太极拳运动，一方面在社会的广阔土壤中得到了积极的发展，另一方面，也成为体育教育的一个重要组成部分，在各级学校的体育教学活动中都有较为普遍的体现。关注太极拳的教学问题，可以从太极拳的传统文化特质及其教育性方面展开。

（一）太极拳的教育性

传统文化是文明演化而汇集成的一种反映民族特质和风貌的民族文化，是民族历史上各种思想文化、观念形态的总体表征，是起源于过去、融合现在与未来的动态的主流观念和价值取向。作为一种意识形态的存在，传统文化广泛影响人们的思想和行为。②

---

① 本节由胡建平执笔。胡建平，河南理工大学太极拳学院副教授，研究方向为大众体育健身。

② 李长中：《多民族文学：文学史的边界与转向》，《西南民族大学学报》（社会科学版）2019年第3期，第172~180页。

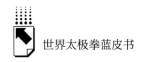

中国传统文化是中华文明演化而汇集成的一种反映民族特质和风貌的民族文化，是民族历史上各种思想文化、观念形态的总体表征，是指居住在中国地域内的中华民族及其祖先所创造的、为中华民族世世代代所继承发展的、具有鲜明民族特色的、历史悠久、内涵博大精深、传统优良的文化。[1]

太极拳萌生于中国传统文化的土壤，融入了中华传统文化的精髓，其发展与演变过程带有显著的中华民族传统文化烙印，蕴含着中国传统哲学的基础理论，强调"和谐""天人合一""内外兼修、神形兼备、注重武德"等，以"技击、强身养生、修身养性"三者有机结合而体现出其独特的审美观、健身观和道德观，凸显中华民族教化育人"自强不息、自我修养、人格完善"的精神，拥有极高的教育功能和健身价值。

中国学校体育教育的目标是育人和健身，服务于培养"德、智、体、美、劳"全面发展的祖国合格建设者和接班人，达到"享受乐趣、增强体质、健全人格、锤炼意志"四位一体。[2] 太极拳拥有的健身、文化价值和学校教育的目标在培养人方面具有逻辑层面上的高度一致性、趣味性和契合性，被中国广大学校列为体育课的选择学习项目。

（二）中国太极拳教学的现状

1949 年后，太极拳被国家体委统一改编作为强身健体的体操运动、表演、体育比赛项目。中国改革开放后，部分太极拳还原本来面貌，分为技击太极拳、体操运动用的太极操和太极拳推手。[3]

据不完全统计，中国不少省份在小学、中学、大学开设了太极拳教学课程。中国太极拳教学内容主要是简化太极拳[4]，包括 1956 年在杨氏太极拳

---

① 柴云龙、李君华、高崇等：《太极文化的传承与发展——以中华女子学院为例》，《当代体育科技》2017 年第 11 期，第 197~198 页。

② 毛振明：《改革开放 40 年中国学校体育关键词》，《体育教学》（社会科学版）2019 年第 1 期，第 4~6 页。

③ 王明建：《武术发展的社会生态与社会动因——以村落武术为研究个案》，博士学位论文，上海体育学院，2013。

④ 郝心莲：《新中国武术发展史概论》，《体育科研》1996 年第 3 期。

的基础上，删去繁难和重复的动作，编成的 24 式简化太极拳，以及 1979 年中华人民共和国体育运动委员会在杨氏太极拳基础上，吸取其他各式太极拳之长，编成的 48 式简化太极拳。

同时，传统太极拳流派众多，常见的太极拳流派有陈氏太极拳、杨氏太极拳、武氏太极拳、吴氏太极拳、孙氏太极拳、李氏太极拳、和氏太极拳、王其和太极拳等派别，各派既有传承关系，相互借鉴，也有各自的特点。因此，太极拳在学校体育教学的现状也具有明显的地域性，各个派别的起源地都各自创编了易于在学校推广的简化太极拳。例如陈氏太极拳发源地温县，现有武术馆校 30 多家，其中文武学校有 4 家，习武场所近 30 家，家庭武馆 20 多家，学员 2000 多人，流动学拳人数达 8000 多人，主要教授陈氏 18 式太极拳、陈氏老架太极拳等。

（三）太极拳教学存在的问题

通过文献资料和问卷调查发现，虽然太极拳在中国众多大、中、小学校中广泛普及开展，对太极拳的传播、创新和发展起到了积极的作用，但是重视程度还不够，并且在实际的太极拳教学过程中出现了诸多问题。

（1）教师资源问题。作为非物质文化遗产，精通其至熟练掌握太极拳的教师远远不够，教师水平低和技能差成为制约太极拳传播发展的第一因素。

（2）教学内容问题。太极拳作为传统武术文化，在引入学校体育教学的时候，为了适应学校体育的形式，进行了简化创编，教学人员大多是体育老师，太极拳在教学中就变成了太极操。

（3）理论问题。太极拳蕴含的中华民族传统哲学价值是太极拳的魅力和精髓，但在学校体育教学中却基本没有得到体现，实践教学中缺乏太极拳理论价值的传授。

（4）太极拳技术难的问题。即便是简化太极拳的套路，在一学期或者一学年的体育课程时间内，学生很难掌握太极拳技术。

（5）传统教学与现代教育差异问题。太极拳是在中国传统的师徒传承、家族传承、私塾文化环境中发展起来的，在融入现代教育体系过程中出现了

众多格格不入的困境，不适合现代体育"短平快"的套餐式教学，出现了老师教不好，学生不愿学，时间不够用，学习氛围差，组织教学难等问题。

（四）太极拳教学与申遗

2006 年，太极拳被列入中国首批国家非物质文化遗产名录。2008 年 8 月中国把太极拳确定为申报项目，太极拳开始申报人类非物质文化遗产，历经多次努力，至今未果。究其原因是多方面的，如果从太极拳的拳学视角来看待这一重要战略问题，显然应引起我们的深刻思考。

把太极拳作为体育教学项目，能够扩大太极拳的影响力，提高人民对太极拳的认识，有利于太极拳非物质文化遗产的传承与发展，有利于我国太极拳的申遗工作。但是，太极拳进入学校体育课程，也丢失了太极拳本身原汁原味的特色魅力，在社会上也造成了很多误解。为了更好地传承、创新、发展太极拳，深入研究和促进太极拳与学校体育教学融合任重道远。

六　太极拳的普及推广[①]

太极拳的普及推广有别于经典传承，是一项综合系统工程，涉及面较为广泛，主要体现在学校教育、大众健身、演艺娱乐、国际化传播等几个主要方面。

（一）学校教育中的普及推广

太极拳进入学校教育最早可以追溯至民国时期。1915 年，"全国教育联合会"召开第一次会议，提出《拟请提倡中国旧有武术列为学校必修课》议案，该年北洋政府教育部即明令"各学校应添中国旧有武技，此项教员于各师范学校养成之"。民国时期，温县人士张国栋即在河南大学传授忽雷

---

① 本节由孙向豪执笔。孙向豪，河南理工大学体育学院讲师，研究方向为武术文化与教学。

架太极拳。①中华人民共和国成立后，重启武术进校园工作，太极拳是重要内容。1956年，国家体委邀请太极拳名家组织创编24式简化太极拳，开始在各学校逐渐推广，如今该套路已是许多高校体育课的必修内容。

改革开放后，随着华人的全球互动，文化认同、文化寻根、文化中国等概念深入人心，我国政府出台了专门文件推动传统文化融入现代教育。太极拳作为传统文化内容，不仅是我国文化国际化传播的重要符号，也是优秀传统文化的重要内容。2004年，中宣部和教育部联合颁发的《中小学开展、弘扬和培育民族精神实施纲要》中，明确提出"体育课应适量增加中国武术等内容"，在此背景下，太极拳进校园开启了新的局面，2018年9月，福建省教育厅规定"运动技能中的武术（简化二十四式太极拳）为必考"内容②。如今太极拳已成为河南温县、湖北十堰、河北邯郸、山东日照等地中小学及个别大学体育课程中的规定内容，成为当地中招考试必考科目。此外，在河南理工大学、郑州大学体育学院、邯郸学院、武当山学院、河南大学等高校还专门开设了太极拳本科专业。

（二）太极拳在大众健身中的普及推广

健身养生是太极拳得以产生和传播的重要原因之一，在早期太极拳著作《太极十三势行功歌诀》中，即有"详推用意终何在，益寿延年不老春"的论述。中华人民共和国成立以来，太极拳传播发展更是以大众健身为主要方向。1960年，毛主席在中共中央关于卫生工作的指示中号召"打太极拳及各种各色的体育运动"③。随着国家体委组织创编的24式、42式、48式等简化太极拳的发布，太极拳在大众健身中广受欢迎，广泛传播于全国各地。如1998年为了纪念邓小平同志题词"太极拳好"20周年，来自海内

① 陈宁宁编《河南大学忆往》，河南大学出版社，2002，第139页。
② 《福建省教育厅关于公布福建省普通高中学业水平合格性考试语文等11门学科考试说明（适用于2017级高中学生）的通知》，http://jyt.fujian.gov.cn/xxgk/zywj/201809/t20180910_4489544.htm。
③ 易名：《党和国家领导人论太极拳》，《半月选读》2009年第19期。

外的近万名太极拳爱好者汇聚在北京天安门广场，举行规模空前的太极拳表演。除了焦作、十堰、邯郸等历史悠久的传统太极拳之乡外，一些地区也将太极拳作为重要活动，如成都市委、市政府提出打造太极蓉城的总体规划等。①

在国家层面，《"健康中国 2030"规划纲要》提出扶持推广太极拳等民族传统运动项目，② 2017 年 3 月国家体育总局提出了"太极拳健身工程"项目，工程"旨在形成特色明显、技术适宜、形式多样、科学规范的太极拳全民健身服务体系"③。

（三）太极拳在演艺娱乐方面的普及推广

随着太极拳在现代社会中的发展演变，其演艺娱乐功能逐渐被挖掘，并受到普遍欢迎，具有重要的社会意义和价值。改革开放后，随着电影《少林寺》的走红，大量以太极拳为主题的电影逐渐问世，如《太极神功》《笑太极》《少林与太极》《太极》《太极张三丰》《太极宗师》等，为太极拳的推广传播作出了贡献。太极拳还频繁出现在许多重要活动的舞台表演中，如2007 年春节联欢晚会节目《行云流水》，2008 年北京奥运会开幕式上的大型集体太极拳表演等。

当前太极拳演艺正向着规模化的趋势发展，如张艺谋团队在焦作陈家沟启动的《印象·太极》项目，已经在建设中。④ 在娱乐方面，除了公园、体育馆等场所的全民健身之外，以太极拳为主题的娱乐中心逐渐出现在各城市。如焦作耍之道、杭州太极禅苑、陈正雷在全国各地成立的太极推广中心

---

① 《全国武术套路锦标赛将助力成都打造太极城》，全球功夫网，http：//www.qqgfw.com/News_ 1Info.aspx? News_ 1TypeID = 22&News_ 1ID = 20433。

② 《〈"健康中国 2030"规划纲要〉发布》，新华网，http：//www.xinhuanet.com/health/2016 - 10/25/c_ 1119786029_ 2.htm。

③ 《"太极拳健康工程"形成全民健身服务体系》，国家体育总局网站，http：//www.sport.gov.cn/n316/n343/n1191/c792523/content.html。

④ 《拟投资 6 亿元！张艺谋团队〈印象·太极〉项目在焦作陈家沟启动》，百度网，https：//baijiahao.baidu.com/s? id = 1620436540227865867&wfr = spider&for = pc。

等，其中太极禅苑是由著名企业家马云与著名演员李连杰在浙江杭州合建的太极馆，它以太极为主题，融合会议服务、餐饮的主题馆，其经营理念为推广太极文化。

（四）太极拳在国际化方面的普及推广

民国期间太极拳已随着华人的迁徙开始走向国际。新中国成立后，太极拳代表中国文化开始出现在我国外交活动中，如1957年1~4月顾留馨代表国务院赴越南教胡志明打太极拳，1959年周恩来总理在北京体育学院（今北京体育大学）会见日本友人松村谦三期间也热情地聊起太极拳，1978年邓小平同志应日本太极拳爱好者的邀请题词"太极拳好"，2007年温家宝总理出访日本时期在东京代代木公园与日本市民一起打太极拳，李克强总理与印度总理莫迪在北京天坛公园进行的"太极瑜伽会"等，都不断地推动着太极拳的国际传播与普及。

在民间方面，1956年黄性贤在新加坡设立了黄氏太极拳学会，[1] 在马来西亚影响力很大。改革开放后，更有一大批太极拳名家赴海外传播太极拳文化，如陈沛山长期在海外传拳并成立了国际陈氏太极拳联盟，[2] 陈小旺因传播太极拳被评为2012年中华文化传播大使等。[3] 资料显示，目前太极拳已经传播到150多个国家和地区，在普及推广方面成效显著。

七 推动太极拳运动加快发展的对策建议[4]

1949年新中国成立后，太极拳就开始伴随着新中国的成长，以一种体育运动的身份活跃在促进人民健康的发展轨道上。而今，以党的十九大为

---

[1] 史友宽：《体育文化国际传播的实践考察与理念探索》，博士学位论文，河南大学，2013。

[2] 国际陈氏太极拳联盟官网，https：//www. chen - taijiquan. org/index. php？ option = com_content&view = featured&Itemid = 101&lang = zh。

[3] 央视网：《中华之光——传播中华文化年度人物》。

[4] 本节由申国卿执笔。申国卿，郑州大学体育学院教授，研究方向为太极拳与地域武术文化。

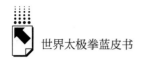

标志的中华民族伟大复兴事业进入全新征程，太极拳也开启了新的发展阶段。由此宏观战略语境出发，特对推动太极拳运动发展提出下列几方面的对策建议。

（一）由中华传统文化传承创新视域重视太极拳运动发展

太极拳能够在中华大地代代传承并风靡世界，最根本的原因在于其承载着以和谐文化为核心的中华传统文化经典内容。所以，当代太极拳发展首先要从中华文化传承创新的战略视域高度重视，从国家战略层面辩证审视，从国家文化软实力建设方面精心规划。只有这样，才能使太极拳成为一项国家文化战略系统传承创新工程，充分确立新时代太极拳发展的战略地位与主流定向。与其他绝大多数体育运动项目相比，太极拳有其自身鲜明的特性。

从体育运动属性看，太极拳作为一种体育运动类型无可厚非，但在体育之外，太极拳还有自身独到的中华传统文化气质。太极拳是武术的传统拳种之一，在当代中国武术领域，"武术是中国的传统文化之一"[1] "武术属于体育，但又高于一般体育"的观点早已成为各界共识[2]。所以，太极拳既属于体育，又高于体育。太极拳既包涵体育文化共性元素，又拥有中华传统文化经典特质，这是我们考虑当代太极拳发展的一个重要指导思想。深刻认识到这一特点，才能深入领会新时代太极拳主流文化身份的战略象征，有效保障太极拳运动的快速、顺利、正确发展。

（二）从世界非物质文化遗产视角促进太极拳运动发展

太极拳发源于中华大地，同时也属于世界，是人类非物质文化遗产的组成部分和宝贵财富。人们投身太极拳运动，体验太极拳运动的快乐，其实也是在亲身感受太极拳这一人类文化的优秀类型，切实践行人类非物质文化遗

---

[1] 邱丕相：《对武术概念的辨析和再认识》，《上海体育学院学报》1997年第2期，第7~10页。

[2] 吴绍祖：《武术属于体育，但高于一般体育》，武术万维网，2003年3月28日。

产的活态传承。从这一视角出发，就会自然而然地展现出一种开阔的胸怀与开放的心态。

太极拳是中华民族先贤接力传递的集体智慧结晶，先贤创立这门拳种不仅道法自然，而且心怀天下。作为先贤的后人和太极拳的受益者，应该满怀感恩之心尽力让世界上更多的人享有中华太极的福泽，而不应存有一种"小我"之心，认为太极拳仅仅属于某人、某家族或者某个地区。

毋庸讳言，太极拳历史上的门派观念在推动太极拳积极发展的同时，也对于太极拳传播产生了复杂影响。当代市场经济环境下，门派观念的非积极一面往往被显著放大，演变为影响太极拳传播的复合元素。因此，从世界"非遗"视角端正对太极拳的思想认识，不仅会在很大程度上淡化传统门派之争的现实作用，还将有效促进太极拳和谐融入当今全球化时代语境，在服务全人类的过程中更好地推动太极拳的传播与发展。

（三）联系"一带一路"倡议推动太极拳国际传播

"一带一路"倡议，为当代中华文化国际传播提供了一个无比广阔的时代舞台，也为太极拳运动提供了一个空前的机遇。积极融入"一带一路"倡议，依托国内丰富的太极拳综合资源，积极将太极拳传播到世界各地，让太极拳广泛造福不同国家和地区的人民，是推动太极拳运动加快发展的必然选择。

（四）结合武术段位制规划推进太极拳标准化步伐

就运动项目而言，太极拳显然无法回避标准化发展问题。虽然近几年国家和社会各界已经越来越重视这一问题，但是当前的太极拳标准化步伐仍然是不尽如人意。太极拳的技术特点、门派众多等历史状况，决定了太极拳标准化发展面临着艰巨的现实挑战。结合当前国家武术运动管理职能部门推行的武术段位制工作，精心构建并不断完善太极拳运动的教育、竞赛、培训、监督、社会服务综合体系，对于有效推进太极拳标准化步伐具有积极实践意义。

（五）根据受众现实特点打造太极拳分层传播路径

受众群体较广是太极拳能够在世界各地积极传播的一个重要因素。上至白发老人下到少年儿童，太极拳的习练者几乎涵盖各个年龄段，遍布社会各个阶层。其中，有人以练习功夫为目的，有人以健身祛病为初衷，有人以修身养性为追求，制定太极拳运动发展战略或方案时，必须全面考虑，根据不同受众群体的相应特点设计太极拳分层传播路径。

（六）突出健身康体休闲功能实现太极拳科学发展

整体而言，在当代太极拳习练人群中，崇尚健身康体和娱乐休闲功能的人明显居于主体地位，当代"健康中国"战略对此则又发挥着强力推动作用。在此背景下，围绕太极拳运动的科学研究的时代意义不言而喻。太极拳运动的独特健康效果和太极拳深妙的人体科学原理，都迫切呼唤着现代科学研究的阐释与论证。

（七）基于高等院校平台构建太极拳协同创新格局

随着时代进步与科技发展，高等院校所具有的综合平台优势正日渐凸显。可以预见，基于高等院校平台的太极拳协同创新战略，对于推动太极拳发展大有可为并且深受期待。

B.24
太极拳文化发展现状与分析

刘高升 李闽榕*

摘 要: 太极拳文化是中华优秀传统文化的重要组成部分, 蕴聚着东方文化的精髓。本文从物质、行为、制度、精神四个层面对太极拳的文化内涵进行了探析, 对太极拳文化研究从研究主体、研究内容、研究平台等方面进行了分析, 对太极拳的文化艺术活动从央视春晚节目、影视节目、汉字文化、舞蹈表演、嘉年华等多视角进行了列举分析。本文指出开展太极拳文化研究, 对于增强文化自信, 促进优秀传统文化走向世界, 具有重大的国家战略意义。

关键词: 太极拳文化 太极拳传承人 文化艺术活动

一 太极拳的文化内涵

(一)太极拳文化的定义

太极拳是中国古代哲学、武术、医学等多个领域的先贤集体智慧的结晶, 是中华文化的有机组成部分, 具有深厚的文化内涵及鲜明的文化特征。

---

* 本文1~4节由刘高升执笔, 第5节由李闽榕执笔。刘高升, 北京大学高等人文研究院博士后, 研究员, 研究方向为正身功夫和商业儒学; 李闽榕, 经济学博士, 中智科学技术评价研究中心理事长。

"文化"在《辞海》中的广义概念是指人类在社会历史发展过程中所创造的物质文化和精神文化的总和；狭义概念是指哲学、宗教、文学、艺术、政治、经济、伦理、体育等社会的意识形态，以及与之相适应的制度、组织等。文化在不同学科中也有着不同的定义。"太极拳文化"是太极拳运动主体创造的不同形态特质的内容所构成的统一体，是包括各时期、全球各地的太极拳习练者、研究者在内的所有"利益相关者"，围绕太极拳不断总结、创新、发展形成的各种有形与无形的、物质与精神的、内容与形式的文化总称，是一个多维度的文化系统复合体。鉴于太极拳的复杂性，本文主要从物质、行为、制度、精神四个层面探析其文化内涵。

（二）物质层面的太极拳文化

物质层面的太极拳文化主要是指太极拳运动主体在认识、实践和发展太极拳运动中所取得的成果，是承载太极拳文化的可感知的物质载体和有形实物，表现为诸如太极拳的器材、服装、场地、文物，以及修习太极拳文化的传承、传播人物。太极拳的物质文化是太极拳运动参与者在实践活动中形成的文化成果之一，是进行太极拳运动的基础条件。

太极拳的器材因练习主体的需要而定，常见的包括太极剑、太极刀、太极枪、白蜡杆、太极球、柔力球、太极扇等。太极拳运动参与者以运动服为主要着装，部分练习者为更具观赏性，穿着带有传统特色的太极练功服。太极拳锻炼本来不假方便，可以拳打卧牛之地，室内室外均可。团体练习太极拳则需要有相对平整和宽敞的公园或者广场。太极拳文化的物质载体还包括太极拳博物馆、学校、名人故居、纪念馆、祠堂、陵园等。此外，太极拳传承和传播的所有人物同样是太极拳文化的物质内容，从广义上讲，所有太极拳的利益相关者都是太极拳的人文载体；狭义而言，太极拳文化的主要参与者，包括太极拳拳师、太极拳运动的拳众、太极拳科研学者等，他们是太极拳的物态人格载体。此外，太极拳参与者的智慧结晶的物质形态如太极拳谱、各类太极拳书籍也是太极拳物质文化的重要构成。

（三）精神层面的太极拳文化

太极拳的精神文化系统由太极拳运动主体在参与太极拳活动实践过程中经过长期孕育而形成的精神气质，表现为天人合一、道法自然、自强不息、崇尚中和、刚柔相济、精气神一体等功夫精神和价值理念，是太极拳的根与魂。作为优秀国粹与最有影响力的国术，太极拳的精神文化内涵与周易、儒释道、中医、武术、兵法等传统精神资源都息息相关，是通向中国优秀传统文化和精神家园的快捷通道。其中，"天人合一"是包括太极拳在内的中国武道的终极追求。冯友兰谈到人生境界论的时候，提出了四重境界的说法：第一重是自然境界；第二重境界是功利境界；第三重是道德境界；第四重是天地境界。这四重境界恰当地展现了太极拳的精神次第。

中华武术文化发端于远取诸物、近取诸身的自然境界，成长于功利境界，提升于重视武德的道德境界，最高的目标还是拳以载道，天人合一。按照朴素的全息理论，天地宇宙是大的人身，人身是小的宇宙天地，在天人同构的理论和"气"的理论指导下，天人合一成为可能。同时，在天人合一思想指导下的太极拳具体观念，诸如舍己从人、随曲就伸、中正安舒、松活圆灵等内容同样是太极拳的精神和武魂。

（四）制度层面的太极拳文化

太极拳的制度文化，是指太极拳运动主体在参与太极拳运动过程中建立的各种社会规范构成，是太极拳运动中的组织机构和规章制度的总称，表现为太极拳运动中的人的角色、地位和活动组织形式、组织机构和运行机制、规则和制度等。太极拳的文化制度是开展太极拳运动的前提保障。在组织方面，包括太极拳的各类相关社会组织，如太极拳协会、俱乐部、拳馆、学校等；也包括虚拟组织如太极拳的师门、线上线下的拳友群体等。在制度方面，包括太极拳运动相关的法律法规、政策规划、管理制度、竞赛制度等。值得注意的是，太极拳的文化传承方面以师徒制度为主，在文化传播方面，则以现代体育相关的教练制度为主。

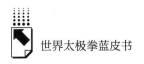
（五）行为层面的太极拳文化

太极拳文化在行为层面是指太极拳运动主体在参与太极拳运动过程中形成的价值取向、行为方式和行为环境等，表现为太极拳的行为理念、艺术和环境等文化内容。太极拳习练者的价值取向是太极拳行为文化的核心。太极拳文化具有多维价值取向，包括健身、防身、技击对抗、套路竞赛、修身悟道等多重层次。

太极拳的发展过程中伴随着多重价值的重构与转化。在今天，太极拳的健身休闲功能无疑是最大的价值导向，同时，太极拳的修身和技击价值同样也在努力寻求创造性转化和创新发展。太极拳行为方式方面一个重要的内容是太极拳的礼仪和武德，对太极拳习练者的行为素养具有积极作用。太极拳的礼仪和武德文化相对于制度文化是"软性"的制度，包括尊师重道、文武兼修、德才兼备、以和为贵等，都是体现中华优秀传统的重要文化基因，有利于促进太极拳习练群体的行为文明。

二 太极拳文化传承

太极拳文化发展至今，在物质、精神、制度、行为等文化子系统上都成为中国传统文化中一个最有代表性和包容性的项目。太极拳文化的传承意义重大，甚至关乎整个中华传统文化的传承发展命运。本文从物质、精神、制度、行为四个文化子系统探析太极拳文化的传承发展情况。

（一）太极拳的物质文化子系统与太极拳文化传承

与太极拳文化传承相关的物质文化子系统的主要构成是太极拳文化的物质载体，包括与太极拳文化相关的场地空间、器械、服装、代表人物等。

首先，太极拳文化传承的场地平台很多。对于普通拳众而言，社区和公园是喜闻乐见的练拳、学拳、传拳场所；对于学生群体，武校、体育馆则是主要的场地；而对于都市白领和知识分子，越来越多的人选择在室内太极拳馆、健身俱乐部练拳。个别地区还规划打造"世界太极城""太极大学""太极小镇"等大规模载体。太极拳传播场所的日益增多，不仅有利于太极拳的传播推广，也在一定程度上为太极拳的传承发展提供了物质保障。

其次，太极拳的代表人物是太极拳文化传承的关键物质、精神主体。目前我国的太极拳流派诸如陈氏太极拳、杨氏太极拳、武氏太极拳、吴氏太极拳、李氏太极拳、和氏太极拳、王其和太极拳，都申请获批为国家级非物质文化遗产，孙氏太极拳等也都获批为省级非物质文化遗产。非物质文化遗产项目有代表性传承人的机制，有关部门还提供财力、物力扶持太极拳代表性传承人的传承发展工作。当然，太极拳文化的传播仅仅靠非物质文化遗产代表性传承人是远远不够的，太极拳传承不只是一个社会中的少数人的责任，需要全社会关心太极拳的组织和人士共同努力。

此外，太极拳的传承发展在互联网时代获得了新渠道。一大批具有真功夫和好武德的"明师"也已被太极拳习练者所认知。很多太极拳的真正修习者不再满足于通过追逐所谓的"名师"来成为某某大师的正宗传人，而是要寻找真正德艺双馨的"明师"。互联网的信息空间创新，为太极拳文化的传承打开了新的通路。

（二）太极拳的制度文化子系统与太极拳文化传承

早期的太极拳文化主要依靠师徒之间"法不传六耳"式的口传心授来实现代际传承。清末民初，太极拳从少数人的艺业变为知识分子的爱好，以许禹生为代表的知识分子太极拳家于 1912 年之后创立了北京体育研究社，众多武术名流如杨少侯、杨澄甫、吴鉴泉、纪子修、刘彩臣、刘恩绶、姜殿臣、孙禄堂等均在此授艺，宋书铭等太极拳隐士名家也在同时传拳。太极拳传承的组织化机制从此开始。

民国时期，随着太极拳影响力的扩大，太极拳在知识分子群体中得到越来越广泛的认可，随之而来的是一大批太极拳领域的传习组织涌现出来。同时，太极拳也在大学中传承，例如太极拳家梁劲予就是在陈微明于中山大学授拳期间师从陈微明学拳的。在西南联大时期，时任西南联大体育教授的吴

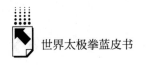
志青还出版了《太极正宗》一书。此外，当时的南京中央国术馆也对太极拳文化的传承作出了巨大的贡献。

新中国成立后，太极拳在传承制度、组织等方面获得了长足的发展。特别是20世纪90年代以来，全国乃至全球各地成立了各类的太极拳学会、研究会、协会、联盟等组织，以及以太极拳为主的赛会，甚至各个高校都有自己的太极拳协会，有些还不止一个。例如，北京大学目前就有多个学生太极拳协会，诸如教授太极拳课程的武术协会、陈氏太极拳协会、吴氏太极拳协会、杨氏太极拳协会、王其和太极拳协会等。与此同时，近年来党和国家也制定了多项有利于太极拳传承发展的政策，为太极拳的传承发展提供了有力保障。如今，太极拳文化在传承机制上既有传统上的"师徒制"，也有现代的"教练制"和高校学府的"导师制"，越发获得可持续发展的生机。

（三）太极拳的精神和行为子系统与太极拳文化传承

太极拳文化的根基是中华文化的尚武精神和天人合一的正身之道，太极拳的文化传承有赖于学术界、武术界等多方共同努力对太极拳的精神内涵和行为准则予以全面研究和科学解读。太极拳文化需要在深入研究的基础上，将其精神和行为子系统的研究成果推广到青少年群体当中，特别是进入校园的规划中来。以太极拳功夫训练提升青少年身心素质，有利于中国下一代的身心疗愈、气质优化、智力提升和灵性成长。

太极拳文化所倡导的"舍己从人""中正安舒""随曲就伸""刚柔相济""天人合一"等这些精神和行为文化资源，对于百姓生活、社会管理和生态治理都有着重要意义。传承太极拳文化，必须将太极拳文化尤其是太极拳的精神思想和行为理念，融入人民群众的健康文明生活方式当中。功夫在拳外，让大众深入理解太极拳文化的真髓，在百姓中传承太极精神，建设起人民太极的文化长城，有利于实施健康中国战略，对于实现国家富强、民族振兴、人民幸福的中华民族伟大复兴的中国梦，对于体现中国的文化自信，对于中国的优秀传统文化走向世界，都将具有重大的国家战略意义。

三 太极拳文化研究

对太极拳文化的研究近 15 年来一直呈稳健递增态势。图 1 是在中国知网数据库中以"太极拳文化"为关键词的统计结果。共有 226 篇相关研究论文，表明近年来太极拳文化的相关研究已经受到了学术界的关注。

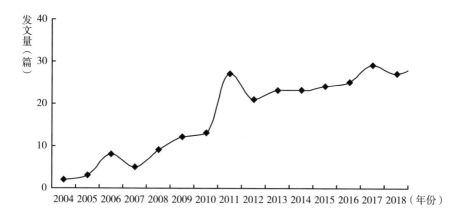

图 1　知网太极拳文化研究发表年度趋势

目前学术界尚未对太极拳文化的概念和内涵作出统一界定。一些专家学者对此进行了研究，提出了自己的见解。周小青等学者[①]提出了太极拳文化的定义："以太极拳动作为载体，其思想表达带有哲理性和艺术性，另外，演练方法具有科学性的独立的、完整的文化体系。"该定义从相对狭义的"太极拳功夫"视角理解太极拳文化，涵盖了太极拳文化的重要属性：科学性、艺术性、哲理性、独立性、完整性。太极拳文化植根且成长于中华传统文化之本，既体现了中国传统文化中的共性，又具有自身独特的文化优势。

近年来，太极拳文化研究的主体正在发生变化，正在由民间太极拳修习者、国内学者发展到国内外科研机构。太极拳文化研究的专业人士越来越

① 周小青、周若夫、刘宁宁、张冬琴：《论太极拳文化的基本特征及其价值取向》，《武术研究》2018 年第 7 期，第 40～42 页。

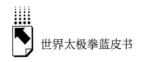

多，而且分布于各个领域，不仅包括人文、社科的专业学者，还包括医学、体育科学、物理学等领域的专业学者。太极拳文化研究的群体不仅包括国内或海外华人学者，而且也有大批国外专家和学者加入太极拳文化研究中来。例如，美国学者就在整合太极拳站桩功夫与心理学的基础上发展出"能量心理学"等理论。

太极拳文化研究的内容方面，正在朝人文与科学两个方向进一步发力。对于太极拳的精神、制度文化，太极拳文化研究重视人文视角。对于太极拳的行为文化，科学视角则越来越发挥着主导性的作用。

在人文视角方面，太极拳文化研究的层次从防身、健身发展到正身。太极拳文化包含物质、制度、精神和行为等多个维度，但就正身道维度而言，太极拳就包含健身、防身、乐身、荣身、正身（修身）等多个层次。太极拳文化发展的早期阶段，太极拳文化研究的主要聚焦点是太极拳如何防身和健身。而近年来，太极拳文化研究更加关注太极拳文化的"正身"层次。文以载道，拳以正身，太极拳文化研究要有"正身"层次的高度。20 世纪80 年代以来，太极拳文化研究的主战场一度是各类平面类武术文化杂志，研究主体以民间拳师、爱好者为主，以太极拳文化的挖掘、整理、诠释、传播为主。太极拳文化传播的内容也非常博杂、良莠不齐，充斥着玄学和非理性内容。伴随着传统文化的自觉与复兴，以及人民群众对太极拳文化日益增长的需求，太极拳文化研究呼唤着理性的回归和高等人文的新觉醒。一大批知识分子加入太极拳文化的研究队伍中来，太极拳文化研究的层次也不断提升，不只围绕技击、健身和套路等领域，更不断向正身和修身文化的层次提升。《大学》中指出："修身为本。"太极拳文化早在发展初期就在知识分子群体的修习者（如王宗岳和武禹襄等）的推动下，融通文武。民国时期更是在当时的知识分子的努力下从武技升级为"国术"。20 世纪末以来，知识分子包括文化名人、演艺明星、企业家、学者开始发力推广太极拳文化，出现了如"太极禅"（李连杰、马云等）、"功守道"（马云等）、"转山禅"（丁武将等）、"汉字太极"（北京大学李朝斌）、"正身道"（北京大学刘高升）、"太极步伐"（苏敬斌等）等多角度的太极拳相关修身理论和功夫、竞技体系。

在科学导向方面，太极拳文化研究的科学性内涵不断丰富。近年来，太极拳文化研究开始关注太极拳文化在医疗领域的应用。在"体医融合"的时代背景下，太极拳文化已成为健康生活的重要手段，其松慢匀整、身心合一、中正平和等文化基因，对于现代人的身心疗愈、养生健体有着重要的价值。太极拳文化应用于健康领域的科学实证研究早在20世纪80年代就已经开始了。1988年，曹一民等学者在提交给深圳国际武术节的报告中，提交了名为《从脑电、心电、血脂等指标看太极拳的科学性》的论文，这也是国内较早的太极拳实证类研究。近年来，太极拳文化的健康科学维度不断得到彰显，包括《柳叶刀》在内的欧美顶级英文科学期刊发表了数十篇有关太极拳的研究，众多国际顶级科学家纷纷开展太极拳文化的科学实证研究。

在太极拳文化研究的学术平台建设方面，除了学术专著，太极拳文化研究成果主要是在人文类或体育类的学术期刊发表。国内国际尚没有一本专门针对于太极拳科学、人文研究的国际顶级学术期刊，与瑜伽文化、正念文化等主题研究形成了较大落差。太极拳文化的理论和科学实证迫切需要国际级的学术发表平台，以便在全球学者中凝聚众智，推进太极拳文化科研。因此，太极拳文化的发展有待于通过学术平台的建设、科研团队的组织、专家智库的打造来完成转型升级。

综上所述，太极拳文化研究在过去几十年间取得了较大发展，无论研究主体、研究内容、研究平台都获得了显著提升。同时，太极拳文化在人文和科技两大视角下都存在着很大的提升空间，有赖于通过具有世界影响的学术平台、科研团队和专家智库的建设来实现新的跨越发展。

四　太极拳的文化艺术活动

太极拳的文化艺术活动泛指太极拳与各种文化艺术场域融合而产生的艺术形态。太极拳文化本身具备多重艺术属性，具有很强的融合性，可以与舞蹈、音乐、书法、会展等形成有机的文创组合，展现出整合的艺术效

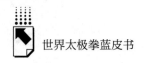

果。本文主要从太极拳与央视春晚节目、太极拳与影视节目、太极拳与汉字文化、太极拳与舞蹈表演、太极拳与嘉年华五个方面分析太极拳的文化艺术活动。

中央电视台春节联欢晚会（以下简称春晚）是海内外华人的年夜视听盛宴，也是一个展示民族精神、国家形象和文化魅力的重要载体。从1983年至2019年，春晚已经连续举办了37届。武术类节目作为中国文化中特有的国粹瑰宝自然必不可少。据不完全统计，武术节目先后共19次登上春晚舞台，太极拳是春晚武术类节目中的重要内容。2015年春晚中的《江山如画》节目的创新、创意就很有特点，该节目邀请了知名动作演员张震与吴京。张震因为拍摄电影《一代宗师》的缘故苦练了3年八极拳，在全国的八极拳武术比赛中获得了一等奖；而科班出身的吴京则出演过大量动作影视剧，如广受大众欢迎的《太极宗师》。吴京在影视转型过程中将目光投向军旅题材，以"军侠"为目标，继出演《我是特种兵之利刃出鞘》，并在部队前后苦练18个月后，在2013拍摄了《战狼1》。张震一袭深色长衫先弹古琴后练八极拳套路，可谓剑胆琴心，文武兼备。而后几位武术冠军和塔沟少林武校上演的太极剑、太极拳和凳子武，配合背景中不断切换的壮丽山河风景，突出整体的气势。最后出场的吴京身着一套白色立领装，在板凳上打起太极拳。在节目的最后，太极与八极合璧，张震和吴京两位武星分别展示了八极拳和太极拳，正应了武术文化中的一句俗语："文有太极安天下，武有八极定乾坤。"文武合一之道，家国江山之美，家国之爱，圆融统一。

太极拳与影视节目融合的文艺形式也比较常见，例如李连杰主演的《太极张三丰》，吴京的主演的《太极宗师》，马云主演的《功守道》，赵文卓主演的《太极》，李安导演的《推手》，甄子丹主演的《笑太极》；冯德伦执导、袁晓超主演的《太极1：从零开始》《太极2：英雄崛起》《太极3：巅峰在望》；还有《太极侠》《倚天屠龙记》《功夫熊猫2》，都市时装电视剧《推手》等影视剧。其中，2017年马云主演的《功守道》是一个现象级的太极影视节目。据李连杰介绍，"功守道"是由传统武术太极演变而来的全新运动项目，"功守道"立足于做推手的 2.0 版本，其寓意则是"用功夫守住自己家园之道"。早在 2011 年，马云与李连杰成立了一家太极禅公司，旨在弘扬太极文化。《功守道》一方面圆了马云的太极影视梦，另一方面也是 21 世纪太极拳文化再出发和进一步创新发展的序曲。

太极拳是文武兼备之道。北京大学的李朝斌创造性地将太极拳文化与汉字和书法艺术融合，开创出名为"汉字太极"的文化艺术形式。"汉字太极与养生"是北京大学的一门体育类公选课。该课程是北京大学体育教研部于 2009 年开设的本科民族传统体育课程，也是北京大学教务部立项的科研课题，主要研发者为北京大学李朝斌。该课程已经连续经过 10 年的教学探索与实践，在北京大学连续 9 年开办了 18 学期汉字太极与养生课程，至今有 2000 多人参加了学习。在多年的实践中，汉字太极的教学理论、教学模式和教学方法业已基本完备。一般的体育课程尤其是武术相关的课程相对强调体育训练或者所谓"武"的部分，但汉字太极课程则重视"文"的部分，力求文化与功夫兼修，成为太极拳文化艺术在高校创新发展的一个有益探索。

太极拳是武也是舞，在身体和韵律文化上有异曲同工之妙，与音乐和舞蹈具有良好的匹配度。太极拳与音乐融合方面，在网络上广受赞誉的《太极遇上梁祝》，展现了双人太极的音形融通之美。体现太极韵味的舞蹈《融》，是京剧世家裴派嫡传第四代继承人裴继戎与陈氏太极拳第 19 代传人入室弟子潘沁，大胆进行新派艺术创作，创编出的新概念京剧功夫街舞剧，体现了京剧的魄、太极的气。该作品将传统戏曲、太极拳、敦煌文化，以及唐卡艺术、象形文字等熔为一炉，熔铸出创新的文艺韵味。

太极与嘉年华融合的平台型文化艺术形式的出现，也是近年来太极文化艺术发展的一个重要标志。"嘉年华"一词，音译自英文"Carnival"，是起源于欧洲的一种民间狂欢活动，其前身是欧美"狂欢节"的英文音译，相当于中国的"庙会"。嘉年华文化与本地文化（例如香港）元素的融合，形成了当地的特色体育"嘉年华"或体育文化节，太极文化节就是其中一类特殊的嘉年华。由世界太极拳网、三亚市文体局、三亚市旅游委、三亚南山景区等机构联手打造的世界太极文化节，从 2016 年起在三亚成功举办三届。世界太极文化节以"弘扬中华太极文化，促进人类身心健康"为宗旨，以"生命智慧、健康旅游，传承发展、太极文化"为主题，着力打造具有世界影响力的中国太极文化品牌，突出文化性、传统性与学术性，渐渐摸索出"互联网＋太极文化＋健康旅游"的太极文化艺术生态模式。

以上只是从太极与文艺表演、影视、音乐舞蹈、汉字、嘉年华几个方面来分析太极拳的文化艺术活动，而事实上，太极拳文艺活动远不止这些方面。相信随着时代发展，会不断涌现出越来越多的"太极拳＋"艺术门类，为太极拳创新发展助力。

五　太极拳文化发展的思路和举措

习近平指出："中华优秀传统文化是中华民族的突出优势，是我们最深厚的文化软实力"。[①] 党的十八大报告明确提出"扎实推进社会主义文化强国建设"。太极拳文化作为中华民族优秀传统文化代表之一，是中华优秀传统文化的一朵奇花，凝聚着中华民族独特的思维方式，已经融入人们的生产生活和精神世界，影响到中国文化的各个领域。加强太极拳文化的国际传播，尤其是借助"一带一路"这个平台，可以更快更好地向全世界传播中国优秀文化，扩大中国文化在世界范围内的影响力，提升国家文化软实力。

（一）加强周边国家太极拳文化交流

太极拳作为中国传统文化的一个载体，更需要深入国际文化交流中，通过在友好国家建设"太极拳培训基地"、开办"太极拳海外交流会"、在华人区形成"太极拳爱好者协会"等方式，为世界各地的太极拳爱好者提供

---

① 《习近平谈治国理政》，外文出版社，2014，第 155 页。

开放式平台，让他们感受太极拳的文化魅力。以太极拳为突破口，增强国家软实力，增强文化自信。

（二）加强太极拳文化内涵的传播

太极拳基于中国优秀传统文化，内涵思想源于中国哲学，具有阴阳辩证的思考理念。在太极拳的各类招式中，无不体现阴阳辩证思想。太极拳以自身柔和、缓慢、刚柔并济的特点，加上中国的传统思想文化，形成了太极拳独有的文化形式。加强太极拳文化内涵传播，可以促进中国优秀文化走向世界，成为中国思想融入世界的媒介。

B.25
太极拳科技创新发展现状与分析

黄康辉　杜方棋　张长念　等

摘　要： 本文主要包括学术研究创新、太极拳技术体系创新和现代科学技术在太极拳发展中的应用创新。学术研究创新对年度发文量及关键词的发展走势进行了趋势分析，技术创新部分提出了适应性改造、现代化训练和项目化创新三方面内容分析；科技应用创新部分分别对图像识别技术、信息技术、生物技术、现代医学技术和新材料技术进行了分析研究，最后对加快太极拳科技创新提出五个方面的对策和建议。

关键词： 竞技太极拳推手　太极拳健身功法　太极拳养生

一　太极拳的学术研究创新①

在中国知网以"太极拳"为关键词和篇名，对 2008～2018 年间的研究成果进行检索，检索出的相关文献共 3288 篇。将 3288 篇文献导出至 CiteSpaceV 进行计量分析，时间范围选择 2008～2018 年，时间区长度设置为 1 年，主题来源为标题、摘要和关键词，网络节点为 Keyword，阈

---

① 本节由黄康辉、杜方棋执笔。黄康辉，北京体育大学中国武术学院副教授，主要从事太极拳、太极拳推手推广研究工作；杜方棋，河北环境工程学院教师、海南省武术协会副秘书长，主要研究太极拳训练与教学。

值设置为 50，即前 50 个高频或高被引节点。绘制可视化图谱，得到太极拳年度发文量总体趋势（见图 1）和科研机构发文量（见图 2）。

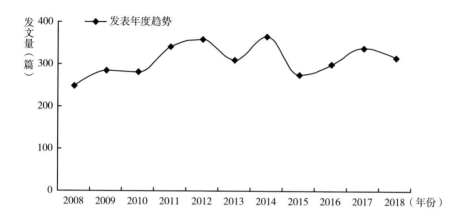

图 1　太极拳年度发文量总体趋势

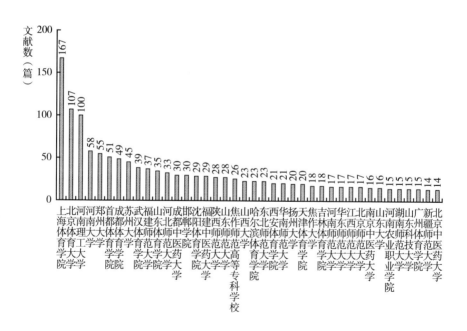

图 2　科研机构发文量

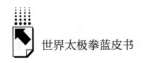

图1表明，2008～2018年，国内太极拳相关研究呈平稳中略有上升的趋势，年平均发文量在300篇左右，这说明了太极拳始终是大家关注的热点话题。

图2所示为科研机构的发文量。10年间，以太极拳为主题的文章，上海体育学院以总发文量167篇稳居第一。北京体育大学和河南理工大学以107篇和100篇的数量紧随其后。上海体育学院和北京体育大学这种高水平体育院校，体育科研水平位于同行业最前沿，相关研究成果理应靠前。另外，发文数量前40名当中还有河南大学、郑州大学、邯郸学院、焦作师范高等专科学校、河南师范大学、河南农业职业学院等。受地域因素的影响，这些都是与太极拳发祥地距离较近的高等学校，受太极拳文化影响较深，所以对太极拳的研究成果也相对较多。

关键词作为学术论文研究主题的精炼表达，所包含的信息包括文献的题目、摘要等，是一篇文献的高度浓缩。在对一个研究领域科学文献的分析中，出现频次高的关键词通常被认为是这一领域的热点，其关联性在一定程度上可以揭示学科领域中知识的内在联系。利用CiteSpace绘制的关键词共现图谱（见图3）中，每个圆形的节点代表一个关键词，节点或字体的大小与关键词出现的频次高低成正比，节点或字体越大，其越可能为太极拳研究的热点领域。

图3中，"老年人"的节点最大，其次是教学、高校、养生、健身。这说明老年人一直以来都是太极拳研究的重点人群，高校的太极拳教学是各科研人员的研究热点，这大概与发文作者大多都是来自高校的科研人员有关。在当今社会太极拳虽是一个武术拳种，但用来实战技击已经不是社会的主流了，好在它的健身养生功能突出，所以，在太极拳的养生健身领域关注点颇多。此外，图中散落的节点较少，关键词的联系复杂紧密，集中度较高，说明近几年太极拳的研究热点较为集中。

为方便观察太极拳的研究热点，特绘制2008～2018年的太极拳研究主题与高频关键词一览表（见表1），主题排名按照高频关键词的数量进行。

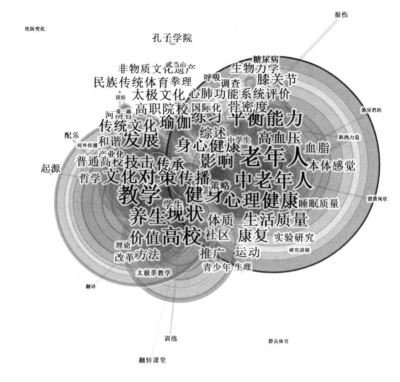

图3 检索到文献的关键词共现图谱

表1 太极拳研究主题与高频关键词一览

	研究主题分类	高频关键词
1	健身养生	身体健康；身心健康；身体机能；身体形态；抗衰老；抗氧化；心理健康；养生保健；养生；全民健身；健身锻炼；健身运动；健身气功；健身机理；健身因子；健身作用；健身价值；健康促进；保健；临床疗效
2	对人体疾病的作用	高血压；轻度认知障碍；脑卒中；糖尿病；睡眠质量；慢性下腰疼；慢性阻塞性肺疾病；心血管疾病；帕金森病；原发性高血压；原发性骨质疏松症；冠心病；膝骨关节炎；康复治疗；中医
3	文化	阴阳；阴阳辩证思维；道家；道教；武术文化；文化符号；文化因素；文化内涵；文化；太极文化；太极拳文化；天人合一；太极宇宙观；哲学；儒家；传统文化
4	生理生化生物力学	骨密度；骨强度；血脂；血糖；血压；自由基；能量代谢；肾上腺素；肺功能；生理机能；生理；生物力学；气体代谢
5	教学	教学；教学质量；教学研究；教学现状；教学方法；教学效果；教学改革；选修课；太极拳教学

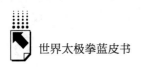
续表

	研究主题分类	高频关键词
6	研究人群	青少年;运动员;弱势群体;学生;女性;大学生;初中生;中学生;中年人;中老年
7	区域	河南省;邯郸;社区;焦作;武当山;日本;成都市;北京市;中国
8	现状调查	调查;调查与分析;起源;研究;现状调查;开展现状;发展现状
9	体育	体育;体育文化;体育教学;体育教育;体育运动;体育工作者;传统体育
10	技击和原理	攻防变化;拳理;拳法;拳术;技击;技法;技术体系;内劲
11	国际化	对外传播;孔子学院;国际化;国际传播;国际形象;"一带一路"
12	艺术	音乐;配乐;神韵;演练;审美;书法艺术;中国古典舞
13	发展传播	策略;发展;发展对策;传承;传播
14	产业	消费现状;文化产业化;产业;产业化
15	学校	高校;高职院校;高职;高等院校;翻转课堂
16	运动学	运动学;运动控制;运动疗法;运动处方;运动功能
17	对比	跆拳道;瑜伽;比较;八段锦;乒乓球
18	人体	膝盖;膝关节;心血管;脑电波
19	身体素质	静态平衡能力;身体素质;平衡能力

　　这10年间,太极拳研究最热门的主题是"健身养生"。健康长寿是古今中外人们不懈的追求,太极拳结合中医吐纳之术、经络学说,遵循人体运动自然规律,长期练习可以带来健身养生的效果。王宗岳在《十三势歌》中就提出:"详推用意终何在? 延年益寿不老春。"大量的科学研究也证明,太极拳确实是一项对健身、养生、医疗、美容十分有益的体育活动。随着研究的不断深入,人们发现太极拳不但可以健身保健,而且在一定程度上对人体疾病的防御和治疗都有着积极的作用。近几年,科研工作者以太极拳为影响因子,不断加大了它对人体各项疾病产生影响的效果研究。太极拳博大精深,文化内涵丰富,一直以来对太极拳文化的研究从未间断过,在近10年的时间内更是保持着很高的研究热度。随着社会的进步和发展,和谐稳定是大家对美好生活的向往,以技击实战为本质属性的武术拳种,其技击属性趋于弱化,相关研究也随之减少。随之而来的是太极拳不断走向体育化和艺术化,太极拳在当下更多的是作为一种体育活动的方式传播至高校和中小学,以太极拳为母体衍生出了各种艺术形式,比如太极舞台剧、太极健身操等。在不断对太极拳的发展现状进行调查的过程中发现,对太极拳认识度最高的

地域还是河南省。同时，太极拳在中国始终坚持对外开放的政策引领下，担当起传播中国优秀传统文化的重任，在太极拳的对外传播、发展对策、国际形象等方面贡献力量。

图4为2008～2018年太极拳研究关键词的时区演变。

由图4可知，太极、文化、高校、教学、传播、发展、心理、价值、保健等词的字体较大，与后续出现的词汇连线密切，表明在2008～2010年，国内太极拳研究的重点是太极拳文化的传播、在高校的教学和对人体身心健康的价值。随着时间的推移，2012～2014年，出现了高血压、帕金森病、心血管、临床疗效等高频关键词，表明在这3年里国内太极拳研究的热点开始由太极拳对人体健康的促进向疾病干预方面的临床研究转变。2016～2018年，出现了太极文化、国际化、产业化和"一带一路"等关键词。在习近平主席倡导弘扬中国传统文化的背景下，太极拳再一次作为优秀文化的代表被推向国际，这也是今后一个时期内太极拳发展的大趋势。

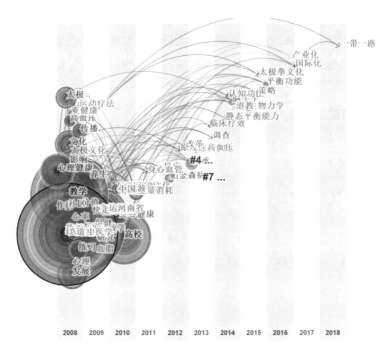

图4　2008～2018年太极拳研究关键词演变

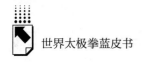
二 太极拳技术体系创新[①]

太极拳的发展史就是一部创新史。在当前"大众创业、万众创新"的时代，太极拳的创新更是大势所趋。太极拳是一项实践活动，技术体系的创新是其整体创新发展的基础和关键，而多元化发展则是其技术创新的首要特征。

（一）针对不同受众群体的适应性改造

1. 针对普通健身人群的各种简化、标准化太极拳

1956年后，当时的国家体委组织相关专家、太极拳名师，相继创编了24式简化太极拳、48式太极拳，并修订了杨氏88式太极拳、32式太极剑、太极拳推手练习法等拳术、器械套路。24式简化太极拳的编创和推广，让太极拳走进了大众健身的天地，是太极拳发展史上的一个重要里程碑。24式太极拳连同创编、修订的各式标准化太极拳套路由于出自官方，又有官方途径的推广，加之动作统一化，更加明确，于是通过书籍、影像的方式迅速传播开来。

2. 针对亚健康人群的太极拳健身功法创新

改革开放40年来，随着经济的发展，人们的生活节奏越来越快，心理压力也越来越大，亚健康人群也越来越多，仅靠有限的医疗资源和与日俱增的医疗支出，远远无法满足我国社会的健康需求。而太极拳通过全身性的松柔运动，有助于经络畅通透达，气血充盈，维持和保护机体功能，提高抗御病邪和自我修复的能力，使肌体处于协调有序状态。进入21世纪以来，基于太极拳健身机理的健身功法被广泛研究和运用，这方面成功的范例不胜枚举。

---

① 本节由张长念、汪毅执笔。张长念，博士，首都体育学院副教授，主要研究方向是武术文化与发展；汪毅，北京体育大学博士后，副主任医师，北京市健康科普专家，主要从事健康科学研究。

"平衡九势"健身功法，是金士力佳友（天津）有限公司根据太极阴阳五行学说和中医经络学及传统养生功法，汲取太极拳的精华，研究创编的一套健身功法。考虑人体七大关节部位及颈椎、胸椎、腰椎的合理运动，去繁就简，以"顶天立地、松舒头颈、转肩松背、转腰补肾、俯仰通脊、狮子滚球、弹腿翘足、提手上式、轻松收式"九个动作组成。它通过调心、调气、调身等一系列的身心调整运动，使人体的各项机能和经络达到阴阳平衡，以内固精神、运行气血、通畅经络、协调脏腑、活动肌肉筋骨，从而使人正气旺盛、阴平阳秘、内外调和，达到保健祛病、益寿延年的目的。目前，"平衡九势"已在全国 20 多个省份广泛推广，习练人数超过 4.5 万人次，网络直播平台线上观摩学习人数超过 5 万人次，公司真正成为大健康产业健康保健板块的引领者，为消费者提供高品质的大健康系列产品和服务。

3. 针对竞技运动员群体的竞赛套路太极拳创新

从竞技交流和传承传统形式的角度讲，为了相互交流，尽量传承传统武术，当时的国家体委（后改为国家体育总局）组织创编流传较广的陈氏、杨氏、吴氏、武氏、孙氏五大流派的太极拳竞赛套路，并组织专家编创了42 式综合竞赛太极拳套路和 42 式太极剑竞赛套路，供武术运动员用于全国武术锦标赛比赛。竞技化探索是太极拳适应现代社会的实践体现。中西体育文化的根本差异在于西方体育文化强调竞争，而中国体育文化则倡导和谐。在中西体育文化的碰撞与融合过程中，太极拳逐渐接纳了西方体育的竞技思想，走进了竞技赛场。

4. 传统太极拳套路的竞赛化创新

如果说，竞技太极拳的形成纯属为了竞技，其目的在于高、难、美、新的外在追求，那么，传统太极拳对现代竞技体育竞赛制度的借鉴，一方面使得传统太极拳套路更加美观化、可评化、统一化，便于人们在标准化的方式中进行学习和交流，从而更有利于推广传播；另一方面，也是习练者自我价值的追求与超越。从另一个角度来说，也促使传统太极拳从与太极拳推手、散手共同构成的传统太极拳修炼体系中独立出来，并逐渐走向竞赛化。

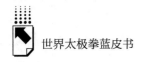
（二）太极拳的科学提炼和现代化训练

21 世纪以来，许多新时代的太极拳传播者结合现代科学认知体系和运动训练的成果经验，针对现代社会人们的生活节奏和现实条件的可能和防身健身、对抗娱乐的需求，对传统太极拳修炼体系进行了大胆的解构和重建。其中的佼佼者当如"三摇三摆太极功法"训练体系。据介绍，"'三摇三摆太极功法'是邯郸学院太极文化学院院长田金龙教授在研究各派太极拳精华、剖析太极拳技理后，创立的一种具备较强的教学训练实效和对抗竞技效果的太极拳功法体系。其中'三摇'属于引化练习：一是杨氏太极拳的'云手'（立面）；二是'平摇'（平面），但在杨氏太极拳中没有具体名称；三是'立摇'（侧面）。'三摆'的第一个动作是诸多太极拳传统套路中的'起势'，第二个动作是杨氏太极拳中的'如封似闭'，第三个动作是陈氏太极拳中的'搬拦锤'，主要练习太极劲路和发放技术。从方向上来看，'三摆'一个是上下，一个是前后，一个是左右。该训练体系的核心是引进落空，当熟练地掌握动作要领后，可演变出无穷变化。"①

在前人工作的基础上，首都体育学院教师张长念从传统各家太极拳中提取出十二个基本动作元素，在此基础上构建了太极拳"十二功法"。综观太极拳各家套路运动，无不遵循外在走圆、内在旋转的身体运动轨迹，而这个运动轨迹是在空间的三个维度中进行的。如果分维度将太极拳的动作予以分类，就会有三类动作，即矢状面、额状面、水平面上的动作。在每个面上，又有身体两侧同时运行和交替运行两种运动形式。张长念据此编创了太极拳"十二功法"，并在此基础上进行并步、定步、活步十二盘手、十二散推、十二散打的分单元和综合练习。这种习练方式极大地提高了获得太极拳功夫的效率和效果。更为重要的是，功法、盘手、散推一一对应，紧密相承，用安全文明的推手对抗作为有效检验太极拳功夫的"试

---

① 《田博士介绍〈三摇三摆〉体系中的"前后摆"》，http：//www.hftjt.cn/article/2009/0227/article_1369.html。

金石"和防止太极拳变成太极操的"方向盘"。让太极拳爱好者练功"一举",健身和防身"两得",并因其广泛的调控性而适用于不同年龄、体质、文化背景的人群,不仅提高了教学训练效率,同时提升了太极拳的社会普惠性。

(三)太极拳的搏击项目化创新——竞技太极拳推手

20世纪70年代,国家体委为了继承和发展中国武术的技击属性,决定对武术对抗项目进行挖掘整理工作,太极拳推手被列为其中之一,并开始在上海、北京等地开展表演、交流和试验研究。1979年,国家体委武术处邀请太极专家进行了座谈研讨,编制了一部《太极拳推手竞赛暂行规则》。1982年首次举行了全国性武术的对抗项目比赛,其中有太极拳推手项目,正式开始了太极拳推手竞技化的历程。1994年,国家体育总局正式颁布《太极拳推手竞赛规则》,同年在北京举办了全国太极拳、剑、推手比赛,将太极拳推手列为全国武术锦标赛项目,并设立了女子推手项目。国家体育部门之所以做这个工作,是因为看到了太极拳推手深厚的群众基础和广泛的社会参与。起初也确实被寄予厚望,吸引了许多太极拳习练者参与进来。因为这项工作使得不同"游戏规则"的推手习练者们能够同台切磋交流,不失为中国武术史上的一场"革命"。但是,后来终究因为一系列原因导致其慢慢跌入低谷,最终,2003年以后,竞技太极拳推手改由武术管理中心社会部管理,不再归属武术锦标赛,并取消了女子项目。

正如起初事情并不像人们想象的那么好一样,后来的发展也并非人们想象的那么差。"由于太极拳推手有它自身的特点和优势,既是练习者以武会友、切磋交流和比赛的好形式,又是安全、文明、有趣味的双人对抗练习和健身运动,所以近年来它仍在全国各地广泛开展,其中河南、河北、山东、山西等省开展较好,并以邀请赛的形式进行各种比赛。"[①] 太极

---

① 张长思:《竞技太极推手综论》,《搏击(武术科学)》2014年第6期,第37页。

拳推手竞赛在官办领域销声匿迹，却在局部地区和所谓的"非正式"比赛（如太极拳界非常认可的中国·焦作国际太极拳交流大赛和中国·邯郸国际太极拳运动大会）中越来越火，水平越来越高，甚至出现了专门性的太极拳推手比赛，比较知名的有"大青山国际太极拳大赛""梓潼山国际推手擂台赛"等赛事，虽没有所谓赛事运作，却往往观者如潮，为太极拳界和太极拳爱好者所瞩目。

在此情形下，国家体育总局武术运动管理中心又相时而动，编制了太极拳推手新规则，举办了多期全国太极拳推手教练员、裁判员培训班，并在各类太极拳乃至武术比赛当中使用该规则，其工作的目标显然是为了推动太极拳推手运动朝着规范化、高规格化的方向发展。目前的定位仍属尝试阶段，在国家荣誉和利益机制中并没有明确的位置。

三 现代科学技术在太极拳发展中的应用①

科学技术是第一生产力，现代科学技术突飞猛进、日益更新，给人类的生活带来巨大的改变。同样，现代科学技术也改变着太极拳的传播方式，突破了太极拳发展的领域和空间，提升着太极拳练习的效率，进一步促进了太极拳的传承和传播。

（一）信息技术在太极拳中的应用

现代科学技术的主要作用是改变当前生产方式，使效率和质量同步提升。信息技术是现代科学技术的核心，主要通过计算机对信息的收集、储存、处理等，解决和优化当前社会生产和生活质量和效益问题。随着5G时代的到来，信息技术将得到更广阔的应用。当前，信息技术在太极拳发展中的应用主要集中在以下几个方面。

---

① 本节由卢建辉、吕源龙执笔。卢建辉，邯郸学院体育学院院长、教授，研究方向为民族传统体育和学校体育教育与教学；吕源龙，邯郸学院体育学院讲师。

（1）图像识别技术应用。通过图像识别，对太极拳练习或者训练提供技术动作反馈，可直接观察练习者的外部形态，如关节角度、动作姿势等是否正确，练习者可以清晰、直接地观察自身动作，并作出改进。

（2）远程技术指导应用。随着5G时代来临，视频通信速度提升，太极拳远程指导教学将不再受通信传输速度影响。可提供高清画质的视频通信，进行远程指导教学。

（3）大数据技术应用。大数据作为时代科技发展的产物，已为众多领域提供了实质性参考，如通过大数据了解太极拳练习者的年龄、性别、健康程度、练习年限等多种信息，为太极拳在教学、科研等方面的发展提供数据支撑。

（4）数字化管理技术应用。数字化管理的易学性、客观性和公正性，使之成为当今管理必不可少的量化管理模式。太极拳各项活动的数字化管理，可为太极拳的发展提供评价依据。

（5）运动实时监控技术应用。通过可穿戴的信息技术产品，可对太极拳练习者进行实时信息采集。一般分为两种，一是实时监控，可实时监控练习者的身体数据，及时进行调整；二是非实时监控，即练习完成后从信息设备中下载数据，进行长期数据跟踪。

（6）物联网技术应用。通过物联网技术，身边的普通物体可实现互联互通。随着科技的发展，以后的太极拳练习不单是个人对太极拳本身的感悟，周边的物体也会对太极拳练习者提供参考依据。

（7）虚拟现实技术（VR）技术应用。虚拟现实技术的出现，促进了太极拳发展空间的突破。太极拳练习者可以在理想的环境、最佳状态、不同人群中进行太极拳练习，虚拟现实技术则可以在视觉、听觉、力觉、动觉等方面为练习者提供反馈。

以上分析表明，信息技术在太极拳今后发展中的作用举足轻重，但目前信息技术与太极拳的结合尚在发展阶段，并未普及。如何更好地与信息技术相融合，是今后太极拳创新发展面临的主要问题之一。

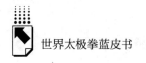
（二）生物技术在太极拳发展中的应用

近些年来，随着现代生物技术的突飞猛进，包括基因工程在内的一系列工程取得众多成果。将这些新技术应用到太极拳发展中，不仅为太极拳科研拓展了新的方向，也为太极拳的学习和训练等提供了科学依据。

（1）基因技术的应用。基因技术可应用于太极拳运动员的基因选材，诊断太极拳运动员的身体机能，或者是通过基因技术治疗太极拳运动员的损伤等。基因技术目前也用于人体健康检测，从基因角度来解读人体信息。

（2）生物科学活检技术、组织化学、生理测试。这些技术可评价太极拳练习者或太极拳专业运动员的肌肉类型、最大摄氧量等，为太极拳运动员在提升成绩、训练方法等方面提供科学化参考，对太极拳练习者身体各项指标的数据变化进行评估。

（3）生理多导仪、肌电测定、脑电测定。可评价太极拳在练习中的神经兴奋类型指标以及肌肉发力等指标，找出练习者在完成动作时有哪些肌肉参加，各个肌肉用力程度，顺序如何，帮助形成正确的太极拳运动技术，为科学安排教学与训练提供依据。

（4）三维测力台。通过三维测力台，可用于太极拳的步态、平衡分析，得出不同步态和姿势的地面作用力、摩擦力以及压力等参数指标，以及在练习太极拳的某个动作时身体的关节角度、加速度等，为太极拳在教学训练上提供科学化参考。

（三）现代医学技术在太极拳发展中的应用

随着《"健康中国2030"规划纲要》的发布，社会对全民健康的关注又上升到了新的高度。太极拳自身所具备的运动、养生等特点，成为老少皆宜的项目。体医结合在群众追求健康的过程中成为最主要的手段之一，现代医学技术正在逐步渗透到太极拳研究和习练的各个领域。

（1）运动损伤的诊断和康复。随着现在科学技术的发展，现代医学技术也有很大提升。医学技术的提升，可检测人体的运动疲劳程度或机体可承受程度，预防和减少在太极拳运动中的损伤，也可加快太极拳练习者在运动损伤后的康复。

（2）运动前期筛查。可对一些糖尿病、高血压、心血管等人群进行筛查，提供医学指导，避免运动超量引起病症。针对太极拳练习者进行前期运动筛查，可减少练习者在太极拳练习中的不必要损伤。同时帮助练习者制订合理的练习方案。

（四）新材料技术在太极拳中的应用

新材料是指即将出现或者正在发展的、优于传统材料，能满足各种需要的新型材料。新材料在太极拳中的应用，大大促进了太极拳的发展。同时，太极拳的不断实践，又对新材料提出新的需求，促进了新材料技术的更新。二者相辅相成，互相促进。新材料在太极拳应用中的影响主要体现在运动装备方面。

（1）提高舒适度。新材料与传统材料的太极拳运动服装相比，将更轻便、弹性更佳、更耐用，为太极拳练习者提供更高的舒适度，如增大活动范围、加速排汗等。

（2）提高运动成绩。伴随着人类不断突破生理极限以及更加科学的运动技术，为了寻找未来太极拳运动的发展方向，越来越先进的新材料技术成果不断出现在运动装备中，以提高运动成绩。比如，匹克公司最新研发的对环境应力可感知、响应的高分子智能材料P4U，能够随着人体运动而不断改变软硬度。在正常状态下，材料较为柔软，当受到冲击或振动时，材料可以在若干毫秒内迅速变为高弹固体，冲击过后，又在若干毫秒内恢复柔软状态。

（3）减少运动损伤。结合了人体工程学的纺织新材料，通过研究人体在太极拳练习过程易受伤部位，利用先进针织生产工艺技术，最大面积保护人体肌肉及关节，同时具有吸湿透气、柔软舒适等功能。同时，太极拳服装特有的网眼结构，还能使练习者在与地面接触的过程中形成缓冲，预防和减轻运动伤害。

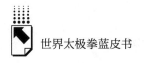

四 加快太极拳科技创新的对策建议①

（一）加强太极拳运动机理的科学研究

随着科技不断发展，科技手段不断增多，科研领域不断拓宽，太极拳的科研方向也逐渐增多。利用科技手段对太极拳进行研究，不但利于太极拳在社会中的发展，避免太极拳过度的神秘化、玄虚化，而且可以为太极拳的教学、运动训练和传播推广提供科学的方案。

（1）加强太极拳运动学方向研究。运动学是从几何的角度描述和研究物体位置随时间的变化规律的力学分支。可通过研究太极拳在轨迹、位移、速度、加速度等方面指标，来进一步阐述太极拳的运动特征。应当用现代生物力学的研究方法和手段，来科学地解析太极拳的运动规律。

（2）加强太极拳生理学方向研究。通过对太极拳的生理学方向研究，深入探索其内在功能和机制。同时，要坚持从内在机制来解释太极拳的表象问题，为太极拳的发展提供更全面的科学支撑。

（3）加强太极拳心理学方向研究。太极拳作为具有自身特色的拳种，具有独特的思想内涵。太极拳中的哲学思想，有助于教人静心自然，培养健康的人生观、世界观、价值观；从现代心理学的视角，积极地描述、解释、预测太极拳行为，使其更科学化、通俗化。

（二）加强太极拳养生价值研究

随着中国社会人口老龄化程度的加剧以及经济的不断发展，人们的健康意识逐步觉醒，开始注意提高自身的生存质量。习近平总书记指出，"没有全民健康，就没有全面小康"。特别是《"健康中国2030"规划纲要》的实

① 本节由卢建辉、吕源龙执笔。卢建辉，邯郸学院体育学院院长、教授，研究方向为民族传统体育和学校体育教育与教学；吕源龙，邯郸学院体育学院讲师。

施，为太极拳在养生领域的发展提供了更为广阔的空间，进一步凸显了太极拳的养生价值。

1. 加强太极拳对维系不同人群健康机理的研究

随着科技的飞速发展，人们的认识水平也在不断提升，对太极拳的理解早已不仅限于表面上的感性认证，开始追求太极拳练习方面的理性探索。加强太极拳对维系不同人群健康机理的研究，充分认识太极拳健身的科学原理，可以校正太极拳养生的途径和方法，可以充分发挥太极拳的独特作用，提升人们的健康水平。

2. 加强太极拳运动处方的研究

运动处方通俗地说，就是有计划、有目的、更科学的一种锻炼方法。太极拳对调节身体呼吸系统、内分泌系统、心血管系统等，有良好的促进作用。在体医结合的大环境下，应加快太极拳与中西医融合，研究太极拳针对不同症状的运动处方，通过可快可慢的拳法和灵活选择的难易程度，令运动处方的理念在实践中得到体现。

（三）加强太极拳教学与训练研究

现代科技的发展，为太极拳教学带来了新的机遇，同时也带来了新的挑战。人们对于锻炼方式、内容和手段都提出了新的需求，不同的群体对太极拳有着不同的需求，要求太极拳教学在满足不同群体需求的基础上，不断创新，寻求突破。

1. 加强广大群众太极拳习练体系的研究

生活中的太极拳练习多为自发性的群众性活动，多数没有正规组织与领导。为了更好地在群众中开展太极拳教学，政府应高度重视，正确引导，设立太极拳协会，加大对太极拳的扶持力度，制定相关的优惠政策，设立太极拳教学专门场馆，进行专门化的太极拳练习，加大太极拳宣传力度，举办太极拳知识讲座，开展公益性太极拳教学，培养一批高素质、高技术、经验丰富的太极拳社会体育指导员，对群众进行太极拳的传授与指导。

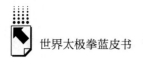
2. 加强各级学校太极拳教学方法体系的研究

学校开展太极拳教学，对于促进太极拳发展起着至关重要的作用。学校教育有目的、有组织、有计划，对人们的影响也是最深远的。在学校教育中开展太极拳教学，第一要明确教学三维目标，掌握太极拳的基本理论，掌握太极拳的动作要领，培养民族自豪感和良好的体育道德；第二要运用多种教学方法，提升学生对太极拳的兴趣，激发学生学习积极性，提高教学质量。当今世界最为先进的人机实景全息交互技术——AR 技术，能够沟通虚拟与现实之间的联系，利用立体成像技术反复进行太极拳教学，通过观看演示、对比自身动作进行直观教学，能够有效提升课堂效率，最大程度地发挥教学资源的作用。要将 AR 技术与传统教学相结合，充分利用各自优势，促进学校太极拳教学。

（四）加强太极拳传承发展研究

太极拳传播发展至今，存在众多流派，而关于太极拳传承和太极文化的说法较多，大多缺乏严谨的历史学、社会学研究考证，需要积极运用现代科学技术对太极拳的文化研究和传播推广进行深入研究。

历史上，各门各派的太极拳，都有自身独特的技艺与知识，不会轻易外传，多数只会传给最优秀的入门弟子。随着时代发展，面对传承过程中传承者技艺不精，或传承过程中存在疏漏，导致许多精髓内容无法传承等问题，太极拳应最大程度的保留其精华，加强科学化传承的研究，保障太极拳发展中的自身特点。

（五）加强太极拳文化产业化发展的应用研究

太极拳因自身特点，在中国乃至世界迅速传播，习练者约 4 亿人，无形中形成了巨大的太极拳消费群体。目前大多数的太极拳文化产业化研究停留在宏观理论层面的研究，应当加强太极拳文化产业化发展的应用研究，具体指导某些区域、某些领域、某些行业的太极拳文化产业的发展，以促进国家经济的发展。

1. 加快太极拳 IP 建设研究

通过对太极拳的理念、内涵进行挖掘，使太极拳爱好者在价值追求、文化认同和情感共鸣等方面有共同的依托和认知。要打造太极拳的永久 IP，使之成为太极拳自身独一无二的特色。

2. 加强太极拳竞技表演产业化研究

太极拳的竞技表演市场还很不成熟，有偿比赛的表演规模小、影响小，太极拳的竞技表演商业运作水平低，其本身创造的经济效益较差。要积极提高太极拳竞技表演的产业化水平，不断缩小与现代流行的竞技体育项目的发展差距。

3. 加强太极拳文化旅游产业研究

太极拳旅游是太极拳内涵与地域融合的绿色产业。打造以太极拳旅游为主线，形成相关产业互动，促进太极拳产业由传统传授和培训向大众化、热门化的旅游产业转型。许多地方都在着手进行太极拳旅游产业的开发，但开发规模、开发层次尚处于初级阶段，有待进一步深入研究与开发。

4. 加强太极拳文化创意产业研究

文化创意不仅体现在文化产品设计方面的灵感和创造力，更重要的是对本民族文化资源利用的创新。要加强太极拳文化创意产业内涵、灵感、类型、形式、机制等方面的研究，不断推出大批不同艺术形式的优秀太极拳文化创意产品。

B.26
太极拳产业发展报告

李建民　李勇勤　苏敬斌 等

摘　要： 太极拳是中华传统文化瑰宝，博大精深的太极文化包含着不可估量的经济价值和巨大商机，健康中国战略的实施为太极拳产业化发展提供了更加广阔的市场空间。本文从太极拳的康养、文化创意、教育培训、互联网、旅游等多个视角对太极拳产业发展现状进行分析，并针对发展现状提出对策建议，加快太极拳产业化发展。

关键词： 竞赛表演　康养　旅游

一　太极拳竞赛表演产业发展现状①

随着我国体育产业的发展，"竞赛表演"一词被提了出来。《大辞海》（体育卷）对"竞赛表演业"的定义为：以体育竞技、表演的方式向市场提供观赏性体育服务产品的组织机构与活动的集合体。主要包括职业赛事、商业赛事、大型综合运动会和社会体育竞赛等。太极拳的竞赛表演产业是体育产业中的重要组成部分。

改革开放 40 年来，我国体育竞赛表演产业稳步发展，1995 年国家体委颁布的《体育产业发展纲要（1995—2010 年）》首次以政府文件形式提出

---

① 本节由李建民执笔。李建民，邯郸学院太极文化学院武氏太极拳主教练，研究方向为太极拳文化。

体育竞赛表演，并要求其朝产业化方向发展，这一政策的发布表明体育竞赛表演产业已具备合法性。2000 年国家体育总局颁布的《全国体育竞赛管理办法（试行）》中，提出要吸引社会各界力量进入体育竞赛表演市场，此时的体育竞赛表演产业还多停留在文字鼓励上，虽行政审批手续仍过于烦琐，但这已经使整个竞赛表演产业市场暗流涌动。2010 年，国务院颁布了规划我国体育产业的指导性文件《关于发展体育产业的指导意见》，2014 年国务院又颁布了《关于加快发展体育产业促进体育消费的若干意见》，提出了我国体育产业至 2025 年的发展目标，要求我国体育产业体系更加完善、产业环境明显优化、产业基础更加坚实。随后，体育竞赛表演产业政策如雨后春笋般先后出台，如《关于推进体育赛事审批制度改革的若干意见》《在华举办国际体育赛事审批事项改革方案》《关于取消非行政许可审批事项的决定》《关于改进体育比赛广播电视报道和转播工作的通知》等，为我国体育竞赛表演产业的市场化改革指明了方向，形成了良性发展态势。

为进一步优化体育产业结构，加快发展体育竞赛表演产业，提高产业发展的规范化水平，促进产业健康有序发展，2018 年 12 月 21 日，国务院办公厅发布了《关于加快发展体育竞赛表演产业的指导意见》。从国家层面出台了加快发展体育竞赛表演产业的指导性意见，旨在积极推进体育竞赛表演产业做大做强，坚持专业化、品牌化、融合化发展方向，培育壮大市场主体，加快体育竞赛表演产业转型升级，不断满足人民群众多层次多样化的生活需求，提升人民群众的获得感和幸福感。同时，《关于加快发展体育竞赛表演产业的指导意见》还明确提出了体育竞赛表演产业的发展目标，到 2025 年体育竞赛表演产业总规模达到 2 万亿元，建设若干具有较大影响力的体育赛事城市和体育竞赛表演产业集聚区，推出 100 项具有较大知名度的体育精品赛事，打造 100 个具有自主知识产权的体育竞赛表演品牌，培育一批具有较强市场竞争力的体育竞赛表演企业。

太极拳竞赛表演产业还处于初级探索阶段，市场规模不大，市场运营机制也不健全，而且整体市场的发育也不均衡，太极拳竞赛表演市场意识仍在培育。《关于加快发展体育竞赛表演产业的指导意见》发布后，各地组织机

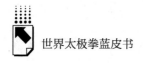

构和太极拳的传播者都在尝试太极拳竞赛表演的产业化运作。

现实中，太极拳竞赛赛事一般主要作为武术的子项目举行，不论在全运会和亚运会等各项大型国内外综合运动会中，还是在全国举行的各种地方性运动会或各类武术比赛中，各氏太极拳和太极剑比赛都是作为一个单项进行比赛的。即使近些年，很多地方举行过大型单项太极拳比赛，但大多是作为交流赛或交流大会来举办的，太极拳竞赛表演业尚没有进入实质化阶段（见表 1）。当前我国尚未组建太极拳专业俱乐部，比赛现场除了专业运动员进行比赛以及各类组织人员外，消费性观众很少甚至没有。部分赛事为发挥品牌赛事的社会影响力，开始尝试除颁发奖牌和证书外，设现金奖励。如 2018 年大青山国际太极拳大赛的推手比赛设有奖金，战神赛前三名分别奖励 5 万元、3 万元、1 万元；各级别前 6 名分别奖励 5000 元、3000 元、1500 元、1000 元、800 元和 500 元。

表 1　太极拳代表性赛事

赛事规格	赛事名称
国际级群众太极拳赛事	世界太极拳锦标赛、亚运会太极拳比赛、世界太极拳健康大会
国家级群众太极拳赛事	中华人民共和国第十三届运动会群众比赛、中国·邯郸国际太极拳运动大会、中国·焦作国际太极拳交流大赛、全国太极拳推手比赛、中国·日照大青山国际太极拳大赛、全国"市长杯"武术太极拳比赛、泰山国际太极拳赛、全国太极拳健康工程系列活动——太极拳公开赛、三亚南山世界太极文化节、太极好少年大赛
省级群众太极拳赛事	2018 陕西首届太极文化节、2018 年吉林省首届社区太极拳比赛、香港首届世界太极拳交流大会、2018 北京武术太极拳锦标赛、浙江省太极拳公开赛、2018 年四川省武术太极拳锦标赛、2018 丽江武术文化节系列活动暨第一届丽江太极文化交流观摩大会、2018 年扬州太极拳国际邀请赛、2018 年辽宁省"五女山杯"太极拳公开赛

二　太极拳康养产业发展现状[①]

太极拳集技击、修身、养性于一体，通过调节意念、肢体、呼吸等手

---

① 本节由李勇勤、苏敬斌执笔。李勇勤，北京体育大学研究员，研究方向为体育社会学和期刊管理；苏敬斌，工商管理博士，研究方向为太极文化产业，《世界太极拳发展报告（2019）》执行副主编。

段，调动人体自身的自主调节功能和自愈功能，激发自身潜能、促进身心健康，因而具有康养功能。

太极拳康养产业是以太极拳为主，结合各种有益于康养的自然资源、康复手段和科技成果，以"太极拳＋"模式所形成的康养产业。目前，中国已经有众多的企业在太极康养产业中进行了尝试，取得了较好的成果。主要有以下几种模式。

（一）"太极拳＋温泉康养"模式

2018 年 9 月，中国威海国际太极温泉康养大会在威海文登汤泊温泉举行，吸引了来自美、法、澳、日、韩等 13 个国家的 69 位外籍太极拳运动员以及国内 20 支代表队共 300 多名太极拳运动员参加，共同体验了太极文化与康养项目结合的特殊魅力。

本届大会包含了太极千人展演、中医药文化展示、旅游产品推介、太极传统项目比赛、太极拳推手比赛等项目。与会嘉宾参加了太极温泉康养大会研讨会，为威海"太极拳＋温泉康养"的产业发展及威海体育产业发展把脉论剑，将"太极拳＋温泉康养"项目面向国内外推介，为太极康养产业留下了许多切实可行的"金点子"。

（二）"太极拳＋运动处方"模式

2016 年 10 月，中共中央、国务院正式印发了《"健康中国 2030"规划纲要》，明确提出"扶持推广太极拳、健身气功等传统运动项目"，指出要加强体医融合和非医疗健康干预，"发布体育健身活动指南，建立完善针对不同人群、不同环境、不同身体状况的运动处方库，推动形成体医结合的疾病管理与健康服务模式，发挥全民科学健身在健康促进、慢性病预防和康复等方面的积极作用。"从一定程度上说，打太极拳就是给自己开运动处方，这是诸多因康养需求而习练太极拳者的真实体验。太极拳相同的套路有不同的练法，可以因人而异，对症习练，自我调理身心。

"太极疗"正是在这样的大背景下，由一群热爱太极文化的年轻人在张欣总经理的带领下于 2015 年发起创办的"太极运动处方"服务平台。"太极疗"的用户定位是亚健康与慢性病患者,产品线是"太极运动处方"服务组合,目前主要的服务购买方是各级基层街道、社区、大型企业和医院以及商业保险公司。作为一个以太极拳服务为产品的商业运营方式,他们在人才队伍建设、渠道策略和商业模式方面形成了创新性亮点,在尘肺病人康复中发挥了很好地示范作用,一期就服务唐山开滦煤矿 4 期尘肺病职工 300人。"太极运动处方"服务平台是太极拳产业化发展的一个成功案例,受到了河北省人力资源和社会保障厅的高度重视。

转山禅是另一种组合式的运动处方。陈氏心意混元太极拳第二代传人丁武将,带领正道泰吉(北京)科技有限公司进行大胆的创新实践,逐渐摸索出一套完整的太极康养新模式"行走的太极——转山禅"。这套新的教学模式,是将太极拳修炼的"松、静、慢"等核心要领,简化到转山的行走当中。大家依此排成一队,教练在前面带领,并根据山道特点发出调整步伐的口令,有时则发出提醒动作要领或修炼心法的口令,大家一一复述并传达口令,有条不紊地在山上行走练功。中间以 24 式混元太极拳套路习练替代休息。一般来说,每次围绕 5 公里左右的山路进行太极行走修炼,大约需要 8 个小时的时间。通常情况下这种"运动处方"从 10 多岁到 75 岁左右的人都可以在团队组织的转山禅当中完成训练。转山禅对各种寒湿、肥胖、失眠、三高、糖尿病、抑郁症、焦虑症、膝关节损伤、腰椎间盘疼痛等,都有一定的效果。

(三)"太极拳 + 自然劳作"模式

习练太极拳对于"治未病"有很好的作用,但在实际生活中,许多人在没有检查出疾病之前并不会考虑"治未病",单纯的习练太极拳又觉得枯燥无味。有鉴于此,一方尘寰太极养生坊建有特色太极磨坊、挽纱坊、足浴坊、木工坊、陶艺坊、金石坊、太极书院,通过自然劳作与太极元素融合,强调维持人体内在和外在的平衡,并使之成为常态。这种"天人合一、顺应自然"的自然哲学观提倡激发人体的自愈能力,即在身体出现短暂紊乱的状态下，通过各类非对抗性的、无伤害的自然劳作方法帮助人们恢复健康，恢复身体的平衡状态；强调整体观的健康理念，提倡平和、健康、整体的自然劳作的绿色生活方式，注重内在的精神、情绪，外在的社会因素、环境因素对身体的影响；通过习练太极拳和亲身劳作唤醒人体内在免疫力，通过身体自我修复的方式，达到健康和治疗的目的。一方尘寰太极养生坊自2015年9月成立以来，联合广东省交通运输协会，推广通过太极拳运动减缓驾驶员疲劳的养生技术，已经向行业内200多家企业，30000多名驾驶员提供服务。目前，该项成果已向全国20多家富力青训中心推广，其"顺应自然、劳作养生"的体养融合模式，为其他太极康养企业提供了好的借鉴。

（四）"太极拳 + 中医保健"模式

过去人们一谈到养生便自然而然地想到"营养学""中医养生"和"高科技保健产品"，先是吃啥补啥的食疗养生，后来风行脑白金、脑黄金、深海鱼油等保健品和磁疗水杯、磁疗床等，再后来是遍地开花的足疗、推拿按摩等。现在人们明白了"主动健康"与"被动健康"的关系后，"太极拳 + 中医保健"模式自然成为人们防病治病的首选。

贵州太素养生有限公司2008年成立之初，主要开展中医保健服务项目。通过中医特色疗法达到了放松身心、缓解疲劳的功效。近年来，太素开始引入主动健康的理念和方法，将全民健身和体医融合引入太素养生，增加了主动锻炼项目，推广太极拳，附带导引、八段锦、五禽戏、易筋经等。将主动锻炼和被动推拿相结合，不但可以提高疗效，还能预防疾病复发，达到标本兼治的作用。

北京循经太极拳培训中心自2001年10月初在武当山（丹江口）公开传授以来，相继在大连、重庆、广东及广西等地开展了多种形式的循经太极拳普及活动，现已有一万多人受益。在教学理念上，他们将"气血的循经"视为太极拳的生命，通过运用"三昧（精气神）真参法（以形鉴真、以文观意、以音弘法）"，使学员们亲身感受到"循经"太极拳的中医保健功效，普遍感觉到精力明显旺盛，慢性病也不同程度地有所缓解。特别是从2009

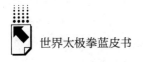

年起，中心还通过"弟子联合体"的传播形式，在东北财经大学开设了"太极文化"课程（循经太极拳+传统文化），在大力弘扬太极文化的同时，还有效地改善了手脚发凉以及失眠、食欲不振等大学生冬季普遍存在的问题，充分体现了循经太极拳的魅力。

（五）"太极拳+医疗康复"模式

西医的科学性、精准性、快速性是举世公认的，但是由于缺乏有效的康复手段使得并发症、复发率居高不下，"太极拳+医疗康复"模式为弥补这一缺憾提出了很好的解决方案。

盆底功能障碍（FPFD）性疾病包括一组盆腔支持结构缺陷或退化、损伤及功能障碍造成的疾病。传统中医学认为 FPFD 属于中气下陷、脾虚等导致盆底肌松弛，需承接上下四肢，集合丹田之气，进行盆底肌功能性锻炼。太极拳内练一口气，气沉丹田内气汇聚，整个运动的过程中，都是以丹田之气催动躯体和四肢的运动，内外浑然一体、连绵不绝，对治疗 FPFD 具有显著疗效。

2016 年 12 月 12 日，中国第一个太极盆底功能障碍康复中心成立，命名为"美丽底蕴太极 FPFD 康复中心"，开启了"科普预防、太极运动、运动康复"三位一体的女性盆底健康太极康复中心建设的摸索。2016 年 12 月 18 日，以中国女医师协会、中国妇女发展基金会、中国幸福家庭促进计划组委会、《中国妇女报》为指导单位，由北京大有万恒健康管理有限公司主办的"美丽底蕴——中国女性盆底健康公益行活动"启动仪式在北京举行，并将 12 月 18 日定义为"关爱女性盆底健康日"。此后，"美丽底蕴"活动在全国各地开启了科普预防、太极康复、公益义诊等项目，惠及中国亿万女性。

北京悦诚太极康养中心是一家集太极生命教育、特色太极拳教学、太极生活方式指导为一体，致力于太极康养产品、服务和场馆的标准化建设及推广的综合性健康管理研发基地。中心研发的悦诚 α 系列太极功法，对老年肌少症、抑郁症、高血压、高血脂、高血糖、高尿酸、肥胖症及心脑血管病的预防及干预有奇特的效果。通过举办"太极拳好"科学实证公益教学活动，使参训学员们切身感受了太极拳的独特功效。经过 301 医院远程医疗信息中心、中国女医师协会、世界五运六气协会、北京门头沟体育商会、北京体育大学等机构的专家共同研究，对比检测显示太极拳对慢性病的干预和健康改善有效率达 80%。同时，该中心还会同江西师范大学、中国中医科学院广安门中医院、北京清北中医药跨界工程研究院等机构合作开展"太极功法干预慢性心力衰竭的理论与实践"等课题研究，成为中国研究型医院学会心脏康复专业委员会太极康复学组的骨干力量和科研基地。

西方医学在精准治疗过程中的副作用十分明显，尤其是当今社会"谈癌色变"，术后康复问题一直困扰着医生和患者，"太极拳＋医疗康复"便是长期有效的最佳解决方案。

从以上典型例证中可以看出，"太极拳＋"是康养产业发展的很好模式，并在许多方面都得到了复制，如"太极拳＋琴艺""太极拳＋茶道""太极拳＋舞蹈""太极拳＋吟诵""太极拳＋书画"和中日友好医院的"太极拳＋外科手术训练"等。将技能训练同太极拳有机融合，能够实现修身养性和提高技艺，从根本上解决人类由被动健康向主动健康的转变，值得大力提倡。

三　太极拳文化创意产业发展探索[①]

太极拳自明末清初发展至今，已经发展为太极拳产业群，带动了太极拳文化创意产业在国内外的迅猛发展。

太极拳作为中国武术的优秀拳种之一，本身就是一种文化的标识，尤其是"察四两拨千斤，显非力胜"和以慢制快的独特话语，体现了中国传统哲学"舍己从人，乐取于人以为善"的精神内涵或文化符号。

太极拳以柔克刚、以弱胜强、舍己从人等文化符号，成为各种影视、赛事、娱乐、技术培训、娱乐等产业发展与创新的源泉。在影视产业方面，中国功夫影视中太极拳的以柔克刚，给已经对传统西方暴力美学以力制力的审

---

① 本节由段丽梅、潘沁执笔。段丽梅，运城学院教授，主要研究方向为武术文化与教育；潘沁，北京威腾晟阳文化传媒有限公司 CEO，太极功夫舞、太极京剧街舞剧编导。

美疲劳送去一股清风，也是中国贡献给电影业的文化自信品牌。不但中国人渐拾太极拳的文化自信，国外友人也逐渐关注到太极拳的文化魅力。

闻名全球的《功夫熊猫》，便是美国对中国太极拳文化魅力的经典诠释。《功夫熊猫》动画电影在第三部加入了中国武侠中"气"的概念和太极元素，乌龟大师、熊猫阿宝的太极功夫，让全世界的少年儿童及家庭通过影片感受到了太极文化的神秘和魅力，让太极艺术的传播趋于年轻化。随着太极拳文化元素的逐渐被认可，一些娱乐产业也渗入了太极元素，使得太极拳回归到人们喜闻乐见的娱乐生活中。

2006 年，三星 K5 的广告拍摄，主题就是将太极拳与街舞做融合，配乐中国古曲《春江花月夜》，进行了太极拳与舞蹈的大胆尝试，在新加坡、马来西亚等国家，广告收看率当时排名首位。

2013 年 CCTV－1《出彩中国人》第一期的《太极街舞》、2013 年云南昆明首届杨丽萍国际舞蹈艺术季邀约表演中的《太极功夫舞》、2016 年广西百色旅游局的"快乐大百色"太极养生广场舞等，都收到了很好的效果。台湾云门舞集创始人林怀民在作品《稻禾》中，将多年修习的太极导引身法与当代舞融合。他将太极、武术、书法、历史故事、社会人文、古典名著及其他民族的舞蹈艺术，融合创新转化成为世界通用的艺术语言，《行草》也是他的代表作之一。

好莱坞的魔幻动作电影《最后的风之子》，根据动画系列片《降世神通：最后的气宗》改编，通过"气、火、水、土"四大元素族，将中国的武术动作设计融入演员的视觉表演。西方人所说的"能量"正是中国的太极之"气"，通过电影视觉特效将之呈现在观众面前。

电视剧、电影、舞剧、演唱会、实景剧等平台，都展示了与太极相关的文化。让太极文化全球化，通过互联网影视行业平台将太极文化推向国际，让全球 70 亿人共享太极文化。

潘沁编导的太极京剧街舞剧《融》是一部当代舞台创新剧，他在实践创作中大胆进行新派舞台艺术的创作与实践。潘沁在作品中创造性地融入中国武术、太极、京剧、双节棍、八极拳、醉拳、川剧变脸、民间唐卡、舞蹈等传统文化和现代街舞等元素，强调中国古典美与现代潮流美的交织融合，追求独一无二的新派时尚理念，开创新派类别——功夫舞（Kung Fu Dance），并由此创立"功夫街"舞蹈团队。

在 2019 年的春晚舞台上，《少林魂》经世界纪录认证机构（WRCA）审核确认，被认定为"最大规模的武术节目表演"，成功创下了一项属于中国的世界纪录。《少林魂》将太极拳和少林棍结合在一起，行云流水，气势恢宏，既展现了少林拳的刚健有力与太极拳的行云流水，又展现了独特的力与美相结合的审美效果，给人以强烈的视觉震撼，国人为之自豪。《少林魂》节目播出后，央视网、腾讯视频、爱奇艺、优酷等视频平台的播放量将近 10 亿次，在国内各大媒体上引起轰动。该节目还得到英国广播公司 BBC、美国最大视频平台 YouTube 等的热议，同时引起国外网友的花式点赞。

表 2　1974～2017 年太极影视剧目一览

中文名/类型	年份	制片地
《太极拳》/电影	1974 年	中国香港
《太极八蛟》/电影	1977 年	中国香港
《笑太极》/电影	1984 年	中国香港
《武当》/电影	1983 年	中国大陆
《太极神功》/电影	1985 年	中国大陆
《神丐》/电影	1987 年	中国大陆
《推手》/电影	1991 年	中国台湾
《太极张三丰》/电影	1993 年	中国香港
《太极宗师》/电视剧	1997 年	中国大陆
《太极气功》/电影	1998 年	中国香港
《少年张三丰》/电视剧	2003 年	中国大陆
《广府太极传奇》/电视剧	2010 年	中国大陆
《太极 1：从零开始》/电影	2012 年	中国香港
《太极 2：英雄崛起》/电影	2012 年	中国香港
《我为太极狂》/电影	2012 年	中国大陆
《太极侠》/电影	2013 年	中国大陆
《功夫熊猫》/动画电影	2016 年	中国、美国
《墨玉太极》/电影	2017 年	中国大陆

四 太极拳教育培训产业发展现状[①]

文化产业是当今世界上发展最为迅速的朝阳产业，党的十八大以来我国的文化产业发展进入了快速轨道。太极拳作为中华传统文化的典型代表，由于其在当今社会中独特的"健康价值""文化价值"和"产业价值"被逐渐认可，推动了太极拳教育培训产业的发展，呈现多元化业态。

（一）各氏太极拳传人主导的教育培训占主流地位

"师徒传承是人类最古老且存在时间最久远的学习方法，更是传统武术延绵不绝的主要延续途径。"[②] 在太极拳的长期传播过程中，师徒传承占有主导地位。受此影响，近年来太极拳教育培训产业出现"正宗传播培训热"现象。陈家沟太极拳文化产业勃兴，就是一个很好的例证。文献显示，每年前往陈家沟学习太极拳的外来者都在1万人以上。这其中，习练的人士更多的是希望成为"正宗"的传人。陈氏太极拳如此，杨氏太极拳、吴氏太极拳、武氏太极拳、孙氏太极拳等也是如此。由此形成了一种教育培训业态，即凡是传人所开设的"教育培训"参与的人数最多，产业价值最高。就连续开设了13期的"中华武术大学堂"的参与人数来看，每一次培训都由太极名家、太极传人任讲座教师，并且这些参与学习者，通过与正宗传人的学习后，逐渐地靠近这些传人，最后与这些传人建立起一定的师生关系，渐进为他们的"入室弟子"。这种从教育培训入手形成的师徒传承的链条，今天仍然是太极拳教育培训的最重要动力，预计今后的较长一段时间内仍会占教育培训的主流地位。

（二）学校太极拳教育的夯实和崛起

"建国以前，武术始终没有成为一个专业学科开设，即使学校开设武术

---

① 本节由王岗执笔。王岗，武汉体育学院教授、博士生导师，湖北省楚天学者特聘教授，研究方向为中国武术文化与发展。

② 刘帅兵：《中国武术师徒传承与学院教育的差异性较研究》，硕士学位论文，苏州大学，2013。

课，但也未能使武术走进科学化的殿堂。"[1] 随着社会的进步和教育的发展，新中国成立以后武术走进了各级各类学校，成为教育体系中的一个重要组成部分。从最早的 24 式简化太极拳进入各级各类学校，到如今不同风格的太极拳进入校园；从体育课中的太极拳项目，到今天"太极拳特色学校""太极拳传统项目学校"，以及各大学的"太极拳选项课程""太极拳俱乐部"等，太极拳正在全面进入教育系统和体系之中。

目前，随着武术与民族传统体育专业的开设，太极拳在各综合性大学和专业体育院校的教育和传承，进入一个更加科学、更加专业的阶段。学院教育与培训都能够围绕国家推广的 42 式太极拳套路来展开。在此基础上，各氏太极拳竞赛套路也根据学生的需要提供教育和教学。与此同时，为了服务太极拳的传承和发展，部分大学先后成立了以太极拳命名的二级学院，如，河南理工大学的太极拳学院，邯郸学院的太极文化学院，云南民族大学的国际太极拳学院等。

学院教育与传承培训正在成为一种最科学、最系统的教育业态，一方面提升着太极拳的人才培养层次，另一方面也有力地推动着太极拳教育产业化的发展，提升着太极拳教育产业化的水平。

（三）社会机构太极拳教育与培训的务实开展

随着社会整体进入到全民创新万众创业的时代，在国家支持和倡导建立健全"公共服务体系供给"的背景下，各门派太极拳的社会组织迅速发展。许多省、市、县、区包括街道都先后成立了太极拳协会。这些协会在组织章程的指导下，定期开展对协会区域内成员的太极拳教育与培训工作。据不完全统计，我国各地的太极拳培训如果按照一个省份的培训次数来说，几乎可以达到每周都有培训的程度。培训内容从 24 式简化太极拳到各种传统太极拳套路都有。

在人们追求健康的时代背景下，各营利机构的太极拳培训，也开始进入繁荣发展的时期。这种机构大多选择"太极拳＋"的模式来进行培训，内

---

① 王岗、刘帅兵：《中国武术师徒传承与学院教育的差异性比较》，《武汉体育学院学报》2013 年第 4 期，第 56 页。

容非常广泛，如，将太极拳与旅游、国学教育、健康、企业团队等结合，开展培训。特别是选择风景区开展太极拳教育与培训正在被太极拳培训机构所采用，并成为一种时尚业态。

（四）App 模式的太极拳教育与培训

现今是一个网络时代，很多社会民众对太极拳的学习，开始进入了 App 模式学习时代。大量的太极拳套路视频，为太极拳的网络学习提供了最好的教学内容。一份太极拳习练人群的调查显示，很多人学习太极拳都是参照网络视频的教学开始的。这些视频既有许多名家的传统太极拳套路，也有很多世界冠军、全国冠军的竞技太极拳套路，还有一部分来自网络课程资源。

对于太极拳的传播而言，尽管这种网络视频的传播与参与培训的传播在质量上存在差异，但其对太极拳以及太极拳文化的传播却有着极大的普及意义和价值。随着网络课程学习时代的来临，加之人们对太极拳文化的需求性提升，网络直播式的课程传授将会越来越受到太极拳爱好者的追捧，未来的"App 模式"和"网络课程模式"，将会大力推动太极拳教育培训产业的发展。

五　太极拳互联网产业发展现状①

随着时代的发展和科技的进步，互联网信息传输凭借其独有的速度快、成本低、范围广的优势，已渗透到当代社会经济生活的各个领域，为人们的学习、工作和生活提供了极大便利，对全球信息化和经济社会的繁荣发展发挥了巨大的推动作用，也为太极拳文化的传承与发展提供了广阔的平台。

（一）太极拳互联网产业发展现状

第 43 次《中国互联网络发展状况统计报告》显示，截至 2018 年 12 月，

---

① 本节由苏敬斌、王童飞执笔。苏敬斌，工商管理博士，研究方向为太极文化产业，《世界太极拳发展报告（2019）》执行副主编；王童飞，《世界太极拳发展报告（2019）》采编部助理。

我国网民规模达 8.29 亿，互联网普及率达 59.6%，较 2017 年底提升 3.8 个百分点，全年新增网民 5653 万。我国手机网民规模达 8.17 亿，网民通过手机接入互联网的比例高达 98.6%。到 2020 年，我国信息消费规模将达 6 万亿元，年均增长率将在 11% 以上。面对互联网提供的巨大发展平台，太极拳必然会顺应时代需求，积极运用互联网、大数据大力发展太极拳产业。

目前太极拳互联网产业有两种业态，一是"互联网＋太极拳"，二是"太极拳＋互联网"，二者的根本差别在于商业模式与盈利模式。其中，"互联网＋太极拳"是互联网产业发展中因为人们对于太极拳的需求而形成的产业，其基础是互联网运营模式，主要依靠点击量、信息量、数据量、受众客户量，以及信息交易等取得盈利。"太极拳＋互联网"是太极拳行业为了更好地推广太极拳，以互联网为有效载体快速传播太极拳，实现广告效应，合理借用线上订单、线下实体消费相结合的模式，来拓展太极拳产业的互联网市场，取得线上、线下双重收益。互联网的广泛运用彻底突破了以往太极拳产业消费只在武术馆校、培训机构的时空局限，普遍采用了"太极拳＋互联网"的模式，网站、App、公众号、订阅号、微信群、小程序等成为业界的常用工具和传播途径。消费者可以通过网络了解和体验太极拳文化，实现太极拳相关产品和服务的线上交易。

2018 年举行的"谷昕体育"杯首届"互联网＋太极"年会有 500 多人参加，短短几天的网络评选得到了 500 万次的访问量，65 万人次的投票，很好地发挥了网络宣传的作用，实现了线上互动和网络营销。

（二）太极拳互联网产业发展范例

（1）世界太极拳网。世界太极拳网是"互联网＋太极拳"产业的成功典范，也是目前全球最大的太极拳网络平台，已经逐步发展成为融网络、视频、出版、电子商务为一体的全媒体太极拳公众平台。该平台重点突出了网络视频版块内容，更加生动地展现了太极名家高手的功夫，还特设了太极图库，展现世界各地、各流派的太极拳神韵。其他重点频道包括研究与理法、太极名人堂、太极拳专访、名家答疑、专家专栏等，成为一个融合文字、图

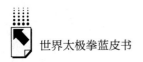

片、视频为一体的综合性的太极拳集成平台。现在，世界太极拳网已经全面开发和应用微博、微信等移动互联终端服务，更好地为全世界太极拳爱好者服务。目前，世界太极拳网微信公众号发布视频 469 个、播放量 901.0 万次、原创文章 179 篇、阅读量约 100 万人次。

（2）世界太极文化节。世界太极文化节是业界较有影响力的综合性赛事活动。自 2016 年 4 月在三亚南山景区首次举办以来，至今已连续举办三届。世界太极拳网、三亚市文体局、三亚市旅游委等主办方结合线上线下的共同传播，吸引了世界各地的太极拳名家和太极拳爱好者，太极拳爱好者借助平台可以跟太极拳名家零距离交流学习。

（3）爱太极（北京）国际文化发展有限公司（以下简称"爱太极公司"）。爱太极公司建立互联网媒体展示平台，通过互联网的平台优势，大力推广太极拳。该公司投资开发的漾太极网站、公众号、短视频和在线直播于 2018 年 8 月 28 日正式运营，以互联网媒体为展示平台，对太极拳产品资源进行整合。内容包括原创素材、太极拳名家视频教学和在线直播教学。爱太极公司致力于研发更多更好的太极拳健康运动产品，做到"需求者供应"，很好地实现了品牌推广、内容付费、用户管理、在线直播等功能，形成立体的网络教育平台。据统计，截至 2019 年 11 月 30 日，爱太极公司网站、公众号以及新浪、百度、今日头条、抖音、快手等新媒体累计有 60000 + 漾太极粉丝用户，发表文章及视频 2700 多篇（条），800 多篇文章被收入百度文库，浏览量 231 万多人次，可见传播速度之快。

（4）文宇传媒与"悦太极"平台。2016 年 10 月，文宇文化传媒（北京）有限公司与"悦太极"平台进行合作，致力于传统太极拳的网上教学和传播。开办之初，利用 QQ 群免费教学吸引学习人数高达千人，2017 年 1 月开始正式进入"李氏古传太极十三势"的线上课程付费学习服务模式。付费学习人数由初期的 30 人发展到现在的 6000 人，另外，带动线下付费培训人数 1366 人。统计数据显示，直播学习平台观看阅览次数 22 万次、微信公众号粉丝 2.2 万人，线上创造经济效益 25 万元，线下创造经济效益 53 万元。文宇文化传媒（北京）有限公司于 2018 年 11 月 24 日，联合丽江市体育局、太极网在云南丽江的泸沽湖风景区共同举办了首届丽江太极交流大会。大会的宗旨是"太极盛宴 + 旅游大餐 = 健康快乐"。与会太极拳爱好者来自全国各地，人数将近 500 人，太极拳名家 22 位。2019 年 11 月 10 日，独家举办文宇文化传媒太极网络大赛。参赛人员 505 人，为期 7 天的访问量高达 9188913 人次。通过网络媒体宣传，引起外界对这种"太极拳 + 互联网"产业模式的广泛关注，起到了较好的导向作用。

（三）太极拳互联网产业发展中的问题

（1）单纯的网络学习无法因材施教，尤其初学者在学练太极拳时难免走弯路，没有老师的口传心授，可能会有身体损伤的情形发生。（2）虚假网络信息影响着人们对太极拳的正确认识，容易误导消费者。（3）网络教学形式单一，不能完整的展现太极拳修身养性、健康养生、防身护生的价值。（4）产品形式过于传统，不能适应现实社会更广泛人群的需求。

（四）结论

互联网时代的到来，为太极拳文化的传承与发展提供了广阔的平台，这种传统文化与科技的结合，能够更好地宣传与普及太极拳文化，有效推动太极拳产业化的发展。正如马化腾所说的"把互联网与传统行业结合起来，创造新的发展生态。这意味着互联网与传统行业要进行深度融合"[1]。太极拳产业发展面对这种革命性的创新与挑战，展示了太极拳产业与互联网协同并进的历史必然性。

六　太极拳旅游产业发展现状[2]

（一）太极拳赛事与旅游融合发展

太极拳赛事与旅游融合发展，赛事拉动旅游，已成为太极拳产业发展

---

[1] 《新兴产业和新兴业态迎来机遇——政府工作报告首提"'互联网 + '行动计划"》，http://www.gov.cn/zhengce/2015 - 03/05/content - 2826854.htm。

[2] 本节由李建民执笔。李建民，邯郸学院太极文化学院武氏太极拳主教练，主要研究太极拳文化。

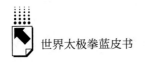
的常态模式。太极拳具有内容优质、产品黏度高、带动人流能力强的优势，正好弥补旅游产品结构单一、回头客低、季节波动大等短板。主要案例如下。

1. 中国·焦作国际太极拳交流大赛与云台山旅游节融合而成的"一赛一节"

"一赛一节"就是以陈氏太极拳发源地焦作"太极圣地"和特色峡谷景观"云台山"两大文化旅游品牌为依托，融体育赛事、文化旅游、经贸活动为一体，独具焦作特色的综合性节会活动，是国际武术界和全国旅游界的盛事，经国家批准每两年举办一届。中国·焦作国际太极拳交流大赛连续三次被国家体育总局、国家旅游局授予"中国体育旅游精品项目"荣誉称号，是国内规格最高、规模最大的太极拳赛事。云台山旅游节在首届中国旅游节庆品牌峰会上荣获"最佳旅游节庆"奖。"一赛一节"已经成为弘扬中华优秀传统文化、打造中国一流旅游品牌的靓丽名片。第九届中国·焦作国际太极拳交流大赛暨2017云台山旅游节，共邀请到了57个国家和地区的443支代表队4213名运动员、350多名中外旅游界学者嘉宾、600多名中外企业代表，举行了经贸洽谈、主题论坛、专题研讨、宣传推介、展示展览等30项内容丰富、形式多样的活动，达到了"以节弘文，以文促旅，以旅会友，以友招商"的目的，是一次隆重热烈、精彩圆满、振奋人心的文化旅游盛会。

2. 中国·邯郸国际太极拳运动大会和邯郸市旅游产业发展大会形成的"两大盛会"

中国·邯郸国际太极拳运动大会是在中国·永年国际太极拳联谊会的基础上发展而来，从1991年到2018年已连续成功举办了14届，是全国连续举办届次最多、时间跨度最长的一个太极拳盛会，也是具有国际影响力的品牌赛事。邯郸市旅游产业发展大会，充分发挥邯郸旅游资源优势，培育旅游发展新业态，创新旅游发展新方式，提升邯郸发展新形象，在原有以"古城水韵太极魂"为基础的旅游业态上，依托国家级5A景区，突出永年区本土文化元素，充分利用广府古城集古城、水城、太极城于一体的独特资源优势，发展成为"城美水秀拳声响"的旅游胜地。以此基础，大力发展休闲娱乐亲子游、康体养生游、农业观光体验游、度假休闲游、生态湿地游等新兴旅游业态，使该区发展成为中原腹地旅游业态最丰富多样的旅游区。第十四届中国·邯郸国际太极拳运动大会与第三届邯郸市旅游产业发展大会共吸引了来自27个国家和国内30个省、自治区、直辖市、特别行政区的1288名运动员、教练员参加。

3. 三亚南山世界太极文化节与三亚南山景区福寿旅游文化

2016年开始举办的三亚南山世界太极文化节，现已成功举办了三届。以"互联网＋太极文化""体育＋文化＋旅游"等模式，将太极文化与南山"健康、长寿、生态、和谐"的文化理念相融合，致力于推出以太极文化为深度体验的旅游产品，将太极拳的哲学思想、养生文化与南山福寿文化相融合打造南山旅游的新名片。把太极文化和全民健身、养生旅游结合在一起，是健康旅游的一次很好的尝试，契合了南山健康长寿的文化内涵。作为三亚南山第二届世界太极文化节重要活动内容之一的中国·白山首届T30（Taiji Top）太极峰会，着力打造白山旅游休闲度假及太极康体养生品牌，推进旅游休闲度假与太极康体养生的有效融合，打造独具白山特色的休闲养生度假旅游产品。通过开展以太极文化和太极养生为主题的高端旅游项目，引领和带动白山旅游资源的全面发展。第三届三亚南山世界太极文化节，云集了来自世界各地的300名各太极拳流派的名家和传人，有来自中国、美国、法国、俄罗斯、加拿大等30多个国家和地区的2000多名代表参加盛会。

（二）太极拳文化寻根与旅游融合

1. 陈家沟陈氏太极拳寻根

2018年，温县又重磅策划推出了陈家沟朝圣之旅活动，以太极拳文化交流活动为引领，带动中外太极拳拳师及弟子、再传弟子、高端养生人群等走进陈家沟，聆听大师讲座，开展寻根拜祖、文化交流、旅游休闲等活动。2018年8月3日，陈家沟陈氏太极拳协会、陈家沟太极拳学校组织"陈家沟太极拳传承人寻根拜祖大典"这一寻根拜祖主题活动，表达追思先贤、感恩传承之情，彰显了太极拳发源地的根文化和传承礼仪。

2.永年广府杨氏、武氏太极拳寻根

杨氏、武氏太极拳爱好者，赴两派太极拳的发源地——河北永年广府古城寻根学习。祭拜杨氏太极拳祖师杨露禅和武氏太极拳祖师武禹襄，饱览古城美景。河北省政府提出邯郸市要打造"世界太极拳文化旅游目的地"，利用永年区杨氏、武氏太极拳发源地和中国太极拳之乡的文化资源优势，推出邯郸市永年区太极拳文化旅游产业发展大会的系列活动拉动太极拳文化旅游。杨氏太极拳创始人杨露禅的第五代嫡孙杨志芳，依托杨露禅家族理事会、世界杨家太极总会、河北杨志芳太极文化传播有限公司，召开全球杨氏太极拳文化节暨海峡两岸太极拳文化交流大会，现已举办三届，全国各地杨门弟子团聚在广府，与会人员可去广府古城各景点免费旅游，吸引了海外及各地太极拳弟子来广府寻根认祖。

七　太极拳产品质量、标准和品牌建设[①]

（一）太极拳产品的现状

当前，太极拳流派众多，除了传统五大流派陈氏、杨氏、武氏、吴氏、孙氏和获得国家级非物质文化遗产的李氏、和氏、王其和太极拳并称当今八大太极拳流派外，《中国太极拳辞典》中还记载有40多个流派，可以说现在正是太极拳"百花齐放"的时代。

由于受体育精神和奥运会标准的影响，官方推广的太极拳竞赛套路和比赛标准，在实际执行中掺杂了很多非武术因素，不能满足大众对太极拳的多种需求。民间传统太极拳遂兴盛起来，玄理秘技纷呈，水平参差不齐，加上流派之间多有壁垒，初学人员不好分辨，无所适从，难以

---

① 本节由王刚、苏敬斌执笔。王刚，中生活研究院院长，研究方向是太极文化内涵及其商业应用；苏敬斌，工商管理博士，研究方向为太极文化产业，《世界太极拳发展报告（2019）》执行副主编。

建立对太极拳整体和客观的正确认识，因而也影响了初学者的学拳热情和效果。

世界进入数字化和机器人时代后，当代社会对太极拳的切实需求是什么？太极拳的主要功用是什么？只有回答好这些问题，完成太极拳进化史上的一次蜕变，才能让太极拳顺利进入蓬勃发展的历史轨道。

（二）对太极拳和太极文化的再认识

太极文化是中国传统文化的核心，其大无外，其小无内。有两个典型的误区需要澄清。

1. 相对于中国传统文化，太极文化是"流"而不是"源"

长期以来人们都把太极文化简单地等同于《易》文化，去考证词句，认为太极和《易》一样，是中国传统文化的源头。于是大家纷纷以古为尊，以玄为妙，这是极端错误的。

太极文化是《易》随着时代不断发展，在"三教融合"的背景下，产生的中国传统文化的集约化创新成果。太极文化在西学（包括但不限于科学）的挑战下，正在发挥自己包容变化的特质，处于不断成熟之中。

2. 太极文化是与时俱进的生命文化

太极文化以阴阳解读本体，阴阳和合互动，渐进变化，至极而返，互相转化，螺旋式生长，超越式发展。这些特点正是生命的本质特征。在这样的理念下，世界成为一个"天人合一"、生生不息的超时空系统，太极文化成为永不落伍的时代文化。

毫无疑问，在新时代太极拳是为传承太极文化服务的。太极拳的功用，不只是帮助人们实现身体健康，更为重要的是作为传统文化的承载工具，帮助人们通过练习太极拳，建立和掌握太极思维，学会运用太极文化，去解决生活中的各种问题，乃至人类面临的共同课题，为人类实现和谐社会贡献智慧和力量。

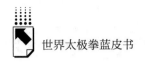

（三）太极拳产品的质量、标准和品牌建设

关于当前的太极拳产业，大家都在谈传承和推广，很多的国家资本和民间资本也积极投入产业当中，为太极拳传播进行各种尝试。太极拳作为一个传统文化的原生态产品，需经过现代化的产品研发和设计过程进入产业化阶段。因此，应首先解决新时代的太极拳应该是什么样的命题。

新时代的太极拳，应当从理论研究、目标设定、培训模式和综合应用等方面进行适应性创新，才能满足市场需求，并顺应太极拳自身发展的历史规律。

新时代的太极拳，应该具备如下特征：

1. 目标高远，符合历史发展需要；

2. 紧密结合太极文化，技理清晰，传承有序；

3. 有课程化的教学方法，易学易练，美观大方；

4. 要有适配现代人切实需求的科学的分级评价体系；

5. 品牌鲜明，在大数据支持下，实现信用。

加强太极拳产品的质量、标准和品牌化建设，应从以下方面积极应对。

第一，要为太极拳习练者树立明确的精神追求。太极拳的精髓是通过精气神的协同训练，而形成牢不可破的太极思维，并通过自身在各个领域的不断应用，进而形成太极智慧。

第二，要认识到太极智慧是东方智慧的重要组成部分。当前的"太极热"，不是一种武术热，而是一种文化热，是社会发展到现阶段，人类面临各种不可调和的矛盾，而出现的积极寻求解决方案的自然反应。太极智慧承担着代表东方智慧为人类发展作出应有贡献的巨大历史使命，推广太极拳及太极文化，就是要把这种太极智慧浸润到现代人的生活里去，以期在此基础上形成人们的一种生活方式，使太极智慧能够长期并有效地被现代人所接受和消化。

第三，要承认太极拳各流派的独特价值。太极拳各流派之所以能够形成，都有其独特的价值，但最终价值取向是一致的。要注意加强太极文化的通识教育，帮助学员建立对太极文化及太极拳的正确认识，避免陷入歧途。

第四，要健全完善分级评价体系。国家体育总局1998年实施中国武术段位制，为中国武术的传播与发展作出了重要贡献，发挥了应有的价值。在新的历史时期，应当充分考虑太极文化与修养、卫生与健康方面的内容和评价方法，推出包含太极文化评价内容的"品位制"和康养产业评价内容的"职位制"。

第五，品牌建设要加强商业要素设计。发挥后发优势，进行必要的商业要素设计，利于在全国乃至全世界复制和推广。

（四）小结

新时代的太极拳产品设计要结构清晰，品牌鲜明，具备完整的商业要素。同时，考虑现代人学拳的特点，把单调的拳术套路学习，变成"文化原理、太极功夫和拳术套路"三结合的课程化套餐，有效增强学员学拳的趣味性和方向感，使学员更容易形成自主学习的习惯。

太极拳的评价体系要开放，实操性强，增设文化与康养评价的内容，以利于在实践中不断完善。同时应该在太极拳及太极文化的通识教育上加强力量，帮助学员走上太极修炼的正确路径。

武术"段位制"、太极文化"品位制"和太极康养"职位制"人才分级分类评价体系，"三位一体"方能从文化原理上秉承太极拳的文化精髓，从生命科学角度全面展示习练太极拳对疾病干预的功能，以期解决目前太极拳界面临的标准问题，因易于操作和识别，可在大范围推广。

八　发展太极拳产业的对策建议[①]

健身休闲产业作为体育产业的核心，是社会居民参与体育运动最为活跃

---

① 本节由高奎亭、李勇勤执笔。高奎亭，南京师范大学在读博士生，主要研究方向是体育公共管理；李勇勤，北京体育大学研究员，研究方向为体育社会学和期刊管理。

的领域。国务院办公厅《关于加快发展健身休闲产业的指导意见》（国办发〔2016〕77号）中明确提出"到2025年，健身休闲产业总规模达到3万亿元"，为健身休闲产业发展指明了方向、设定了目标。同时，"一带一路""健康中国"上升为国家战略，以及体育强国建设、2022年冬奥会等一系列国家政策红利、社会居民运动健身热潮和资本涌入等，更是为健身休闲产业的发展带来千载难逢的历史机遇。太极拳是中华传统文化瑰宝，应抓住战略发展"黄金机遇期"，针对当前存在发展滞后、规模小、质量低、产需矛盾、供给不足、竞争力弱等问题，系统思考，统筹规划，建立起完善的机制体制，不断提升自身核心竞争力，支撑和引领我国健身休闲产业健康、快速、可持续发展。

（一）制定科学、完善的太极拳产业发展政策

在加快推进太极拳产业发展的过程中，政府首先应为太极拳产业发展制定完善的保障制度、营造良好的政策环境，为太极拳产业主体创造便利的财政、税收与融资支持。同时，要积极鼓励建立"开放、竞争、有序"的太极拳产业市场，尤其要重视知识产权在发展太极拳产业中的核心地位。再次，政府应站在全局的高度通盘考虑，在充分把握太极拳产业发展规律、总结当前太极拳产业发展现状的基础上，推进太极拳产业发展规划编制工作，形成太极拳产业发展的指导纲领。最后，要建立健全完善的法律规范体系，构建健康、有序的太极拳产业服务市场秩序，为太极拳产业的健康、有序发展保驾护航。

（二）重视太极拳产品与服务的质量、标准和品牌建设

太极拳发展脱离不了市场经济的大环境。明确太极拳是一种产品，这是认识上的一大进步，也是进一步讨论太极拳产业的必要前提。产品、服务和产业都是市场经济的概念，是产品就要为市场需求服务，厘清其设计原理、功能与作用，改进步骤和服务机制等，从而能够使供应和需求可以互相促进，长期博弈，进而形成产业。太极拳具有体育、康养、文化三个属性，在

当前体制下必然存在跨界问题，受众人群中也存在不同的需求和选项。因此，在太极拳产业发展中要表现出不同产品的各自特性，要有标准化，要有品牌意识，否则会永远在低层次上运行。

（三）加快建立太极拳产业科技创新体系

集中优势资源，重点优先支持具有较强科技创新潜力的太极拳相关制造与服务企业，尽快形成一批创新能力强，具有竞争力的太极拳产品制造与服务企业。此外，支持太极拳产品制造与服务企业间强强联合，开展产学研合作，允许建立太极拳产业战略联盟，在关键产品、技术领域形成具有自主知识产权的核心技术与专利。同时，还需重视中小企业在太极拳产业科技创新体系中的关键作用，通过财政、税收等政策手段，扶持中小太极拳产品制造与服务企业群体，鼓励增加科技投入，形成协作分工、优势互补的太极拳产业科技创新体系。

（四）培育太极拳特色产业集群

要提升太极拳产业的整体竞争力，就必须培育太极拳特色产业集群，加快推进产业化步伐。首先，要充分发挥太极拳发源与传承地的优势，围绕太极拳科技产业、文化创意产业、教育培训产业、旅游产业、产品制造业以及衍生品产业，推进建设一批太极拳特色产业集群。其次，政府应根据太极拳产业集群的特点，依托国家高新技术园区、国家可持续发展实验区等，合理规划建设各级太极拳产业园区、太极拳产业示范基地等。再次，积极推进园区专业化、特色化发展，逐渐形成集太极拳教育、科技、文化、旅游、制造于一体的完整产业链条，提升太极拳产业的竞争力。此外，要鼓励太极拳特色产业集群或园区间强强联合，扩大规模效益，促进形成太极拳产业集团化、集群化发展。

（五）常态化举办"互联网＋太极拳"创业大赛

当今世界，"互联网＋"已成为推动经济、社会、文化等各领域发展的新范式，主动融入"互联网＋"的时代潮流是太极拳产业发展以及转型升级的必然选择。在利用"互联网＋太极拳"手段的同时，应积极寻求与国内外知名体育院校、科研院所合作探索太极拳产业科技创新的新思维、新路径，加强与重视举办"互联网＋太极拳"创业大赛，搭建太极拳产业发展平台，催生更多、更优秀的新项目，为太极拳产业发展构建新的"项目库"。

（六）积极探索太极拳产业发展考评管理办法

结合我国太极拳产业发展实际，建立太极拳产业发展能力考评管理机制，并实施动态评估与跟踪，通过评价帮助我国太极拳产业认清"发展能力如何？""竞争力有多强？"从而有利于太极拳产业资源的有效配置，为太极拳产业健康可持续发展提供决策支持向导。各地要将太极拳产业发展的任务、目标分解到各责任部门，并对落实情况经常不定期随机抽查、跟踪，"当奖则奖，当罚则罚"，保证太极拳产业发展政策的"落地生根"。

（七）加强太极拳产业人才的引进与培养

太极拳产业发展离不开兼具太极拳技术、文化创意、掌握营销技能、具备研发能力的人才，人才不足也是制约太极拳产业水平低的因素之一。各级体育部门和体育产业协会以及文化与康养机构应根据《"健康中国2030"规划纲要》，有计划地制订合理的人才培养与引进计划。同时积极整合太极拳发源地与传承地、高等体育院校和科研院所，加大太极拳产业人才培养力度，为太极拳产业发展输送与培养源源不断的合格人才。

（八）借助新媒体为太极拳产业国际化发展拓宽营销渠道

新媒体的出现让世界一下子拉近了距离，打破了传统传播格局，为我国太极拳产业的国际化宣传拓展了新的渠道，为国家太极拳产业国际化营销带来了新的机遇。太极拳产业国际化营销应充分利用新媒体的传播模式，充分发挥海外社交平台低门槛和大流量的传播优势，如 Facebook、Twitter、YouTube、Tumblr、Apple TV、Pinterest 等海外新媒体，配以符合国外受众习惯接受的太极拳产业营销模式，大力推动太极拳产业的国际化发展。

附：太极拳教育培训产业范例选编①

进入 21 世纪以来，太极拳教育培训产业呈现良好的发展局面。师徒传承制方兴未艾，学校基础教育教学活动正在蓬勃兴起，俱乐部式拳馆遍地开花，"其他行业 + 太极拳"公益教学与职业化教学点随处可见。这里，摘选了较具代表性的几个范例，以供借鉴。

（一）部分高等院校的教学实践

1. 北京理工大学 MBA 太极文化系列讲座与体验

为了弘扬中国传统文化，并使之与现代管理教育相结合，在周毕文教授的努力下，北京理工大学管理与经济学院 MBA 教育中心联合北京市武术协会吴式太极拳研究会、北京理工大学工会太极拳协会、博武国际武术网，举办了太极文化系列讲座。讲座从 2007 年创办至今已经坚持了 10 多年，共举办太极拳系列讲座 29 讲（邀请授课老师大多是热爱太极文化的老拳师）、太极拳教学 16 次，受众超 5000 人。通过太极拳各网站媒体的直播与转播宣传，网上受益人数达数十万人。实现太极文化进高等院校、国学与现代管理教育有机结合，是北京理工大学的一个创新之举。

2. 邯郸学院特色太极文化建设

为了培养更多的传统太极拳文化传播的高素质人才，邯郸学院秉承弘扬太极文化的宗旨，努力探索一条既符合跨文化传播规律，又能发挥自身独特优势的太极拳推广和文化传播道路，努力推动中国太极文化和太极拳走向世界。该校 1990 年开始设全校性质的 24 式简化太极拳选修课，1998 年将 24 式简化太极拳纳入公共体育课，2010 年至今，体育学院公共体育部将 28 式杨氏太极拳教学内容确定为每年入学新生公共体育课的必修内容，并开展太极拳教学观摩，展现太极拳课堂教学效果，提高师生积极性。2013 年 9 月

---

① 本附录由王晔执笔。王晔，《世界太极拳蓝皮书》智库秘书。

太极文化学院开始独立运行，2014 年体育教育（太极拳）本科专业面向全国招生，每年招收 30 名（初中毕业生）学生。2018 年邯郸学院传承的太极项目，获批为教育部第一批中华优秀传统文化传承基地。

（二）俱乐部（拳馆）机构的产业化发展

1. 青城太极拳的产业化创新发展

2017 年，青城武术馆与四川省旅游学校合作，成立巴蜀武术养生学院及休闲体育系，设立三年制中专和五年制大专，逐步为青城太极拳培养专业教练，并为四川省旅游系统部分培训班授课，其中青城太极拳成为必修课，并进入国家职业教育《康养旅游》专业教材。青城武术馆在对内传承的基础上进行创新，对外推广上突破了过去的师徒制和武馆教学方式，更加包容开放、组合资源、跨界合作、跨平台传播。青城太极拳目前已传播到世界 80 多个国家，有近百万人习练。2018 年 12 月 22 日，全国旅游职业教育校企合作示范基地联合建设合作协议签字仪式在都江堰市举行，四川第一家全国旅游职业教育校企合作示范基地落户都江堰，青城太极拳也从常规健身走入旅游职业教育与校企合作行列。

2. 众太极拳馆

众太极拳馆创办于 2016 年，创始人为朱学峰，积极响应国家的全民健身计划，致力于太极文化的传承与传播。目前主要以线上和线下的太极拳课程为主，首创结合"知识经济"和"分享经济"概念的在线太极拳课程，为个人及企业用户提供了线上加线下、移动互联网与太极拳的平衡融合，截至 2018 年已拥有近 10 万用户。线下已经在国内多个城市开设分馆，北京（大兴区、丰台区）、杭州、长兴、海宁、上海、焦作、济源、安阳等，学员达数万人。其中长兴分馆将建设太极小镇。众太极拳馆同时还倡导少儿太极拳教育，培养儿童勤奋、刻苦、果断、顽强、虚心好学的良好习性和品德，目前在河南省新乡市的试点工作中，已完成了 20000 人次的线上线下教学目标。

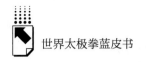

（三）其他行业＋太极拳公益教学与个体职业教学点

在太极拳的传播推广教学中，北京金石致远投资管理有限公司 CEO 杨天南开创了"价值投资＋太极拳"模式。他基于投资者的职业视角，设计并实施了"昂贵的免费班"太极拳学习模式，例如 2018 年培训的 10 名学员均经过严格筛选，课程教学本身免费。为了保证学员的到课率和学习效果，每名学员需先交两万元保证金，教学期间，每上一次课，退还 1000 元；上完 20 次课，全部退还；如果缺课则不退款。"如果认真就免费，如果缺课就很贵"的教学模式的实施结果是，授课期间 10 名学员均未缺课，全部把杨氏太极拳 85 式套路学完，所有学员预交的保证金全部返还。"昂贵的免费班"的运作模式，既达成了教学双方的契约约束，又实现了太极拳教学的公益化，保证了学习效果的实现，值得借鉴和推广。

杨天南是巴菲特投资理念的传播者，担任北京理工大学管理与经济学院 MBA 投资学课程的客座教授，同时也致力于弘扬太极文化。他一生只做两件事，一是价值投资，二是推广太极拳。之所以把这两件事放在一起，就是因为太极思维是他投资理念的基础，太极文化是他公司治理的法宝，太极拳给他带来了健康的体魄，他认为练太极与做价值投资应该融为一体，"追求人生综合回报最大化"。他所教的太极拳学生基本上都是他的投资合伙人或圈内伙伴，所有学员都受益匪浅。

专 题 篇

B.27

太极拳名家分享

陈小旺 陈正雷 王西安 朱天才 等

摘 要： 太极拳博大精深，几乎每个习练者都会有自己独特的感受，太极
名家更是有自己独到的感悟。为帮助习练者尽快提高技艺，本文
撷取太极拳业界13篇名家感悟组成名家分享，以供参考。

关键词： 太极拳 天人合一 三三原理 太极思维 中国传统武术

一 练习太极拳的五层功夫①

学习太极拳，从第一个动作开始到成功，可分为五层功夫，分别标志着
练拳者功夫的深浅程度和水平高低。

---

① 本节由陈小旺执笔。陈小旺，陈氏第十九代太极拳代表性传承人，世界陈小旺太极拳总会会长。

第一层功夫是从学习初级套路开始，一招一式，按照逐式要求的方向、角度、位置、手脚运行的趋向等外形姿势与动作进行练习，直到在练习时感觉到有内气的活动为止。在意识指挥下，按照身法规矩和逐式的动作要求，认真练习，每天保持练十趟拳，一般有半年时间，可以将拳架练熟。随着锻炼质量的提高，逐渐引起内气在肢体内的活动，就是以外形引内气的过程，也是从第一层功夫进入第二层功夫的分界线，由招熟而渐悟懂劲。

第二层功夫的任务，明确运动体系与运动形式当中的误差，进一步去掉练拳时身体内外产生的僵劲和拙力，使身体内外协调一致，达到周身相随节节贯串，内气按拳架姿势的要求有规律地在体内运行，达到一气贯通。此时，对身体各部位的要求比较严格，力求解决在练拳当中因肢体带有僵劲、拙力和动作不协调而产生偏倚、凹凸、缺陷等运动的误差，使姿势顺随，内气贯通。

第三层功夫就是由大圈而中圈的阶段。所谓中圈，是指内气比较充足，运动比较自如，动作幅度适中，使内气与动作配合一致。不允许产生矛盾再调整身法，要求周身相随，切勿妄动。在练习时每一招、每一式、举手投足都要意到气到，以内气催外形，内气不动，外形寂然不动；内气一动，外形随气而动，以心行气，以气运身。内气发于丹田，运于骨缝之内，再由骨缝运于肌肤，贯注于四梢（两手指、两足尖端），复归于丹田，缠绕往来，轻灵圆转、不丢不顶、轻轻运动、圆转自如。

第四层功夫是由中圈而小圈的阶段。练到了第四层功夫已经进入高级境界，接近成功，对具体练习的方法，动作要领，逐式的技击含义注意事项以及逐式的内气运行，呼吸与动作配合等，皆完全掌握。在练习太极拳时，举手投足，不仅做到意到气到，并且要带有实战的意识，像在战场上和敌人作战一样，一招一式，连绵贯串，周身相随，承上启下。

第五层功夫是由小圈而无圈，也就是由有形归无迹的阶段。此时，基本上已经成功，在技击方面达到刚柔相济、松活弹抖的高级境界。但是，还应继续深造，志不可满，要继续下功夫，越练越精，仍然是费一日之功即得一日之成效。

完成第五层功夫，达到炉火纯青，登峰造极。周身处处皆太极，一动一静俱浑然。大脑皮层中兴奋的抑制过程，肌肉收缩和放松，即或偶然受到突然刺激，也不会使这种协调的动作受到损害，肌肉的活动与内脏器官之间已建立了巩固的协调关系，一举一动，阴阳皆能调解平衡，八面支撑。正所谓："唯有五阴并五阳，阴阳不仿称妙手，妙手一运一太极，太极一运化乌有，遭着何处何处击，我亦不知玄又玄。"但是，真正完成五阴五阳零误差是很难达到的。确切地说，人是血肉之躯，动作千变万化，误差可以练到很小但不会没有。艺无止境，终身不可尽其妙！

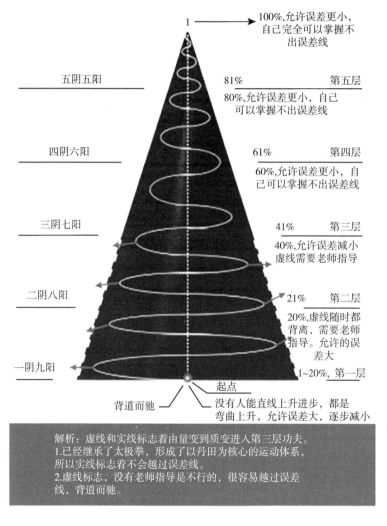

图1 五层功夫示意

二 太极拳是符合大自然与人体运动规律的哲拳①

太极是中国的文化和哲学，太极拳通过肢体语言表现阴阳平衡，是符合大自然运转规律、符合人体生理和心理的要求的一种运动方式。在中国哲学中，阴和阳是组成宇宙的两个要素，它们相互矛盾又相互统一，总是保持着一种平衡。

体育是人类文明的重要组成部分，体现了人民群众的身体素质和精神面貌。其中，武术作为传统体育项目，更是蕴含着自强不息、拼搏进取的高尚精神。太极拳，一株武术百花园中的奇葩，其技击和健身多方面的作用，深受人们的喜爱，已然成为世界上习练人数最多的一项运动。

陈氏太极拳几百年来世代沿袭，历久不衰，不断发展，在各氏太极拳中独留其刚柔相济、快慢相间、蹿蹦跳跃、松活弹抖的特点，深受拳界青睐，享誉中外。

余自幼随伯父照丕公学习家传太极拳的老架一路、二路和刀、枪、剑、杆等拳械，以及推手和拳术理论。1972年又随堂叔父照奎公学习新架一路、二路及推手、擒拿等技巧，对拳理有所深化。余有幸跟随二位先辈学艺二十余载，系统掌握了各种套路、器械练法。后又与同门师兄弟共同切磋交流、探讨研究、方悟精妙。

太极拳是一种极致状态下的运动，是既大又小、既刚又柔、既动又静、既矛盾又调和的一种运动。练的是矛盾劲、转化劲、对称劲，如何找到这种转化中的最佳点和平衡点，达到动态平衡，整体协调，这是太极拳最本质的内涵，也是最难练的地方。归为一句话：在终生不可能完美中追求完美，在不可能达到极限中追求极限。

太极拳，练的就是动静、阴阳、虚实转换，二者对立统一，相互依赖，

---

① 本节由陈正雷执笔。陈正雷，陈氏太极拳传承人，中国武术研究院专家委员，主要研究陈氏太极拳的技术系统、文化内涵及全球推广模式。

相辅相成。太极拳追求的是速度的力量而不是力量的力量。练的是触觉灵敏，力量过来后把它化掉，根据过来力量的大小和方向，决定如何给它卸力和加力，所以说"听劲"是太极拳功夫的精妙。太极拳的运行规律，顺逆缠丝，都符合大自然与人体的运动规律。太极拳每个招式都分阴阳，就是虚实刚柔变化，动作以弧形曲线为基础，做圆周或半圆运动，所以说它是哲拳。

太极拳"天人合一"的太极思维，通过肢体语言表现阴阳平衡，蕴含了绿色的发展理念，是符合人体生理和心理要求的一种运动方式，相信在打造健康中国、构建和谐社会的当今时代，太极拳的普及将成为一种生活需求和社会时尚。

三　学习太极拳应该掌握的基本要领①

回想 60 年学拳生涯，苦辣酸甜都有，有过困扰，走过弯路，希望把这些心得分享给大家，让后来习拳者能直入门径。

少年时非常渴望练太极拳，最喜欢听大人们讲以前陈家沟历代宗师的功夫如何高深，一心想练成绝世武功。还知道陈家沟曾经村里东西南北都有练拳点，西北拳社、东北拳社等曾兴盛一时，陈氏太极拳大架、小架（后面简称大架、小架）各有区域。但真正想练拳时，却受尽为难，因为 20 世纪 60 年代初很多人家食不果腹，陈家沟练拳的人越来越少，而且老师非常保守，小架更是秘不外传。我只能在村里到处偷看别人练拳，大人们不愿意教，就悄悄跟同龄会练拳的小玩伴儿学。大架、小架，我都练。记得陈茂森当时练大架不错，在地里看麦子时，练起拳来一蹦一米多高，但是只要有人一来，他立马就起身收势。所以我第一次提出跟他练，就直接吃了闭门羹，但是我从不泄气，后来慢慢关系好起来，偶尔指点一下。小架根本没有老师

---

① 本节由王西安执笔。王西安，首批国家级非物质文化遗产陈式太极拳代表性传承人，国家武术高级教练。

愿意收我为徒，我一生唯一一次从门缝里偷看过陈克忠前辈练的小架套路，就像蚯蚓地上爬，架低却异常灵活，让我终生难忘。

那时，也为自己究竟去练大架还是小架困扰过。当时我大架小架都练，没事就琢磨，慢慢揣摩发现，其实大架不大，小架不小，两者都各具特色。

最后我决定练大架，一是性格喜欢大开大合，自己当时又血气方刚，特别喜欢大架抓拿摔化打特色鲜明；二是后来陈照丕老师从水利部黄河水利委员会回村为了挽救太极拳愿意公开授拳，终于有老师愿意教，青年时期的我开始专心致志跟随陈照丕老师习练大架。

现在再回想，还是觉得大架小架都好。作为初学者不用纠结，人的精力时间有限，只要有明师指引，都可以随选其一，终身按照正确的方法习练，都能修成正果。

而正确的方法是什么？是我学习宗师理论，根据老师言传身授，结合几十年学拳体悟，总结出来的陈氏太极拳三三原理。

其实我习练大架之路，也是磕磕绊绊，走过弯路。陈照丕老师指导全县练拳工作，我们这些练拳的人也要白天搞生产，能得到老师面授的机会不多，老师后来仙逝，各种因素叠加，我的习拳之路很多时间都是自己独自苦练勤悟。有时练拳因为方法不当，久练之后甚至一口吐出血来。

但当我苦练勤悟到四十岁的时候，已经能轻易辨析出什么是太极拳真正的路径。任何人与我讲拳理，讲得对不对，到不到位，我一听便知；你练拳练到哪个层次，一个架势摆出来，我便心知肚明。所以，很多老徒弟一个起势打不完就知道他这段时间是否偷懒。我常跟徒弟们讲，现在谁都糊弄不了我！

后来我把全部体悟记在我写的《陈式太极拳老架》一书中，对三三原理做了专门阐述，它是习练太极拳必须经过的三个阶段、三种劲别以及在不同阶段相应采取的三种演练方法的科学原理。具体指初学者招熟阶段以套路为主的明劲的演练方法，懂劲阶段以气催形的暗劲的演练方法，神明阶段的灵劲的演练方法。可以说，陈氏太极拳三三原理和陈氏太极拳十大理论虽然只有两个小小的章节，却是我大半生心血的凝结，是我用无数个日日夜夜苦练揣摩碰壁之后不断矫正印证后的真理。

太极拳之理万变不离其宗。所以，我想告知后来者，无论大架、小架还是其他流派，任何人练拳，都离不开三三原理。

我一直很羡慕现在的习拳者，与我们当年饿肚子练拳相比，你们遇到了最好的时代，学拳很容易能找到一位明师，有很多的精力、物力和时间来做喜欢的事情。

太极拳是一生的修为，现在我年届七旬，还在每天不停地修与悟，太极拳层层境界都让人惊喜不断。我很感恩这辈子遇到了太极拳，让我有了和很多人不一样的人生，如果我的分享能为你们带去一点收获，也是一件幸事。

四 太极拳三种语言之法宝[①]

太极拳是中华民族的文化瑰宝，集武术百家之大成，汇传统文化之精髓，吸天地自然之精华，成千秋万代流传后人之遗产，为世界造福之贡献。

太极拳三种语言之法宝体现为：

（一）身语

也就是肢体语言。体型的模仿，动作的演练，全身从头到脚，手法、身法、步法的练习，然后手语的捏、摆、定、正等的训练方法。拳论讲："千回万转多多演，功到熟时巧自生。"练到一定的水准，太极的养生、攻防、技击，随心所欲，自然随意，其功夫了得。然而只可自己感受，虽功夫可流传于百世，但不经习练却无从感知。要想为后人造福，还需要口授成文。

（二）口语

就是口授语言。口授语言要听讲、常说。将师父常常讲述的拳理拳法，牢记心里，记忆犹新。然后与动作实践相结合，整理成文，写成文章，出版

---

① 本节由朱天才执笔。朱天才，国家级非遗陈式太极拳代表性传承人，世界天才太极拳总会会长，陈家沟天才太极院院长。

成书，流传于世，千秋万代，永久的记载。这种口授成文，一定要与实践相结合，以理服人，以技服人。否则就会变为眼高手低，黑板上种田，成为拳艺不精、纸上谈兵之话柄。

（三）心语

就是心灵的语言。心语由看、听、想三个方面组成。人常讲：眼观六路，耳听八方。练太极拳也要善于观看。看人，为人处事；看形，地理环境；看动，姿势正确，方向路线，功夫表现。练太极拳同时还要善于听。太极拳的听劲源自身体的感受，即思想感受、气感体会、气场感觉。想，思想的正确，敬心敬人，平静的心情，思想的专一，才可以人正、身正、心正，才能大公无私，为人类而贡献。

五　从哲理与技法的角度理解"太极拳术十要"[①]

杨公澄甫的"太极拳术十要"是通过自己的习练体会，对太极拳练习作出的纲领性归纳。我们在理解参悟的时候，要将太极拳本身的哲理与技法相结合，这样才能更好地领会和掌握"太极拳术十要"的精髓。

太极拳的"八法五步"是太极拳习练体系与哲理"阴阳论"和"五行论"的结合，这两个理论有一个共同的核心：平衡。在太极拳理中，"阴阳论"阐述的是劲力的平衡，即刚柔相济。"五行论"阐述的是身体重心的平衡，即"中定"。"太极拳术十要"能帮助我们达到的目的就是"劲与定"。

"虚灵顶劲和沉肩垂肘"，核心就是两个字，"顶"与"悬"。"顶"是通过头容正直来保持精神领起，以达到"上轻"的状态。"悬"则解决气沉丹田的问题。"顶与悬"形成头与肩肘上下的对拔垂挂感，是保持重心平衡的纵线。"含胸拔背"是胸微内含，后背产生左右的牵拉感，是保持重心平

---

① 本节由杨振铎、杨军执笔。杨振铎，杨澄甫三子，杨氏太极拳第四代嫡传人；杨军，杨澄甫曾孙，杨氏太极拳第五代嫡传人，国际杨氏太极拳协会会长。

衡的横线。"松腰"是通过前胯微收，后胯下沉，尾闾微内敛的方法，于内保持气沉丹田，于外保证"中灵"，即劲力主宰于腰。这四条对身形要求的重点，目的是保障内在的呼吸顺畅，配合步幅合适的前后左右距离，以及身体重心的高低，从而达到身体重心的整体平衡。

如何更加通俗地理解这"四要"呢？通过一些练习经验，可以比较容易地掌握这些要领："抻出肘尖，空出胳肢窝。肘尖拽膀尖、连手腕、带手指。"这二十字诀虽然指的是上肢的部位，但通过"抻、空、拽、连、带"可以起到由此及彼的连锁反应。正是由于上肢的活动，牵动了含胸，引发了拔背，导致了松腰胯，以致实现由脚而腿而腰节节贯穿等要领的内在联系及相互结合。

"分虚实"讲的是虚实转化间的灵活性。理解"分虚实"，要从动态、劲力转换和"轻灵"上理解。如果从直观静态的角度去理解"分虚实"，即按两腿重心分配的比例去理解虚实，这会产生许多矛盾。此外，尽量保证自己劲力的灵活性去控制对方，才可以控制住对方的劲力变化。实现这种灵活性，需要从"轻"字上着手。第一是自己要松柔下来。第二是当有对手时，要从"不顶""相随"上去找"轻"。这里的"轻"，指的是上盘，对于下盘，我们则要做到沉稳。只有"上轻下沉"，才能重心稳固，才能保证虚实之间的灵活转化。

"上下相随和内外相合"讲的是整体的协调性。"上下相随"指身体的上、中、下相随，即身体的步法、身法、手法相协调。"其根在脚，发于腿"的"其"，指的是"劲力"通过脚体现的作用力与反作用力，由腿而发。"主宰于腰"指的是"对劲力的主宰"。"形于手指"则是一种广义的泛指，指劲力应发放于该发放的位置上。"上下相随"的方向是由下向上，有领有随的，即领在下肢先动，随在劲点的发放方向。"内外相合"指的是气息和形体的合一。具体来说，指意、气、形三个元素合一时，在"神"上的体现。其中意在先，心为令，气为旗，神为主帅，身为驱使。

做好"上下相随"与"内外相合"，需要在刚柔之间寻求平衡的一种劲力为前提，其由"刚"和"柔"两种劲力组成，这种劲力性近于水，具有

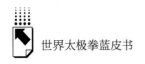
流动性。那么，如何练习这种劲力？方法就是"用意不用力"。

"用意不用力"指"意"要用在"放松"上，不能用在力上。"不用力"为"不用拙力"。如果完全不用力，就是违背科学和客观规律。"放松"是太极劲力的练习方法。通过放松使劲力柔顺，气息也会随之变得顺畅，自然向下沉降，生出"松沉"感。随后，才会循序渐进地由松入柔，运柔成刚，最终达到刚柔相济。

"相连不断"从哲理的角度去解析，即指劲力的阴阳转换相连不断。刚与柔，蓄与发，攻与防之间成为一个整体，才叫相连不断。如何令劲力的阴阳转化连绵不断呢？答案是运用"弧形"。无论推手，还是招式演练，在劲力转折时，轨迹都是弧形。

"动中求静"真正的内涵是"大局整体平衡观"。习练者的思想意识，不应集中在技法、身体外形的局部上，而应该让思想意识处于"守中"的状态。"静"是保障"大局观"的一个前提。在静的状态下，才能顾及"平衡"。太极拳追求的平衡，不是具体细节、技法上的平衡，而是基于整体观的平衡。"动中求静"在"太极拳术十要"中占极其重要的位置，对于如何运用战略战术，意义非凡。

六　太极拳的文化内涵[①]

（一）太极拳和拳势的命名典雅隽永

"太极"一词源于"易·系辞上"，"易有太极，是生两仪，两仪生四象，四象生八卦。"由于"易"经过孔子传述，儒家遂以"易"为六经之首，奉为大典。武禹襄等人将"十三势"易名太极拳，使之富有浓郁的文化色彩。

---

① 本节由吴文瀚执笔。吴文瀚，武氏太极拳传承人，北京武氏太极拳研究会创立者，研究方向为太极拳史论。

（二）太极拳的理论是古典文化的集成融合

太极拳的经典拳论，首推王宗岳的"太极拳论"，而王氏拳论的基本思想源于宋儒周敦颐（1017 – 1073 年）。王氏以中庸学说为体，阴阳学说为用，阐述拳法奥秘。

太极拳历经诸多大家的指引，用意、蓄神、养气成为修炼太极拳的要点。

（三）太极拳是弘扬传统美德的重要载体

我国素以礼仪名世，重视个人的品德修养。受这一思想的影响，太极拳运行之法是无过不及、正心之道为戒躁用静，内则谦和守中，外则轻灵圆和，颐养其浩然之气。

儒家的"夷夏之防"和"春秋大义"在激发民族气节、捍卫国家统一大业上发挥了重大作用。"国家兴亡、匹夫有责"，成为中华民族的警世名言。

有数千年的中华文明，是世界上规模最大的文化群体。太极拳就是在"周易"阴阳刚柔、对立统一、相互依存，又相互转化的理论指导下形成的武技。如把太极拳当成一种文化，一门学术来研究，探索其中蕴含的中华文明，并付以推广，对构建社会主义文化强国，和谐社会当有不少裨益。

七　干枝老梅恰时开　益寿延年不老春[①]

武氏太极拳是清道光年间河北省永年县广府镇武禹襄先生所创，经李亦畬、郝为真、李逊之、魏佩林、姚继祖等历代宗师的继承与发展，形成的一个风格独特、理法严谨而又不断完善的太极拳流派。

我从十二岁开始先后跟随武氏太极拳第四代传人魏佩林和姚继祖两位

---

① 本节由翟维传执笔。翟维传，武氏太极拳代表性传承人，永年禹襄太极研究院院长，研究方向：武氏太极拳拳理拳法。

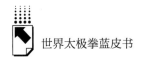

恩师习练太极拳，后又授徒讲学传拳。六十余年的最大体会和感悟首先是太极拳的健康价值。太极拳要求内外相合，"内"指的是神、意、气，"外"是指肢体动作，通过意气的引导，肢体的配合，达到内外双修。太极拳讲究"一动无有不动，一静无有不静"，每个动都使全身各个部位得到锻炼，这是太极拳与其他运动方式最大的不同。太极拳作为有氧运动，缓慢松柔的运动方式能使人流汗而不气喘。武氏太极拳运用逆式呼吸法修炼丹田之气，长期习练能使丹田内气充盈，精力倍增，免疫功能得到增强，特别是通过开呼合吸的意气配合，促使横膈膜上下运动，使五脏六腑都得到按摩和锻炼，这种内外协调而统一的运动方式是太极拳能够强身健体、祛病延年的根本原因。同时，修炼太极拳还能增长智慧，转变人的心态，提高内心的定力，从而拥有健康的心理和良好的精神面貌，提升生活品位，优化生命状态。

其次，习练太极拳是一个由心知到身知的过程，必须要有老师的言传身教，才能技艺上身。回想起来，我是在跟随二位恩师四十余年，不断坚持习练与体悟的过程中才窥得其中奥妙的。因太极拳与其他拳种不一样，讲的是省力、借力、从人、圆活等，这就必须要有一个很好的肢体框架，又要能根据太极阴阳变化之理去完成从对立到统一、生克互变和阴阳的分合。这不是一招一式之功，而是周身部位的整体组合。恩师姚继祖先生曾说"练不到周身一家脚手随，进不了太极之门"。太极拳外在的架子好练，内在的功夫难求。我作为国家级太极拳传承人，一定会担负起这一重任，不辜负国家和恩师对我的培养和期望。

最后，要全面继承太极拳，将健身、防身和修身合而为一。太极拳是中华民族智慧的结晶，也是一门集强身、防身、修身于一体的艺术，它以太极阴阳变化之理，从矛盾的对立统一达到阴阳相济，实现省力借力之效果的一种独特技术，需要很好地去继承。古往今来，真正的太极拳高手都具有深厚的文化修为，而不是只知道打打杀杀的一介武夫，希望广大太极拳爱好者要提高认识，深入探求，将健身和防身、修身合而为一，使这一优秀传统文化得以全面继承并发扬光大。

八　吴氏太极拳健身强体之我见[①]

吴氏太极拳是在清朝末期由杨氏太极拳演化而来的一个重要流派。历经一百多年的传承发展，现已传遍大江南北及世界各地，广大民众亲切地称之为"君子拳"或"长寿拳"。

太极拳是中华民族优秀的传统文化瑰宝。吴氏太极拳诞生以来，借用《精武》杂志的评价语说，创造了近代"三大奇迹"。一是催生了"新派武侠小说"，造就了梁羽生、金庸、古龙三大巨擘之地位。二是在益寿延年方面功效卓著，吴氏太极拳门人中长寿者甚多，层出不穷。三是吴氏太极拳传人王培生，一生交手无数，未尝一负，实乃当代高手。其一说的是对中华文化的影响，其二说的是健身的作用，其三说的是技击的神奇效果。

吴氏太极拳的健身效果与自身的拳法特点有很大的关系。限于篇幅本文仅选两个功法做简要说明：（1）两脚平行；（2）大趾朝天。

两脚平行其目的是两腰子（肾）相合，这是束身法。两脚平行，才便于两阴陵泉（人体穴位）相对，用意一想两阴陵泉相贴，全身的气就不散，这叫束气，有健肾壮腰的作用。另外，两脚平行与肩同宽，为的是有利于肩井穴与脚的涌泉穴垂直相对。肩井穴是井口，涌泉穴是水源，对准了体内之气才上得来，不对准穴道气就上不来。所以川字步型的目的是两脚平行、两腰子相合、肩井与涌泉相对，这是吴氏拳的内功要义。

"大趾朝天"是疗伤健身的功法。在七星桩功中，坐步前脚跟虚着地面，要意想脚大趾回勾鼻尖，在前进后退的步法中，凡出现坐步时都隐含着"大趾朝天"这个神奇的健身功法。弓步变坐步，虚脚的大趾要上跷，这叫热肾法。大趾跷得越高，功效越好，最好脚掌能竖起来。一定要做出腰上发热、发胀的感觉来，健身强体的效果全在这里。另外，跷脚能抻全身的懒筋。从脚后跟，到后脑是一个组合体大筋，练武术练的就是这根大筋，俗语

---

①　本节由关振军执笔。关振军，海内外吴式太极拳联谊会会长，研究方向为太极拳技击奥秘。

讲"筋长一寸，寿长十年"，说明我们的老祖宗早就发现这个健身功法了，只是作为内功秘传"法不传六耳"。

我的恩师王培生先生，1981年中日武艺技术交流，他用太极拳法战胜日本一流武术家全日本少林联盟的山崎博通，为国争光，为太极拳正名，获得"独步当代第一人"之美誉。日本《阿罗汉》杂志等多种媒体称他为东方奇人、中国十大武术家之一，国内媒体称他为"太极技击实战家"。他告诉人们："不是某个拳种能不能打，而是练拳的人功夫是否练到了家！"

吴氏太极拳推手，要求"用意不用力，守静而不妄动"，手法细腻、舍己从人，柔化为主，以理服人。无论胜负都能让人心悦诚服。正如我的师兄高壮飞先生所总结的，推手要做到"三不伤"：去掉拙力，不伤自己；柔化为主，不伤别人；以理服人，不伤和气。在推手练习中交朋友，你的兴趣会越来越高，技术不断增长，欲罢不能，终身不止，北京吴氏太极拳推手大会有好几名八九十岁的老先生都是乐此不疲。

在练拳活动中德为先，情为重，练身体，养道德，德艺双修，宽以待人。人人互相关心、互相体贴，为构建和谐社会作贡献，同时在和谐美好的群体中得到心灵的抚慰，愉悦生活，身心健康，这也正是吴氏太极拳成为"长寿拳"的主要原因。做真君子才能打好"君子拳"，自然而然健身益寿。

我愿以此与广大太极拳爱好者共勉。

九　太极拳是人类健康发展的阳春白雪[①]

现代社会，人们的生活节奏加快，紧张、焦虑、彷徨与无奈各种情绪随之而来，身心失衡气血失调，各种疾病、健康问题摆在了人们面前。拥有健康，关爱生命，自然的无副作用的绿色养生方法就越来越受到人们的青睐。

太极拳作为中国的传统文化，虽属中华武术的范畴，但也可以说是祖国

---

① 本节由孙永田执笔。孙永田，孙式太极拳第三代掌门人，孙式太极拳研究会原会长，北京市武术协会原副主席。

运动医学的重要组成部分。它通过疏松缓慢、动中求静、静中有动的独特运动方式，修炼心静体松的身体状态，从而保持身体各部位原有的功能，减缓和推迟衰老，实现养生健身、健康长寿的目的，是祛病健身的理想选择。

孙氏太极拳是一代宗师孙禄堂先生，集形意拳、八卦拳、太极拳之大成，融三家于一炉，所创立的优秀拳种。其本质的特点就是以形意拳的内外合一和八卦拳的动静合一，融蓄在太极拳的中合状态之中。走架时无上下起伏、左右晃动。通过活步使身体重心不断地在转换当中运动。

孙氏太极拳行拳风格如行云流水，连绵不断，进退相随，动作敏捷，圆活紧凑。进步必跟，退步必撤，每转身以开合相接。

诸葛亮《诫子书》曰："夫君子之行，静以修身，俭以养德。非淡泊无以明志，非宁静无以致远。"

练太极拳于行云流水之间，展现着纯粹的中国文化。在特有的太极拳境界里，外有舒缓柔和的拳式，内有松静安舒、平和的心境。太极拳展示着中国人对于生命、对于自然、对于平衡发展的理解，表达着东方独有的人文情怀，道法自然、爱护自然、顺其自然，逐渐达到天人合一的美好境界。

通过习练太极拳使人精神饱满、心旷神怡，在舒松缓慢的运动中，心静体松，神态自然，而达到动静互幽，形神共养。

我们练习太极拳，以身心健康的每一天，去认真工作，静心学习，明事理、懂法纪、知进退、有担当、负责任，去铺垫我们的人生旅途。

太极拳是人生健康发展的阳春白雪，也是修身养性、立身处世的崇高坦途。

十　李氏太极拳习练心得[①]

李氏太极拳自创始以来到今天已有100多年的历史，我是创始人李瑞东第5世孙，自幼在家庭环境中耳濡目染，对武术也情有独钟，六和八式、金钢捶……想起儿时的练拳经历仍是记忆犹新。

①　本节由李春华执笔。李春华，李氏太极拳嫡传人，主要研究李氏太极拳内心功法及钓蟾功法。

我现年 51 岁，领悟太极拳大概十五六年了。以前由于年轻气盛，性情浮躁，练拳只求刚猛快硬，耐不下性子来，不知道太极拳之奥秘，现在想起来只能说是年少无知，让人嗤之以鼻了。

太极拳的根源是内外关窍，五行加一炁川流不息。说的是阴阳循环的道理，手有五决，足有五步，身有五方，口有五音，头顶五星，此为外五行。腹有五脏而生五气，心藏五德而生五性，五性之所正能知五味之多偏，此为内五行，这是先天所具有的良知良能，为静盘。动盘则是后天生成的，运用则以手之五诀，下合五步，上随五星，内借五气，此为三五连珠之妙理，再以八卦错宗八门变化之机，以五行生克之情，就能往复纵横不出规矩，上下飞腾，随意而行，如果得不到真传，常人是不可能知道仙家妙意神功之变化的。太极功夫以神意为先，神生于心，定于泥丸，发之于眼，神为一身之主人翁，意属土是神的表率，太极是天地的父母万物之根源，阴阳为万法万式之宗祖。内功静养修身之法，以"留意"二字为要诀。外练以"用意"二字为真诀，所以无神御之，则土不动而意无灵矣！神若无意，则无定舍，所以神恋意意恋神，深居神宝土窟之中不肯出头。如果没有人去引领，没有人口传心授，是得不到其中奥秘的！

太极拳称为神功，是以元神运用真意，意诚念专，则能入大道之门。动静虚实须留意，意的用处非常大，任意所知，无不合理，随意而行，无路不通。意乃先天之真土。《弄圆歌》有云："我有一丸者，即真意也，练意而不言练者而言玩者，正是玩此一圆生意耳。"练得眼前生意满，方知大道在我心。我们通常不说是练功夫，叫玩意儿！李氏太极拳分为动、静两盘，讲究的是行立坐卧的功夫，动盘则是各种桩功拳架，太极拳根法总架均以八数入手，大架、小架为入门的基本功，各有八式，掤、捋、挤、按、採、挒、肘、靠八个劲法，刚、柔、快、慢、大、小、松、紧、是八种架势练法，再加上中盘架子使之变化无穷，软硬急迟皆随意，离奇闪转意珠圆，体现了李氏太极拳的精妙之处。练拳讲究神如缚兔之鹰，形如捕鼠之猫，眼似流星手似电，腰似皮条腿似钻杆，站似老熊挡道，行如猛虎下山，运劲如抽线之丝，行气如穿九曲珠，求的是麻花腿麻花腰的功夫。其法以沾、粘、连、随、牵、拔、合、进为八卦，其诀以开、合、升、降、提、举、吞、吐为八法，其功无智无愚，无闲无忙，智者以圆悟而速证，愚者以纯一而竟成，闲者以积功而徐至，忙者以念切而直前，学者不可不悟也！因为是家传的拳法，我只是继承了先人传统的技艺、原汁原味的风格及练习方法，不敢有丝毫的揣测之意，本人愚钝只能了解到先人思想的九牛之一毛！

先人造拳，福祉后人，我辈努力，发扬光大。

十一 自然本真承大道 理技相合修太极[①]

和氏太极拳问世以来，以自然本真的风格、理技相合的特色著称于世，引发人们对太极拳的深入认识，对拳理技法的再思考。

我自幼秉承家学，随家父习练家传和氏太极拳，孜孜不倦。一路走来，见证了太极拳事业的兴旺发展，见证了太极拳给人们带来的健康和快乐。同时，也看到许多拳友因不明拳理或理解偏颇，走了许多弯路，留下诸多遗憾。作为国家级非遗项目和氏太极拳代表性传承人，我觉得有责任把和氏太极拳给大家讲明白，让更多的人了解它，让更多的人受益于它，以无愧于传承人的身份。下边，我扼要介绍一下和氏太极拳的形成过程、技法特点，以及对太极拳习练的认知和感悟，希望对广大拳友有所裨益。

和氏太极拳诞生于河南省温县，由温县赵堡镇和兆元始创。和兆元宗师出生于中医世家，自幼学医，习文嗜武。师从邻里陈清平习拳，尽得真传。后随理学大家晚清重臣李棠阶宦游南北进驻京都，广交文人武友，博采众长，融通文武，升华理技，创"代理架"，即和氏太极拳。

在清道光十八年（1838 年）《李文清公日记》中写有："拳勇以虚灵为妙用，因人之力制人，不参己力，可悟圣学。""圣学"，即孔子创立的儒学。理学认为"总天下之理即是太极"，理学是哲理化的儒学。因此，和兆元所创之"代理架"，指代圣学之理、太极之理。正如韩愈主张提倡"文以

[①] 本节由和有禄执笔。和有禄，和氏太极拳代表性传承人，温县和式太极拳学院院长。

载道"，"代理架"强调以武载道、以拳演道。这个道，即圣学之道。因为"太极"一词，初见于《周易·系辞上》："易有太极，是生两仪，两仪生四象，四象生八卦。"《周易》是儒家群经之首。《周易·系辞》为孔子所作。

拳谚曰："理无拳不明，拳无理不精。"太极拳虽是当今理论最丰富的拳种之一，也使很多练习者无所适从而难以掌握。其原因在于不明理或是理论与技法的脱节。在以武载道方面，《李文清公日记》一语中的："以虚灵为妙用，因人之力制人，不参己力。"这正是太极拳要求的轻灵圆活，借力打人，四两拨千斤的技法效果。如果太极拳失去"以虚灵为用，因人之力制人，不参己力"的原则，也就失去了太极拳之理、之根、之魂，从而会制约太极拳进一步的发展与提高，甚至会使习练者误入歧途。和氏太极拳正是严格遵循并处处以此"理"为指导，像其形（圆即太极），取其意（阴阳、五行、八卦），用其理（阴阳相成、五行生克、天人合一）。形成和氏太极拳注重圆转，中正顺达，阴阳平衡的技术特点。

因此，和氏太极拳行功走架中正安舒，宁静坦荡，阴阳知变，身灵手敏，如孩童玩耍一般自然本真，以此促进内外兼修，阴阳相济，承大道、固根本。比手（俗称推手或揭手）要诀强调"沾连粘随""要啥给啥""差米填豆"等技巧，要求与人比手有如阴阳相依，顺随阴阳变化，因势而利导。

和兆元宗师在其所著《太极拳要论》中说："理技相合，太极真谛。习者不可不详思揣摩焉。若理能守规，久恒自成也。"

十二　太极拳"三势"之要[①]

太极拳是中国传统武术，集技击、健身、修身于一体，具有深厚的文化内涵，包括阴阳之理、自然之道、中正之法以及吐纳导引之术等，是用身体实践表达的中国传统哲学和传统养生智慧。修炼太极拳绝非仅仅追求"打

---

① 本节由李剑方执笔。李剑方，王其和太极拳代表性传承人，河北省王其和太极拳协会名誉主席，中国武术八段。

遍天下无敌手"的高超拳艺，而是重在体会以柔克刚、天人合一、内圣外王的价值取向，增进身心健康与人格完善。研习鉴赏太极拳重在架势、着势和气势，三者依次递进、相辅相成。现就"三势"之要略谈拙见。

架势。架势乃拳架之形。太极拳无论何门何派，拳理相同，大道相通，皆以阴阳五行之理化生"八门五步"十三势之法，要求松静、中正、圆满、和顺、连贯，意动身随，内外相合。虽不同门派对拳理拳法有不同诠释，架势各异，甚至同门、同师、同一套路，因其功力水平不同，其拳架风格亦有所不同，但无论哪一家太极拳，以拳架为基本功的要求绝无二致。"功夫需向架里求"，拳架是太极拳入门的基础课，也是终身必修课，凡有志于此道者，必须从一招一式入手，严格按照拳法规矩，悉心从师摹练，不断修正，逐渐精准，不可粗枝大叶、似是而非。拳架乃太极拳之本体，其健身要领、实战功夫、文化内涵皆在其中，深入研习者切勿舍本逐末、急于求成。衡量习拳者水平高低，当首先审视其架势，看其是否合乎规矩，还要看其拳架内涵之深浅。不合规矩的"病架子"、不得真传的"空架子"、华而不实的"花架子"等皆不足取。

着势。着势乃拳架之用。王宗岳《太极拳论》有言："由着熟而渐悟懂劲，由懂劲而阶及神明。"可见，"着熟"是通往"神明"的台阶。太极拳以意导形，以气运身，由浅入深，循序渐进。重形不重意为招，重意不重形为法，意形合一为着势。着势寓于拳架及推手、散手之中，是身法、步法、手法，乃至眼法、劲法、心法的综合体现，是实战技击要领运用之必备功夫。太极拳实战技击成败往往在毫厘之间，而健身功效则在于对吐纳导引之术的有机融合，精微之致，非得其真传并悉心揣摩、长期用功不能贯通焉。

气势。气势乃拳架之神。神者，正气也。气势上乘者，内气充盈，精神饱满，翩若惊鸿，婉若游龙，合而成体，散而成章，动作舒缓浑厚，内外浑然一体，纯任自然，物我两忘，具有乘云气而养乎阴阳之意韵。太极拳之气势源自扎实的基础、深厚的内功以及厚德与学养，需要久久为功，永无止境。

拳虽小技，大道存焉。技可近乎道，艺可通乎神。修炼太极拳需要不断寻绎合道通神之路径，而太极拳"三势"之要乃为笔者为同道推荐的参考路标，亦为研习鉴赏太极拳观测之点。

十三　东方养生文化的经典[①]

中华大地是气功、太极拳的故乡，二者均是中华养生学的重要组成部分，有先进的哲学、医学、导引学的基础，有精粹质朴的理论和许多不借助外力实现强身健体的实用价值较高的操作方法，深受国内外广大习练者的重视和欢迎。

经过众多科研工作者围绕气功、太极拳锻炼效果，曾经展开过的多学科、多层次的科学研究，有力地证明了其效果并不是单一叠加的，而是通过气功与太极拳合练，对习练者身心健康的整体促进。

我国著名武术家顾留馨先生对太极拳有深刻的研究，关于练习太极拳的作用，顾先生总结为六个方面：一是锻炼神经系统，提高感觉功能；二是增强呼吸机能，扩大肺活量；三是有助于心脏、血管和淋巴系统的健康；四是促进消化功能和体内物质代谢；五是增强肌肉、骨骼和关节的灵活性；六是有助于畅通全身经络。

笔者探讨气功健身抗衰老之奥妙 50 余年，现总结几点：一是气功有助于改善脑功能；二是气功有助于提高人体免疫力；三是气功有助于增强心肺功能；四是气功有助于改善人体微循环；五是气功有助于改善人体肾功能；六是气功有助于改善人体消化系统功能。

为了论证气功与太极拳同练之实用价值，我们有如下的体会记录：2015年 10 月北京队 10 人在一次简化太极拳比赛之前，在室内先练习了以"宁静情绪，调整呼吸"的净化方法。结果上场比赛时，个个"形与神合、气蕴身中、舒展大方、圆活连贯"，荣获有 60 个队参赛的第一名。

教练回忆说：此次比赛之前，参加过多次比赛，最好的成绩是第三名，尚有两次排名第五。那么，这次比赛名列第一是何原因？为了找出答案，教

[①]　本节由张广德执笔。张广德，北京体育大学导引养生中心名誉主任，享有国家特殊津贴教授，中华武林百杰，中国武术八段。

练请专家对队员们做了"大脑反应时"及安菲莫夫①矫正表对神经过程指标
的测定：

表1　大脑反应时的测定

组别	安静时			默念口诀时			T值 P	样本
	M	So	Se	M	So	Se		
气功站桩	189 ± 37 ± 8			168 ± 33 ± 7.5			2.1 < 0.05	10
24 式太极拳	186 ± 24 ± 7.9			198 ± 23 ± 5.2			1.2 > 0.2	10
站桩组与 24 式太极拳组安静时 t 检验							t = 0.2 > 0.5	
站桩组与 24 式太极拳组习练后 t 检验							t = 3.3 < 0.01	

从表1看出，练习太极拳之前，先练气功（站桩）大脑反应时显著变
短（由 189 ± 37 减少到 168 ± 33），表明练太极拳之前，先站桩（气功），有
助于习练者大脑皮层神经细胞兴奋性和灵活性显著提高，可给继而练习太极
拳或比赛太极拳打好基础。

表2　安菲莫夫矫正表对神经过程的测试

组别	时间	默念前	默念后	差数	样本
气功站桩	1'	202.7	272.1	69.4	
	2'	174.4	222.3	47.9	10 人
	3'	177.8	248.5	70.7	
24 式太极拳	1'	179.6	235.9	56.3	
	2'	169.4	204.9	35.5	10 人
	3'	172.0	214.8	42.8	

从表2出，气功站桩组 10 名，默念口诀"安静"3 分钟后，每分钟所
划的字母数值远远超过（练太极拳）对照组同一时间所划的字母数。表明
通过默念"安静"，对人之神经过程强度和分析能力等有显著提高。

---

①　安菲莫夫测定可以了解人类高级神经活动的机能状态：被试者接到指令后立刻对照安菲莫
　　夫矫正表从左向右扫视并做标记，以此通过建立结构方程模型探索知觉速度和神经类型之
　　间的关系。

　　据此，证明北京队取得第一名的主要原因，是由于参赛队员通过站桩静脑有了新的思想境界，去掉了以前比赛时紧张、急躁、慌乱等杂念，做到了"事来则应，谨守当下，不急不躁，心态稳定"的要求。

　　经验告诉我们，练习太极拳或者参加比赛之前，先练练站桩（气功），有助于提高练太极拳"形松意充，内外合一"的功夫，长期坚持气功与太极拳合练，有强身健体、益寿延年之效。

B.28
太极拳命名及其修炼路径的文化内涵

康戈武*

摘　要： 太极拳命名和修炼路径的文化底蕴，与易经太极哲理和儒家培育人才学以致用的路径一致。从太极拳的实践和技法体系来看，太极拳是以太极文化为理论基础，以十三势为技术要素，包括功法、套路和推手三种运动形式的一个武术拳种。太极拳的修炼路径可划分为"练招知定""练劲能随""练神明舍"三个阶段，报告阐释了进入知定、能随、明舍境界的方法，指出了太极拳传统技术与练法的现代价值。

关键词： 太极拳　文化　修炼路径

　　探索太极拳命名及其修炼路径的文化内涵，有助于加深对太极拳技术、练法、功能的理解，发扬太极拳传统技术与练习方法的现代价值。要展开这一探索，必然联想到陈家沟陈王廷后裔陈鑫编著的《陈氏太极拳图说》、永年武禹襄弟子李亦畬编订的《太极拳谱》等遗文。《陈氏太极拳图说》是陈鑫自光绪戊申年（1908 年）经 12 年"汇集先世历传拳学真诠，详加稽考，益以己意"而成。李亦畬编订的《太极拳谱》，收录了武禹襄于清咸丰年间到赵堡拜访陈清平"研究月余"的收获以及从河南得到的《王宗岳太极拳论》，并加入了武李二人随后的实践体验成果。陈清平大弟子和兆元随晚清

---

　　* 康戈武，中国武术研究院研究员（武术专业），中国武术协会原秘书长，中国武术九段。

大儒李棠阶入仕多年。在李棠阶日记中，多有关于太极拳家和拳理的记述，也是值得研究者关注的文献。

一 先从太极拳的命名说起

在早期太极拳专著中，直接围绕太极拳命名的论述有如下两段文字。

一是清光绪七年（1881年），河北永年广府李亦畬编订的《太极拳谱》中收录有一篇不知出自谁手的《太极拳释名》。此文说："太极拳，一名长拳，又名十三势。长拳者，如长江大海，滔滔不绝也；十三势者，分掤、捋、挤、按、采、挒、肘、靠、进、退、顾、盼、定也。……是技也，一着一势，均不外乎阴阳，故又名太极拳。"

二是民国乙未年（1919年），河南温县陈家沟陈鑫经12年之工编著成《太极拳图说》书稿（1933年出版时定名为《陈氏太极拳图说》）。此书明言太极拳的命名是"理根太极，故名太极拳，"并通过"一阴一阳之谓拳，其妙处全在互为其根"等太极哲理说明拳理；以"外保君王内保身，全凭太极真精神"说明此拳凭依太极文化产生的功能。

不论《太极拳释名》出自谁手，也不必等到考明陈鑫所言出于之前某代传人的遗文遗言或是陈鑫的"己意"，可以确定的是：太极拳是因"理根太极"而命名；技法准则是按"一阴一阳之谓拳"一招一式，均不外乎阴阳制定的；基本技术是"十三势"。十三势具有功法、套路、推手三种练习方法。综合太极拳命名的文化根源和实践方式，可以将太极拳表述为：太极拳是以太极文化为理论基础，以十三势为技术要素，包括功法、套路和推手三种运动形式的一个武术拳种。

目前见到的"太极拳"一名，最早出现于清光绪年间河北永年广府李亦畬编订的《太极拳谱》。可是，温县赵堡和氏女婿李棠阶（谥号文清）在道光十八年（1838年）九月十四日日记写有，"拳勇以虚灵为妙用，因人之力制人，不参己力，可悟圣学""未来不迎，已来不滞"（见《李文清公日记》）。李棠阶是晚清著名理学家清廷重臣，曾长期邀妻弟和兆元于左右，与兆元之师陈清平过从甚密。清平乃陈家沟陈氏拳械名家。李氏日记中所言"拳勇"应该指的就是现今所说之"太极拳"。其中"虚灵"等拳论与太极拳技法一致。而作为理学大家的李棠阶说的"圣学",指的是理学。理学被认为是哲理化的儒学。理学认为,"总天下之理即是太极","太极只是一个理字"。联系和兆元传留拳架称为"带理架"(或写为"代理架"),李棠阶日记中这一记述,可能在李亦畲编订《太极拳谱》之前,已出现"太极拳"一名。出于何时、何地、何人,值得研究。

至于"太极"一词,最初出现在被尊为中国文化群经之首的《周易》这部书。此书中《系辞上》载述:"易有太极,是生两仪,两仪生四象,四象生八卦。"这一哲学理念,表达了中国人对天地万物生成过程的认识,被今人称之为"太极思维",或"太极学说"。此说的大意是,太极是最原始的混沌之气。太极运动而分化出阴阳(是生两仪),由阴阳而产生四时变化(两仪生四象),继而出现天、地、风、雷、水、火、山、泽八种自然现象(四象生八卦),推衍为宇宙万事万物。司马迁《史记·孔子世家》说:"孔子晚而喜《易》,序《彖》《系》《象》《说卦》《文言》。"《系》,就是《系辞》。"太极"一词,出自孔子序《易》的《系辞》中。

有文章说,"太极"一词最初出于《庄子》。庄子早于孔子使用"太极"一词。然而,在《庄子》一书中,出现"太极"二字的那篇文章,名《大宗师》。在《大宗师》这篇文章中,大段大段地记述有孔子与子贡、孔子与颜回的对话。除此之外,孔子之名还在《庄子》的多篇文章中出现。孔子逝后100多年庄子才出生。就同一个词的出现时间而言,说后世之人的用例早于前世文献出现的时间,难以让人信服。把记述先世之人名姓和故事(哪怕是借名编撰)的后世者,说成早于被记述者,更是难以让人相信的。

可以认定,"理根太极,故名太极拳"的"太极"一词出自《周易·系辞上》,其理就是:"易有太极,是生两仪,两仪生四象,四象生八卦"这一哲理。

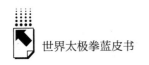

二　太极拳的修炼路径

清末见传的《王宗岳太极拳论》，将练好太极拳的进程总结为："由著熟而渐悟懂劲，由懂劲而阶及神明。"欲著熟，须练著；欲懂劲，须练劲；欲神明，须练神。

此处用的这个"著"字，在武术文献中与着、招相通。现今通行用"招"，意指招式、招法。

依此，可以把太极拳的修炼路径，分为"练招、练劲、练神"三个练习阶段。

第一个练习阶段——练招。招，就是招式。在练招阶段，主要的练习内容是"十三势"。因为"太极拳，又名十三势"。具体内容包括"掤、捋、挤、按、采、挒、肘、靠、进、退、顾、盼、定"。

十三势中"定"放在最后，术语称之为"十三势终于定"。意为练习十三势要达到的目的是"定"。每势要求"定"，所有招式的练习，也要终于定。怎样才能"定"呢？孔子开创的儒家学派用于指导培育栋梁之材的《大学》一书开篇就写有"知止而后有定"；怎么做到"知"呢？该文随后就说"格物致知"，通过推究事物的原理获得知识，这是学以致用中的学习过程。就太极拳练招而言，即为通过习练动作，掌握动作技术的规格标准和作用。"格物致知"或说习练动作到什么程度为"止"呢？此文的回答是"止于至善"，也就是以符合学以致用的致用要求为归止，力求达到尽善尽美的境界。就太极拳练招而言，即是动作的过程和定式符合动作技术的规格标准。

对照《大学》这句话的全文："知止而后有定；定而后能静；静而后能安；安而后能虑；虑而后能得。"太极拳完全是仿此提出要求的。继前述习知技术标准后，练到熟练掌握正确的技术标准，也就是动作时意、气、劲、形的配合进入自动化过程（招熟），型定了；由于此时已不会出现对动作标准把握不准的迷惑，心定了；继续练习的目标也明确了，也就是习练方向定了。总体达到了定型、定心、定向的"定"。只有这般入定后，才能"定而后能静"，在动中求得"静"。在此之前硬性要求要静，实际是达不到"真静"的。只有入静后，才能拳势安舒（静而后能安），具备一羽不能加的敏感（安而后能虑），获得学以致用的基本知识和技能（虑而后能得）。

经此梳理，可从"知、止、定、静、安、虑、得"这"知得七字"中看到，"定"是承前启后的关键，"定"以知止为前提，属于学，是学以致用的初阶，目的是打好致用的基础。太极拳练招的阶段目标就是"知定"。

第二个练习阶段——练劲。劲，就是劲力。劲力是通过受力方（人、物体、仪器）感知或体现出来。如果没有受力方，就难以测知劲力的方向、大小和变化。不论是自己的力量，还是他人的力量，都只能通过这种方式验证。与对手"推手"较技，就是相互通过触觉感知对手劲力的变化，术语称为"听劲"。所以，练劲阶段的主要练习内容是与人推手较技。在清末见传的《走架打手行工要言》一文中说"平曰：走架，是知己工夫。……打手，是知人工夫。"明确告知后学者，"走架"是个人练招的"知己"功夫，"打手"是与人推手较技获取的"知人"功夫。如何通过练劲而懂劲"知人"呢？

《王宗岳太极拳论》说："阳不离阴，阴不离阳，阴阳相济，方为懂劲。"具体运用方法是："动急则急应，动缓则缓随""仰之则弥高，俯之则弥深，进之则愈长，退之则愈促。"由此可见，练劲、懂劲是通过与对手进行"无过不及，随曲就伸"的推手较量来实现，锻炼的是对待对手的方法和能力。

这里可以看到，太极拳的修炼路径与儒家学以致用的"八目"相类，或者说是仿照儒家学以致用的模式制定的。在前文提到的儒学四书之一的《大学》知得七字之后，就是"八目"。即格物、致知、诚意、正心、修身、齐家、治国、平天下。其中，前四目是修身的内容，属于学，是学以致用的初阶，目的是打好致用的基础。此后的"齐家""治国"讲的就是"致用"了。第八目"平天下"是天下太平的意思，勾画出照此学以致用后出现的社会景象。鉴此，儒家"学以致用"包括为学以致用打基础的"修身"、致用之一的"齐家"、致用之二的"治国"三个阶段。其中，修身与儒家"知得七字"相关，已在前一阶段讲"练招"时论说过了。

"齐家"作为儒学致用的第一步，要解决的是待人问题。如何待人？先从处理与家庭成员的关系做起。阳不离阴，阴不离阳，方可齐家。家庭成员只有阴阳相依，互敬互让，才能随和相处，亲密无间。在齐家的基础上，把与家庭成员相处的成功方法用于对待家庭之外的人，就能亲如一家，孔子所谓"四海之内皆兄弟也"。至此，"齐家"的目的算是达到了，待人也算成功了。在这一过程中，能"随"是齐家待人的关键。

太极拳练劲，通过与结伴练劲的对手推手较技，阳不离阴，阴不离阳，获取由知人而能"随"的技能，养成在对待任何人（包括敌手）时都能随和以待。显然，练劲与齐家两者的共同目的都是在待人时能"随"。太极拳练劲的阶段目标就是"能随"。

第三个练习阶段——练神。神，指心神，包括意识、思维、精神等。在练招、练劲两阶段，主要练的是"形"，是形似、形随。到了练神阶段，主要是练内在的意识、思维、精神，达到心神指挥形态、融入形态的智慧境界（神明）。怎么练呢？《王宗岳太极拳论》说："懂劲后，愈练愈精，默识揣摩，渐至从心所欲。"进而达到"舍己从人"。

显然，此阶段的练习方法，与练劲时的方法一样，仍然是遵循"阳不离阴，阴不离阳，阴阳相济"的阴阳运动法则，采用"动急则急应，动缓则缓随""无过不及，随曲就伸"等基本技法。在练劲阶段，依此练习的目的是从知人而"求随"到知人而"能随"。到练神阶段，方法虽未变，但经持之以恒地长期坚持练习，默识揣摩，逐渐去掉了"随"中尚存的自我为主意识。潜移默化地进入"从心所欲"地"舍己从人"的神化境界。这是顺应阴阳运动法则，由以"随"促成阴阳一体，和而不同，升华到了以"舍"促成阴阳一体，和而不同。"舍"是习练太极拳的最高境界。到了此时，练神的对象目标，也由知人，扩大为认识社会的"知世"，要顺应阴阳运动法则去处世了。

儒家"八目"中的"治国"，是致用的第二步。所谓"治国"，即参与到治理国家的各种事务中。广义说，就是"处世"。在治国处世的过程中，儒家的最高价值观是"仁""义"。孔子说："克己复礼为仁。"孟子说：

"生，亦我所欲也，义，亦我所欲也。二者不可得兼，舍生而取义者也。"大意是，为了维护社会秩序和礼仪而克制个人的欲望，就是"仁"。在面对生与义进行选择时，为了义，可以"舍生"。显然，"舍生取义"是儒家完善人格的最高境界。

从儒家的价值观和太极拳家的价值观，可以看到两者追求的最高人格境界，都是"舍"。练神阶段长期的默识揣摩，目的就在于要明了"舍"的含义和方法。"明舍"了，才会"舍"。

三 进入知定能随明舍境界的方法

前面谈到了太极拳习练三阶段的练习内容、目的及其与太极文化的关系。这里集中谈谈取得预期效果的法则和三阶段的相互关系。

（一）取得预期效果的法则

太极拳通过练招、练劲、练神三个习练阶段，依次进入知定、能随、明舍三个境界。三个习练阶段中虽有练招、练劲和练神之别，获得的习练成果也有着层次差异。但是，在习练中遵循的采用的技法原理，都是出于"易有太极，是生两仪，两仪生四象，四象生八卦"的阴阳运动法则。正如《陈氏太极拳图说》所言"理根太极，故名太极拳""一阴一阳之谓拳，其妙处全在互为其根。"在练招时，针对两两对应或者对立的形态，既将二者区分为阴阳两属；又将两两对应或者对立的双方视为一个统一整体。强调阴阳相互依存，阴中有阳，阳中有阴，形成了以弧圆形静姿和圆活的动态。在练劲时，将自己与对手视为阴阳双方，相辅相成地组合成一个练习整体，按照阴阳运动法则进行锻炼，共同提高。在练神阶段，将自己与社会视为阴阳双方，从把待人"能随"的方法用于社会到上升为以之指导社会生活实际的思维，最终将社会价值和个人利益视为阴阳双方，将个人的得失融入社会价值中，两者统一成一个整体了。

总之，太极拳练习三阶段虽然练习的内容、追求的目标有别，但指导练

习的方法原则，都是作为太极文化核心的阴阳相依、阴阳消长、阴阳转化这一阴阳运动法则。

（二）太极拳练习三阶段的递进关系

太极拳相继通过练招、练劲、练神，依次进入知定、能随、明舍的境界。其中，"明舍"是最高境界。能否一蹴而就直接进入"练神"阶段去追求"明舍"呢？答案是否定的。那是不符合训练规律的。就像大家熟知的"吃烧饼"寓言一样。一个饥饿的人去买烧饼充饥，当吃完第三个烧饼时，饱了。他以为前面吃的两个，都是白吃了，只要吃第三个就可以吃饱了。他的结论是，第三个烧饼才具有充饥的作用。

把这个故事用到这里，很能说明，要进入太极拳的最高境界，全面获得太极拳的锻炼效果，必须先"吃下前两个烧饼"，经过练招、练劲两个阶段，才能进入练神阶段。

讲到"阶段"，还有一个故事，是李小龙的授业师兄黄淳梁谈截拳道的故事，李小龙为他创立的截拳道提出"以无招胜有招，以无法为有法"。有人以为无招无法，就能胜有招有法。于是不去练招悟法，结果一事无成。黄淳梁对此曾生动地举例说，李小龙是从习练咏春拳入门，一步一步刻苦训练而成为技击高手的。如果说，把李小龙习练咏春走过的路，比喻为爬楼梯的话，他创立截拳道，提出"以无招胜有招，以无法为有法"是上到二楼了。现在把上到二楼的楼梯撤掉了，怎么能上到二楼呢！

只有通过练招知定，才能应用已掌握的正确的招法，去与人进行练劲能随的练习；而且，才能在练劲能随的锻炼过程中，应用和体悟招法的定规、定法、定准。也只有具备练劲能随的技能后，才能通过持之以恒的应用和体悟阴不离阳、阳不离阴、阴阳相依的法则，潜移默化地由能随进入明舍。

总之，要想只吃第三个烧饼就饱腹，一步就登上二层楼，是不可能的。种瓜得瓜，种豆得豆。只有经过一定阶段的练习，才能取得一定阶段的成果。只有系统地、循序渐进地进行太极拳三阶段的练习，才能完整取得太极拳的锻炼效果。

四 结束语

明确太极拳练招知定、练劲能随、练神明舍，以及在练习递进的三阶段依次追求的三境界过程中都是一以贯之的遵循阴阳运动法则，既有助于通过太极拳练习了解和体悟太极文化，又有助于在太极文化的指导下提高科学练习的自觉性，获取事半功倍的锻炼成效。

太极拳先哲仿照儒家培育人才的理论提出的太极拳修炼路径和目标，不仅对健身养生有着积极意义，也有着积极的社会意义和现实意义。通过太极拳练习懂得"知定"，才会有意识地去求知求定，确立明确的前进方向，因有定向，才会有定力，才能在纷乱的事务和干扰疑惑中不忘初心，不迷失方向。懂得"能随"，才能和谐待人处事，与时俱进，不懈奋进。懂得"明舍"，才能在与他人、与群体、与单位、与国家利益出现冲突时遵循整体观，从全局观出发去处理得失。

B.29
太极哲学对太极拳发展的影响与作用

陈志雄　刘高升　成中英　等

摘　要： 博大精深的中华文化孕育了深厚的太极文化，本文剖析了儒家哲学在太极拳产生、发展、转化过程中所扮演之角色与所发挥之作用，从而揭示出其文化为根、武道为魂的太极哲理。传统太极拳作为中国传统武术中，自觉借助太极哲学指导操作的一个优秀拳种，通过习技练身、应对用技、修性归真，最终由此实现"每个人自由和全面的发展"。

关键词： 太极拳　太极哲学　儒家

一　太极拳与儒家哲学[①]

太极拳源自太极文化，太极文化的源头是周易文化。周易文化与儒学都是中华文化的重要组成部分，儒学作为中华传统文化的主干，蕴含着深厚的太极文化。太极拳虽产生于明清时期，但其孕育产生深受儒家文化的濡染，一部儒学史更像是太极文化的衍生与发展史，在这过程中不断为中国太极拳武术注入新鲜活力，铸造起博大精深的太极拳文化。下面从儒家天人观、太极本源观、中庸思想、修养论、礼义思想以及仁爱思想等几个维度来展开考察，从点到面去勾勒、剖析儒家太极哲学在太极拳产生、发展、转化过程中所扮演之角色与所发挥之作用。

[①]　本节由陈志雄执笔。陈志雄，中国人民大学哲学院中国哲学博士生，研究方向为先秦哲学、儒家政治哲学。

（一）儒家天人观影响太极拳的价值取向

传统儒家认为天人不二，天地是个大宇宙，人是一个小宇宙，天地与人之间是一体的，人与天地处于一个动态平衡的系统中。事实上，"人之一身，浑身上下都是太极，即浑身上下都是拳"①。同时，天地间的万事万物贯彻着同一个太极之理，故《朱子语类·性理三·仁义礼智等名义》曰："大而天地万物，小而起居食息，皆太极阴阳之理也。"太极拳招式是儒家天人哲学观之具体而又生动的展现，将抽象的哲学原理用在人身的肢体动作上，灌注着人与天地和谐统一的思想内涵，使人与天地运化保持一种良性而又动态的平衡。在这种天人和谐的观念下，中国太极拳注重挖掘人体本有的潜质，但不追求超越人体极限去张扬自我，避免运动项目造成人体的透支与伤害，这对现代竞技体育所单方面追求"更高、更快、更远"之理念显然有一定的纠偏作用。

（二）儒家太极本源观对太极拳精神实质的影响

通常认为，《易传》与儒家创始人孔子的编纂有关，表明儒学是赞同接受道家宇宙观的。《系辞传》中说："易有太极，是生两仪，两仪生四象，四象生八卦，八卦定吉凶，吉凶生大业。"他们将"太极"视为是宇宙的原始混沌状态，是创生万事万物的本源。唐代韩愈在《原道》中说："人文之元，肇自太极，幽赞神明，《易》象惟先。"逮及宋代，又有周敦颐作《太极图说》，云："无极而太极。太极动而生阳，动极而静，静而生阴，静极复动。一动一静，互为其根。分阴分阳，两仪立焉。阳变阴合，而生水火木金土。五气顺布，四时行焉。五行一阴阳也，阴阳一太极也，太极本无极也。"从上述文献中可以看到，"太极"在历代儒门中人的眼中是天地之原动力，是万事万物生成长养的源泉，是贯注在天地间的永恒之理。乔凤杰教授认为："太极拳之理想运动，乃是以宇宙万物之超验心为终极依据或原始动

---

① 陈鑫：《陈氏太极拳图说》，上海书店，1986，第129页。

力……宇宙变化之原动力与武术运动之超验心，在本质是一样的。"① 乔凤杰教授的断见证明儒家的上述判断在今天看来依然是中肯而切实的。

在《陈氏太极拳图说》一书中说："斯人父天母地，莫非太极阴阳之气蕴酿而生，天地固此理，即宇宙之万事万物，又何莫非此理，况拳之一艺，焉能外此理而另有一理，此拳之所以名太极拳也。"② 这也是强调"太极"是宇宙万物的总根源，习得太极拳就是在日常生活中不断体认这一"太极"之理，协助太极运化，实现与"太极"之理融合为一体，也是将自身内在所本有的"太极"给展露出来。

（三）儒家中庸思想对太极拳招式拳法的影响

《礼记·中庸》中说："中也者，天下之大本也；和也者，天下之达道也。致中和，天地位焉，万物育焉。""中和"是天下生生之本，只有"中和"才能使万物得以发荣滋长，只有"致中和"才能使万物各得其位。做到中和，就是不偏激、不冒进，分别体现为"执中""尚和"的思想。太极拳在技法上讲求"立身中正""不偏不倚""随屈就伸"，又把"中气"看做"太和之元气"，是万物孕育生长的原动力，其在动作技法的操练运化就是在这"中气"上运化。同时，太极拳作为修身、健身武术项目，目的在于能够让人培养起中正之心，养中和之气。并且，"中"的思想实质上就是体现了"太极"的基本内涵，所以董仲舒说："阴阳之道不同，至于盛而皆止于中，其所始起皆必于中。中者，天地之太极也，日月之所至而却也，长短之隆，不得过中，天地之制也。"③

《孟子·尽心上》又说："执中无权，犹执一也。所恶执一者，为其贼道也，举一而废百也。""执中"并不是要人执滞于一点或一方面，而是能有一个全方位、多层次的观照，达到中道圆融的境界。强调"中庸"的处

---

① 乔凤杰：《无极而太极——论武术与儒家在超验心层面的思想会通》，《广州体育学院学报》2006 年第 2 期。

② 陈鑫：《陈氏太极拳图说》，上海书店，1986，第 129 页。

③ 《春秋繁露·循天之道》。

事方式，并不是要人们放弃原则，或者和稀泥，而是学会"权"，即权衡，随机应变，做到合乎时宜也。孔子曾感慨："中庸其至矣乎！民鲜能久矣！"① 既然中庸作为一种思维方式与行为方式，不容易为众人所领会，那么太极拳则正好能很有效地将这种理念化用在人们的一招一式中，在人的举止动容中来具体呈现之，既能传神达意，又能加以付诸实践。

（四）儒家修养论对太极拳身心观的影响

在儒家的哲学系统内，有着完整而丰富的关于修养的理论，例如，强调正心诚意、慎独自省、改过迁善、主敬涵养、致中和等。太极拳则强调收敛身心、"拳"与"心"合一，将注意力贯注在自己内心所潜藏的势能中，并加以充分发挥出来，不断反观内审，从而确立打拳者的主体性。闫民教授认为"起源于明末、清初的太极拳，与八卦掌、形意拳被称为传统武术的代表，无论是创拳思想、拳理、拳法以及传承机制，都印证着中国传统哲学的影子，坚守'身心二元合一'、注重'内外兼修'身体观，动作方法的运用体现中国哲学的方法论和认识论，明显区别于西方哲学'身心背离'的二元身体观。太极拳凭借身体的'体悟'和'习悟'，达到身心一统、内外兼修的目的"②。儒家修养论深深浸润着太极拳的创拳思想、拳法、拳理，并使得太极拳具备了不同于西方的一些武术拳种，而独具风格。

再者，儒家强调内外兼修交养，即一方面要有内在的反观自修，另外一方面也要以"礼"来约束人，使人"容体正，颜色齐，辞令顺。"③ 体现在太极拳上，就是注重以内养外、以外养内、艺德双修和形神俱备的养练，使得打拳者能够实现身心全面发展。

这其中所体现出的是内向性思维，而不是向外求索的外向性思维，讲求不冲动、不冒险，注重修身养性，"惰慢之气，不可以涉于身体。一涉惰

① 《礼记·中庸》。
② 闫民：《身体观视域下太极拳的哲学意蕴》，《体育科学》2015 年第 2 期。
③ 《礼记·冠义》。

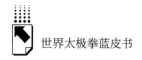
慢，动作必溢规矩之外，百病丛生矣。打拳之道，不外一个敬字。能敬则专心致志，无鸿鹄之射扰乱心中。"① 这是认为，主敬整肃是习练太极拳的必备条件，倘若身心散漫怠惰、行为放肆，则非但无益于吸取太极拳之精义，也容易招致疲病。这与宋代诸儒（尤其是朱熹和程颐）所主张的工夫论若合符节。

（五）儒家礼义思想对太极拳职业道德的影响

孟子说："辞让之心，礼之端也。"② 荀子言："礼义之谓治，非礼义之谓乱也。"③ "礼义"一方面强调要学会谦卑、礼让，不争不躁，文质彬彬；另一方面强调要当仁不让，"义"以为上，使自己的行为合宜恰当。这其中的"礼"与"义"在太极拳上就具体表现为：出招时后发先至，以柔克刚，以及以静制动；在推手时，强调不即不离、不卑不亢以及不丢不顶的精神；在相互推劲过程中，注重把握对方力量的大小以及可能的动作路线。此外，在推手前还必须要例行"抱拳礼"以示谦和、友好与礼让。

常朝阳教授在分析太极拳的思想流变问题时发现："明清以来，太极拳由生活需要的乡间把式，到社会需要的政治工具，最后是工具理性的科学价值回归。这种思想流变的文化内因是太极拳浓厚的儒家入世思想表征：达则兼济天下的扬'礼'而立、君子无所争的天下情怀。"④ 表明儒家礼义文化作为传统社会的重要构成要素，对于太极拳的流变、生成、发展曾经发挥了不可估量的作用，成为促成太极拳不断转化发展的内在原动力。著名太极拳理论家陈鑫说过："足容重，手容恭，头容直，目容肃，坐如尸，立如斋……将打拳时，神恬气静，至手足动时，方能躁释矜平，还我太极拳中自然之天机，而从容中礼。"⑤ 这完全就是借鉴儒家的礼仪思想所形成一

① 陈鑫：《陈氏太极拳图说》，上海书店，1986，第 156 页。
② 《孟子·公孙丑上》。
③ 《荀子·不苟》。
④ 常朝阳：《明清以降太极拳的思想流变研究》，《体育学刊》2015 年第 1 期。
⑤ 陈鑫：《陈氏太极拳图说》，上海书店，1986，第 156 页。

套打拳者的举止行为规范，对于每一位拳手来说，只有每一个动作举止能够"中礼"了，才称得上是一番完美、和谐的招式。

（六）儒家仁爱思想对太极拳人道精神的影响

太极拳虽是隶属于中国传统武术范畴的拳种，具有实战功能，但它却充满着人道关怀，而不是简单的搏杀格斗，习武者不以武艺增进为单方面目的。归结起来，太极拳在历史上不断得到充实发展，主要是其出于强身健体与防身之用。即便在应对外界危害时，也主要是以防守为目的，而不具有强烈的攻击或进攻之意愿。具体说来，在实战中，强调"后发制人""人不犯我，我不犯人；人若犯我，我必御之"，在与敌人搏杀中，往往不置人以死地，体现了对生命的充分尊重与爱惜，这是儒家仁爱精神的真实表现。宋儒常言"生生之谓仁"，儒家所讲的"仁爱"就是要"正德利用厚生"，引导每一个生命向善，并不断去成就其自身的人生价值。在太极拳中还有所谓"接、引、进、转、击、蓄、留、停"的"八法"，其中"停"就是体现为"穷兵莫追，不犯吾界则止"[1]。太极拳因为这种人道精神，使其在御寇盗、保家国时更具有儒家"以德服人者王"的独特魅力，得到了绝大多数人的认可与支持。

太极拳及其理论肇始于明代，充实发展于清代，直至民国时期得以定型完善。可以看到这一历史区间内，正是中国儒学成熟平稳运行的时期，以至于太极拳理论无不浸润和体现着儒家的思维方式、方法论、世界观以及哲学观念。太极拳事业要在当代实现长足发展，离不开对孕育土壤的归根溯源，即对传统儒学思想的汲取，将儒家中的太极思想进行创造性转化与创新性发展，如此才能为太极拳的发展注入生命力，保持其核心精神，使其内在灵魂永葆活力。

在后工业化时代，包括武术在内的一些体育项目似乎并没有充分发挥其仁爱、礼让和以人为本的人文精神，而逐渐使得体育竞技变得趋于

---

[1]　陈鑫：《陈氏太极拳图说》，上海书店，1986，第39页。

功利化。这与体育用来锻炼身体、涵养心性的本来目的有所偏离，还会对人的身心造成一定的压迫与伤害。相比之下，从儒家哲学与文化中孕育而生的太极拳对这些思维与做法具有很好的借鉴作用，为健康、养生的体育文化提供一个良好的范本，促进当代体育事业走上一条可持续的发展道路。

二　太极拳的根与魂——太极拳与太极哲学的关系探析①

（一）导言

当下，在传统与现代的对话、文化竞争和文明的交融面前，我们应该从一个更大的生态视角去认知太极拳、中国武术，乃至整个中国传统文化生态系统，尤其要对传统文化之根与魂有正知、正见和正思维。太极拳作为传统文化之精粹尤其值得如此思辨。然而，我们当下的太极拳的价值观够中正安舒吗？从"百会"的组织领导，到"命门""尾闾"的太极拳精英群体，再到"涌泉"的基层拳体大众，是否是一个立身中正的功架整体？另外，应当反省太极拳是否被练成了"太极权""太极圈"和"拳·利"游戏？陈家长、张家短，或者"造拳"和内讧，以及拉山头和遍地自创门派，姓氏派别的争鸣和固守，虽然在一方面体现了孝道文化和百花齐放的拳坛繁荣，但另一方面则恰恰反映了保守意识和利益本位。

也许，真正需要的是"太极全"和"太极诠"。即从整体上、系统上去理解太极拳的理、太极的智慧之根与功夫之魂，返观内视，梳理太极拳甚至整个传统文化的"根"与"魂"。太极拳发展的境遇是当下多数传统文化门类处境的共相，太极拳圈的乱象，无论是神话、谎话还是笑话，都是在砍太

① 本节由刘高升、成中英执笔。刘高升，北京大学高等人文研究院博士后，研究员，研究方向为正身功夫和商业儒学；成中英，夏威夷大学哲学系终身教授，研究方向为易经哲学、本体诠释学和管理哲学。

极拳文化之根，灭太极拳之魂，也将威胁传统文化之根和魂。因此，有必要对太极拳的根本动力和中心灵魂进行深入探讨。

（二）太极拳的文化之根

所谓太极拳之根，是指太极拳文化的根本动力。太极拳是中华文明之冠的一颗宝珠，太极拳植根于中华文化的肥沃土壤，尤其依赖于太极哲学与文化的哺育。在《易经》《道德经》《黄帝内经》等经典产生之前，太极文化就已经经历了长久的人文积淀。伏羲氏等华夏民族人文先祖，仰观天文、俯察地理、中通人文，远取诸物，近取诸身，以感悟得太极文化，集中体现在诸多先秦经典之中，也展现在出土的文物之中。例如凌家滩出土的玉龟和八卦玉板，就有了八卦、八门和五方的哲学理念和数字信息。战国时期的"行气玉佩铭"也展示了古代修炼家高深的导引功夫造诣。

在太极拳产生之前，《易经》《庄子》《太极图说》就已经有太极的概念。太极，又称"大恒"，泛指天地万物的生生之道和运行法则。太极的理念体现出人们对天地运转动力与万物规律的一种认识和理解。所谓天地，泛指所有生命的统一体。在天地之中，有一种支撑万物生长的动力，这种动力是一种具有一定对称性，在对称之中又体现调和性，且在调和性之中又富有生命力的法则。这个天理，万物生生之道就是太极。甚至可以说，整个宇宙的存在就是太极的存在，太极就是宇宙之理，以此推论，中国文化就是太极文化。

太极之理是如何发现的？为什么会有太极拳？太极拳与中华文化的自觉性有关，有赖于华夏先哲的观感思维、易道哲学和直觉经验。当有了太极的概念之后，至少从意识上讲，最早观天察地，能够反思于己，能够掌握到天地人的一体性。太极的阴阳、动静、刚柔之道，以及它衍生出来的各种互动，是经过长期的观察、感通所体悟出来的。要了解天地，而且从观天察地之中反思于己，再进一步让自己来实现观天察地中的天地的一静一动，这个需要长期的过程。在合天地之道于人身之德的过程中，人们要把它变成一个

艺术、一个实践的表达方式，具体而言，就是一个通晓阴阳、感知刚柔、把握时势的身心修炼方法。

从天人关系的视角看，太极哲学认为，人的作用与存在是有宇宙性的，人是宇宙的缩影，实际上就是一个小的宇宙，也就是常说的"宇宙大人身，人身小宇宙"。人不能代表宇宙，但是能够很细致的表达宇宙，具有弘道之能。宇宙是那么庞大的一个存在，是空间、时间的整合体。人是凝聚了宇宙精华的万物之灵长，所以是凝聚了天地精华。这个精华是宇宙太极之道在人身的呈现，同时也需要一定的表达方式去连接宇宙精华、展现太极之道。太极拳就是这些表达方式中的一种有特点的"根身"运动。没有其他任何一个拳种像太极拳这么深刻、完整、系统地展现了宇宙的初生、生长、发展的过程。太极拳用身体的艺术，如连绵不断、刚柔相济、升降开合、擎引松放体现了天道的生生不息、阴阳创化、正大光明、元亨利贞等状态。

太极拳是太极哲学的自觉展现和宇宙生命力的精致表达。太极拳从哲学意义上讲，它就是这样一种自觉的发展，这就解释了为什么先有太极，然后才有太极拳。因为太极哲学的一些启示或者太极文化的实践，有了太极的艺术、太极的书法、太极的语言、太极的一系列活动，当然包括太极拳。太极拳作为一种太极哲学表达，抓住了人与宇宙的全息对应性。人是宇宙的精华，太极拳是在人身上重现宇宙发生的过程，是体验宇宙细致微妙的一种方式，也是一种宇宙生命力的身体表达。它不在于有一个特殊的目标，它的目标就是实现宇宙的精华面，所以，它的每一个动作自身就是很完美的，自身就构成一种细致的价值。太极拳在表达宇宙一升一降、一动一静、一刚一柔、一虚一实的运动之中，维护了宇宙那种生命的精气、那种鲜活，同时还能够推陈出新，生生不已。太极拳哲学的独特性体现在太极拳并没有讲用什么对付什么，而只是要表达什么，要实现什么，来达到什么样的精细的宇宙，是带有一种真诚性、再生性和创造性的活动。

人们的生命来自无形，但是存在于身体，最后归之于无形，仍然是一体。这个一体体现在人和宇宙的一体、天地和人的一体。太极拳的表达就体现在中国人能把繁复的东西归于简单、简易，乃至于能够把一个看不见的东西，转化成为看得见的东西。从一个非常静止的状态慢慢生发成为"多"的方式，而且这个"多"是连续时间的多。每一个动作、每一个整体，包括呼吸、手、脚和各个关节的动作，形与神的配合，周身一气，整体贯通，这个"多"是呈现宇宙本来就有的和谐的整体。太极拳拳术的精妙之处，也恰恰在于这种"无中生有""一多互根""虚实隐现"的艺术表达。拳术，类似于上古的舞蹈，是有一个方式让你在某一方面显示更好的一种艺术表达。当然能够流传和发展的拳术是在表达过程当中体现得相对最美满的那一个，而这种美满状态，也与这种表达的参与者的个人觉解相关。太极拳作为艺术的体现，在生命而言本无特殊而具体的目的，只是在实现生命力的过程当中的一种内在性的表达。这种表达能够让你体验到某种宗教性或超越的感觉，展现生命本身的那种内在的自然性，生死都在它的掌握之中，没有一丝牵强和勉强，这就是太极拳当中呈现的深度的自然之道。

到了拳术出现，更能够把宇宙运动的一种律动、精神、规律，更细致的或者通过"武心雕龙"的方式呈现，这是很自然的。太极拳是从传统武术中发展出来，经历了一个长期的过程。在宋末明初的时候，中国对理学思想已经有表达，比如理和气，诠释太极哲学可以从理和气来表达，气里面有理的结构、理的精神，同时理必须通过气来展现它的规律性、对称性以及它的发展性。所以，中国的太极哲学尽管产生很早，但直到宋代才完整，不是一天就造出来的。从早期的伏羲画卦到孔子诠释卦的系统，再经过汉代的五行、唐代的整合、宋代的提升，明清以来的完备。这一积淀过程是太极拳孕育的筑基、培根过程。太极拳是一种生命的体验，比如呼吸配合上下左右的平衡运动，是连续的、整体化的，以气的艺术体现理的规律性和作用。这就产生功夫和技术的问题，产生熟能生巧和时间的问题，这些问题都要在实际中去体验，所以太极拳是离不开生活实践的功夫艺术。

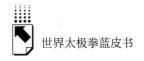
太极拳从理的知觉到气的功夫，再到拳的艺术，需要历代哲学家、武术家、修炼家、医学家等众多先贤和修习者聚智积功，才能结成硕果，绝非一家一人所能编排、创造。如果将一家一人整理编排的几个招式或者一个套路当成太极拳，而忽视了太极拳背后的文化之根、哲学之理，这样的"狭义"太极拳就容易一叶障目、不见泰山，成无本之木、无道之艺了。太极拳产生的关键是中华文化和太极哲学经年累月的持续扎根，尤其是习练太极拳的历代知识分子阶层的持续努力，特别以王宗岳、武禹襄等为代表，这个扎根的过程直到今天还在继续，也就是说，太极拳还在不断的随时随势演变发展、迭代升华。所谓根有多深、树有多高。在某种意义上讲，未来太极拳发展到什么样的状态在很大程度上要取决于太极文化之根的生命力。

（三）太极拳的武道之魂

所谓太极拳之魂是太极拳之所以为太极拳的核心基因。太极拳的魂其实就是中华武术，具体言之，主要是指国术之技击体系。太极拳法固然表达了一阴一阳之道，但这只是文的一面。天地阴阳之道对应于人身是文武之道。文以载道，武以振魂。太极拳体现了文武双全的华夏士道精神。没有武魂，太极拳这棵大树就缺少了灵气。文与武二者之间既有同一性又有矛盾性。同一性表现在华夏的文武之道是一元的，就是颜习斋所谓的"文武缺一岂道哉？"太极是太极拳的里子，拳是太极拳的面子，"里子"与"面子"的整合才是太极拳成为太极拳的根本基因，强化或偏重太极拳的文、武任何一方面都会失其整体本貌。矛盾性表现在太极拳的文、武之道之间有一定张力，很难把握其知行合一、德业统一和文武一炉的"中庸"之妙。有人偏于文即是文胜武则史，有人偏于武则是武胜文则野。无文之武的太极拳偏执于其杀伐、格斗之拳脚技术，重太极"艺术"的一面，认为非此免谈太极拳；无武之文的太极拳偏执于玄机妙理的思维哲学，重太极拳"道理"的一面，未能体之于身心。只有文没有武，如同孤阴不生，孤阳不长。假设文代表一种生命的宁静和稳定性，那么武是生命的活动性，表现出来一种气态、一种活力、一种实现无形、无限力量的作用。对于太极拳来说，这个武就是太极拳的技击能力，而这个技击能力也是建立在"文质彬彬""文武兼备"基础上的整体道艺。

几乎所有的武术都讲求阴阳哲学，也就是都讲太极、刚柔，从这个意义上说绝大多数中华武术都是太极拳。太极拳与很多其他武术、拳法有相似的一面，包括西方拳都有一些固定的章法，既有哲学的看法，也有刚柔、阴阳、动静。拳术能体现宇宙发生初生阶段的动态，以及要形成的体系的发生性、全面性以及和谐性。比起西洋拳击的动作，诸如快跟慢的动作、重跟轻的动作，太极拳更能体现一个宇宙生长发展过程中从初到中的平衡，再到理想终极的那种完整的美感的群体性。

武术分软式和硬式，而太极拳的技击之魂以一种比较柔和的状态呈现，即所谓以柔克刚。武道本无内外之别，所谓"外家拳"无外乎从外向内练；所谓"内家拳"无外乎从内向外练，最后都是殊途同归，练功的手法和次序有别，但其最终境界和理论都有很强的相似性。而各类拳法在技击本质上是相通的。武术讲究一种激情，要强健、强壮、强大的东西在里面，在任何情况下，太极拳都不能丢掉它的技击与应变的一面，技击也是它文化属性的重要方面，甚至可以说是其"真魂"。尽管在今天，太极拳的技击能力日渐式微，存在诸多问题，但这个武魂一丢，太极的文脉之根的生命力也要大打折扣。

太极的武道之魂不只是体现在格斗胜负和技击之术上，更表现为一种尚武精神和浩然正气。太极拳是中国文化之"践形"功夫和正身之道，是"诚于中，形于外"的身心整体气象的完美表达。太极拳所培养的是兼备"智仁勇"的达德君子，是文武双全的东方贵族。没有武术所体现的尚武精神就很难有民族脊梁和爱国情操。因为这个武术精神广义而言，不是简单的打架，也不是简单的对抗、搏杀，这种武术精神体现在气象中正上，体现在气节情操上，体现在气势威仪上，体现在气魄忠勇上。太极拳的尚武精神之魂不仅内外兼修，而且古今同理，故而太极拳的当代传承不能"丢魂"。

太极的武道之魂的另一层含义是"自胜者强"，强调一种自强不息，终日乾乾，不断战胜自我的精神。太极拳的功夫论、技术论可以有高低，太极拳每个人都可以去练。但是要练得很好，要把你自己的心性带动，来实现天

地之气、天地之理，达到两者合二为一的那种境界，就需要把自己练成一个太极体，成为一个动而能静、静而能动的太极体。所以，修太极拳是格拳明心，培根"立人极"。

从文化比较的视角看，西方是后知后觉，而中国是先知先觉。所以从这个意义上讲，太极的哲学、太极的文化，甚至太极拳都有一种吸引力，每个人都会感觉到它的深刻意义，因为它在深度表达人的感受，可以超越人种和语言的差异。所以，太极拳在中国很流行，在西方也很流行，是因为它可以直接用身体认知其实用价值。西方的拳术、剑法、拳击等等都是有目标性的，都是有针对性和排他性的，以取胜对手为核心目的。与此不同，太极拳的武道之魂所强调的并不是总想着要把别人打败，而是强调舍己从人，强调物我不二、天人合一，总是想以身体来表达宇宙的活力，来实现宇宙的那种内在的平衡、内在的和谐，所以它的最高境界是天人合一、以艺臻道。因此，太极拳不但在中国的传统文化里具有一种重要的生命意义，和养生、养气、养心的意义，对西方人也同样重要。也就是说，太极拳之根与魂所体现的整体文武一如的价值是普世性的，尤其对于西方文化有很强的互补性。

（四）结语

对太极拳的发展，一方面要对它的文根武魂有深度、全面的理解，另一方面还要配合实际的体验，在生活当中"练拳"，不仅在养生和技击方面，而且还在跟社会、跟他人的关联方面，有仁爱、有公正、有和谐，这也是太极拳包含的基本原理。太极拳既有认识论层面的宇宙性，也有文化实践层面的全球性。在这个全球化的时代里面，应该把它推广出去，成为全球化的运动，配合太极哲学、太极的文化活动，把太极拳作为一种最能表达宇宙性的活动，给人类带来和平和美好的生活。

拳虽小技，大道相通。太极拳界的学者和武者也许应该好好虚心地相互学学功夫，静下心来，归根复命，守住太极拳的老根古魂，好好研习和反思一下太极的哲学智慧和武道精神。君子务本，本立而道生。君子不器，唯变所适；把根留住，创业垂统；安魂立命，辉光日新。100年前，青年毛泽东在《体育之研究》中极力倡导"强身健体""强国强种"的武术运动，主张"文武缺一岂道乎？"一身太极则一身强，一家太极则一家兴，一国太极则一国盛，天下太极则天下太平。此"太极梦"也可谓"中国梦"的应有之意。士不可以不弘毅，虽任重道远必也敢于担当，有识之士须当共同努力，通过太极拳成就"为天地立心，为生民立命，为往圣继绝学，为万世开太平"的盛德大业。

三　太极拳操作体系的哲学内涵①

传统太极拳是中国传统武术中，自觉借助太极哲学指导操作的一个柔性内家拳种，最终归属于肢体冲突应对的综合实用技术。其"理"突出阴阳五行、生克制化，相关要素、消长变换；其"法"讲究扬长避短、避实击虚，随机就势、出奇制胜；其"功"着眼专气致柔、听劲知机，内劲潜转、因应自然；其"技"强调蓄发互寓、攻守同一、粘走相生、引化拿发。总起来说，它的技术路线讲究反为道动、弱为道用、整体把握、个性应对，尚智用巧、弹性处置，曲中求直、后发先至，守中取势、占中求圆。这种追求"反常规"的以静待动、以退为进、以弱对强、以柔克刚的操作效应，特别强调其运行中太极创化之对立统一的作用机理，深刻地反映了中国人应对变迁"物物而不物于物"的生命智慧。太极拳松、稳、慢、圆、柔的演练风格和轻灵沉稳、节奏连绵的运行特色，在传统武术中不但独树一帜，而且还在不同方面影响了不少其他拳种。

作为技术，太极拳可归结为一种文化现象和文化载体。作为活动，它又可表现为一定的文化过程和文化形式，其基本价值取向则是偏于道家的兼收并蓄。中国的道家哲学认为，"道"是宇宙的本源，"气"是"道"的运作体现，而生命则是"气"的运行状态。太极拳据此发展出一整套旨在"涵养生命能量、维系生命安全、改善生命应对、实现生命价值"的技术操作

---

① 本节由阮纪正执笔。阮纪正，广东省社科院退休研究员，研究方向是方法论的社会应用。

系统。太极拳追求的"入道归真",强调不但有主体操作跟环境变迁的深层契合,而且还有操作主体"以心行气、以气运身、意到气到、气到劲到"的高度自觉。

传统太极拳是具有中国文化系统质的一个全息元,它集中体现了中国人的价值取向、思维方式、审美情趣和行为定式,它本身就是传统生活方式的产物,是生存方式的典型身体文化符号。探究太极拳操作体系背后的生命文化意蕴,有助于理解中国人渊源深远的生存策略和生命智慧,从而在根本上把握中国文化(见表1)。

老辈常说,太极拳乃为"入道之门",它一方面"道进乎技","道"永远超越并引领技术本身。另一方面则是"以技达道",技术可以帮助人们理解和进入"道"的境界。

所谓"太极拳是中国人的生存方式",并不是要求所有中国人每天都必须安排多少时间去练太极拳,而是指太极拳所反映出来的生存策略、运行方式和操作理念已经影响中国人整个生活的方方面面。

(一)习技练身:身体文化生产

人的身体活动,是在动物本能的基础上由一定"知识-权力"规训下的"身体文化生产"训练塑造出来的。[①] 人的所有活动都受一定的环境条件和社会历史的制衡,但又不能忽略其背后观念导向的主体性因素,所谓"顺天循性"即此之谓也。其入手处是练身,也就是"身体文化的生产"。

1. 自我涵养

太极拳是一种肢体活动,其活动前提首先要考虑整个活动内向的储能减耗、涵养生命。中国人把人的生命理解为"精(形)、气、神"时间绵延的"一气流行"。这里所说的"气",就带有生命能量和运行信息的综合意蕴。中国文化特别讲究生命能量的储备涵养、节能减耗、善用、巧用和用得其所,研究生命能量怎样整体把握、养而不耗和有效发挥。

---

① 戴国斌:《中国武术文化的生产》,上海人民出版社,2015。

表 1　大极拳操作体系内外全息对应关系

	技术形式	建构过程	活动重心	操作特质	生活要求	呈现形态	文化内涵	基本功能	运行意义	道家特色	生命旨归	启发延伸	智慧类型
练身层面	招法赋形	着熟阶段	着眼生理机能"精显为形"	"动中求静"的身心训练	讲究身心一体（生理适应）	器物形态	身体文化生产、讲究组织管理的"整"	机能技能全面协调	先天后天、内外整合、形具神生、功技浑成	外借技巧、内挖潜能、尊重生命、道在养生	生命能量内向的涵养调控	组织管理、养生保健教学、训练自我调谐	内向诉求的组织管理学
用技层面	劲法应对	懂劲阶段	着眼操作技能"气动为势"	"以柔克刚"的应对技术	突出随机就势（心理适应）	制度技术	身体文化消费、强调交往行为的"应"	肢体冲突应合自如	阴阳互行、生克制化、虚实刚柔、相济转换	粘走相生、舍己从人、以顺避害、以柔克刚	生命活动的外向对展开	政治经济、军事外交、危机应对发展方式	外向应对的交往行为学
修性层面	心法通神	神明阶段	着眼社会功能"神""明"致巧"	"反求诸己"的实践反思	追求知性知天（社会适应）	观念导向	生命意义探寻、突出大化流行的"化"	认识自我把握规律	拒绝异化、生命绵延、性命双修、立己立人	自我认识、自我实现、返朴归真、道法自然	生命效应的全面自我把握	顺应环境、改造社会、夺取造化、替天行道	成人成己的社会生观

太极拳是一种"动中求静"的身心训练，它吸收和融汇了传统气功的"导引"之术，特别突出自我内在的"意气运行"。作为一种整体性的肢体复合技艺而不是单向线性的工具技术，太极拳操作基础是人体自我调控的生命活动，其内涵主要是处理智人直立后手脚分工和身心分裂所带来的内向整合和机能协调问题。由此强调生命机体"气宜直养、劲要曲蓄、神须内敛"，形成"惜精、练形、养气、凝神"四大养生观念，借助"调身、调息、调心"三大操作方式，讲究"动以养形、静以养神、身心互动、形具神生"，着眼于生命能量的摄取涵养和调控配置。

2. 技能训练

所谓"天时、地利、人和"和"生命、生活、生态"，是指人的活动是地球生态环境变迁和社会历史演化共同作用的产物，不可能是纯粹自我中心的。在这里，肢体应对是人类所有技术的基础，归属于武术的传统太极拳同样是种肢体外向的综合应对技术，而技术操作是人类区别于动物的生命活动特点，由此产生非先天自然之能的"学力而有为"[①]的技能训练。其内涵是身心互动、技能内化、技术上手、功夫上身。人的身体不仅是先天生物基因的自我展开，而且还是后天文化环境的培养塑造，是身体活动在改造客观世界的同时改造自己，是精神与物质"两变"的双向转换。

作为一种肢体应对的操作训练，太极拳跟其他武术同样具有"养练结合、打练结合"和"身心一体、内外兼修"两大要求，它强调训练要以"养"为前提、"打"为目标，"练"则是为达到目的之手段和过程。其肢体形态具体要求是"精神要领得起、步法要站得稳、腰胯要转得灵、身手要跟得上"。活动内涵可以理解为生命能量的涵养、管理、整合、序化和活动技能的形成、提高、发挥和效用的统一，目标是提高其有效活动性能。它借助招式动作去"练精化气、练气化神"，通过"浑元一气"的通畅灵便，把人的体能、技能和智能融为一体。主要目标是"知己"功夫的"得气合道"[②]。

---

① 王宗岳：《太极拳论》，载沈寿点校《太极拳谱》，人民体育出版社，1991。

② 阮纪正：《试论传统太极拳操作体系的三大层面》，载国家体育总局武术研究院等编《中华武术研究（2016年第二届全国武术科学大会论文集，上）》，2016，第12~14页。

3. 自觉建构

生命涵养和技能把握都是一种主体性自觉行为，中国文化把它称之为"意气运行"。作为一种柔性的"内家拳"，传统太极拳的特点是突出其运行中"以心行气、以气运身、意到气到、气到劲到"的"心主神明、意气领先"，讲究超越传统用力方式的"用意不用力"，以至在训练上被称为独特的"意识体操"，它主张的"松、稳、慢、圆、柔"的独特运行状态，则是操作主体自我调控的操作结果。

太极拳训练和应用的总体运作形态，集中表现为某种"反常规"的"四项基本原则"[①]：（1）松静为本，这是一个"本体论"原则，讲求运作的出发点，以松求活、以静待动。（2）意气领先，这是一个"操作论"原则，强调操作上身心互动的精神导引。（3）阴阳相济，这是一个"结构性"原则，贯穿在整个技术机理运行的方方面面，阴阳相济不是局部分割而是整体圆融。（4）以柔克刚，这是一个"效应性"原则，突出其以弱对强的应对方略、行为方式和效应特点。

4. 师徒传承

师徒制传承方式根据人们的个性特征，立足于个体化感觉经验的默识揣摩，借助肢体运行的体知体悟，突出"万物一体"而又"一本万殊"状态，于是形成"有教无类、因材施教"和"因人而异、各师各法"两大特点。由此，在明确自身拳系、拳种统一要求前提下，百花齐放地发展出五花八门的拳派和拳风。

5. 内向整合

太极拳习技练身的"知己功夫"是生命体的自我调适，突出一定环境制约下主体性机能、技能的全面整合。这是操作者肌体生理序化的潜能挖掘、机能调控（阴），跟外部习得的"非遗传信息"的技术上手、功夫上身（阳）的整体融合。但这内向知己整合又必须走出自我中心，考虑生命与环境的关系，由此呈现阴阳相济的太极创化运行，强调"内外一体、形神兼备"，全面协调物质活动与精神诉求的动态平衡。

---

① 阮纪正：《至武为文》，广州出版社，2015，第203～220页。

（二）应对用技：身体文化消费

任何技术都是实现目的的操作手段，而不是享受过程的娱乐休闲。其评价要看相对于操作目的的综合效用，而不是形体表演的审美效应。传统太极拳核心层面是环境应对的综合性操作，讲究由体到用的"以身为体、以技为用、学以致用、体用一如"。

1. 着眼应用

技术操作是人区别于其他动物的生存方式，特别讲究生命能量外向的相互作用，其着眼点是生存策略的选择和活动技巧的展开。这是人生在世的整体参与而不是局部技能的片面展开，其着眼点是身体技能和操作技巧在实践中的有效发挥，其背后则是生命能量推动主体操作的"劲路运行"。

2. 用武特性

太极拳的用武特性，是"以柔克刚"的弹性应对。它所要解决的是在力量不平衡条件下外部威胁的应对防卫问题，其文化内涵在于内部生命能量超常发挥与外部变化机势恰当应接的辩证统一。

有道是"战势不外奇正"，太极拳通过"劲路问答"的虚实刚柔、圆转变换、走位取势、乱环翻滚的运动战，借助太极十三势的技术元素，讲究"理、法、功、技"的全面贯穿。实施中扬长避短、避实击虚、随机就势、应物自然，"你打我时让你打不到摸不着，我打你时由得我而由不得你"，在"舍己从人"的被动形式中出奇制胜，由此实现"致人而不致于人"的主动内容。

3. 应对知机

太极拳训练讲究"知己"的内向整合，应对却要在这基础上强调"知人"的外向交往。有道是"人不知我，我独知人，英雄所向无敌，盖皆由此而及也"。太极拳之所以能够应对强敌的关键，在于借助其特有的主体性"听劲"功夫，达到"对抗中敌手信息的单向透明"。

4. 另类展开

从理论上说，肢体应对的核心是力量的交往和对比。常规武斗是"恃强凌弱、实力抗衡、以快打慢、弱肉强食"的丛林法则,而太极拳所追求的却是"粘走相生、舍己从人、曲中求直、后发先至、以顺避害、以柔克刚"出奇制胜的操作方式和行为效应。

5. 追求效应

太极拳作为柔性武术的内家拳,特别讲究以静御动、以小制大、以逸待劳、以退为进、以守为攻,十分强调粘走相生、蓄发互寓、虚实变换、引化拿发的"顺人不失己、借力不依赖"。在这里,应接、走化是引进落空的避锋诱敌,粘逼、拿发是因应敌力的就势借力。它以"气"的流行作为自身的物质基础,强调身心运动里的"守中、识变、知机",借助"听劲"寻机造势以求得机得势,讲究"逢化必打、逢丢必打、摸实就打"。

6. 操作方略

太极拳走出自我中心实施应对用技的"知人功夫",着眼于生命体的自我维系,其中包含极具个性的"接引、走化,粘逼、掷发"(引、化、拿、发)四大环节。

太极拳的这种操作应用同样具有普遍的启发意义。在道家"身国同构"视域下,这种自我主宰、因应各方、以弱对强、以柔克刚的理念,可以引申为群体性的交往行为学智慧。

(三)修性归真:生命意义探寻

人是地球上唯一具有完整自我意识的生命,任何人的活动背后都有强大的自我认识功能。作为一个身体文化符号,任何肢体训练和技能发挥都是某种人性表现并反过来为其服务。

1. 寻求意义

太极拳的修性不但要为技术操作确定文化意义,而且更要落脚于操作者的自我认识和自我实现,以及相应的防止异化和寻找可能,这是在"知己"和"知人"基础上综合起来的"自知之明"。其基本内涵是把握天人关系、扬弃各种异化的悟道归真,强调"性无命不立、命无性不存"的"性命双修"。在这里,性乃价值方向,命为存活状态,二者当相互为用,把生命演

化和文化进化融合起来。借冯友兰的话说，就是"使人作为人并能够成为人，而不是成为某种人"①的自觉努力。

作为太极拳落脚点的"求虚静"并不是"入寂灭"。虚静是两个过程转换中充满各种可能性的隐形节点，它宣布旧过程结束和新过程开始，包含着"妙有真空"的创造生机。它着眼于事物运行永不停息的辩证转化，由舍己从人以至从心所欲，表现出风雨中闲庭信步、韬虚用无、特立独行、游戏人间的潇洒自如。由此不但打造出极为顽强的生命力和韧性战斗精神，而且还体现了"对个体生命的尊重、对潜在可能的探究、对自由发展的追求"之人文精神；这与当代"人的解放"和"每个人的自由全面发展"要求是深度相通的②。

2. 社会规定

就现实的个人来说，武人的修性不但在总体上明显不同于其他社会群体，而且在个体上也因不同禀赋、际遇和关系、状况而显出千差万别。人是一个历史的生成，其本质就现实性来说则是"一定社会关系的总和"，是"一定社会关系的承担者和体现者"，由此太极拳习练者当要找到自身根本利益和历史使命的真正归属，明确其具体的社会历史演化内容。

3. 修性方式

作为技术操作，武术修性方式是"实践第一"，其实质不外是"在改造客观世界的同时改造自己的主观世界"③。内家拳的修性，强调"动中求静"的全面反思，它不但反对空谈心性的道德说教，而且也反对神秘主义的宗教体验，突出生命能量的社会性涵养和发挥。这里无论是"破除两执"的明心见性，还是"同合大道"的返璞归真，不外是拒绝"一切颠倒妄想"，摆脱宗法束缚和自我异化，由此彻见真我、把握规律、回归本原，超越异己统治的外在束缚而作应物自然的"逍遥游"。

所谓"自然无为、返璞归真"的文化含义，在于拒绝异化、回归真性、

---

① 王宗岳：《太极拳论》，载沈寿点校《太极拳谱》，人民体育出版社，1991。
② 冯友兰：《中国哲学简史》，北京大学出版社，1996。
③ 阮纪正：《拳以合道》，上海人民出版社，2009，第174～182页。

排除干扰、探究可能。有道是"循规矩而脱规矩、脱规矩又合规矩""法无定法不离原则、机动灵活守住底线""以不变应万变、以万变保不变",体现的是《易》的"变易、简易、不易"和"穷变、易通、求久"的基本精神,其中的统一性与多样性、原则性与灵活性、普遍性与特殊性的辩证处置堪称典范。

4. 人生智慧

在武术修性里,"性"便上升为生命活动的意义和归属,强调参与大化、自觉体道。有道是"顺天循性",人的生命活动应当符合自身和万物的本性,由此处处强调"大化流行"的"化"字,让有限的人生融合到无限的发展当中,由此实现"每个人自由和全面的发展"。借用西方话语表述,修性内涵不外就是破除两执、回到真我的"人格养成",正视现实、善于应对的"自我实现"。

武术修性"一多相摄、理一分殊、万物一体、天人合一"视域下的修性理念,可以全面引申为立身处世、待人接物的社会人生学智慧。

B.30
传统太极拳在新时代的演绎方式

〔法国〕包和帝*

摘　要： 通过对目前全球所处的后工业社会时代人们普遍具有的各种
问题进行分析，本报告指出太极拳对应对焦虑、排解压力，
从心理到生理应物自然的诸多益处，从而得出太极拳比任何
一种武术、任何一种运动都更应该成为人类的共同财富，更
应该发扬光大的结论。

关键词： 太极拳　身心健康　亚健康

由于遍及全球的社会经济的深刻变化，我们所处的后工业社会令人感到焦虑。人们在有工作时害怕丢掉工作，在失业时害怕找不到工作（法国失业率9%，欧洲平均失业率17%），害怕因对生产力要求的提高而承担不了专业责任，害怕不能在月底结束应做的工作，害怕失去社会地位，等等。除去害怕外，繁忙的城市生活给人们增加压力，公共交通饱和、空气污染加重、城市噪音提高，生活条件越来越坏，家庭压力越来越大。

所有这些导致全球金融危机的爆发，从2008年以来，我们尚未看到危机过去的曙光。"市场化"所带来的影响令人担忧，公民产生对国家领导的怀疑情绪，他们每天都感觉无能为力，找不到彻底解决与他们息息相关的问题的方法。在发达国家，贫困从未像今天一样严重，随着贫困的发展，社会困境会随之而来。

---

* 包和帝，法国著名汉学家，武汉大学法语系教授，专注于太极功夫和跨文化研究。

贫困和社会边缘化使暴力、违法、犯罪等事件大增。2011 年 8 月，伦敦和英格兰几个地区的大城市持续四天的骚乱就是严重的社会经济问题所造成的后果，这一社会问题不仅触及英国，而且不同程度地触及欧洲不少国家，给民主社会带来不安定因素，迫切需要找到一个实际有效的解决办法。

太极拳是人们应对焦虑和压力的好工具。练习这种拳术，全身放松、稳静安舒，同样可以成为人们迎接现代生活的最珍贵的法宝。

了解一些太极拳的格斗技术，在遇到特殊情况时，用以自卫防身，还是十分有必要的。掌握一些太极拳简单易学的动作，在关键需要的时候可以出手，帮我们走出困境。与其他格斗项目相比，太极拳更适用于我们所处社会的特点。

我们所处的后工业社会已经老化。尽管有"不舒适"的感觉，无论是男人还是女人，寿命均已增长。按科学计算，人类在每天增加 3 小时的寿命。与这一结果相关的原因也成为众所周知的事情，即食品的质量、数量、卫生和医疗条件的进步，体力劳动持久性减少，物质生活条件更舒适。退休生活的平均值提高至 20 年，这较 20 世纪中期的形势有了很大的变化，那时人们离开职业生活后几年就去世了。在这种情况下，保持生活自理，享受生活，比让别人照顾，甚至卧床不起要幸福得多。同时，保持身体健康有利于老年人发挥余热，继续发挥自己的才智，施展个人才华成为人们生活的乐趣，人生因此而变得更加丰富多彩。

为了保持身体健康，人们陷在大型医药企业疯狂兜售昂贵药品、鼓励消费药品的阴谋之中。但是，消费昂贵药品远远比不上太极拳健身所带来的个人健康和经济、社会效果。太极拳缓慢柔和的动作，动中求静的感觉，完全可以构成一幅向"压力"宣战的图画。在女性杂志中，有对太极拳的长篇介绍，使得一些人了解了这一运动。有句法国谚语说得好，"无论什么酒杯放的酒都可让人一醉方休"。无须知道人们为什么如此热衷于太极拳这项运动，只要知道它可以使我们身体健康就足以了。

在市场经济的逻辑里，市场对经济价值和效益的追逐在某种程度上会推进太极拳的发展。这就是说，如果相信练习太极拳的好处，为什么不能在大

众尤其是在老人中间广泛推广呢？在不加重公共资金的情况下，应向那些身体尚健康，并且能够掌握练习方法的人群，以及有轻微病状，容易治好的病人们教授太极拳。可以让太极拳走进养老院，走进老年医疗中心。太极拳成了老年人的趣味活动，通过练习他们保养了身体，减轻了痛苦。

　　"不怕慢，就怕站"，中国这句谚语完全表达了太极拳这一能够促进长寿和健康的缓慢体育运动的哲理。很显然，太极拳是中华文化留给全世界的瑰宝，应该加以认真地保护，应该考虑把太极拳列入联合国教科文组织世界文化遗产目录。且不谈作为一种体育活动，仅从其他的角度来看，太极拳比任何一种武术、任何一种运动都更应该成为人类的共同财富，更应该发扬光大。

　　地球上有约4亿人在练习太极拳，称它为世界性运动当之无愧。

B.31
太极拳及其哲学理念对人的身心健康的影响

邱丕相*

摘　要： 崇尚自然、天人合一的中国哲学思想，是人类走向生态文明的先导性思想。本报告从太极拳阴阳相济、动静相随、刚柔相间的技术特色进行深入分析，指出太极拳是一种舒缓节奏、放松心境的高情感活动，符合构建和谐社会的政治主张，可以带给人们宁静自然、超脱尘俗的快乐，充满着中国哲学的智慧。同时，本报告以文献概述的形式揭示了太极拳的科学健康机理，对于太极拳的持续研究具有十分重要的意义。

关键词： 太极拳　天人合一　身心健康

　　太极拳作为中国武术的主要拳种之一在世界上受到越来越广泛的欢迎。已逾150个国家和地区在蓬勃地开展着这项活动，其对于身体健康的促进作用正被越来越多的人所认识并接受，同时引起了科学界极大的兴趣，世界上不少的学术团体也正积极开展太极拳运动与健康的研究。

　　审视太极拳对人的身心健康的影响，将有利于人们更加深入地了解认识太极拳，更为全面地感悟它的内涵，更为充分地运用它为健康提供的诸多元

---

* 邱丕相，上海体育学院教授，博士生导师，中国武术九段，研究方向为武术文化与武术教育。

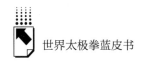
素，还能够帮助人们更为清晰地解读太极拳竞技与健身、提高与普及之间的关联，为进一步加快太极拳发展提供更多的理论支持。

一 太极文化中的阴阳学说是太极拳发展的基础。阴阳相济、动静相随、刚柔相间等，组成了太极拳的技术特色

武术来源于古代狩猎和战争中的技击方法的总结。在诞生之初与其他的搏击术没有太大的区别。而在具有强烈整合功能的中国文化成型之后，在文化心理的规制下，武术开始吸收能够涉及的一切文化资源，逐步发展成一种文化形态。

孔子在《象传》中说："天行健，君子以自强不息；地势坤，君子以厚德载物。"张岱年指出："自强不息是自立之道，厚德载物是立人之道，自立是立人的前提，立人是自立的引申。"[1]《周易大传》还提出："能止健，大正也。"[2] 即强健不妄行，不走极端，可止则止，是大正，即最合乎中道的品德。老子倡导"无为而无不为"，意思是说，不妄为，阐述的是适中。以中正的态度去对待人生，无私无欲，达人达己。这也是佛家的一种心态，佛家引导人们无为无待、无执无痕，不要执着于自己所做事情的方式与结果，去除一切思想包袱以保持心灵的宁静放松。太极拳所集成的儒释道精神都表现出了中国文化稳健的性格。

在这样的文化形态下，基于文化思维的惯性，武术不可避免地会出现基于动静相间的主刚或主柔的拳术。黄宗羲于康熙八年（1669 年）写的《王征南墓志铭》中提到："少林以拳勇名天下，然主搏于人，人亦得以乘之。有所谓内家者，以静制动，犯者应手即仆，故别少林外家……"[3] 从那时就已经区分这两种特点的拳术。但刚与柔是相对体现的，"纯刚纯强，其势必

---

① 张岱年等：《中国文化论争》（第一版），中国人民大学出版社，1996。

② 《象传》。

③ 邱丕相等：《中国武术史》，高等教育出版社，2008。

亡；纯柔纯弱，其势必削"，中国拳术都讲究刚柔相兼，只是有的以刚为主，刚中有柔，有的以柔为主，柔中寓刚；被称为绵里藏针的太极拳就充分地体现了中国的刚柔学说。历史走到今天，主柔的拳术经过不断的发展，汇集了太极拳、八卦掌、形意拳等一系列拳种，而在这之中，太极拳备受欢迎，广泛流传，从中国文化的角度，太极拳是阴阳学说的体现，在武术技术体系中是柔缓拳术的代表。

二 太极拳对人体生理健康的影响

世界卫生组织（WHO）研究表明：心血管病每年夺走 1250 万人的生命，占每年世界人口死亡总数的 1/4，居各种死因首位，成为人类生命的"头号杀手"。高血脂、高血压、动脉粥样硬化成为心脑血管的三大基础病因。这个问题困扰着人们，科学界也一直在寻找理想的解决途径，一些学者研究发现，练习太极拳是一个比较合适的方案。

运动人体科学的研究表明，当人的心率处于 120～160 次/分钟时，脉搏输出量最大，在这个范围内，心脏功能能够被充分调动，对增强人的心血管系统的机能的效果最好。对有氧运动的健身效果研究也显示，心率维持在 120～130 次/分钟为最佳。有学者研究了 42 式太极拳练习的时间与心率的关系，发现在练习时间不少于 15 分钟的情况下，运动后即刻的心率值平均在 110 次/分钟左右，个体在结合自身身体条件的情况下，稍作调整即可达到最优。[①] 还有学者对人体心电测试研究发现，长期坚持练太极拳 30 分钟，心脏功能改进有效率达 86.6%，显效率 40%，而对照组，其他运动的心脏功能改善仅达 35.3%。[②]

太极拳对心血管系统的良好作用还体现在调控情绪方面。临床医学研究表明，心脏病人的紧张情绪不但可以诱发高血压，还能引起心律失常如出现

---

① 吴应广：《太极拳练习对心血管系统的若干影响》，《内蒙古体育科技》2006 年第 2 期。
② 曹一民：《太极拳优化生命质量》，载《第八届亚洲大洋洲地区老年学和老年医学大会中文论坛讲演暨优秀论文摘要集》，第八届亚洲大洋洲地区老年学和老年医学大会，2007。

期前收缩、心房纤颤、心动过速甚至室颤或猝死。[1] 其原因在于人的消极情绪能够激活交感神经系统，使其末梢释放大量去甲肾上腺素，并动员肾上腺髓质，大量儿茶酚胺类物质可促使血小板聚集而阻塞小动脉，从而增大心肌梗死的可能性。因此，良好的心理状态在心血管临床上显得非常重要，对稳定病情，消除或避免可能的诱发因素，促进康复具有重要的临床意义。而太极拳练习所要求的松静、缓慢、柔和、绵绵不绝、用意不用力等方法对稳定情绪并使之维持在一个舒适的状态起到了很好的作用。这种状态下，大脑处于保护性抑制状态，交感神经活性降低，使血液中去甲肾上腺素、肾上腺素等引起血管收缩的活性物质降低，血液中组织胺、激肽类引起血管舒张的活性物质相应升高，在全身肌肉放松所引起血管壁反射性地放松协同下，最大限度地开启了在一般情况下轮换开放的毛细血管扩张，微循环增强从而降低血管外周阻力，致使血压下降，这是太极拳运动后血压下降的主要原因。然而，学者们的研究发现，太极拳不仅对高血压患者能够起到降压的作用，对低血压患者还能够起到提升血压的作用。这基于太极拳练习与全面改善身体功能有关，对维持机体正常运转，起到基础性、协调性的作用，并不是像药物一样，只是针对某一病理特征。Jin 的研究表明，33 个太极拳练习者与 33 个初学者相比〔总体年龄范围（16 ~ 75 岁）〕，太极拳能增加心率，增加去甲肾上腺素的尿中排出，并减少唾液中可的松的浓度。这些数据正符合太极拳使人产生较少的紧张、沮丧、疲劳和焦虑状态这一学说。[2]

练习太极拳还能够对大脑起到良好的增益作用，一些学者对长期练习太极拳者的测试反映了这一状况。脑电波分为清醒波（∝ 波）、睡眠波（δ 波）、兴奋波（β 波）、抑制波（θ 波）四个波型，神经生理学和临床医学认为，舒松愉快→∝ 波频谱能量增大→分泌脑内啡肽→身心和谐，增强免疫力，保持健康。脑电波测试结果表明，长期坚持太极拳锻炼，大脑进入良好觉醒状态，∝ 波占明显主导地位，主峰突出，进入同步有序化状态，功率谱

---

① 白耀钧：《情绪活动与心血管疾病的关系及心理护理》，《中国水电医学》2007 年第 2 期。
② 陈劼、杨洪艳编译，卓大宏审校《太极拳作为治疗手段的北美研究》，《国外医学·物理医学与康复学分册》2000 年第 20 期，第 3 页。

增大 1~2 倍，甚至高至 20 倍，幅值增宽 40%~150%。太极拳开动右脑，产生 β-内啡肽，激发 ∝ 波，增强人体内脏功能和免疫功能。[1]

还有学者运用生化原理对练习太极拳前后人体血清中单胺类物质神经递质 [5-HT（5-羟色胺）、NE（去甲肾上腺素）、DA（多巴胺）] 含量变化与疗效进行研究（样本数为 62 人，平均年龄 48 岁，其中 59 人患有不同类型不同程度的疾病，练习时间 10 周，每天上下午各 1 小时，训练前 95% 练习者三项指标不在正常范围之内），发现通过太极拳锻炼后总有效率 95.1%，指标均在正常范围之内。练后血中 5-HT 含量明显降低，NE 和 DA 含量上升，5-HT 和 DA 在两组之间的变化具有非常显著的差异。表明血液内的单胺类神经递质与太极拳作用有着密切的关系，太极拳参与治疗疾病的作用过程，对人体具有调节的作用。[2]

此外，还有学者研究了练习太极拳与足底压力的关系。研究选取 16 名优秀太极拳练习者并对 5 个典型太极动作的脚底 9 个区域的压力分布数据进行采集和分析，结果表明：在太极拳运动中，脚底第 1 跖骨头和第 1 脚趾的压力载荷显著大于其他部位（$p<0.05$）；在太极拳的向前、向后和左右脚步动作中，足底压力中心的内外侧方向上的位移显著大于正常步行（$p<0.05$）；在太极拳的向前脚步移动中，足底压力中心的前后侧方向上的位移显著大于正常步行（$p<0.05$）。研究认为太极拳运动的足底压力分布特征可能是造成太极拳运动能够提高平衡和控制肌肉力量的重要因素之一。[3]

美国学者沃尔夫（Wolf）研究了太极拳对老年人姿势稳定性的作用，研究对象为 70 岁以上的老人（能独立生活，无进行性消耗性疾病，如老年性痴呆等，能站立或用手杖在室内行走，随机分为 3 组，每组 24 人，共进

---

[1] 曹一民：《太极拳优化生命质量》，载《第八届亚洲大洋洲地区老年学和老年医学大会中文论坛讲演暨优秀论文摘要集》，第八届亚洲大洋洲地区老年学和老年医学大会，2007。

[2] 陈香仙：《太极拳对血液中单胺类神经递质含量变化及疗效研究》，《北京体育大学学报》2003 年第 26 期，第 5 页。

[3] 杨春荣：《太极拳运动中的足底压力分布研究》，《北京体育大学学报》2007 年第 30 期，第 5 页。

行 15 周的训练，太极拳练习每周 2 次，每次 1 小时），研究发现，经太极拳训练后，被试者较少害怕跌倒，第一次或多次跌倒发生时间延迟，但不伴有姿势稳定性加强，认为可能与自信心增加有关。[①]

还有学者认为练习太极拳对改善老年人的平衡能力有显著的影响。该学者曾对 89 名老人经 6 个月太极拳锻炼的平衡功能研究，发现合格率提高 14.60%，较锻炼前显著改善（$p < 0.01$）。[②] Tse 等首次评价了练习太极拳对身体平衡的影响：太极拳练习者其单腿站立、足跟足趾步行（即足跟先着地步行）等平衡测试明显优于不练习太极拳者。[③] 李卫民等证实：通过太极拳中的"推手"练习，可以培养肌肉的灵活性，神经反射的敏感性及平衡感的灵敏性。故太极拳锻炼能减少老年人跌倒的发生，且对跌倒发生的恐惧减少，还有其他生理和社会心理方面的显著改善。[④]

太极拳对人体身心健康的影响已被越来越多的人关注，其原因在于太极拳能够有效地改善人们的身心状况，拓展人们的快乐和自由。随着研究的深入，太极拳将会有更深层的价值被发掘出来，太极拳也会得到更多人的喜爱。

三 太极拳体现了崇尚自然、天人合一的中国哲学思想，是人类走向生态文明的先导性思想和实践

王宗岳的《太极拳论》字数不多，却被后人奉为经典。让人沉醉不已的不仅是精辟的拳论，还有由里向外散发着的中国哲学思想的绕梁韵味。这种境界，契合于中国哲学所追寻的天人合一。张岱年说，天人合一的思想不

① 〔美〕沃尔夫：《太极拳和电脑控制的平衡训练对老年人姿势稳定性的作用》，《国外医学·物理医学与康复学分册》1998 年第 18 期，第 4 页。
② 林茵、封寒：《通过太极拳运动改善老年人平衡功能》，《实用老年医学》2006 年第 20 期，第 4 页。
③ 陈劼、杨洪艳译《太极拳作为治疗手段的北美研究》，《国外医学·物理医学与康复学分册》2000 年第 3 期，第 126 页。
④ 李卫民、陈德万：《论太极拳的保健康复功能》，《现代康复》2001 年第 7 期，第 103 页。

仅是一种人与自然关系的学说，而且是一种关于人生理想、关于人的最高觉悟的学说。① 从人本主义心理学的角度，不妨将天人合一看作是一种中国文化中的人的自我实现的最高层面。

《周易大传》在本体论上持一种可称为"太极阴阳说"的朴素唯物主义观点，② 重视"天人调谐"。认为人在自然中处于辅助的地位，人既应改造自然，也应适应自然，人类活动的目标不是统治自然，而是把自然调整改造得更符合人类的需要，与此同时，必须注意不破坏自然，让自然界的万物都能生长发展。总之，就是比较注重人与自然的和谐，而这与人类发展的目标是一致的。保护环境、减少污染、健康快乐地生活已成为人类发展的主题，拳家们将这一主题嵌入太极拳的理论与实践当中，形成了对自然无度地破坏和索取的工业文明的排斥心理，构建了通向与自然和谐发展的生态文明的途径，是人类走向生态文明的先导性的思想和实践。

四　人类社会高速度、高强度的竞争需要引入一种高情感加以平衡，太极拳不失为一种舒缓节奏、放松心境的高情感活动。符合构建和谐社会的政治主张

当今社会日新月异，发展迅速，新技术、新领域不断涌现，各种经济实体此消彼长，社会竞争日趋激烈。作为社会主体的人，必须参与各种竞争，适应各种竞争的环境，才能谋取到生存和发展的空间。竞争是人类要发展自己的必由之路。然而从心理学意义上讲，竞争的环境和竞争的行为无论对人的智力、能力，还是对人的个性品质，都将产生极其复杂的影响。有些人在竞争的过程中，充分感受到自我实现、自我表现所带来的满足感，并不断进取；有些人则在竞争过程中体验到失败，或退缩不前，变得软弱、颓废。按照心理应激理论和社会学的一般理解，社会竞争越激烈，心理健康

---

① 张岱年等：《中国文化论争》（第一版），中国人民大学出版社，1996，第50页。
② 张岱年等：《中国文化论争》（第一版），中国人民大学出版社，1996，第48页。

水平越容易受到损害。成功固然能够促进社会进步，失败则会导致社会问题。

对于这样的问题，著名的未来学家约翰·奈斯比特在《大趋势》一书中认为："每当一个新技术引进社会，人类必然产生一种要加以平衡的反应，也就是说产生一种高情感。"这种高情感用来平衡心理失落。而高情感的内容可以从社会文化活动的很多内容中析出和创意，从中国文化和促进人体健康的多重角度，以静心养性、动中求静为特征的太极拳则是一种很好的高情感活动。在接受《瞭望东方周刊》的一次采访中，奈斯比特还指出："在未来几十年中，经济上的国界分别会越来越模糊，经济上的全球化让中国和世界其他国家的经济更加相互依赖，而作为一种补偿，各个国家的文化应该更加本土化。在这点上，我感觉中国还做得不够。"奈斯比特非常看好在中国的文化中产生出高情感的活动内容，在《高科技·高思维》一书的中译本序言中，他对古老的华夏文明寄予厚望："有助于我们在高科技时代寻求人性的意义。"而蕴涵"渊静以明志，德修而道行""性以静持之，养其诚以至动静咸宜，变化不测"等虚静空灵的人生境界的太极拳就非常契合奈斯比特的愿望，练习太极拳可以进入无干扰、无欲念的宁静之中，可以有效地摆脱激烈的竞争和紧张的工作带来的心理压力，对老年人来说，也是不可多得的清新剂，能够带给人生新的情趣。而有兴趣练习太极拳的人们聚在一起，洗心涤虑，陶然忘返，也不失为聚集人们情感的"魔杖"。太极拳用意练拳，行拳练气，虚静其心，以心行气，既蕴含生命本原论，又涉及道德精神论，将气与心结合，把人的思想、精神、心理状态作为修炼的基础，为人生哲学提供了具体的实践方式，体现了人与人、人与社会、人与自然和谐的天人合一思想，无形中与构建社会主义和谐社会所倡导的理念和精神相吻合，提供了在激烈竞争的社会发展中产生的心理问题的实际解决方案。

五 健康、养生是时代的强音，是人们的最大需求

1946 年，世界卫生组织将健康定义为："不仅仅是没有疾病或体质强

健，而是生理和心理的健康，以及社会的福祉和完美状态。"现在，健康被看作是一种重要的人类"可行能力"，以及"一种非常基本的自由"。① 在Sen 的理论框架下，联合国发展署自 1990 年开始每年发行《人类发展报告》，提出人类的福祉是发展的真正目的，经济增长只是发展的手段的观点。并且指出人类发展所要扩展的三大最关键的选择是：长寿且健康的生活、获得教育、获得确保体面生活所必需的资源。从这个认识出发，长寿且健康的生活是人类发展的首要目的之一，同时也应该成为评估社会发展的一个重要维度。

如今，人们已普遍重视身体健康，特别在西方社会，关注的程度更高。美国运动医学科学院院士朱为模教授指出，出于对身体健康的考虑，未来的30 ~ 50 年，西方社会特别是美国，将迎来体育发展的黄金时期。太极拳对人体健康有很大的促进作用，势必进入黄金发展时期。世界上很多学术团体正在积极研究太极拳的健身机制，并发表了一系列的研究成果。例如：长期练习太极拳可有效地改善人体末端微循环状态，提高人体对外界气候变化的适应能力；对人体的内分泌系统有良好影响，尤其是在对代谢和衰老进程有重要影响的垂体－甲状腺轴和垂体－性腺方面有明显的改善作用，能使老年人垂体分泌的某些促激素的代偿能力进一步加强；对于人的心肺、血管、骨骼方面起到良好的改善作用；练太极拳时需要注意力高度集中，不存在杂念，可以使大脑很好的休息，对于人的神经系统也有着良好的影响；对本体感觉也有着明显的提高作用等。并且对心理的良好的调节作用也使太极拳越来越受到欢迎，目前世界上喜爱和练习太极拳的人群，远远超过中国武术中其他任何拳种。在日本，练习太极拳已经成为全民健身运动，并且水平很高，其全国组织也已经开始向其他国家派遣太极拳教练，其受欢迎程度非同一般。而且西方国家的不少医疗机构将太极拳列入康复治疗的处方，治病救人。太极拳对人类健康的改善已经深入人心，"把人的心理——生理——人生哲学连

---

① 王曲、刘民权：《健康的价值及若干决定因素》，《经济学（季刊）》2005 年第 1 期，第 1 页。

在一起，把心理平衡——延年益寿——生活情趣融成一团，人生哲理与太极拳的养气全神统一起来。哲学为太极拳提供了宇宙观、人生观的理论基础，太极拳为人生哲学提供了具体实践方式，实现人的身与心的两个健康，是一种不可多得的修身养性的体育形式。"[1] 这些使太极拳不仅奠定了在中国武术中的特殊地位，也奠定了在世界健身体育中的特殊地位。

六　结语

随着社会的发展，人们基本的生理需求普遍得到满足，从而使追求自我实现的精神需求逐渐上升到生活的主导地位，人们向往更加快乐地生活。道教养生观说："当人们按照自然的程序自然地采取行动并信赖他们直觉的知识时，就会获得人类的快乐。"而练习太极拳要从自然入手而知虚实，把握阴阳和谐变化而明劲法，求虚静而懂神明，最后达到无形无迹，出神入化的最高境界。太极拳可以带给人们宁静自然、超脱尘俗的快乐，充满着中国哲学的智慧。

---

① 邱丕相：《中国太极拳对人的修身养性价值刍论》，《体育学刊》2004 年第 5 期。

B.32
太极拳对脑功能网络的研究与发展趋势分析

聂彬彬 *

摘　要： 太极拳独特的康养作用吸引着全球范围的太极拳运动机理研究。规律地练习太极拳，可引起脑结构、脑功能及脑网络的改变，从而改善轻度认知功能障碍，这使太极拳有望成为临床前期进行 AD 预防及早期干预的有效的治疗手段。

关键词： 太极拳　脑功能网络　认知功能障碍

前　言

阿尔兹海默病（Alzheimer disease，AD）又称老年痴呆，是一种以进行性认知功能障碍、行为异常和记忆能力损害为主要特征的中枢神经退行性疾病。2016 年国际 AD 协会发布的报告显示，2016 年全球共有 AD 患者 4000多万人，每年耗费约 8180 亿美元，且 AD 患者数量以每 20 年翻一番的速度增长，到 2030 年，预估需要耗费 2 万亿美元。[1] 目前，我国 AD 患者已超过600 万人，占 60 岁以上人口的 3% 以上。[2]

---

* 聂彬彬，中国科学院高能物理研究所副研究员，主要研究脑影像的数据分析方法研究及应用。

[1] Martin Prince et al. , *The global impact of dementia：An analysis of prevalence，incidence，cost and trends* Alzheimer's Disease International，London，2016.
[2] Chan K. Y. et al. , "Epidemiology of Alzheimer's disease and other forms of dementia in China，1990 – 2010：a systematic review and analysis," *The Lancet*，2016. 381（9882）：2016 – 2023.

轻度认知功能障碍（mild cognitive impairment，MCI）是介于正常衰老和痴呆中间的一种过渡状态，是国际公认为 AD 的临床前期。按照 2010 年全国人脑普查报告的总人口 13.39 亿人保守估算，我国存在 aMCI 的人数高达 3000 万人以上。然而，目前常用的药物对 aMCI 认知功能改善的效果还不明确，并不能有效阻止 aMCI 向 AD 的转换，而且还存在胃肠道副作用的风险。[①]

最近 10 年来，至少有五个以上来自随机对照研究的系统评价或荟萃分析（Meta）结果证明，规律性的有氧运动对正常老年个体或有认知障碍的成年人可以产生不同程度的认知功能的提高或改善，而且对 MCI 患者更为明显。[②] 而中国的国粹——太极拳是一种身心结合的中等强度的有氧运动，被认为是最适合老年人的有氧运动。近年来，随着现代医学影像技术的快速发展及普及，包括磁共振成像技术（magnetic resonance imaging，MRI）、功能磁共振成像（functional magnetic resonance imaging，fMRI）和正电子发射断层成像技术（positron emission tomography，PET）等，对规律性太极拳练习者的脑功能及脑功能网络进行了深入的研究，本节拟对规律性的太极拳练习对脑功能及脑功能网络的改善的研究进展及发展趋势进行综述。

一　太极拳对脑功能网络的研究进展

社区调查分析研究表明，规律性的太极拳练习能够改善练习者的身体及精神健康状态，但其作用机制并不明确。现代医学影像技术使研究人员能够在正常的生理状态下，无创观察人脑结构及脑功能的活动状态，为研究太极

---

① V. Jelic et al. ，"Clinical trials in mild cognitive impairment：lessons for the future，" *J Neurol Neurosurg Psychiatry*，2006，77（4）：429 – 438. A. C. Tricco et al. ，"Efficacy and safety of cognitive enhancers for patients with mild cognitive impairment：a systematic review and meta-analysis" *CMAJ*，2013，185（16）：1393 – 1401. C. Cooper et al. ，"Treatment for mild cognitive impairment：systematic review，" Br J Psychiatry. 2013，203（3）：255 – 264.

② M. Angevaren et al. ，"Physical activity and enhanced fitness to improve cognitive function in older people without known cognitive impairment，" *Cochrane Database Systematic Review* ，2008. 005381 – doi：10. 1002/14651858. CD005381. pub3.

拳练习对脑功能网络的影响提供了有利的技术手段。

1. 太极拳练习对脑结构的改善

利用磁共振脑结构成像技术，研究人员发现，长期规律性地练习太极拳，能够改善人脑组织结构，并减缓脑组织结构的萎缩。Mortimer 等人招募了一批健康人，并进行随机分组，一些人从事每周三次、每次半小时的规律性太极拳练习，一些人开始走路运动，一些人尽可能地保持静止或久坐。[①]在开始实验之前，对所有人进行 MRIT1 加权脑结构成像。在进行 40 周的跟踪练习之后，对所有人进行第二次的 MRIT1 加权脑结构成像。随后对跟踪的成像数据进行逐像素形态学分析。分析结果表明，从事规律性太极拳练习的被试者脑组织结构体积增加了 47%；而从事走路运动及静止的被试者，其脑组织结构形态并未发生明显的变化。同时，Wei 等人发现长期进行太极拳练习的人的一些特定的脑组织结构的皮层厚度，要高于未进行太极拳练习的人，如中央前回、岛叶、舌回、颞叶等，而这些脑区均与人的精细运动、认知、注意力息息相关。该研究还表明，脑区结构皮层厚度的增加，与每日从事太极拳练习的时间成正相关。[②]

对 AD 而言，最明显的特征之一就是脑组织结构的萎缩，如海马、额叶、颞叶等脑组织部位。目前的研究表明，通过规律的且一定强度的太极拳练习，能够增大全脑体积，以及某些特定脑区的皮层厚度。由此可以推论，通过长期有效的太极拳练习，能够达到预防 AD 和治疗 MCI 的目的，确切的结论还有待研究人员进一步的研究证明。

2. 太极拳练习对脑功能及脑网络的改善

功能磁共振成像（fMRI）能够对脑的功能活动进行实时的成像，其中静息态脑功能成像是目前常用的人脑功能成像模式，即被试者睁眼或闭眼仰

---

① J. A. Mortimer et al., "Changes in brain volume and cognition in randomized trial of exercise and social interaction in a community-based sample of non-demented Chinese elders," *J. Alzheimers Dis*, 2012, 30: 757 - 766.

② G. X. Wei et al., "Mind-body practice changes fractional amplitude of low frequency fluctuations in intrinsic control networks," *Front Psychol*, 2017, 8: 1049.

卧于 MRI 内，放松且平静呼吸，不做任何有目的性的思考，同时进行 fMRI 脑功能成像。通过 fMRI 的研究，不仅能够发现脑功能活动发生变化的脑区，还能够发现各个脑结构区域之间功能活动的联系，即脑功能网络。

研究发现，长期规律性的太极拳练习能够有效地改善脑组织结构区域的脑功能，进而改善脑功能网络。Wei 等人通过对长期练习太极拳的受试者进行 fMRI 脑功能成像并进行脑功能区域功能活动的一致性（ReHo）分析发现，太极拳练习者的前扣带、前额叶的功能活动一致性增加，且增加的强度与太极拳练习的时间成正相关（其数据分析结果如图 4 所示）。[1] Zheng 等人发现，练习太极拳能够增加某些特定脑区的血氧水平含量，如颞上回的脑血流量能够增加 16%，颞中回的脑血流量能够增加 10%，小脑后叶的脑血流量能够增加 10%，而这些脑区均是与 AD 息息相关的脑区，AD 在发病初期通常表现为颞叶、海马等与认知相关的脑区的脑血流及脑代谢减低。[2] Yin 等人发现太极拳的练习能够增加前额叶皮层、海马旁回、颞中回的脑血氧信号的低频振幅（ALFF）。[3] Tao 等人发现，12 周的太极拳练习能够增加静息态下双侧海马和额中回的脑功能连接强度。这些研究所发现的脑区，均是与认知功能息息相关的脑区，也是早期治疗及预防 AD 的关键脑区。[4] Tao 等人通过对口社区筛查，使用 fMRI 脑功能成像技术，研究证实了规律性的练习中国传统体育养生术——八段锦能够增强老年人的记忆功能，并能够提高其内侧前额叶（mPFC）的脑功能连接。[5]

① G. X. Wei et al. , "Tai Chi Chuan optimizes the functional organization of the intrinsic human brain architecture in older adults," *Front Aging Neurosci*, 2014, 6：74.

② Z. Zheng et al. , "Combined cognitive-psychological-physical intervention induces reorganization of intrinsic functional brain architecture in elder adults," *Neural Plast*, 2015.

③ S. Yin et al. , "Intervention-induced enhancement in intrinsic brain activity in healthy older adults," *Sci. Rep*, 2014, 4：7309.

④ J. Tao et al. , "Tai Chi Chuan and Baduanjin practice modulates functional connectivity of the cognitive control network in older adults," *Sci. Rep*, 2017, 7：41581.

⑤ J. Tao et al. , "Increased hippocampus-medial prefrontal cortex resting-state functional connectivity and memory function after Tai Chi Chuan practice in elder adults," *Frontiers in Aging Neuroscience*, 2016, 8（25）.

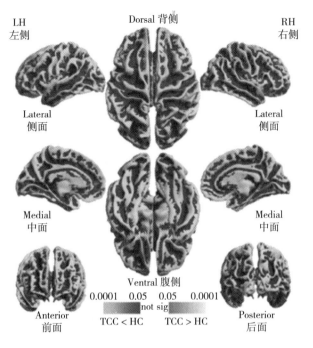

图1　组间统计分析结果

资料来源：引自中科院心理研究所《心理所发现进行太极拳锻炼可改变大脑功能活动》，http：//www.cas.cn/ky/kyjz/201404/t20140409_4087363.shtml。

二　太极拳对脑功能网络研究的发展趋势分析

从中医学角度看，认知障碍或痴呆可归属于中医"善忘""健忘""癫证"或"呆症"的范畴，多由于年老体衰、肾精亏虚、精血内耗、肺失所养和诸窍失聪所致。太极拳以形体导引，可调节人体经络气血运行，是一种以中医的阴阳、脏腑、气血、经络理论为基础，以养精、练气、调神为基本特点，强调躯体运动、呼吸吐纳和心理调节相结合的心身运动，可改善脏腑功能以促进脑髓充盈。随着养生文化的逐渐深入，太极拳练习者必将会越来越广泛。

在脑功能网络方面，默认网络（Default model network，DMN）是目前

研究最为广泛的静息态 fMRI 脑功能网络，该网络主要包括内侧前额叶、后扣带回、楔前叶、压部后皮质、颞叶、顶下小叶及海马等脑区，其主要参与人脑对内外环境信息的整合、情绪的调节、情景记忆提取等功能，是大脑自发产生自我意识及内查性意识的过程，也是脑功能活动得以正常运行的核心网络。已有的研究表明，通过规律性的太极拳练习，能够有效地改善 DMN 各个脑区的脑组织结构体积、皮层厚度、脑功能活动性、脑血流、以及脑功能网络的连接强度。在未来，通过研究人员更为深入和广泛的研究，太极拳有望成为临床前期进行 AD 预防及早期干预的有效的治疗手段。

B.33
太极拳品位制与职位制人才评级探索研究

苏敬斌 王 刚*

摘 要： 太极拳要发展，人才是关键。本报告借鉴武术段位制的成功
经验，分别从太极拳文化属性和康养属性出发，提出品位制、
职位制人才评级探索研究，为太极拳产业发展培养和造就人
才队伍提供有益的思考，从而积极促进体育、文化、康养
"三位一体"的太极拳人才评级体系的形成。

关键词： 太极拳 段位制 品位制 职位制

人才是太极拳发展的首要条件，加强太极拳人才队伍的培养，形成成长
激励机制，仅靠现有的武术方面段位制的培养、激励机制，难以满足太极拳
文化属性和康养属性的发展需要。如何借鉴武术段位制的成功经验，在太极
文化方向和太极康养产业方向形成各自的人才评级激励机制，显得非常
必要。

一 武术段位制简介

武术段位制，是中国武术协会制订并实施的一种全面评价习武者武术水
平等级的制度。为增强人民体质，推动武术运动的发展，提高武术技术和理

---

* 苏敬斌，工商管理博士，研究方向为太极文化产业，《世界太极拳发展报告（2019）》执行副
主编；王刚，中生活研究院院长，研究方向是太极文化内涵及其商业应用。

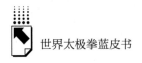

论水平，建立规范的全民武术体系，中国武术协会制定和实施了《武术段位制考核管理办法》。

（一）段位名称

中国武术段位制以三级九段作为评价等级，分为：

段前级：一级（青色熊猫）；二级（银色熊猫）；三级（金色熊猫）。

初段位：一段（青鹰）；二段（银鹰）；三段（金鹰）。

中段位：四段（青虎）；五段（银虎）；六段（金虎）。

高段位：七段（青龙）；八段（银龙）；九段（金龙）。

（二）机构授权

中国武术协会是段位制管理的最高机构，各地初、中段位考评机构须经中国武术协会审定和备案，并被授权方能成立运作。中国武术协会授权各级区域性单位会员管理和指导该辖区内的段位制工作。

（三）晋段标准

通过武德鉴定和技术、理论考试，并经过资格鉴定，合格者，授予相应的武术段位。

1. 理论考核

（1）初段位：武礼操作。

（2）中段位：武德的基本概念、武术基础理论。

（3）高段位：就武术学术的1个专题进行10分钟的演讲，以及5分钟答辩。

（4）凡本人独立完成或牵头执笔完成的武术学术论文入选中国武术协会或中国体育科学协会武术分会主办的国际性和全国性武术科研论文报告会者，2年内参加武术段位考评时免理论考核。

2. 技术考核

初段位：

（1）凡从事武术锻炼达2年以上，经入段资格技术考评成绩合格者，取得入段资格。

（2）凡取得入段资格达 1 年以上，在考评中，演练一段拳术或散手基础技术，成绩合格者，可申请晋升一段。

（3）凡获得一段达 1 年以上，在考评中，演练二段拳术或散手组合技术考评中，成绩合格者，可申请晋升二段。

（4）凡获得二段达 1 年以上，在考评中，演练一套三段拳术和器械，或在散手实战技术考评中，成绩合格者，可申请晋升三段。

中段位：

（1）凡获得三段达 2 年以上，在考评中，演练一套四段拳术和器械，或在散手四段晋段实战考试中，成绩合格者，可申请四段。

（2）凡获得四段达 2 年以上，在考评中，演练一套五段拳术和器械，或在散手五段晋段实战考试中，成绩合格者，可申请五段。

（3）凡获得五段达 2 年以上，在考评中，演练一套六段拳术和器械，或在散手六段晋段实战考试中，成绩合格者，可申请六段。

高段位：

（1）凡获得六段达 6 年以上，在考评中演练一套段位技术内容、演示一套特长项目，成绩合格。在武术相关领域中取得一定成就，武德高尚者，可申请晋升七段。

（2）凡获得七段达 5 年以上，在武术相关领域取得突出成就，并对武术运动的发展做出较大贡献，武德高尚者，可申请晋升八段。

（3）凡获得八段以后，在武术相关领域取得重大成就，并对武术运动的发展做出卓越贡献，影响极大，武德高尚者，可申请晋升九段。

二　太极文化产业"品位制"人才修身评价系统

中生活（北京）文化发展有限公司在太极文化产业发展实践中，积极探索太极文化产业人才分级评价机制，提出了"品位制"与"九品太极士综合修身系统"，旨在形成人才激励机制，鼓励人们在现代社会中学习和掌

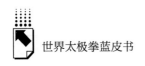

握传统文化精华，并融合到日常生活之中，形成健康向上的生活方式。

精神追求，应该有一个鲜明的标识，因此提出"太极士"的概念。简单地说，太极士，是指不仅会习练太极拳，还能够顺应历史发展潮流，理解和建立太极思维，并将其应用到生活和工作中去的人士，做到修己达人，具备高度的社会责任感。

作为"太极士"，应当了解中国优秀传统文化特别是认知太极文化，充分体验"用身体去读书"。具体内容包括：以读书会的方式研读"新四书"，即《大学》《中庸》《太极图说》《太极拳论》等；以课程或游学的方式，学习《妙阳太极说》和《太极商道》，并能具备一定的太极功法；同时，开展茶道、香道、琴箫、吟诵等活动充分体悟和感知传统文化，并以信息化工具建立共享社区，促进会员之间实时分享，互帮互助。

"九品太极士综合修身系统"，分为三级九品，分别如下。

中正级（黄色），以"得体"为目标，内含三个品级：九品（黄蓝色）、八品（黄青色）、七品（黄紫色）。

和合级（白色），以"得劲"为目标，内含三个品级：六品（白蓝色）、五品（白青色）、四品（白紫色）。

圆融级（黑色），以"得意"为目标，内含三个品级：三品（黑蓝色）、二品（黑青色）、一品（黑紫色）。

这套培训、修身评价体系，从太极文化通识教育出发，拳术上以现有各门派的太极拳套路进行课程化划分，从而形成以太极拳分级修炼为主要方法，以训练太极思维为直接目标，以商业应用为重要场景的综合修身系统。

这套系统，兼顾了初学者和资深研究者的不同特点，具有普遍的适应性，是当代太极文化研究和太极拳培训行业的一次有益尝试。

三 太极康养产业"职位制"研究

中智科学技术评价研究中心在推进太极拳与健康产业融合发展的实践中，探索提出了"'职位制'太极康养产业人才评级方案"，同时，该中心所属的太极文化研究室推出了"太极康养产业人才培育计划"。

"职位制"太极康养产业人才评级方案的提出，初衷是对太极康养产业的师资队伍进行分级评价，形成人才激励机制，从而构建师资队伍的层级体系，实现分层教学，精准施策。具体方案是将师资队伍通过人才评级程序划分为"三层九级"，三个层次由低到高依次称之为教练、教员和导师，每个层次又分为三个级别。教练分为初级教练、中级教练和高级教练，教员分为一级教员、二级教员和三级教员，导师分为承师、名师和明师。

所谓教练是有能力面向大众爱好者和健康需求人群开展教学的师资队伍，基本要求是能熟练掌握太极拳套路技能，具有基本的拳理拳法知识并懂得教学中的安全防范措施；教员是有能力面向太极拳教练级别的专业人员和亚健康人群开展教学的师资队伍，基本要求是能熟练掌握太极拳套路技能、具有一定的太极功法、具备一定的中医经络理论和运动医学知识及应急救治能力、能提供常见病的运动处方；导师是有能力面对教员级别的太极拳专业人士和有疾病康复需求人群开展教学的师资队伍，基本要求是具有一定的太极拳理论基础、熟练掌握太极功法、具备一定的健康管理知识、熟练运用运动处方，并发表过相关学术论文且在业界有一定影响；名师和明师除上述基本要求外，还必须是对太极拳或太极文化传承发展有所贡献。

太极康养产业人才评级方案由太极智库专业委员会制订，申报人员经预定程序参加培训与考核，合格后颁发相应的职业资格证书。

为配合太极拳康养产业人才评级方案的实施，中智科学技术评价研究中心太极文化研究室同步跟进，推出《太极康养产业人才培育计划》。该计划从三个层面入手，齐头并进，多措并举，积极实施人才培育工程，从而加快太极拳康养产业人才的脱颖而出。

一是充分发挥智库作用，积极开展社会化人才培训。通过培训和人才评价流程，颁发证书，作为用人单位选用人才的参考依据。

二是联合开办商学院，开设太极健康产业经营管理课程，培养太极文化与现代经济管理的复合型人才。

三是积极创造条件，建立太极生命学科，充分发挥太极文化在当代社会

健康教育体系中的重要作用。

在课程设置上，分必修课和选修课两大类。必修课由理论课、功法课和商务课组成。理论课有太极生命科学、运动心理学、中医学、运动医学、康复医学、武术学、运动生理学、运动解剖学、运动营养学等。功法课有国家推广套路、主要流派经典套路及气功导引功法等。商务课包括信息技术、工商管理、竞技、展演、金融、地产等。选修课主要有儒释道精典、修养学、古汉语、周易哲学等。

中智科学技术评价研究中心作为《世界太极拳蓝皮书》智库平台的运营主体，将致力于学术共同体建设，搭建高端智库平台，构建太极拳产业人才成长模型，联合战略合作实体拓展人才培养模式，积极推进太极拳和太极文化产业的健康发展。

太极拳在大健康产业的作用是众所周知的，随着产业的逐步形成和发展，太极康养的现代化、科学化、规范化、生活化发展（简称"四化达标"）将会成为必然趋势，而且必须用标准化建设来统领。所谓现代化，就是要用现代人的语境和思维方式解读太极拳，用现代工具来传递和表现太极拳，用国际性的语言向国外解读太极文化，传递中国声音，讲好中国故事；所谓科学化，就是要用现代科学知识诠释太极拳，按照现代人的健康需求充分发挥太极拳的康养功能价值；所谓规范化，不仅要把技术及动作要领规范起来，把拳理拳法及功法阐述清晰，而且要逐步建立全方位的人才评价机制，强化进阶意识，激励人才成长；所谓生活化，就是要把太极拳的健康原理和作用机理融入生活之中，成为思维模式和行为习惯；所谓标准化建设，就是逐步构建一套标准体系，以此统领现代化、科学化、规范化、生活化发展。

B.34
太极拳与基层建设

张艳红　尹宝军

摘　要：　太极拳作为中国优秀传统文化的精粹，不仅能强身健体，还能提高修养、陶冶情操。在大力实施健康中国和乡村振兴的时代背景下，如何以太极拳为代表，用优秀传统文化占领思想阵地，使更多人群获得身心健康的同时，促进当地民风建设，赢海庄园的社区太极拳队建设和北周卦村太极拳普及推广的成功实践值得学习和借鉴。

关键词：　太极拳　基层党建　社区治理

一　以太极促党建——赢海庄园社区党建创新实践①

赢海庄园社区位于北京市大兴区亦庄经济技术开发区，社区占地面积226560平方米，建筑面积198959.53平方米，属地中海式建筑结构的别墅区，建有独栋、平层别墅，共10个组团，共有住户698户，常住居民户数450户，常住人口1654人。社区党支部和服务站成立于2015年12月，社区在册党员17名，社区常住人口中党员239人；社区共有工作人员9人，包括书记兼服务站站长1名，副书记1名，副主任1名，社工6名。组建各类群众自治组织8个。

---

① 本节由张艳红执笔。张艳红，北京经济技术开发区博兴街道赢海庄园社区党支部书记兼服务站站长。

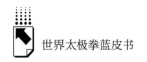

　　赢海庄园社区党支部和服务站成立之初，通过入户走访、发放公开信等方式，在采集居民信息的同时了解居民诉求，顺应居民意愿，率先成立太极拳队并以此作为社区党建创新的实践活动。为保证队伍的正常运行和可持续发展，他们做到了"两确定一保障"。即确定队长和教练；确定训练场地，平时晨练在篮球场或者小区旗杆广场、公园广场，雨天在社区服务站室内大厅，保证训练不间断；社区为队员们购置了太极服、太极鞋等，在物质条件上提供了必要保障。经过近三年的发展，取得了非常好的效果。

　　一是太极拳党建创新实践影响越来越大。通过参加社区级、街道级的各类表演和比赛，扩大了太极拳爱好者之间的互相交流，提高技艺促进发展。太极拳队所到之处，赢得了观众热烈的掌声和喝彩，也吸引了无数群众的眼光。太极拳队的活动已经成为社区每天清晨的一道亮丽风景线。

　　二是太极拳队的规模不断壮大。近两年来，随着宣传、培训工作的不断开展，太极拳文化得到较好的普及，越来越多的社区居民相继加入太极拳队伍，队伍规模由最初的16人发展到现在的50人，整个社区形成了人人参与太极拳文化，人人享受太极拳文化的浓厚氛围。

　　三是群众参与社区治理的热情越来越高。2018年重阳节，社区为70岁以上的40多位老人、30多户家庭安排了节日庆贺，近200人参与了此次活动，人民网、搜狐网等多家媒体对比进行了报道。按照"社区靠群众，群众靠发动，发动靠活动，活动靠文化"的文化建设理念，广泛开展动员活动，让整个赢海庄园社区的居民都参与到社区文化建设中来，激发大家共同建设社区的积极性，争做先进文化的带头人。

　　赢海庄园社区太极拳队的三年发展，为社区党建创新实践提供了可资借鉴的宝贵经验。

　　一是充分发挥党员的先锋模范作用。赢海庄园社区的太极拳活动之所以发展的好，与队长赵国清是分不开的。赵国清是个退伍军人，退休前曾担任华联超市的党委书记，他练习太极拳多年，对太极拳有很深的体悟，也因此使自己的身体深深受益。得知社区要组建太极拳队，赵国清主动请缨，义务帮助组建队伍，克服种种困难，因材施教鼓励大家坚持练习，而且不断学习新的拳法技能，充分发挥了党员的先锋模范作用。

二是全方位大力扶持。社区党支部大力支持和鼓励太极拳队的发展，千方百计满足队伍发展壮大的各项需求。成立太极拳队以来，除了给予经费上的支持外，社区还动员力量，外引内联，加强师资建设，组织举办多场培训，并利用社区微信公众号普及太极文化，传播太极知识。目前，该队表演项目有24式简化太极拳、杨氏85式太极拳、陈氏心意混元24式太极拳、杨氏56式太极剑、太极扇等节目，很好地提升了太极拳队的水准，丰富了内容。不仅如此，社区每逢重大节日组织举办文艺晚会时，都会创造机会让太极拳队登台表演，集中展示日常练习的丰硕成果和太极精神。同时，还利用社区宣传栏、微信公众号等，及时将队伍外出参赛的消息和成绩向社区居民展示，增加了太极拳队员的荣誉感，也增加了太极拳队的吸引力和凝聚力。

三是以社区党建为落脚点。作为社区党建工作的创新实践，太极拳队不仅丰富了社区文化生活，促进了太极拳队队员身体的健康，而且充分调动了每一个队员的积极性和主动性，使他们成为社区建设的排头兵。在志愿执勤岗位、义务宣传一线，到处都活跃着队员的身影。在太极拳队的影响和带动下，如今的赢海庄园社区已经有8支文体队伍，并且做到了"每周有活动，每月有总结，每季度有创新"。社区的党员们团结在党支部周围，主动作为，共同参与社区治理，做到上级有声音，党员有响应，居民有行动。谦和、自信、包容、和谐、至善的太极精神充盈着社区，使整个社区的党建工作和其他各项工作实现了站前列、争上游、创一流。

赢海庄园以社区太极拳队为抓手，以弘扬中华民族传统文化为宗旨，普及推广太极拳文化，丰富活跃社区生活，进而凝聚正能量，促进社区各项工作的成功实践，为太极拳"进机关、进社区、进学校、进企业、进单位"提供了党建创新实践方面的成功案例。

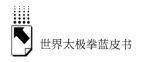
二　北周卦村太极拳普及问卷调查报告①

乡风文明建设是乡村振兴的重要内容，也是乡村振兴的重要推动力量。加强乡风文明建设，必须传承优秀传统文化，发挥好先进文化的引领作用，组织村民开展文化活动，提升村民素质和乡风文明程度。作为传统文化的优秀代表，太极拳如何在现阶段充分发挥其魅力，推动乡风文明建设，显得更为重要，也更为迫切。

河北省石家庄市藁城区常安镇北周卦村进行的为期近 10 年的太极拳乡村传播实践，很好地推动了当地乡风文明建设，太极拳在乡村振兴中发挥出独特作用。

北周卦村，是坐落在石家庄市藁城区常安镇东的一个村庄。因传说当年姜子牙曾在此通过推卦助周灭纣而得名。现今的北周卦村，是一个拥有 4800 多人口的自然村，这里气候温和，风景宜人，社会和谐稳定。走在北周卦村，你会感受到强烈的太极文化气息，如太极禅林、太极大酒店、北周卦陈式太极培训学校等。在村中心的小公园里，一早一晚都会有人在练习陈氏太极拳；周末时间，村里包括邻村有近 200 个孩子自发地到太极禅林学习太极拳。就连街谈巷议的话题都成了"懒扎衣""掩手肱捶"这样的太极拳术语。

本文通过问卷调查的方法，研究总结太极拳作为传统文化在北周卦村乡村建设发展中所发挥的重要作用。为了真实、全面地了解北周卦村太极拳发展的状况，调研组发放了 2 份问卷调查，一份针对村民（A卷），一份针对中学生（B卷）。考虑到村民的文化程度，针对村民的 A卷采用通过北周卦中心小学 4、5、6 年级学生交由家长填写后交回的方式进行。

---

① 本节由尹宝军执笔。尹宝军，人民太极运营中心执行主任兼秘书长，主要研究方向为太极拳实战拳理拳法和太极文化传播。

（一）北周卦村太极拳调查问卷（A 卷）

姓名		年龄		性别	□男　□女	婚姻	□未婚　□已婚　□其他
子女	□一孩　□二孩　□多孩			老人		□1 个　□2 个　□3 个　□3 个以上	
病史	□有重大疾病　□无病史　□小病不断			医疗保险		□有　□无	
练习太极拳时间				□3 年以下　□3~5 年　□5~10 年　□10 年以上			
练习太极拳之后，您的医疗支出				□变少　□增加　□没变化			
练习太极拳之后，您的个人有哪些变化				□农闲时候有事干，生活更充实了 □不打牌、不打麻将了，生活习惯更健康了 □身体没病，更健康了 □心情变好了，处理家庭邻里关系更平和了 □其他			
您是否认为太极拳给村子带来了变化				□是　□否			
您认为太极拳给村民带来的变化体现在（可多选）				□村民的文明素质提高，村风好了 □赌博减少了 □婚丧嫁娶大操大办少了 □法轮功等邪教消失了 □青少年网瘾小了 □乱扔垃圾少了 □撸起袖子加油干，发家致富了			
您希望未来村里怎样发展太极拳				□按现在的路子发展就很好了 □形成制度化，有政府支持			
您是否建议您的孩子学习太极拳				□是　□否			
如果村里发展太极拳的项目，您是否会表示支持				□是　□否			

A 卷共发放问卷 200 份，回收问卷 182 份。调查对象人群中女性为 88 人，男性为 94 人。

在调查对象人群中，20~29 岁年龄段的有 4 人，30~39 岁年龄段的有 122 人，40~49 岁年龄段的有 40 人，50~59 岁年龄段的有 5 人，60 岁以上有 1 人；另有 10 人年龄段未填写。

在所调查人群中，二孩率为 100%，家中有 1 个以上老人的为 100%。

在"练习太极拳之后，您的个人有哪些变化"的选项中：38 人选择了

"农闲时候有事干，生活更充实了"这一选项，占比20.9%；40人选择了"不打牌、不打麻将了，生活习惯更健康了"这一选项，占比22%；76人选择了"身体没病，更健康了"这一选项，占比41.8%；76人选择了"心情变好了，处理家庭邻里关系更平和了"这一选项，占比41.8%；16人选择了"其他"，占比8.8%，其中有5人填写"还没练过"，其他人的表述为"正能量""其他也都变好了""人变年轻了""强身健体、修身养性"等。

关于"您是否认为太极拳给村子带来了变化"这一选项中，100%选择了"是"这一选项。

关于"您认为太极拳给村民带来的变化体现在（可多选）"的选项中：110人选择了"村民的文明素质提高了，村风好了"，占比60.4%；71人选择了"赌博减少了"，占比39%；24人选择了"婚丧嫁娶大操大办少了"，占比13.2%；36人选择了"法轮功等邪教消失了"，占比19.8%；87人选择了"青少年网瘾小了"，占比47.8%；47人选择了"乱扔垃圾少了"，占比25.8%；31人选择了"撸起袖子加油干，发家致富了"，占比17%。有15人选择了"其他"，具体表述多为"人们整体素质提高了""邻里关系变好了，有了共同目标""村里的风景好了""强身健体"之类。

关于在村子里怎样发展太极拳的回答中，37人认为"按现在的路子发展就很好了"，占比20.3%；113人认为要"形成制度化，有政府支持"，占比62.1%；另有9人选择"其他"，多数表述为"公路发展好了""希望一直免费教学惠及村民，不希望商业发展""让更多的人练太极拳，把中国传统文化更好地弘扬发展传承下去""公益型全民免费练太极拳""支持太极拳好好发展下去"等。

182人中，有139人支持孩子练习太极拳，占比76.4%；182人中，有141人支持村里发展太极拳项目，占比77.5%。

通过数据统计，在收回的182份问卷中，100%地感受到了太极拳给个人和村庄带来了良性变化，其中支持孩子练习和继续发展太极拳项目的人分别占76.4%和77.5%的比例。

（二）北周卦村太极拳调查问卷（B卷）

姓名		年龄		性别	□男 □女
学历	□小学 □中学 □失学		父母		□在外打工 □在家 □不确定
病史	□有重大疾病 □无病史 □小病不断				
上网	□不上网 □经常上网 □每天必上（选此项回答下一个问题，） 每天上网时间:□不固定 □1小时以内 □1~4小时 □4小时以上				
怎样开始练习上太极拳的	□家长逼着练的 □自愿来练的				
您是否喜欢太极拳	□是 □否				
练习太极拳时间	□3年以下 □3~5年 □5~10年 □10年以上				
练习太极拳之后,您的个人有哪些变化	□身体素质变好了,体育成绩上升 □尊老爱幼,更懂礼貌了 □性格变开朗,更勇敢了 □学习了更多的知识,学习成绩更好了 □承担更多家务,更孝敬老人了 □其他				
您的老师、家长是否认可您身上发生的这些变化	□是 □否				
现在您的家长,对于您学习太极拳	□更加支持了 □不支持,不想让练了 □无所谓				
您希望以后学习太极拳	□像现在这样,周末在村里学 □多开班,最好每天都可以学 □把学校体育课改成太极拳				
您是否会坚持一直练习太极拳	□是 □否				
您是否希望成为教练那样的人	□是 □否				

B卷采取现场发放、填写的方式进行。总共发放200份问卷，回收有效问卷149份。

149份问卷中，女生总数为84人，占比56.4%，男生总数为65人，占比43.6%。

在"上网"选项中，经常上网且每天上网超过1小时的有106人，占比71.1%。

在"怎样开始练习上太极拳的"选项中，128人是自愿参与到练习太极拳队伍中来的，占比85.9%，只有21人感觉被迫练习，占比14.1%。

在"太极拳带给自身的变化"的选项中：86人选择了"身体素质变好了，体育成绩上升"，占比57.7%；42人选择了"尊老爱幼，更懂礼貌了"，占比28.2%；56人选择了"性格变开朗，更勇敢了"，占比37.6%；40人选择了"学习了更多的知识，学习成绩更好了"，占比26.8%；46人选择了"承担更多家务，更孝敬老人了"，占比30.9%；有6人选择了"其他"，表述为"没什么变化""无""修身养性"等。

在"您的老师、家长是否认可您身上发生的这些变化"这一选项中，只有9人选择了"否"，占比6%，其余94%得到了老师或家长的认可；但在是否继续支持练习太极拳方面，可能面临升学的压力，家长不支持的人数上升为11人，占比7.3%。

在"您希望以后学习太极拳"的选项中：64人选择了"像现在这样，周末在村里学"，占比43%；35人选择了"多开班，最好每天都可以学"，占比23.4%；25人选择了"把学校体育课改成太极拳"，占比16.8%；19人没有填写回答这一问题；还有6人选择了"其他"，具体表述为"用空闲的时间学习""都行""在学校，该学的时候学""不想练"等。

通过数据统计可以看到，在回收的149份问卷中，绝大多数的学生认为练习太极拳给自己带来了显著的变化。这种变化不仅得到了学生自己的肯定，而且94%的学生的变化得到了家长或老师的认可；92.6%的学生表示会坚持一直练习太极拳，并且有136名学生（占比91.3%）希望成为像他们的太极拳教练那样的人。这两项数据表明，太极拳的练习，不仅使学生们当前受益，而且为他们的未来发展提供了更多选择空间。

北周卦村的确变了，北周卦村因太极拳而变。自从有了太极拳，村民最直观的感受就是北周卦村的风气好转了，到处显现出一派祥和。这一切的发生，源于刘建辉回乡。作为很早走出去的那批人，刘建辉回到乡里，不仅带回了太极拳艺，更带回了视野。在他的力主下，北周卦村太极拳开始发展起来，几年下来，太极拳几乎成为当地的一张名片，2018年清明时节，被梨花环簇的太极禅林群贤毕至，少长咸集。作为一个村级的太极拳活动，竟吸引了 400 多名太极拳爱好者在太极禅林以拳会友。

北周卦村以此作为一项事业，通过十年如一日坚持不懈地普及发展，在促进全村农民身心健康、促进青少年健康成长的同时推动了村风民风的根本性好转，这为在当今农村社会大力实施乡村振兴政策和复兴传统文化，提供了一个成功的典范。

B.35
太极拳舆情调研报告

刘高升　吴西顺*

摘　要： 从互联网时代到网络生活时代，人们的社会生活越来越多地依赖网络。通过对网络数据进行分析，有利于掌握公众行为并探寻和把握太极拳传播发展的动态规律。本文基于太极拳领域的海量网络数据，对八大流派的舆情发展趋势、关注人群分布、关注人群属性特征进行对比分析，全面反映网络用户的太极拳关注行为。

关键词： 太极拳　网络舆情　太极拳城市分布

　　21世纪的中国移动互联网络发展迅速，数字化数据库逐渐臻于完善，基于此的数据挖掘和趋势分析有利于及时掌握和深入分析公众行为及其背后的深刻原因，以把握文化的传播发展动态和其中规律。国内移动网络大数据的出现与形成大约在2011年1月之后。而固定端网络大数据的形成则发端于2006年6月。因此，本报告提取了2006年至今太极拳主要流派的网络大数据和2011年1月至今的移动端无线搜索数据。本文基于太极拳领域的海量网络数据，一方面进行关键词搜索热度分析，另一方面深度挖掘舆情信息、市场需求、用户特征等多方面的数据特征，利用百度日均100亿搜索数据，全面分析网络用户的太极拳关注行为。

---

　　* 刘高升，北京大学高等人文研究院博士后，研究员，研究方向为正身功夫和商业儒学；吴西顺，中国地质图书馆主编，博士，《大太极》联合创始人，中华英才特聘教师。

一 各式太极拳网络舆情发展趋势

鉴于目前各流派太极拳的名称不尽统一，比如某"式"太极拳与某"氏"太极拳所指为同一主体。本报告首先选取"某式太极拳"为索引，然后以"某氏太极拳"为补充进行检索。表1列出了各式主要太极拳流派在网络上的公众关注度情况。陈式太极拳的关注程度最高，与各级政府和民间团体的大量投入和持续推广有关。

表1 2011~2018年各式太极拳公众关注度（搜索指数）列表

太极拳类别	固定终端＋移动终端日均值	移动终端日均值
陈式太极拳	877	319
杨式太极拳	346	162
吴式太极拳	265	123
武式太极拳	202	89
孙式太极拳*	164	104
和式太极拳	143	57
李式太极拳*	19	1
王其和太极拳*	43	23

注：本表综合了固定端网络数据和移动端无线搜索数据，数据范围是2011年1月1日到2019年1月11日。标有星号的数据因数据不全为趋势估计数据。

资料来源：根据百度网站计算。

从固定端网络数据展示的情况看，数据较为完整。本报告采集了2006年6月至2019年1月的数据。太极拳领域网络行为的发展趋势表现为4个比较明显的阶段：增长期、稳定期、调整期、下滑期。2006年以来至2008年2月经历了总体的上升趋势。2008年2月至2012年2月，各式太极拳蓬勃发展导致网络搜索浏览和学习行为的增加。但是2012年2月至2016年2月，经历了各式太极拳的分层现象，各式太极拳流派呈现不同的关注或热情程度，其中陈式太极拳由于受各级政府的持续投入和推动，一直保持了快速

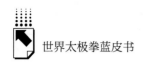
发展的势头。而其他各式太极拳都维持在较低的水平。2016 年 2 月至今，各式太极拳都进入了缓慢增长期（见图 1）。

关于上面的各式太极拳公众关注度发展趋势图，首先提出三个问题。第一个问题，为什么以每年的 2 月为分界点呢？这是因为网络数据真实记载了人们的实际网络搜索等行为。这样的数据具有明显的季节性特点。中国和全世界华人一年一度的最隆重的节日——春节基本在 2 月。人们都忙于走亲访友，很少去搜索查阅太极拳的相关资讯，因此在每年的 2 月是一个急剧下降的陡峭波谷，以此为分界十分直观，也符合常理。

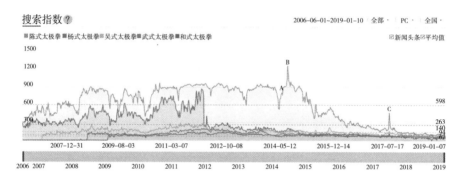

图 1 各式太极拳公众关注度发展趋势比较

第二个问题，为什么杨式太极拳在 2016 年 2 月发生了非常明显的断崖式下降呢？经过调查，分析认为主要是由于家族式太极拳的重新发力，这些家族式太极拳往往被标榜为"传统"太极拳。原来的作为一种太极拳"风格"或者"样式"已经发展为"家族式"文化传承。其突出表现为杨氏太极拳重新获得社会的关注和重视（见图 2）。

下面的数据，可以窥豹一斑。截至 2019 年 1 月 8 日，百度数据库中供检索到有关各式太极拳的记录包括：陈式太极拳约 469 万个，陈氏太极拳约 399 万个；杨式太极拳约 224 万个，杨氏太极拳约 322 万个；孙式太极拳约 40.7 万个，孙氏太极拳约 53.8 万个；李式太极拳约 298 万个，李氏太极拳约 8.05 万个；和式太极拳约 20.5 万个，赵堡太极拳约 67.4 万个；王其和太极拳约 3.77 万个。

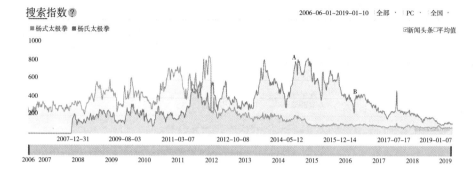

图2 杨式太极拳与杨氏太极拳流行度比较

第三个问题，是不是陈式太极拳、吴式太极拳和孙式太极拳也存在着类似的问题？换言之，就是太极拳是否存在着社会化和家族化两种趋势。答案是肯定的，只不过是程度不同和时间节点不同而已。如图3所示，陈氏太极拳反超陈式太极拳发生在2015年2月，之后一直保持在高位。吴式太极拳有点例外，吴氏太极拳多数时期是位于吴式太极拳之下，只有2012年2月到2013年7月这段时间反超了吴式太极拳，其余大部分时间是居于吴式太极拳之下，不如后者流行。

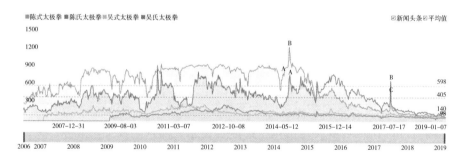

图3 陈式（氏）太极拳和吴式（氏）太极拳的流行度比较

二 各式太极拳习练人群的地域分布

哪些省份太极拳热度最高？从全国统计数据上看，太极拳热度前10名

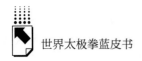
的省份分为 3 个梯队。广东、山东两省太极拳人数最多，为第一梯队；河北、江苏、河南、浙江和北京为第二梯队；四川、辽宁和上海为第三梯队（见图 4）。

省份	区域	城市

1. 广东
2. 山东
3. 河北
4. 江苏
5. 河南
6. 浙江
7. 北京
8. 四川
9. 辽宁
10. 上海

图 4　太极拳的热点省份分布

各式太极拳习练人群的地域分布差别非常大，主要原因在于其历史传承的因素比较复杂以及各式太极拳主要的活动和支持机构具有很强的区域特点。

陈式太极拳发源创始于河南陈家沟，因此河南省是主要的陈式太极拳习练人群的分布地。综合 2013 年以来的数据（见图 5），习练陈氏太极拳人数量多的省份前 10 名依次是河南、广东、山东、浙江、江苏、北京、河北、上海、辽宁和陕西。主要分布在东部沿海各省这些人口密集的地区。

杨式太极拳虽然其创始人是河北籍，但是由于杨式太极拳的普及程度很高，因此广东习练杨氏太极拳的人最多。综合 2013 年以来的数据（见图 6），习练杨氏太极拳人数最多的省份前 10 名依次是广东、浙江、山东、河北、江苏、北京、上海、河南、四川和山西。一个突出的表现就是在四川和山西两个内陆省份杨氏太极拳非常流行。

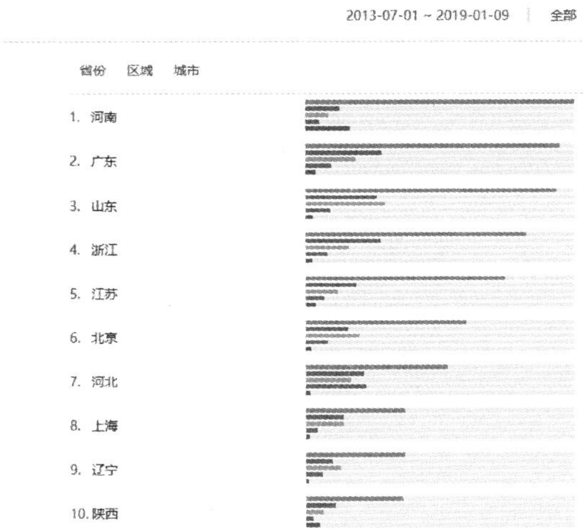

2013-07-01 ~ 2019-01-09 | 全部

图 5　陈式太极拳的热点省份分布

2013-07-01 ~ 2019-01-09 | 全部

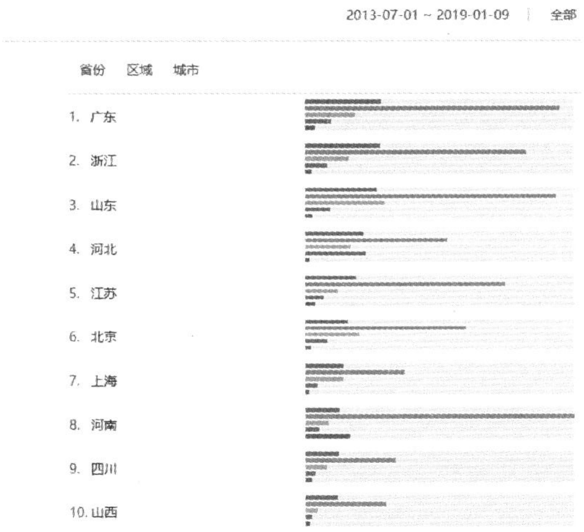

图 6　杨式太极拳的热点省份分布

　　吴式太极拳，在海内外也比较流行，很受欢迎，在传承当中形成了南北多个支派，因此在国内习练人群的分布也比较广。主要集中在北京（吴鉴泉的故乡）和山东（王茂斋的故乡）等省份。综合 2013 年以来的数据（见图 7），习练吴氏太极拳人数最多的省份前 10 名依次是山东、北京、广东、

河北、浙江、上海、辽宁、江苏、河南和黑龙江。可见其区域分布主要与历史传承有关。

武式太极拳，创始人是河北省的武禹襄。从2013年以来的数据（见图8）看，武式太极拳的主要传播地是河北省，其后是武术大省广东和山东，然后是浙江、北京、江苏、辽宁、河南、上海和四川。武式太极拳在河北的关注度几乎达到了陈式太极拳的一半，在其余省份则占据较小的份额。

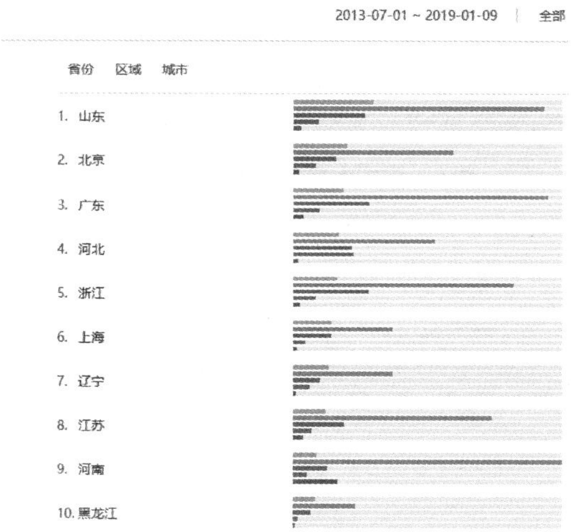

图7　吴式太极拳的热点省份分布

和式太极拳（含赵堡太极拳），也发源和创始于河南省。所以也毫无疑问地遵循了创始地原则，习练和氏太极拳的人多数集中在河南。但是，从数据上看基本错开了其他流派的集中省份。综合2013年以来的数据（见图9），习练和氏太极拳人数最多的省份前10名依次是河南、陕西、广东、江苏、江西、山东、浙江、四川、湖北和北京。

孙式太极拳，虽然传承有序，不乏武学中坚。但网络数据长期以来一直不太活跃。从近期数据综合分析，孙氏太极拳的网络关注度和移动终端搜索量与吴式太极拳相比较，大约为248∶161，而在移动手机登终端的无线关注度上两者比较接近，为171∶100。综合2013年以来的数据（见图10），习

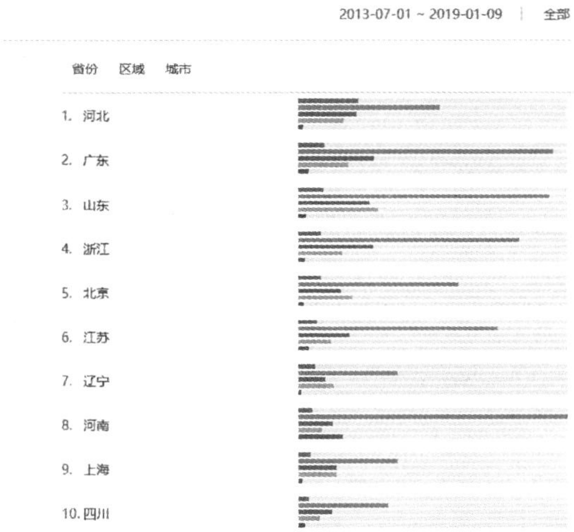

图8　武式太极拳的热点省份分布

图9　和式太极拳的热点省份分布

练孙氏太极拳人数最多的省份前10名依次是广东、北京、江苏、浙江、河北、山东、新疆、上海、四川和天津。

李式太极拳，由于数据较少（见图11），其相应时期内习练人群的地域分布情况反映在数据上只有山东。

463

2019-01-03 ~ 2019-01-10 ｜ 近7天

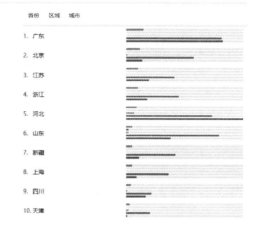

图 10　孙式太极拳的热点省份分布

2019-01-03 ~ 2019-01-10 ｜ 近7天

图 11　李式太极拳的热点省份分布

王其和太极拳习练人群的地域分布比较集中。其区域分布，综合 2013 年以来的数据（见图 12），习练王其和太极拳人数最多的省份前 6 名依次是河北、山东、天津、北京、四川和安徽。

三　各式太极拳习练人群的城市分布

一般认为，太极拳习练人群的城市分布与省份区域是一致的。其实不然，经过数据分析，太极拳习练人群的城市分布与省份分布有着很大的差异。这可能和每个地区的城镇化建设进程和集中度差别较大有很大关系。所

2019-01-03 ~ 2019-01-10 ｜ 近7天

图 12　王其和太极拳的热点省份分布

以在这里专门讲一下各式太极拳的城市分布特征。

虽然陈式太极拳习练人群的第一集中地是河南，但是习练陈氏太极拳人数最多的城市却是北京，这与北京是全国的政治、经济、文化中心有很大关系。综合 2013 年以来的数据（见图 13），习练陈氏太极拳人数最多的城市前 10 名依次是北京、上海、郑州、广州、杭州、西安、天津、深圳、成都和济南。

杨式太极拳，秉承了历史传承的特点，北京、上海、杭州都是杨式太极拳习练者主要的活动地点。综合 2013 年以来的数据（见图 14），习练杨氏太极拳人数最多的城市前 10 名依次是北京、上海、杭州、广州、成都、西安、济南、石家庄、深圳和天津。

吴式太极拳习练人群集中的城市既有共性又有个性，突出表现在山东省的烟台和青岛等地。综合 2013 年以来的数据（见图 15），习练吴氏太极拳人数最多的城市前 10 名依次是北京、上海、烟台、广州、杭州、天津、青岛、成都、济南和石家庄。

武式太极拳习练人群（见图 16）的城市分布具有鲜明的特点：第一名是北京，第二名是创始人武禹襄的家乡邯郸，第三名是邢台。此外，在石家庄和沈

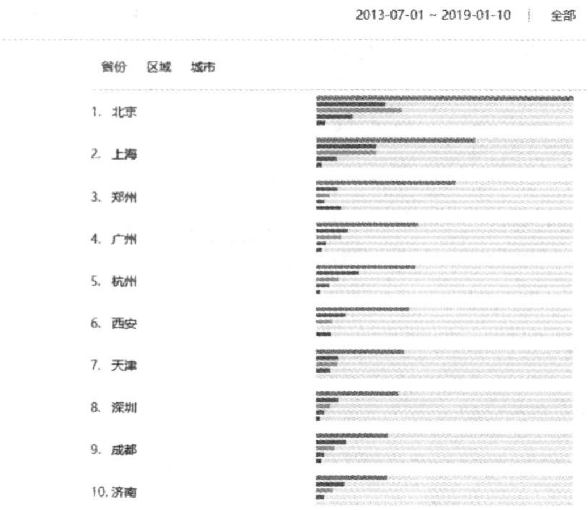

2013-07-01 ~ 2019-01-10 | 全部

省份 区域 城市

1. 北京
2. 上海
3. 郑州
4. 广州
5. 杭州
6. 西安
7. 天津
8. 深圳
9. 成都
10. 济南

图 13　陈式太极拳的热点城市分布

2013-07-01 ~ 2019-01-10 | 全部

省份 区域 城市

1. 北京
2. 上海
3. 杭州
4. 广州
5. 成都
6. 西安
7. 济南
8. 石家庄
9. 深圳
10. 天津

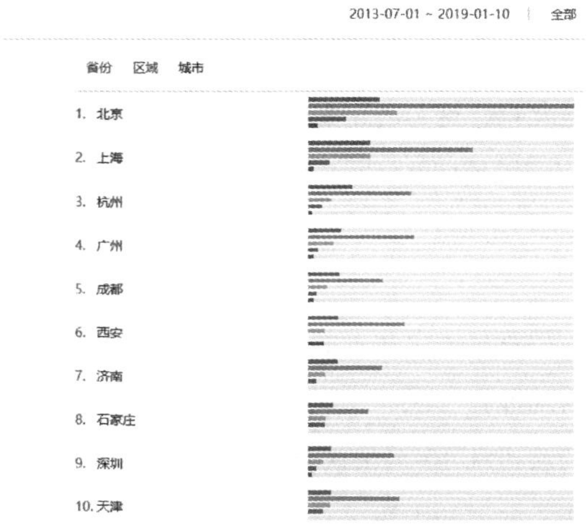

图 14　杨式太极拳的热点城市分布

阳武氏太极拳也有较高知名度。

孙式太极拳的习练人群（见图 17），除了主要集中在北京和上海以外，还在保定占据一定比例。另外，广州、无锡、杭州以及成都和武汉也有不少孙氏太极拳的习练者。

图 15　杨式太极拳的热点城市分布

图 16　武式太极拳的热点城市分布

　　和式太极拳的习练者（见图 18）除了分布在全国几个典型的城市外，主要集中在河南省的几个主要城市，在全国习练和氏太极拳人数最多的前 10 位城市中就占据了 4 席，和其他各氏太极拳相比习练人群的区域集中度最高。

　　李式太极拳，由于数据较少，数据采集的时间较短，数据显示习练人群

图17　孙式太极拳的热点城市分布

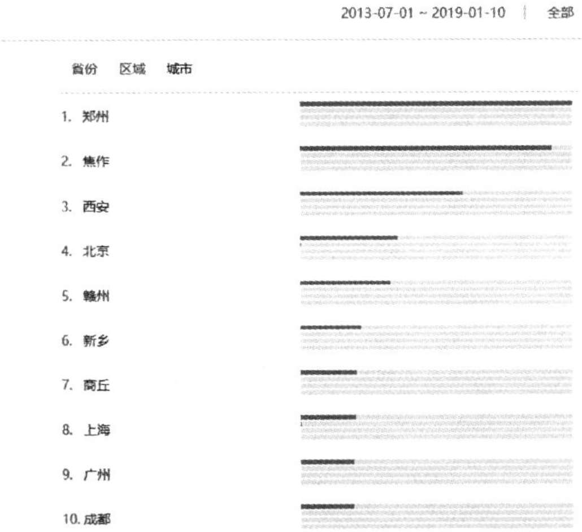

图18　和式太极拳的热点城市分布

主要集中在山东的济南市。希望在以后的研究中可以收集更多的数据。

　　王其和太极拳，作为太极拳之新秀拳种，其习练者在国内城市的分布主要集中在山东的济南、淄博，河北的石家庄、邯郸、邢台，安徽的阜阳，天津，北京。

四　各式太极拳习练者的人群属性

从大数据统计看（见图19、图20），习练太极拳比例最大的群体是40～49岁的人群，其次是30～39岁的人群，最后才是50岁以上的人群。大学生和研究生占一定比例，但是比重仍然偏小。19岁以下的中小学生，喜爱太极拳的人，所占比例最小。在关注和喜爱太极拳的人群中，性别比例基本均衡。

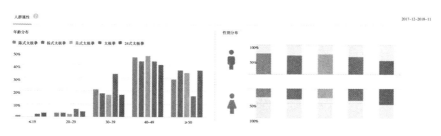

图19　2018年太极拳习练者的群体特征

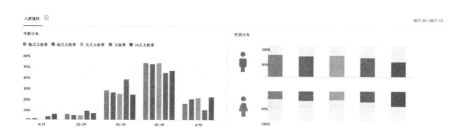

图20　2017年太极拳习练者的群体特征

全国习练各式太极拳最主要的群体（见图21）是30～39岁和40～49岁的两组人群。

在30岁以下的年轻人和青少年中，普及程度最高的是陈式太极拳和杨式太极拳（见图22）。吴式太极拳在50岁以上的人群中的普及程度在比例上高于其他各式太极拳。

孙式太极拳在19岁以下的年轻人群体中普及率几乎为零，但在50岁以上老年人群中则较受欢迎。和式太极拳在40～49岁人群组中最为普及（见图23）。

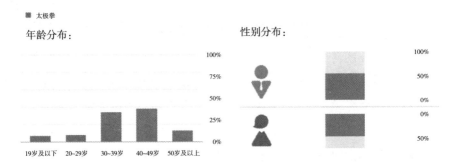

图 21　太极拳的关注人群年龄结构

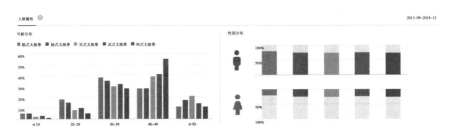

图 22　各式太极拳的关注人群年龄结构（1）

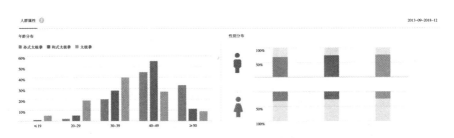

图 23　各式太极拳的关注人群年龄结构（2）

注：李式太极拳、王其和太极拳暂无数据。

五　2018年太极拳关注度趋势

基于 10 亿级的网络用户数据，筛选出关键核心词汇。2018 年太极拳界更加深入思考太极拳的发展与趋势问题。与 2017 年相比，太极拳受到了社会各界的持续关注与重视。本文以大数据的形式呈现各式太极拳的网络热度以及需求变化，补充每月关注度和大众需求谱系变化。网络数据库目前仍然只收录了陈式、杨式和吴式 3 个拳种，其他太极拳种类尚待完善。

简化太极拳特别是 24 式简化太极拳重新得到人们的反思。从网络舆情来讲，4 ~ 5 月太极拳处于风口浪尖；移动网络阅读习惯增强；习练太极拳比例最大的群体在 40 ~ 49 岁之间；太极拳热度前 10 名城市分为 3 个梯队，广东、山东两省习练太极拳的人数最多；太极拳视频最受大众喜爱；太极拳教学以及大学生太极拳的热度在增强；陈氏太极拳的发展势头波动性较大，而传统杨式、吴式太极拳等发展势头平稳。

（一）太极拳的网络热度与旅游业有关，更具季节性和震荡性

与 2017 年相比，2018 年太极拳受到了社会各界更加深刻的关注与重视，除个别峰值外，基本发展平稳。但是纵向来看，太极拳的网络热度明显具有季节性，震荡明显，与往年相比有直线断崖式下降现象，类似于过山车。从网络舆情来讲，综合固定终端和移动用户两方面的数据，2018 年的 5 月和 11 月是两个太极拳网络热度比较高的时间，这与旅游产业的发展关系密切。2 月、6 月和 9 月则出现了 3 个社会热度低谷，说明社会对太极拳的关注度有所转移，太极拳的网络热度有所下降，但反思以及反省的深度应该在递增。

回顾 2017 年，恰在 4 ~ 5 月太极拳处于社会舆论的风口浪尖，徐雷挑战太极拳和国家出台相关政策等，也刚好在这一时间段，太极拳一度成为人们的热谈。

（二）太极拳的整体网络热度不高

至于网络关注度，2011 ~ 2012 年公众对太极拳的关注度较高，2013 ~ 2014 年公众对太极拳的关注度稍有下降。2015 ~ 2017 年，平均社会热度基本维持在往年平均水平。2018 年，多数时期都位于历年平均线以下，大约

在 8 月底公众对太极拳的热度达到最低值，9 月底开始触底反弹，并保持不断上涨趋势，年底基本恢复到往年平均值水平。

以往各年，多数年份关注度较高的峰值集中在 4~8 月。然而，2018 年的 4~5 月并没有呈现以往每年同一时期的关注峰值热度。2017 年与 2016 年，都是在 4 月就出现了年度公众热度的最高值。虽然如此，2018 年，新闻头条移动客户端的发布对于太极拳领域的景气和热度有明显的提振效果（见图 24）。

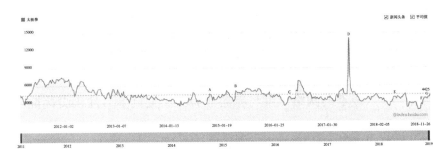

图 24 新闻头条移动客户端发布后太极拳领域的热度数值

（三）太极拳资讯的移动阅读行为呈上升趋势

移动客户端的数量与普及率大幅度提高，大众的移动网络阅读行为增强。2017 年，大众通过手机等移动终端阅读查阅太极拳资讯的趋势逐年上升。从大数据看，2014 年之前，大众的移动阅读行为增长缓慢，但是自 2014 年以后大众的移动阅读行为增势明显，逐年提高。2018 年，新闻头条移动客户端对用户的移动阅读影响更加明显（见图 25）。

2018 年，有关太极拳的资讯学习与研究类行为上升，呈现可喜势头。2017 年 7 月~2018 年 12 月，有关太极拳的资讯类网络搜索行为明显趋势递增，反映出人们和社会对太极拳的认识和研究在逐渐深入（见图 26）。

而相比之下，整个 2018 年社会媒体对于太极拳的关注程度不高，可以说处于比较低迷的状态（见图 27）。

2018 年，大众对陈式太极拳的关注度变化趋势与对杨式太极拳和吴式

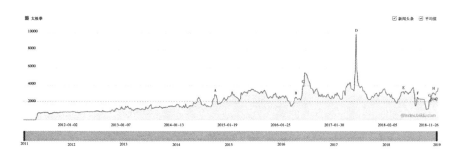

图 25　大众利用新闻头条移动客户端查阅太极拳资讯的分析

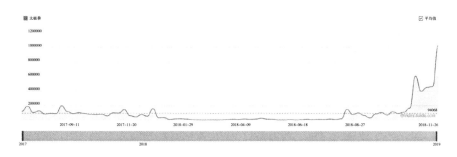

图 26　太极拳资讯的网络搜索分析

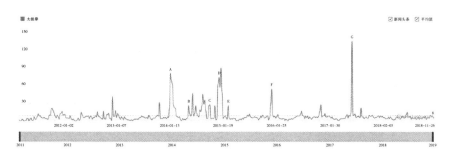

图 27　2011～2018 年有关太极拳的社会媒体报道指数变化趋势

太极拳的关注度变化趋势基本一致。从平稳程度来看，陈式太极拳的月度之间的大众关注度起伏较大，但热度水平高于后两者（见图 28）。

在媒体表现上，媒体对陈式太极拳的关注度远高于对杨式太极拳和吴式太极拳的关注度（见图 29）。

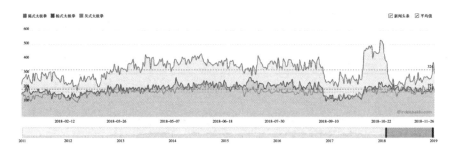

图 28　陈式、杨式、吴式太极拳的关注度分析

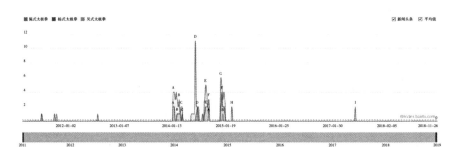

图 29　各式太极拳媒体关注度指数表现

在知识、资讯、研究方面，杨式太极拳有时表现较好，吴式太极拳表现一直不温不火。相比之下，陈式太极拳则峰值多现（见图30）。

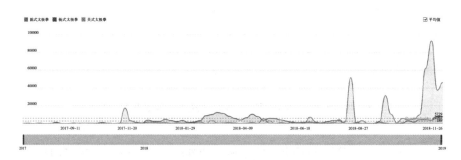

图 30　各式太极拳资讯指数表现

其他类型太极拳数据未收录，网络数据库正在完善中。

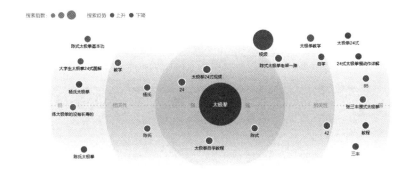

六 太极拳需求度刻画

最新数据显示，太极拳视频最受大众喜爱。太极拳教学以及大学生太极拳的热度在提升。而传统杨式、陈式太极拳等仍然不温不火，甚至有下降趋势。太极拳基本功、太极拳与寿命的关系以及太极拳自学教程也广受关注（见图31）。

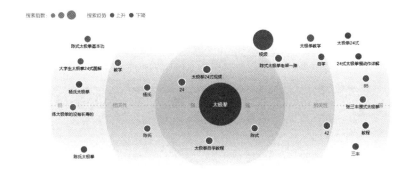

图31 太极拳关注热点和需求谱系

陈式太极拳和杨式太极拳仍是太极拳习练者的主要需求，简化太极拳重新得到人们的反思，大学生太极拳有增强趋势（见图32）。

以下为各式太极拳关注度分布图（见图33～图36）。

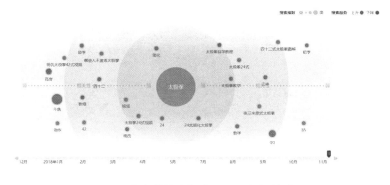

图32 大众热搜太极拳词汇（数据统计）

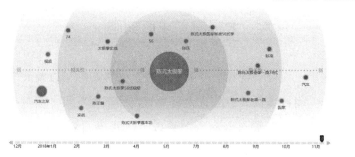

图33 陈式太极拳关注度分布（1）

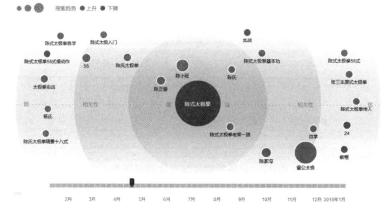

图34 陈式太极拳关注度分布（2）

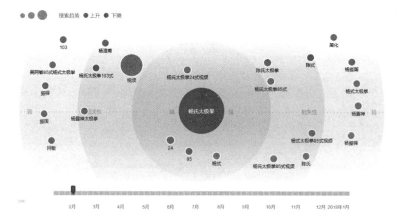

图35 杨式太极拳关注度分布

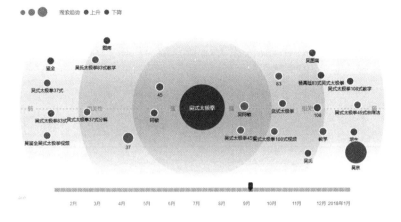

图36　吴式太极拳关注度分布

其他太极拳种类，如孙式太极拳和武式太极拳等，尚未建立大数据。但随着社会的发展和时代的进步，可以肯定各式太极拳都将获得更大的发展而造福于全人类。

附　　录

B.36
新中国成立以来太极拳发展大事记

1953 年 11 月 8—12 日，在天津举办的全国民族形式体育表演及竞赛大会上进行了太极拳表演。这是新中国成立以来，太极拳首次在全国性大型活动中亮相。

1956 年 2 月，国家体委运动司武术科组织多位太极拳专家，以杨氏太极拳为动作素材，创编出易学、易练、易记的 24 式简化太极拳。

1959 年，周恩来总理在会见日本友人松村谦三时说："太极拳是中国的一种优秀传统文化，内容十分丰富，充满哲理，与中国传统医学有着血缘关系。学、练太极拳是一项很好的健身运动，可以强身健体，可以防身自卫，也可以陶冶情操，是一种美的享受，还可以给人们生活带来无限情趣和幸福，可以延年益寿。"

1960 年 3 月 18 日，毛泽东主席发出号召"凡能做到的都要提倡，做体操、打球类、跑跑步、爬山、游水、打太极拳及各种各色的体育运动"。

1978 年 11 月 16 日，中共中央副主席、国务院副总理邓小平会见日本友人三宅正一时欣然挥毫题词"太极拳好"。

1981 年，陈家沟创办太极拳学校一所，面向全国招生，传授陈氏太极拳。

1982 年 11 月 21—25 日，全国首届武术对抗项目——散打、太极拳推手表演赛在北京举行。

1982 年 12 月 1 日，北京大学成立武术学会，并专门设立太极拳分会，成为我国高等院校设立的第一个太极拳组织。

1983 年 9 月，在上海举行的第五届全国运动会上，有 5000 名来自社会各界的太极拳爱好者共同表演太极拳，开创新中国成立以来集体演练太极拳之先河。

1984 年 4 月 22—25 日，由湖北省体委主办的"国际太极拳（剑）邀请赛"在武汉市举行，来自日本、加拿大、危地马拉、新加坡、美国以及香港等 18 个国家和地区的 70 多名选手，与中国（国内各省市）近百名选手参加了比赛、共同切磋技艺。这是国内首次举办的国际太极拳（剑）表演赛。国内十几位名家进行了现场展演。

1985 年 4 月 22 日，温县陈家沟武术馆正式落成，成为全国第一座大型太极拳武术馆。

1986 年，国家体委将太极拳、剑、推手列为全国正式比赛项目，并决定每年举行一次比赛。

1986 年 3 月，国家体委领导的中国武术研究院在北京成立，这是我国历史上第一个国家级、具有权威性的武术研究机构。1998 年 4 月改名为"武术研究院"，属国家体育总局直接领导。

1986 年，温县投资 7 万元，建立太极拳专修院，以太极拳名教练朱天才、王西安为院长兼教练。太极拳专修院共举办 54 期太极拳学习班，共培训来自全国 31 个省、市、自治区的学员 2100 多人。

1987 年 3 月 31 日—4 月 7 日，首届中日太极拳比赛交流大会在北京举行。

1987 年 9 月 26—27 日，首届亚洲武术锦标赛在日本横滨举行，中国、

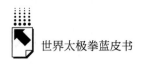

日本、新加坡、泰国、菲律宾、尼泊尔、马来西亚、斯里兰卡、印度尼西亚及香港、澳门等11个国家和地区的89名运动员参加了比赛，太极拳作为正式比赛项目，亮相亚洲。

1988年，国家体委武术研究组组织有关专家，依据传统性、科学性、竞赛性的原则，将陈氏、杨氏、吴氏、孙氏太极拳编制成"四式太极拳竞赛套路"，把太极拳纳入竞技体系。1989年6月，中国武术研究院审定的《四式太极拳竞赛套路》由人民体育出版社出版。

1990年9月29日—10月4日，第十一届亚运会在北京隆重举行，包括太极拳在内的武术被正式列为比赛项目。运动会开幕式上，中、日两国1500名太极拳爱好者共同进行了大型太极拳集体表演。

1991年9月26—29日，河北永年太极拳联谊会隆重举行。此后基本上是每两年举办一届，不断更名，2008年正式更名为"中国邯郸国际太极拳运动大会"，举办单位确定为国家体育总局武术运动管理中心、中国武术协会、河北省体育局和邯郸市政府，至2018年已连续举办了十四届，成为举办时间最早、届次最多的一个太极拳品牌赛事。

1991年10月12—16日，第一届世界武术锦标赛在北京举行。太极拳作为三大拳种之一列入正式比赛项目。

1992年2月，由中国武术研究院技术研究部主持的太极拳推手研讨会在北京召开，编排制定了太极拳推手套路。随后，国家体委武术研究院编订出版《太极拳推手对练套路》。

1992年9月5—9日，首届中国·温县国际太极拳年会在温县举行。来自美国、英国、法国、日本、韩国等23个国家和地区太极拳团组织的343名太极拳运动员应邀参会。

1993年12月4—6日，第一届国际太极拳邀请赛在中国福建省福州市举行，共有10个国家和地区的138名太极拳运动员参加比赛。

1994年，国家体委提出"全民健身计划"，极大地激发了人民群众的练武（太极拳）热潮。

1995年12月18—20日，国家体委武术研究院、中国武术协会主办的

"中华武林百杰"评选活动在山东省莱阳市揭晓，共评出百名武杰、十大武术教授、十大武术名师、十大武术教练和十大武星。有很多太极拳著名运动员和太极拳名家榜上有名。

1998年10月15日，为纪念邓小平题词"太极拳好"发表20周年，天安门广场举行了盛大的万人太极拳表演。

2000年1月1日，中央电视台主办世纪之交迎接"人类进入新世纪"特别节目：泰山极顶，世纪曙光中，太极拳名师门惠丰表演太极拳，通过卫星向全球直播。

2000年4月，中国武术协会开始着手制定太极拳全球化发展战略——太极拳健康工程。5月，中国武术协会启动太极拳健康月活动，决定将每年5月定为太极拳健康活动月。6月20日，国际武联执委会决定将每年5月定为世界太极拳健身月。

2000年8月22—26日，首届中国·焦作（温县第六届）国际太极拳年会举行。

2001年3月22—26日，首届世界太极拳健康大会在海南省三亚市举行。来自海内外的上万名太极拳爱好者在海南省三亚市集体演练24式太极拳，活动持续1小时。上海大世界吉尼斯总部有关人员实地考察后，向三亚市授予了大世界吉尼斯之最证书，认定这是当时规模最大的太极拳晨练活动。国务院副总理李岚清致贺信，国际奥委会主席萨马兰奇发贺电。

2001年12月2日，在香港跑马地游乐场，10425名爱好太极拳的香港各界人士云集于此，参加规模盛大的太极拳会演，创造了万人在30分钟内齐练太极拳的吉尼斯世界纪录。

2002年8月25日，为隆重庆祝中日邦交正常化30周年、中韩建交10周年，经国务院批准，由中国武术协会、日本武术太极拳联盟、韩国武术协会共同协商，在北京天坛公园和奥林匹克体育中心成功举办"中日韩三国太极拳交流大会"。

2003年9月28日，由北京市体育局主办的"魅力北京文化奥运万里长城万人太极拳表演"在居庸关举办。

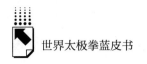

2003 年 11 月 23 日，在台湾地区台北市中正纪念堂前，14603 人同时同地演练太极拳 32 分钟，成功刷新"万人练太极拳"的吉尼斯世界纪录。

2004 年 4 月 10 日，在第 22 届河南洛阳牡丹花会开幕式上，举行了大型太极拳演练活动，创造了 30648 人集体演练太极拳的吉尼斯世界纪录。

2004 年 6 月 27 日，以"人人健身、与奥运同行"为主题的"中华武术迎奥运暨万人太极拳表演"活动，在北京中华世纪坛举行。

2006 年 2 月，太极拳入选由文化部牵头，联合财政部、国家民委等九大部委在国家博物馆举办的"中国首届非物质文化遗产保护成果展览"。

2006 年 5 月 20 日，国务院公布第一批国家级非物质文化遗产名录，杨氏太极拳和陈氏太极拳被列入代表性项目。

2006 年 10 月 22 日，为纪念简化太极拳推广 50 周年，北京市在永定门城楼北侧休闲广场举行万人太极拳表演活动。

2007 年 2 月 17 日晚，中央电视台春节联欢晚会上，以太极拳为主要表现内容的《行云流水》节目在全国观众面前亮相，历时 5 分 16 秒的太极拳表演，受到广大观众的热捧，在全国引起轰动。

2007 年 4 月 28 日，由马耳他中国文化中心发起并与马耳他柔道联合会、斯利玛市政府联合举办的马耳他"世界太极拳日"活动，在斯利玛市滨海公园举行。中国驻马耳他大使柴玺、马耳他奥委会主席法鲁贾·萨科、马耳他柔道联合会秘书长卡多纳等在开幕式上先后致辞。马耳他太极拳爱好者进行了 90 分钟的太极拳团体和个人表演。

2007 年 8 月 21 日，在河南省温县陈家沟，国家体育总局副局长冯建中等为"中国武术太极拳发源地"揭牌，温县被中国武术协会命名为"中国武术太极拳发源地"。

2007 年 9 月 4—8 日，国务院新闻办公室五洲传播中心编导杨帆带队，来温县拍摄大型非物质文化遗产宣传片《太极拳》。

2008 年 6 月，国务院公布第二批国家级非物质文化遗产名录和第一批国家级非物质文化遗产扩展项目名录，武氏太极拳被列为代表性项目。

2008 年 8 月 2 日下午，为迎接北京奥运会的到来，美国上万名太极拳爱好者在洛杉矶地区的惠蒂尔公园举行主题为"和平在心、和平在身、世界太平"的万人练太极活动。由"国际太极文化交流协会"主办，参加者包括来自洛杉矶地区的 10 多家太极拳俱乐部。中国驻洛杉矶总领馆、美国加州政府、洛杉矶郡和洛杉矶市政府均派代表参加活动。

2008 年 8 月，太极拳申报联合国人类非物质文化遗产代表作工作启动。

2008 年 8 月 8 日晚，中国北京第 29 届奥运会开幕式上，2008 名太极拳演员排成"天圆地方"的阵型，生动表现了太极之美。

2009 年 8 月 8 日，是首个"全民健身日"，为纪念北京成功举办奥运会、残奥会一周年，迎接新中国成立 60 周年。来自中央国家机关、北京城八区等 28 家组织单位的 33996 人聚集鸟巢前，进行太极拳表演，人数规模打破吉尼斯世界纪录。表演队伍涵盖工农商学兵各界代表，并包括 200 多名残疾人。

2009 年 10 月，邯郸学院太极文化学院成立，这是全国高校首家培养太极文化本科人才的专业学院。2011 年体育教育（太极拳方向）面向河北省招收首批本科生；2014 年面向全国招收本科生，同年开始面向河北省招收五年一贯制专科生。

2010 年 8 月 14 日上午，CCTV5《武林大会走进淮安》全国太极拳选拔赛在江苏省淮安市举办。陈氏、杨氏、武氏、吴氏、孙氏、和氏六大太极门派代表人物及全国各地 130 多位太极拳选手参赛。200 多名选手通过套路展示和实战对抗，产生 38 名决赛选手。9 月 26—30 日，《武林大会走进淮安》进行总决赛。本次比赛促成了海内外陈氏、杨氏、武氏、吴氏、孙氏、和氏等六大太极拳门派的首次大交流、大聚会。

2012 年 6 月 26 日晚，中国航天员刘洋在"天宫一号"利用值夜班间隙，在太空失重环境下展示了太极拳。

2014 年 12 月，国家公布第四批国家级非物质文化遗产代表性项目名录，吴氏太极拳、李氏太极拳、王其和太极拳、和氏太极拳被列入代表性项目。

2015 年 5 月 15 日下午，"太极瑜伽相会"中印文化交流活动在北京天

坛公园举行。中国总理李克强、印度总理莫迪与400名中印太极拳、瑜伽习练者参加活动。

2015年10月18日，河南省焦作市发起"共享太极共享健康"大型纪念活动，在国内外50多个城市同时举行，全球10万多名太极拳爱好者集中演练，百万名太极拳爱好者分散演练，其中，焦作地区组织5万人集中演练，成功挑战吉尼斯世界纪录。

2016年4月8—12日，首届世界太极文化节在三亚南山景区举行。活动由三亚市人民政府和世界太极拳网举办。此后于2017年9月21—26日举办了第二届，于2018年9月15—18日举办了第三届。

2016年7月16—18日，国家体育总局武术运动管理中心主办的"王其和太极拳杯"北京国际武术文化节暨第十一届北京国际武术邀请赛在北京市举行。共有美国等11个国家和地区及国内各省市共109支代表队，1287名运动员参加了本次比赛。

2016年11月17日中午12点41分，中国神舟十一号飞船与天宫二号空间实验室成功实施分离，在返回神舟飞船之前，航天员景海鹏和陈冬二人在天宫二号空间实验室内最后完成一项特殊任务：天地同步展示中国功夫——巡天太极。航天员在天宫二号空间站与在深圳参加"绿航星际"试验的试验者仝飞舟，在地面上同步展示巡天太极的一整套动作。

2017年9月16—20日，第九届中国·焦作国际太极拳交流大赛暨2017云台山旅游节在焦作市举行。"一赛一节"举办前夕开始的2017世界百城千万人太极拳展演活动，以"共享太极、共享健康"为理念，9月1日从温县陈家沟启动，沿"一带一路"方向在全球五大洲25个国家30个城市和全国500多个城市进行接力展演，活动持续17天。促进了太极拳在世界范围的传播推广。

2018年8月8日，国家体育总局武术中心推出新编竞赛太极套路——八法五步。

B.37
后 记

太极拳是中华民族对全人类的一项伟大贡献，因在强身健体、防身技击、修身养性等方面的独特功效已被列入国家战略层面。在这样的时代背景下，出版太极拳蓝皮书已成业界心声和大众需求。

决心编写世界太极拳蓝皮书，源于对太极拳和太极文化的挚爱。编辑部正式启动这项工程后，深感使命光荣，责任重大。一年多来，从确定框架结构、组建编委、大纲研讨、选题评审到反复修改后又进行了架构调整，对全书进一步布局谋篇。因此，《世界太极拳发展报告（2019）》的结集出版，凝结了众多参与者和支持者的辛劳和汗水。100多位撰稿老师要在工作之余赶写稿件并反复修改，几十位审稿专家字斟句酌、润墨添色，数名篇章负责老师统稿协调、起承转合，李闽榕副主编亲自上手潜心打磨，李慎明主编严格把关，本书总顾问、顾问亲切关怀指导，编辑部工作人员夜以继日地辛勤工作，正是基于他们的无私奉献，才成就了本书的如期问世。

本书得到太极拳界及社会各界的普遍关注和大力支持。中国社会科学院、中国科学院、北京大学、清华大学、中国人民大学、首都师范大学、北京体育大学、北京师范大学、北京理工大学、郑州大学、河北邯郸学院、江西师范大学、上海体育学院、武汉体育学院以及美国匹斯堡大学、新加坡南洋理工大学等国内外多所院校的教学研究人员参与研创，同时还得到陈氏、杨氏、吴氏、武氏、孙氏、李氏、和氏、王其和等太极拳主要流派的代表性传承人及国内外太极名家的鼎力相助，另外还得到从事传统文化和产业研究方面的部分专家和学者的热情支持。应该说，本书的出版是智库团队共同努力的结果。

由衷感谢世界太极拳蓝皮书编委会成员和专家委员会成员的大力支持。编委会副主任邱丕相教授、李剑方老师提出了许多指导性意见并在工作中表现了高度的责任心；编委会成员、清华大学文创研究院副院长崔保国教授担任了第一次大纲审查组的组长，主持会议严谨有序，为开局工作打下了坚实的基础；此后，刘高升、尹宝军、张小敏、汪毅、李勇勤等作为篇章负责人不辞辛苦，为组稿工作付出了很大的努力；专家委员会是本书质量的管控团队，中国武术协会原主席张耀庭先生、美国运动科学院朱为模院士作为本书的名誉主任，提出了许多中肯的建设性意见；国家体委武术研究院原副院长、中国武术协会原副主席张山先生作为本智库专家委员会主任，积极协调专家资源、提供智力支持；吉首大学校长白晋湘教授、河北省原副省长宋恩华、山西省原副省长牛仁亮等亲自到编辑部指导工作；太原卫星发射中心原副政委张声远、原解放军装备学院副政委孙南京等军队老领导多次参加编辑部研讨会并指导工作；北京体育大学张广德教授、门惠丰教授对本书给予了极大的支持，武汉体育学院王岗教授多次积极配合组稿工作。绝大多数专家顾问成员参加了书稿的评审工作，为书稿把关发挥了重要作用。

特别需要提出感谢的是本书的所有作者，他们既是本书的研创团队成员，又是智库的主体。在组稿审稿过程中，大家利用业余时间积极写稿、投稿，而且按照审稿意见不厌其烦地修改稿件，为传递中国声音贡献各自的力量。同时也要感谢已经投稿而未录用的作者，因为本书容量有限，所投稿件将在后续报告中优先择优录用。值得说明的是，本书署名作者均是智库研创报告的执笔人，文稿中的观点集中了智库和专家团队的意见。

出版之际，还要感谢天弓高尔夫俱乐部为编辑部无偿提供了优越的办公和生活条件；感谢社会科学文献出版社编辑们的辛苦工作；感谢中投泰吉文化发展（北京）有限公司承担了本书组编的全部经费；感谢上海海华永泰（北京）律师事务所王秀峰律师担任本书的法律顾问；最后要感谢所有关心、关注和支持太极拳蓝皮书的朋友。

因时间仓促，《世界太极拳发展报告（2019）》在数据收集、素材组织方面还存在较大的局限性，形势报告和趋势分析也无法企及完美，相关概念还有待研究，报告的参考咨询作用和价值还有待进一步提升。

"不忘初心，方得始终。"《世界太极拳蓝皮书》专家智库团队将永远是一个开放的研创团队，怀着对太极文化的虔诚之心，本着相互交流共同探讨的态度，虚心接受来自各方的批评指正。诚请有识之士参与研究，加盟《世界太极拳蓝皮书》专家智库。

执行副主编　苏敬斌

2019 年 12 月

《世界太极拳发展报告（2020）》约稿函

世界太极拳蓝皮书是国家级专家智库报告的集合，也是国内太极文化学术界向世界传递中国声音、扩大中国影响的重要平台。为将本蓝皮书打造成促进太极拳产业发展的智库共同体，世界太极拳蓝皮书编委会诚邀各界专家共同参与，面向各高校、研究机构、政府部门及与太极文化相关的企事业单位广泛征稿。

世界太极拳蓝皮书编委会初步计划《世界太极拳发展报告（2020）》将在沿用2019年内容结构基础上增设案例篇，基本结构为总报告、流派篇、区域篇、国际篇、综合篇、专题篇和案例篇七个部分，其中，专题篇将着重报道太极拳的现代化、科学化、生活化和国际化发展，案例篇将遴选行业协会组织、企事业团体、业界名家在太极文化传承与发展中的成功案例，借以引导和推动太极文化产业发展。编委会将根据稿件情况对篇章结构进行适当调整。

征稿时间与评审流程：（1）投稿人应在2020年8月10日前提交拟投的稿件名称、主题内容、框架结构、调研方法，编委会将于2020年9月中旬召开蓝皮书选题研讨会，对拟投稿选题进行评审。（2）通过评审的选题需于2020年10月1日前提交专题研究报告的初稿，编委会将于10月召开蓝皮书内容评审会，对来稿进行评审，审稿结果将于11月1日前通知各投稿人。

稿件要求以电子版形式提供，单篇报告主题章节的字数应控制在8000～15000字；要求作品严格遵守学术规范，内容无知识产权争议；引用的文献、观点、事实和数据应注明来源，网上资料的引用应注明出处以便核实。

具体写作规范及体例参见《皮书手册——写作、编辑出版与评价指南（第三版）》，https：//www. pishu. cn/psyc/psgf/524597. shtml。

有意参加撰稿的专家学者等，请与编委会联系。

投稿邮箱：world_taichi@163. com

联系电话：19910509900　王老师

《世界太极拳蓝皮书》编委会

2019 年 12 月 1 日

社会科学文献出版社

皮 书

智库报告的主要形式
同一主题智库报告的聚合

✤ 皮书定义 ✤

皮书是对中国与世界发展状况和热点问题进行年度监测，以专业的角度、专家的视野和实证研究方法，针对某一领域或区域现状与发展态势展开分析和预测，具备前沿性、原创性、实证性、连续性、时效性等特点的公开出版物，由一系列权威研究报告组成。

✤ 皮书作者 ✤

皮书系列报告作者以国内外一流研究机构、知名高校等重点智库的研究人员为主，多为相关领域一流专家学者，他们的观点代表了当下学界对中国与世界的现实和未来最高水平的解读与分析。截至2020年，皮书研创机构有近千家，报告作者累计超过7万人。

✤ 皮书荣誉 ✤

皮书系列已成为社会科学文献出版社的著名图书品牌和中国社会科学院的知名学术品牌。2016年皮书系列正式列入"十三五"国家重点出版规划项目；2013~2020年，重点皮书列入中国社会科学院承担的国家哲学社会科学创新工程项目。

中国皮书网

（网址：www.pishu.cn）

发布皮书研创资讯，传播皮书精彩内容
引领皮书出版潮流，打造皮书服务平台

栏目设置

◆ **关于皮书**
何谓皮书、皮书分类、皮书大事记、
皮书荣誉、皮书出版第一人、皮书编辑部

◆ **最新资讯**
通知公告、新闻动态、媒体聚焦、
网站专题、视频直播、下载专区

◆ **皮书研创**
皮书规范、皮书选题、皮书出版、
皮书研究、研创团队

◆ **皮书评奖评价**
指标体系、皮书评价、皮书评奖

◆ **互动专区**
皮书说、社科数托邦、皮书微博、留言板

所获荣誉

◆ 2008 年、2011 年、2014 年，中国皮书
网均在全国新闻出版业网站荣誉评选中
获得"最具商业价值网站"称号；
◆ 2012 年，获得"出版业网站百强"称号。

网库合一

2014 年，中国皮书网与皮书数据库端口
合一，实现资源共享。

权威报告·一手数据·特色资源

皮书数据库
ANNUAL REPORT(YEARBOOK)
DATABASE

分析解读当下中国发展变迁的高端智库平台

所获荣誉

- 2019年，入围国家新闻出版署数字出版精品遴选推荐计划项目
- 2016年，入选"'十三五'国家重点电子出版物出版规划骨干工程"
- 2015年，荣获"搜索中国正能量 点赞2015""创新中国科技创新奖"
- 2013年，荣获"中国出版政府奖·网络出版物奖"提名奖
- 连续多年荣获中国数字出版博览会"数字出版·优秀品牌"奖

成为会员

　　通过网址www.pishu.com.cn访问皮书数据库网站或下载皮书数据库APP，进行手机号码验证或邮箱验证即可成为皮书数据库会员。

会员福利

- 已注册用户购书后可免费获赠100元皮书数据库充值卡。刮开充值卡涂层获取充值密码，登录并进入"会员中心"—"在线充值"—"充值卡充值"，充值成功即可购买和查看数据库内容。
- 会员福利最终解释权归社会科学文献出版社所有。

社会科学文献出版社 皮书系列
SOCIAL SCIENCES ACADEMIC PRESS (CHINA)
卡号：336173473191
密码：

数据库服务热线：400-008-6695
数据库服务QQ：2475522410
数据库服务邮箱：database@ssap.cn
图书销售热线：010-59367070/7028
图书服务QQ：1265056568
图书服务邮箱：duzhe@ssap.cn

S 基本子库
SUB DATABASE

中国社会发展数据库（下设 12 个子库）

整合国内外中国社会发展研究成果，汇聚独家统计数据、深度分析报告，涉及社会、人口、政治、教育、法律等 12 个领域，为了解中国社会发展动态、跟踪社会核心热点、分析社会发展趋势提供一站式资源搜索和数据服务。

中国经济发展数据库（下设 12 个子库）

围绕国内外中国经济发展主题研究报告、学术资讯、基础数据等资料构建，内容涵盖宏观经济、农业经济、工业经济、产业经济等 12 个重点经济领域，为实时掌控经济运行态势、把握经济发展规律、洞察经济形势、进行经济决策提供参考和依据。

中国行业发展数据库（下设 17 个子库）

以中国国民经济行业分类为依据，覆盖金融业、旅游、医疗卫生、交通运输、能源矿产等 100 多个行业，跟踪分析国民经济相关行业市场运行状况和政策导向，汇集行业发展前沿资讯，为投资、从业及各种经济决策提供理论基础和实践指导。

中国区域发展数据库（下设 6 个子库）

对中国特定区域内的经济、社会、文化等领域现状与发展情况进行深度分析和预测，研究层级至县及县以下行政区，涉及地区、区域经济体、城市、农村等不同维度，为地方经济社会宏观态势研究、发展经验研究、案例分析提供数据服务。

中国文化传媒数据库（下设 18 个子库）

汇聚文化传媒领域专家观点、热点资讯，梳理国内外中国文化发展相关学术研究成果、一手统计数据，涵盖文化产业、新闻传播、电影娱乐、文学艺术、群众文化等 18 个重点研究领域。为文化传媒研究提供相关数据、研究报告和综合分析服务。

世界经济与国际关系数据库（下设 6 个子库）

立足"皮书系列"世界经济、国际关系相关学术资源，整合世界经济、国际政治、世界文化与科技、全球性问题、国际组织与国际法、区域研究 6 大领域研究成果，为世界经济与国际关系研究提供全方位数据分析，为决策和形势研判提供参考。

法律声明